江苏省教育科学“十三五”规划重点资助课题
“江苏职业院校专业集群和产业集群协同发展研究”
（B-a/2020/03/03）支持

“双高计划”专业群内部控制建设实务

——基于无锡职业技术学院的应用实践

SHUANGGAO JIHUA
ZHUANYEQUN NEIBU KONGZHI
JIANSHE SHIWU

俞红梅　成康康　叶晓霖　著

中国纺织出版社有限公司

内 容 提 要

作者以无锡职业技术学院"双高"专业群为试点，进行了二级单位内部控制建设的探索，建立起了一套全面涵盖职业院校二级单位各业务环节的内部标准化流程。通过识别出关键风险点，综合学校层面的内控制度、信息化要求等提出风险应对策略；通过全面梳理各项工作分工，优化业务流程，明确权责体系，能有效提高工作效率，有助于持续提升学校的内部治理和风险防范水平。

图书在版编目（CIP）数据

"双高计划"专业群内部控制建设实务：基于无锡职业技术学院的应用实践 / 俞红梅，成康康，叶晓霖著. -- 北京：中国纺织出版社有限公司，2024. 5

ISBN 978-7-5229-1698-9

Ⅰ. ①双… Ⅱ. ①俞… ②成… ③叶… Ⅲ. ①高等职业教育—专业设置—学科建设—研究—中国 Ⅳ. ①G718.5

中国国家版本馆CIP数据核字（2024）第078059号

责任编辑：林 启　责任校对：王蕙莹　责任印制：储志伟

中国纺织出版社有限公司出版发行

地址：北京市朝阳区百子湾东里A407号楼　邮政编码：100124

销售电话：010—67004422　传真：010—87155801

http://www.c-textilep.com

中国纺织出版社天猫旗舰店

官方微博 http://weibo.com/2119887771

三河市延风印装有限公司印刷　各地新华书店经销

2024年5月第1版第1次印刷

开本：787×1092　1/16　印张：17.25

字数：306千字　定价：98.00元

目录

第一章
专业群内部控制建设实施方案

2019年12月，教育部、财政部正式公布《中国特色高水平高职学校和专业建设计划建设单位名单》。首批“双高计划”建设单位共计197所，其中56所高职院校入选高水平学校建设，每所学校有2个高水平建设的专业群；另有141所高职院校入选高水平专业群建设。“双高计划”旨在聚焦深化专业群内涵建设，促进高职院校不断提升新时代经济转型升级所急需的复合型、多元化的高技术技能型人才培养质量，打造新时代中国特色高水平技术技能人才培养高地。

实施“双高计划”是党中央、国务院为办好新时代职业教育，推动国家职业教育改革作出的重大决策部署。继续推进实施好“双高计划”建设，是深入贯彻落实党的二十大精神，落实中共中央办公厅、国务院办公厅2022年12月印发的《关于深化现代职业教育体系建设改革的意见》的重要举措。

无锡职业技术学院隶属江苏省教育厅，是一所全日制普通高等职业院校，也是国家示范性高等职业院校之一，还是江苏省与教育部共建的“高等教育综合改革试点区”的试点项目院校。同时，也是教育部和财政部评定的首批“中国特色高水平高职学校（A档）建设单位和高水平专业群建设单位”。学校在“双高”专业群建设过程中，以“双高”专业群所在的二级学院—机械技术学院为试点，率先启动了以二级学院为主体的专业群内部控制体系建设，取得了一系列建设成果和经验。本文以无锡职业技术学院机械技术学院（数控技术专业群）为案例，以专业群业务链为主线，系统性地介绍学校专业群内部控制建设成果。

一、专业群内部控制建设的意义

《行政事业单位内部控制规范（试行）》（以下简称《内控规范》）、《教育部直属高校经济活动内部控制指南》《江苏省省属院校经济活动内部控制实施指南（试行）》等规范文件，要求各行政事业单位提高单位内部管理水平，规范内部控制，加强廉政风险防控机制建设。

随着外部监管要求的不断加强，无锡职业技术学院规模、事业发展规划不断增加和经济活动管理的目标更为清晰，以经济活动管控实践经验为基础，深入调研和借鉴其他高校有关经济活动管控的方法论和实施工具，准确了解学校重要风险，加强风险防控机制建设，提高风险意识和抗风险能力成为共识。

近年来，学校通过识别重要业务风险点，已初步建立起风险防控措施、厘清界定部门职责、建立不相容岗位分离机制等，相应搭建完成学校管理内控体系，既可基本满足《内控规范》要求，又能通过业务梳理制定标准、规范流程，有效帮助学校实现内部控制管理的精细化、规范化、合法化等相关要求，从事前、事中、事后建立全链条的经济活动管理体系，打通预算与其他经济业务的管理过程，初步做到让决策有力度、监管有尺度、执行有效率。同时，学校高层和职能部门领导敏锐地发现二级学院内部控制存在部分不足和遗漏，须予以强化、总结和提高，这是实施本轮专业群内部控制建设的意义所在。

二、专业群内部控制建设的总体目标

通过全面梳理、建立健全“双高”专业群内部控制体系，充分发挥“双高”专业群管理自主权，有效落实“简政放权、明确责任”相关政策，进而全面提升“双高”专业群师生教、学、研的积极性，为学校达成总体建设目标提供科学保障。

最终建设成果拟形成《专业群内部控制管理实施方案》，主要包括各专业群所在院系治理（章程、组织架构、议事规则等）、党务综合、行政管理（印章、档案、会议室管理等）、人事管理、财务管理（自行采购、经费支出等）、项目库管理、预算绩效一体化管理、实验室管理、耗材管理、人才培养、科研管理、课题管理、安全与设备管理等内容。在项目实施过程中，综合考虑专业群所在二级学院内部控制基础工作现状并充分征求各职能管理部门指导意见，在此前提下，专业群建设以三大组团十五大模块为基础开展相关建设，即党务行政内控组团（党务管理、行政事务管理、人力资源管理、工会管理）、财务资产内控组团（预算管理、收入管理、支出管理、资产管理、采购管理、合同管理），以及教学科研组团（教学管理、学生管理、科研管理、实验实训室建设、实验实训室管理）。

三、专业群内部控制建设实施原则

（一）先进性与实用性相结合

本建设项目应用国内、国际先进的内部控制管理理论，借鉴行政事业单位的内部控制实践经验，立足于机械技术学院自身的发展目标和管理特点，力求与学校现有的业务流程及管理体系有效衔接。同时也充分考虑二级学院业务工作的前瞻性与可行性。

（二）全面性与重要性相结合

本建设项目的内容全面覆盖数控技术专业群内部控制体系诸要素和关键环节，对机械技术学院建立健全专业群内控体系提出了指导性原则和具体工作方案，针对内部控制体系建设、内部控制评价等常规性工作，提出一系列具备可操作性的具体要求，并根据工作重心设置各管理环节。

（三）继承性与创新性相结合

本建设项目与专业群所在二级学院现行的管理制度体系相结合，力求与管理制度相融合，对于已不适用的其他各项管理制度，根据新时代高质量发展的新要求作出了创新性的调整。

（四）合规性与合理性相结合

专业群内部控制管理工作既要为日常管理目标的实现提供有力保障，又要满足上级监管部门的监管要求。建设将以满足外部监管要求为出发点，以提升二级学院内部控制管理水平为落脚点，兼顾内外部相关管理的要求。

四、专业群内部控制建设实施方案

（一）建设项目的预期目标与建设要求

· “双高”专业群业务及内控基础现状分析。

· “双高”专业群各业务关键点、风险识别和评估。

· “双高”专业群风险应对策略，优化内部控制体系。

· 形成各专业群《专业群内部控制管理实施方案》。

（二）工作思路及工作重点分析

（1）突出重点，统筹兼顾

首先，建设项目团队成员梳理内控体系建设的重点，在建设实施中做到重点突出和统筹兼顾。从内控体系建设内容看，工作的重点是全面梳理“双高”专业群的组织架构、运行机制、关键岗位及信息系统，并对各业务关键点作出风险识别和评估。

（2）内控体系建设工作的难点

难点：内控体系建设的难点是针对识别出的关键风险点、管理中的痛点，综合学校层面的内控制度、信息化要求等提出风险应对策略，并对内控体系进行补充、优化。

应对措施：加强与“双高”专业群各层级的沟通交流，以及与校级内控领导小组办公室及其他相关职能处室负责人的沟通，梳理后的内控体系真正体现全面性、重要性、制衡性和适应性。

(3) 提升建设质量与效率

在内控体系建设过程中，建设团队成员致力提高工作效率，不断学习和理解国家、省市关于内部控制的各项法规，梳理学校各项内部规章制度，提高自身专业水平，改进服务方式，通过提高专业能力和工作效率来保障建设工作的质量和速度。

(4) 实施多级复核

内控体系建设工作复核级别包括初级复核、二级复核、负责人三级复核和领导小组四级复核。四级复核程序确保内控管理实施方案的效度和质量。

内控体系建设一般程序为：项目准备阶段、调研诊断阶段、内控体系成果汇总阶段和成果沟通阶段。

(三) 内控体系建设执行程序

程序	说明
全面梳理"双高"专业群相关的内部控制制度、组织架构、岗位职责和最近三年度内控类报告等	包括:《无锡职业技术学院管理制度汇编》(1500余页)、1101制度汇编（含行政管理6大模块、业务管理3大模块、党务管理2大模块、学生管理4大模块)、两个"双高"专业群所在二级学院文件制度计65个
对"双高"专业群所在学院进行实地走访，开展深度访谈并实施书面调研	建设期累计完成了二级机构各级主管40余人次的访谈、7个职能部门20余次的书面征求意见及反馈工作
对各业务关键点作出风险识别和评估	对财政部、教育部、江苏省、学校、二级学院发布的政策文件、制度、规范、细则等与二级学院现场实际情况做出比对和分析，按照内部控制组织架构四个层面（分别是决策、管理、执行、监督），识别和评估相关风险点
提出风险应对策略，并与二级学院相关部门充分沟通	提出风险应对策略，并与二级学院的综合办公室保持密切沟通状态
对已有内控体系进行补充、优化	在内部组织分析会的基础上，充分征求学校财务处等相关职能处室领导和二级学院领导的修订意见，形成二级学院内控体系补充、优化方案

完成各专业群《专业群内部控制管理实施方案》，经学校内控领导小组审核后定稿，并公布实施。

五、专业群内部控制建设依据

《财政部关于印发〈行政事业单位内部控制规范（试行）〉的通知》(财会〔2012〕21号)；

《教育部关于做好〈行政事业单位内部控制规范（试行）〉实施工作的通知》(教财函〔2013〕142号)；

《财政部关于全面推进行政事业单位内部控制建设的指导意见》(财会〔2015〕24号);

《财政部关于开展行政事业单位内部控制基础性评价工作的通知》(财会〔2016〕11号);

《教育部直属高校经济活动内部控制指南(试行)》(教财厅〔2016〕2号);

《关于印发〈行政事业单位内部控制报告管理制度(试行)〉的通知》(财会〔2017〕1号);

《江苏省教育厅关于印发〈江苏省省属院校经济活动内部控制实施指南(试行)〉的通知》(苏教财〔2017〕2号);

《无锡职业技术学院内控手册V1.0》。

六、专业群内部控制建设资料准备及访谈情况

(一)资料准备情况

· 各部门的业务流程、制度等文件。

· 组织架构图及说明。

· 处室及科室职责。

· 职权目录及方案。

· 岗位职责说明。

· 最近三年度的部门预算表及执行情况说明。

· 其他有关内部控制的相关资料(内部控制制度、最近三年度内控类报告、各类管理台账等)。

(二)深度访谈及书面调研情况(机械技术学院)

访谈部门		调研对象
职能部门	党办(校办)	部门负责人、部门副职
	发展规划处	
	学生工作处	
	教务处	
	科技产业处、校企合作处	
	人事处	
	双高办、质量监督与控制部	
	招生办	部门负责人
	财务处	部门负责人、部门副职、预算科负责人

续表

访谈部门			调研对象
职能部门		资产处	部门负责人、部门副职
		后勤管理处	
		基建处	部门负责人
专业群	机械技术学院	办公室	主任
		教务科研办	
		学生工作办	
		分团委	
		数字化部	
		实训部	
		基础课部	
		系部1	系主任、专业带头人
		系部2	
		系部3	
		系部4	
		系部5	

第二章
内部控制管理机制

由第二章起，本文以机械技术学院为例，系统阐述本轮内控建设成果——“双高”专业群内部控制管理机制。为避免混淆，文中“学校”专指无锡职业技术学院，“学院”专指机械技术学院，下文不再赘述。

一、目标与原则

（一）内部控制管理工作的总体目标

1. 确保学院各项业务活动合法合规

确保学院各项业务活动合法合规是学院内部控制最基本的目标。学院应制定完备的业务流程制度、实施措施和执行程序，合理保证各项业务活动在法律法规允许的范围内进行，避免违法违规行为的发生。

2. 确保学院资产安全和使用有效

学院资产种类繁多、数量较大，资产是部门正常运转的物质基础和财力保障，资产不安全、使用效率低都将对各项工作的正常开展产生不利影响。所以，合理保证资产安全和使用有效是学院内部控制的重要目标。

学院通过落实资产管理责任、加强资产日常管理和定期清查盘点等措施加以保护资产，优化资源配置，充分发挥资产效能。

3. 有效防范舞弊和预防腐败

防范舞弊和预防腐败是现阶段单位内部控制尤为重要的一个目标。腐败和舞弊的根源在于权力在运行过程中制约和监督的缺失。学院应将相应制衡机制嵌入内部管理制度建设之中，通过内部控制机制建设，充分强化事前控制，建立反腐败、反舞弊的长效机制，从而实现防范舞弊和预防腐败的目标。

（二）内部控制管理的基本原则

1. 全面性原则

专业群内部控制是一个整体系统，渗透于所在二级学院业务活动的全过程。其内部控制活动应实现全面的、全过程的控制。

学院内部控制覆盖决策管理机构、党务管理、行政事务管理、人力资源管理、工会管理、预算管理、收入管理、支出管理、资产管理、采购管理、合同管理、教学管理、学生管理、科研管理、实验实训室建设、实验实训室管理等各项业务活动。

2. 重要性原则

学院内部控制应在兼顾全面的基础上突出重点，针对重要教学经济活动及可能存在重大风险的环节采取更为严格的控制措施，要确保内部控制的建立不存在重大缺陷。

3. 制衡性原则

学院须确保教学经济活动的决策、执行、监督相互分离，确保不相容岗位相互分离和制约，确保内部各科室（系/部）或岗位之间加强沟通协调和实行相互监督。通过将制衡机制嵌入学院的内部管理制度之中，使内部管理制度更有针对性和可操作性，有利于堵塞漏洞、消除隐患，真正发挥出制度管权、管事、管人的作用。

4. 适应性原则

学院内部控制应符合国家有关规定和学校实际情况，并随着外部环境的变化、教学经济活动的调整和管理要求的提高，不断修订和完善。

内部控制只有与学校业务范围、性质、教学经济活动特点、风险水平以及所处内外部环境等相适应、相匹配，并且符合成本效益原则，才能取得效果。

同时，学院内部控制体系建设不是一劳永逸的，而是一个不断完善的动态过程，应根据新的变化和要求及时完善制度、改进措施和调整程序，不断修订和完善学院内部控制体系。

二、内部控制组织机制

（一）决策机构

学院成立内控机制建设领导小组，院长任组长，其他院领导为小组成员。领导小组负责组织制定学院内控机制建设工作方案，协调解决重大事项，督促指导工作开展。

（二）管理机构

学院成立内控机制建设工作小组，综合办公室主任任组长，其他科室（系/部）负责人为小组成员。工作小组具体负责贯彻实施内部控制规范的具体工作，编制内部控制体系建设工作计划，负责组织开展内控培训和宣传工作，统筹、协调和具体落实各项建设任务。

（三）执行机构

学院所属各科室（系/部）是专业群内控工作的执行机构，应积极配合内部控制建设和实施。具体负责配合建设工作小组对本科室（系/部）相关的业务活动进行流程梳理和风险评估；对本科室（系/部）的内部控制建设提出意见和建议，积极参与学院业务活动内部管理制度体系的建设；认真执行学院内部控制管理文件，落实内部控制的相关要求；对本科室（系/部）实施内部控制的日常监控；认真履行内部控制的其他相关工作。

（四）监督机构

学院内部控制体系的建立健全接受学校监督，针对学院内部控制管理情况定期开展自我评价及内部监督工作。

三、教学经济活动风险评估机制

对学院经济及业务活动存在的风险进行全面、系统和客观的评估，学院工作小组以年度为单位定期开展风险评估工作。

（一）机构和人员

学院经济及业务活动风险评估工作由建设工作小组具体组织实施，对学院教学经济活动及业务活动风险进行分析评估，形成风险评估结果。

（二）工作程序

学院风险评估由建设工作小组按照以下程序实施：

制定风险评估方案：工作小组制定印发风险评估工作方案，设计形成风险评估问卷，提供风险评估打分的具体标准。

具体实施风险评估：各科室（系/部）按照风险评估工作的要求，填写风险评估问卷，对职能范围内的经济及业务活动风险进行识别、打分，并针对重大风险出具相应的应对方案。

汇总编制风险报告：工作小组根据各科室（系/部）填报的风险评估问卷和重大风险应对方案，汇总编制年度风险评估报告，并在工作小组内部进行沟通完善后，报领导小组审批。

风险结果报送和应用：工作小组根据领导小组的审批意见，对风险评估结果进行分析，以此为依据完善内部控制，督促相关科室（系/部）针对经济及业务活动重大风险研究确定解决方案，以及时堵塞漏洞、消除隐患。

（三）业务范围

从单位层面和业务层面对教学经济活动进行风险评估：

单位层面内部控制重点关注：学院内部控制工作的组织情况，学院决策管理机构、内控机制的建设情况，管理制度的完善情况，内控关键岗位责任制及工作人员的管理情况，财务信息的编报情况等。

业务层面内部控制重点关注：党务管理、行政事务管理、人力资源管理、工会管理、预算管理、收入管理、支出管理、资产管理、采购管理、合同管理、教学管理、学生管理、科研管理、实验实训室建设、实验实训室管理。

第三章
单位层面内部控制

一、组织机构

根据学校《关于调整和设置学校三级机构的通知》(锡职院委〔2018〕15号)，学院下设教学单位和职能部门。

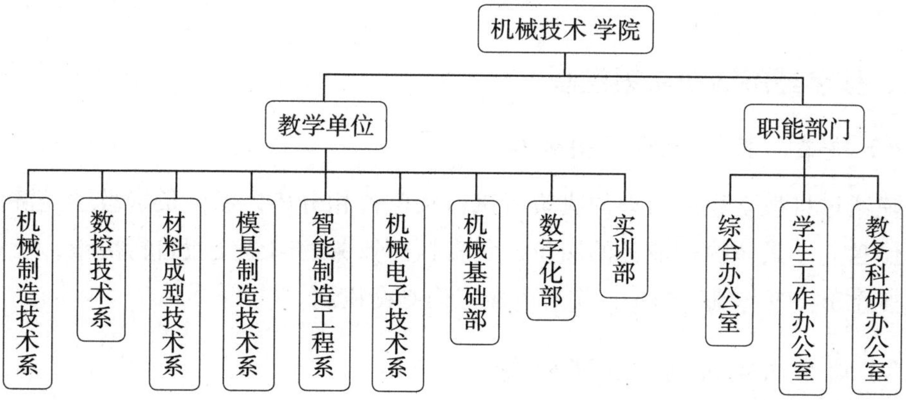

组织机构	机构职责
综合办公室	拟订本单位发展规划、基本管理制度，制定具体工作规则和办法；进行师资队伍建设；负责本单位机构设置、人员聘用及管理、资产和财务管理；组织开展人才培养、科学研究、学术交流、社会服务和对外合作活动；党建、宣传、培训与社会服务；资产采购与管理；学校赋予的其他职责
学生工作办公室	在党总支的领导下负责思想政治教育，团和班集体建设，学业指导，日常事务管理，心理健康教育与咨询，网络思想政治教育，危机事件应对，职业规划与就业指导，理论和实践研究，学生奖励资助，定期向学生处，学院主管领导汇报工作、上报工作信息，负责组织青年团员思想政治建设，引领青年团员的思想动态，开展政治性、思想性等学生活动；面向青年学生开展党的教育，培育入党积极分子，发展学生党员，发挥优秀学生的模范作用，配合学校教学及其他管理

续表

组织机构	机构职责
教务科研办公室	是本院从事教学与科研的职能部门，在分管教学、科研工作的院领导指导下开展工作
机械制造技术系	负责专业建设、课程建设、教材建设、实验实训室建设与管理；科学研究、教学环节的实施等
数控技术系	
材料成型技术系	
模具制造技术系	
智能制造工程系	
机械电子技术系	
机械基础部	
数字化部	
实训部	负责实训课程和实践教学环节的实施，承担本专业的日常教学管理和教学研究工作。

二、教学经济活动决策机制

（一）决策、执行和监督相分离

学院通过将教学经济活动的决策、执行和监督相分离，保证负责教学经济活动决策的岗位独立于具体执行业务的岗位，负责执行业务的岗位无权自行决策，负责监督的岗位独立于决策与执行岗位，实现内控工作制衡机制。

（二）议事决策机制的管理形式

学院决策管理形式包括学院党总支委员会会议、党政联席会议、学院教代会、工会委员会、教学管理委员会会议、学生工作委员会、学术委员会、教材工作委员会、系主任例会等形式，上述管理形式以“部门例会”统称，不再单述。

学院党总支委员会负责学院思想政治和党的建设工作，保证党和国家的各项方针、政策和学校的决定在本学院的贯彻执行，支持并监督行政负责人履行其职责；发挥在学院各种组织中领导的核心作用，保证学院党总支委员会工作民主化、规范化、制度化，提高科学决策的水平。领导工会、教代会、团委和学生会等群众组织。

学院党政联席会是学院最高决策形式，承担研究、审议学院重大事项决策、重要干部任免、重大项目安排和大额度资金使用等职能，涉及教学、科研、学生、人事、财务、工作安排等重要事项须经学院党政联席会讨论，集体决定。

学院教代会是教职工行使民主权利、参与民主管理的基本形式，也是部门行政负责人与教职工进行交流、沟通的重要渠道。学院教代会根据校党委、校行政的部署，在机关党工委、分院（部）党总支（直属党支部）的领导下，接受校级教代会的指导，尊重和支持本单位行政领导行使职权，正确处理国家、学校、教职工个人三者的关系，保障教职工参与本单位的重要决策，维护教职工合法权益，支持、监督本单位行政工作等方面的权利与作用，更大限度地调动广大教职工的积极性，保证分院、系（部）各项任务的完成。教代会的组织原则是民主集中制。

学院工会是在学校党委和上级工会组织领导下的职工群众自愿结合的工人阶级的群众组织，也是党联系群众的桥梁和纽带，还是国家政权的重要社会支柱，更是办好社会主义学校的重要依靠力量，承担学院教代会工作机构的任务，完成校教代会布置的有关工作，开展各类分工会的活动，维权，帮扶困难职工。

学院教学管理委员会负责研究、商议专业设置和培养方案；研究、审议课程建设、教材建设、实训室建设及实习基地建设等教学工作；指导系（部）开展教学改革；包括教学内容、课程体系及教学方法与手段的改革；指导学院的教学质量保障与监控工作，评定教改项目、教学成果、精品课程、优秀教材及各类教学荣誉奖项。

学院学生工作委员会是在学校、学院党政统一领导下，有效整合教学、管理、服务等资源，形成学生工作合力，切实促进学生融入学校民主管理的机构。

学院学术委员会是学术评议与审核机构，审议本单位科学研究远景规划和计划草案，对较大型学术活动提出建议，推动与促进院内以及各级学术部门在国内外实施的学术交流及科技合作，审议重大研究课题的开题报告。

学院教材工作委员会在学校教材委员会的指导下，统筹全院教材工作，贯彻党和国家关于教材工作的重大方针政策，研究审议教材建设规划和年度工作计划，研究解决教材建设中的重大问题，指导、组织和协调全院有关教材工作，审查课程设置和课程标准制定，审查意识形态属性较强的规划教材。

学院系主任例会，在院长主持下就教学工作的开展情况、培养方案与课程体系、毕业实习、毕业生就业情况及毕业生跟踪调查、人才队伍建设、科研项目申报等进行深入交流和讨论。

（三）决策管理内部控制流程及管理制度

1. 内部控制类别及制度渊源

在制度建设方面，学院作为学校的骨干型学院，首先，要细化学校各项规章制度并予以贯彻执行；其次，要紧扣自身专业要求和教学特点制定并实施各项教学管理制度和规范；最后，还要结合自身实际，制定或补充并组织实施相关的行政、人事、财务、资产等方面的规章。

在日常管理控制方面，学院各决策管理机构要明晰业务环节、流程节点、科室（系/部）职责，通过明确各流程步骤上的关键控制措施，防范决策管理机构业务活动的相关风险，确保决策管理机构规范有序。

决策管理的业务流程和管理制度表

流程编号	业务流程	流程主管部门	风险主体	文件渊源
JXJCGL.01	部门例会会前准备流程	综合办公室	综合办公室	暂无
JXJCGL.02	部门例会会后执行进度跟踪流程			
JXJCGL.03	行政管理制度制定流程			
JXJCGL.04	教学管理制度制定流程	教务科研办	教务科研办公室	

2. 决策管理业务流程及步骤

部门例会会前准备流程

流程编号：JXJCGL.01　　流程类别：决策管理　　流程主责部门：综合办公室　　流程版本：V1.0

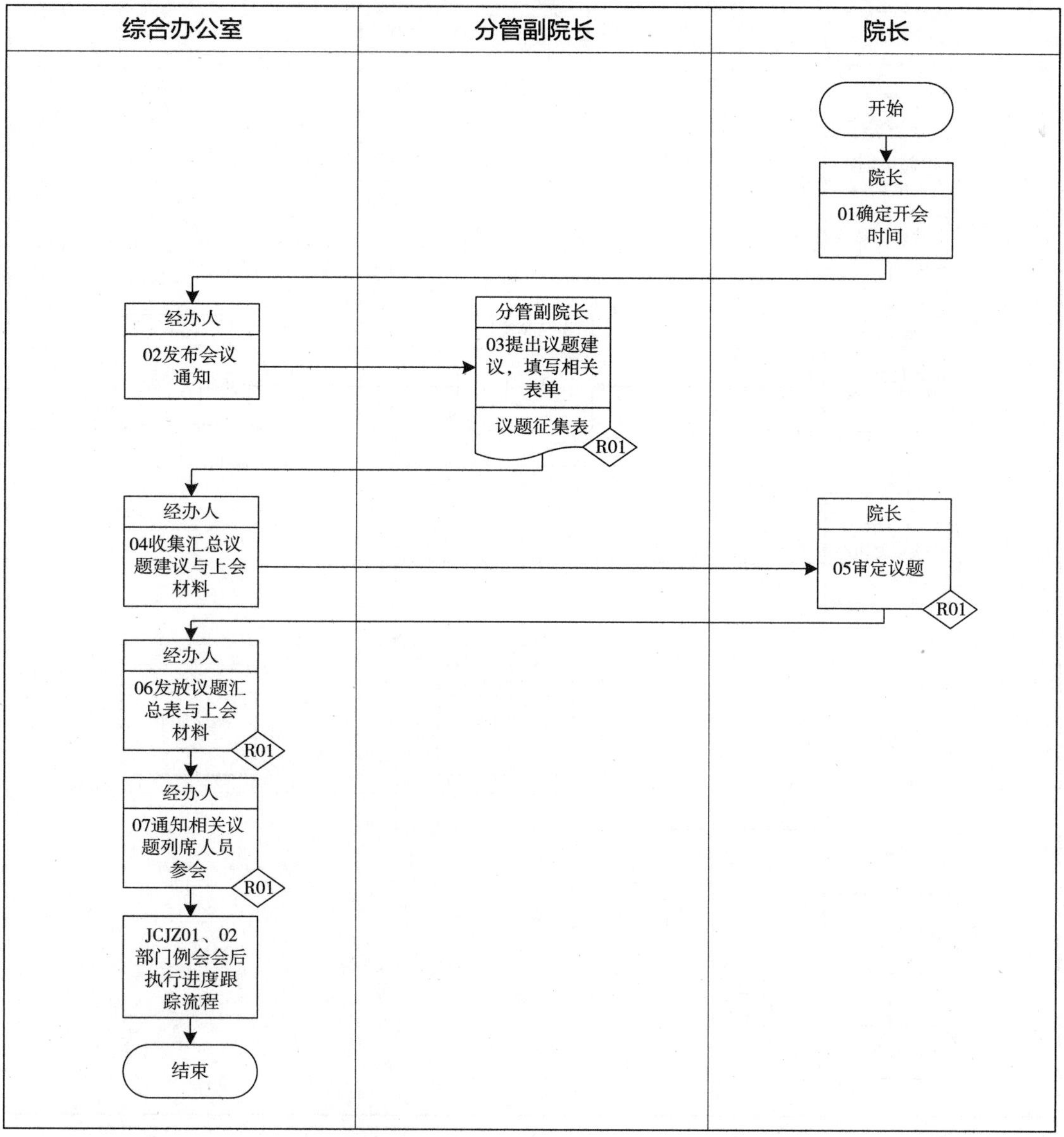

说明：

01~02：由二级学院院长确定开会时间，综合办公室发布会议通知。

03~05：凡提交部门例会的议题，必须事先进行充分调研、论证和协商，在形成比较成熟的方案、意见或建议后，向会议提交书面材料。内容包括汇报要点、须讨论决定的事项，以及关于解决所提出问题的方案、意见或建议。院长最终审定议题。

06：综合办公室经办人发放议题汇总表与上会材料。

07：综合办公室经办人通知相关议题列席人员参会。

部门例会会后执行进度跟踪流程

流程编号：JXJCGL.02　流程类别：决策管理　流程主责部门：综合办公室　流程版本：V1.0

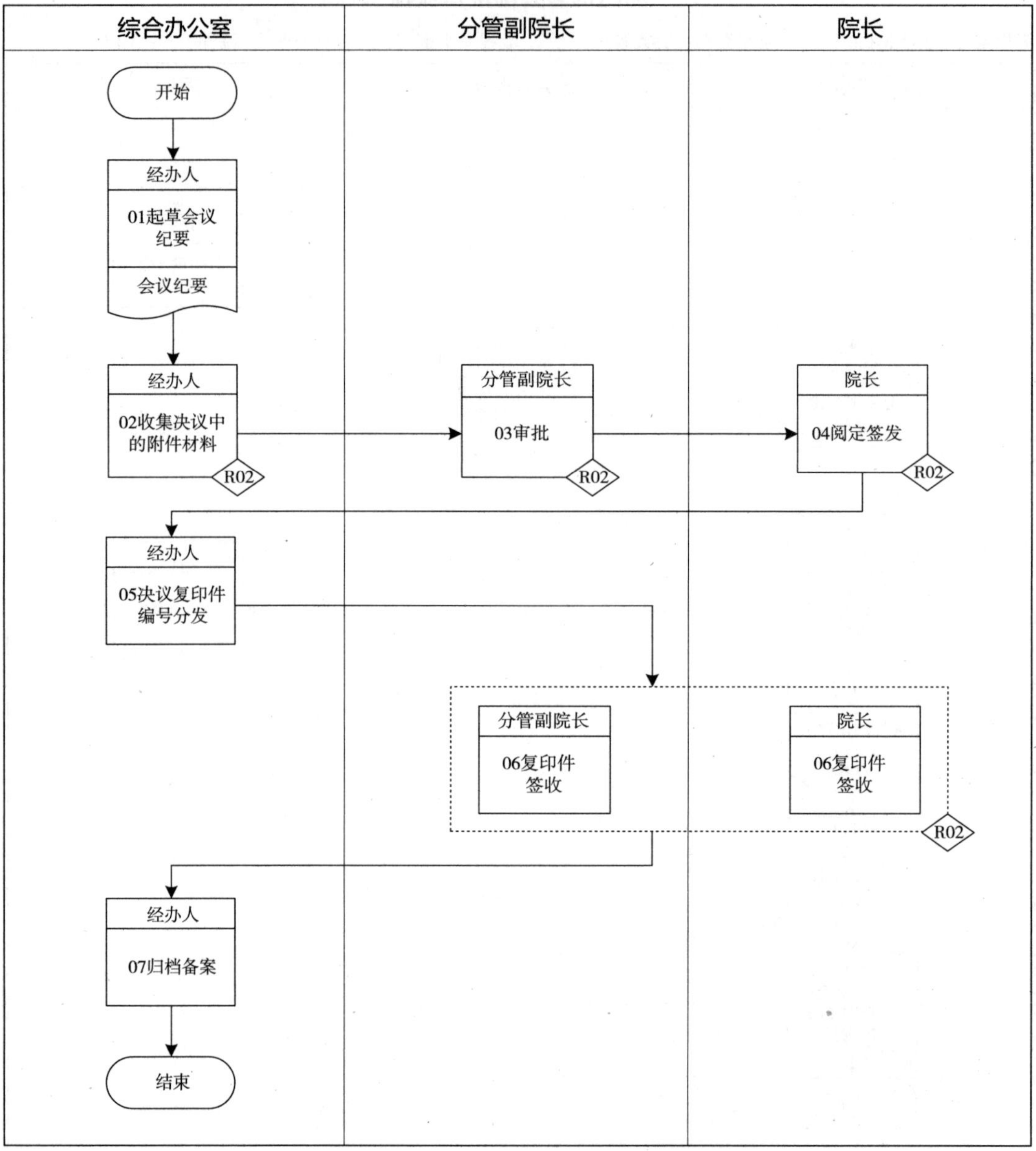

说明：

01~03：综合办公室经办人起草会议纪要，收集决议中附件材料交分管领导审核。

04~05：院长对会议纪要进行阅定签发，由综合办公室将决议复印件编号分发。

06：决议复印件应分发至分管领导及院长分别进行签收。

07：综合办公室经办人及时对相关材料进行归档备案。

行政管理制度制定流程

流程编号：JXJCGL.03　　流程类别：决策管理　　流程主责部门：综合办公室　　流程版本：V1.0

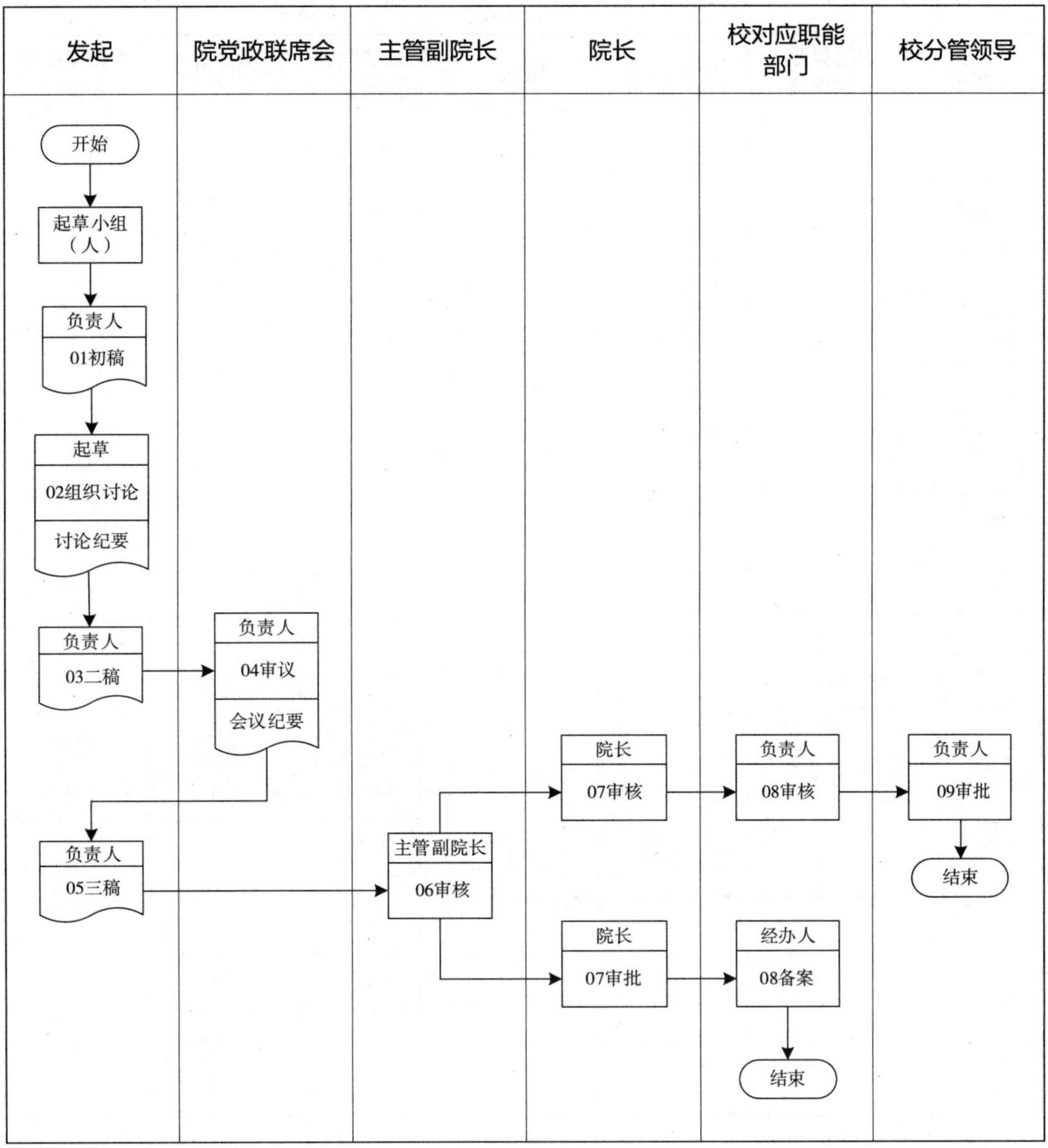

说明：

01：起草小组（人）撰写初稿。

02：组织相关人员开展讨论。

03~04：形成第二稿提交院党政联席会讨论。

05~06：根据党政联席会议纪要修改成第三稿，并报主管副院长审核。

07~09：区别重要性，无须校分管领导审批的，由院长直接审批；须学校审批的，由院长、校相应职能部门审核后，报校分管领导审批。

教学管理制度制定流程

流程编号：JXJCGL.04　　流程类别：决策管理　　流程主责部门：教务科研办公室　　流程版本：V1.0

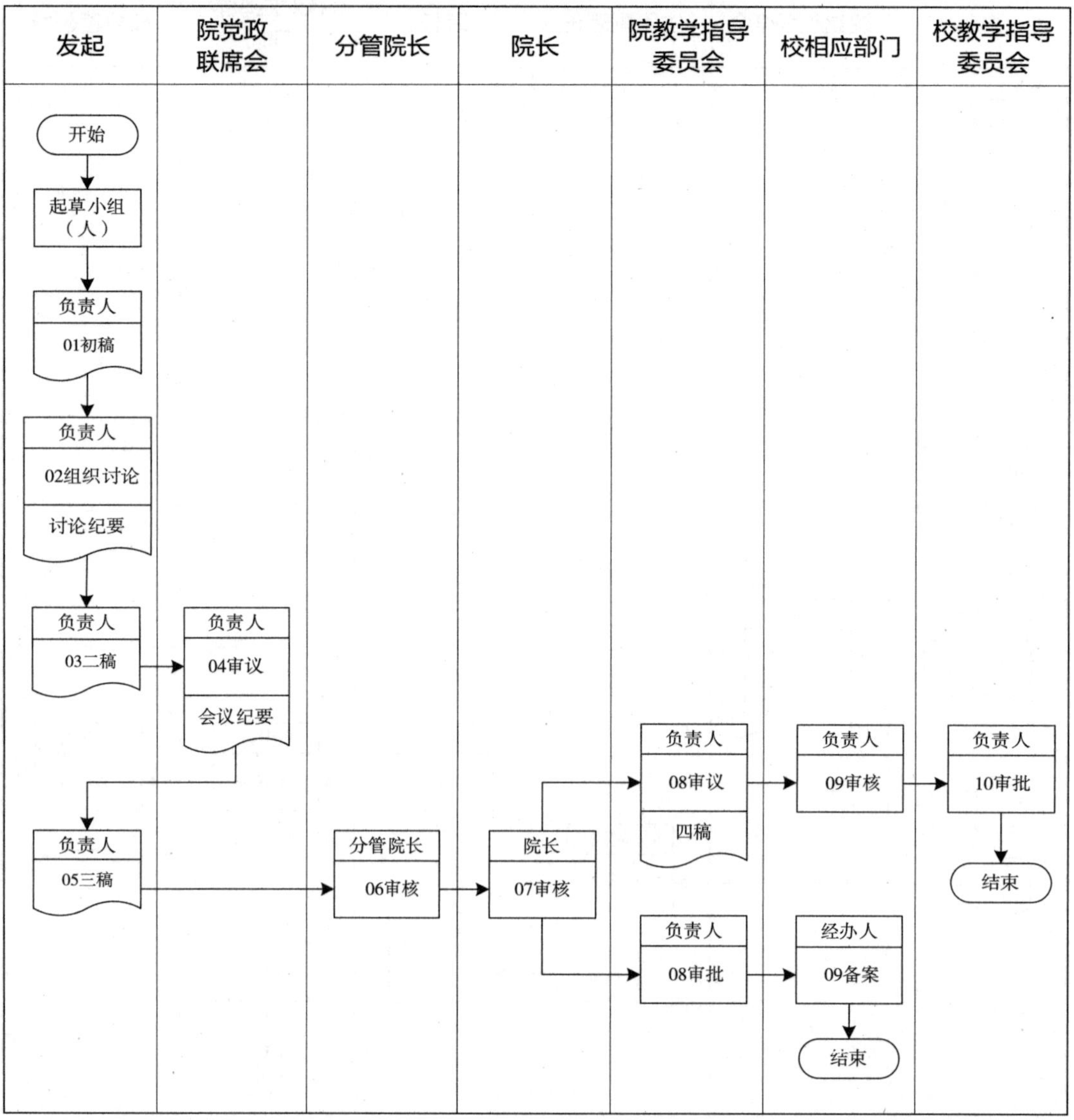

说明：

01：起草小组（人）撰写初稿。

02：组织相关人员开展讨论。

03~04：形成二稿，提交院党政联席会讨论。

05~07：修改形成三稿并报分管院长、院长审核。

08~10：无须报校教学指导委员会审批的，由院教学指导委员会负责人直接审批；须报校教学指导委员会审批的，由院教学指导委员会负责人及校相应部门负责人审核后，报校教学指导委员会审批。

（四）决策管理机构风险控制措施表

业务流程	业务环节	风险编号	风险描述	控制编号	控制措施	责任部门	控制实施证据（表单）	控制制度
部门例会会前准备流程	会前准备	R01	未按照会议机制严格执行，会议召开前议题论证不充分，或临时动议，可能导致决策缺乏集体讨论形式，可能导致决策失效、失责，影响相关工作的正常运行	C01	建立相关会议议事办法，明确会议议事范围、议事规则、议事程序和决议执行等程序； 严格按照会议议事办法及相关流程执行，院长确定开会时间后，综合办公室应在规定时间内统一征集会议议题，分管副院长及相关人员提出建议，综合办公室汇总形成《议题征集表》，经院长审批后确定最终议题，会议中不得存在临时动议议题或表决事项	综合办公室	《会议通知》《议题征集表》《议题汇总表》《报告材料》	暂无
部门例会会后执行进度跟踪流程	会后执行进度跟踪	R02	决策后未有效对效率、效果进行跟踪或无决策问责机制，可能导致决策失效、失责，影响相关工作的正常运行	C02	建立相关会议议事办法，明确会议议事范围、议事规则、议事程序和决议执行等程序； 会议讨论决定的事项，按照职责分工认真贯彻落实； 明确专人对贯彻落实情况进行检查督办并及时向主要负责人报告，对未按决策执行或执行情况较差的事项建立问责机制		《会议纪要》《决议通知》《会议情况落实跟踪表》《办通字》	暂无

（五）决策管理机构权限指引表

业务分类	经济业务活动	参与主体		
		综合办公室经办人	分管副院长	院长
决策管理	部门例会会前准备	02 发布通知 04 收集上会材料	03 提出议题建议	01 确定时间 05 审定议题
	部门例会会后执行进度跟踪	01 起草会议纪要 02 收集决议材料 05 编号分发 07 归档备案	03 审批 06 复印件签收	04 阅定签发 06 复印件签收

三、人员资质和能力

学院内控工作主要涉及决策管理机构、党务管理、行政事务管理、人力资源管理、工会管理、预算管理、收入管理、支出管理、资产管理、采购管理、合同管理、教学管理、科研管理、学生管理、实验实训室建设、实验实训室管理十六大业务模块，内部控制岗位人员管理主要有以下要求：

1. 把好人员入口关

职业道德修养和专业胜任能力是学院选拔任用内部控制岗位人员的重要标准，确保选拔任用的人员具备与其工作岗位相适应的资格和能力，包括知识、技能、专业背景和从业资格等，把好关键岗位工作人员的入口关。

2. 加强业务培训和职业道德教育

学院定期对内部控制关键岗位人员进行业务培训和道德教育，使其及时了解和认真执行国家的有关法律法规政策，督促相关工作人员自觉更新和提升专业技能和业务水平，了解和掌握职业道德要求。学院内部控制体系是以业务活动岗位人员的专业胜任能力和职业道德水平为基础的，没有专业人才，再科学、合理的制度设计都难以得到落实。

第四章
业务层面内部控制

一、党务管理

（一）基本概述

党务管理内部控制旨在规范学院党务管理的各个环节、流程节点、各职责的管理规则，通过明确各流程步骤上的关键控制措施，防范党务管理的相关风险，确保党务管理规范有序。

本手册所指党务，是指学院以学校名义在党务管理中与党员、先进分子、学生骨干、群众和民主党派进行政治活动的规范制度。

党务管理内部控制适用于党员政治生活、发展党员、党政议事、党的意识形态、民主评议党员、党的巡视工作、党员学习、党员监督的管理。

1. 学院党组织的架构

学院党组织设置党的总支部委员会，由党员大会或党代会选举产生，直属党支部委员会一般由党员大会选举产生，任期3年。

党的总支部委员会一般由5人组成，一般设专职书记以及组织、宣传、纪检、统战等委员，必要时也可增设副书记1人。视工作需要和实际情况，学院党组织应配备专兼职党务秘书或专职组织员，其一般应熟悉党务工作和教学、科研工作。注重从教学科研骨干中选拔和培养党组织负责人，逐步建立一支专兼职结合的党务干部队伍。

委员会成员一般由党的总支部委员会（直属党支部委员会）选举产生，确因工作需要也可由学校党委任命。书记和院长职务“一肩挑”的，应同时具备党政任职条件，并可以配备一名专（兼）职副书记抓党务工作和学生工作。实行定期换岗、轮岗制度。原则上在同一单位任同一职务满两届要换岗或交流。

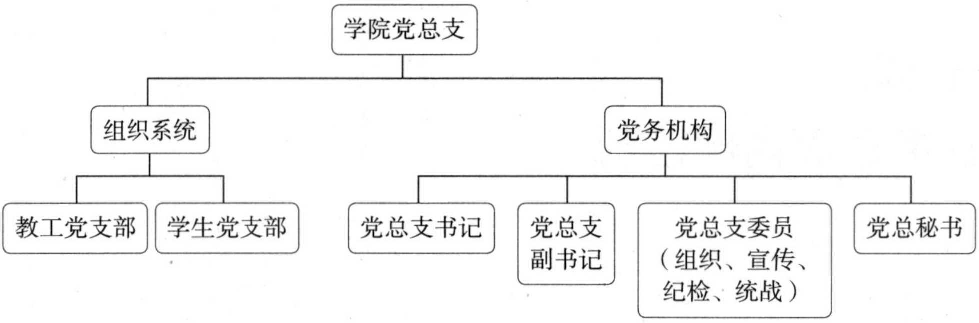

各党务机构专职岗位隶属、设置、权责、考核、奖惩详见《无锡职业技术学院（部）党组织标准化建设实施方案》（锡职院委〔2022〕17号）、《关于调整学院党总支委员职责分工的通知》（机械党总支〔2022〕1号）。

2. 学院党组织的工作职责

保证监督党和国家的方针、政策及学院各项决定在本单位的贯彻执行情况。参与讨论和决定本单位教学、科研和行政管理等工作中的重大事项。支持行政负责人在其职责范围内独立负责地开展工作。加强党政领导班子自身建设，在选拔行政领导方面提出建议，做好培养、考核、监督和学生政治辅导员、班主任等的配备、管理工作。

认真贯彻全面从严治党的方针，切实加强党组织的思想建设、组织建设和作风建设、反腐倡廉建设和制度建设，领导所属党支部的工作。有计划、有重点地做好发展党员工作。支持共青团组织。领导本单位工会、教代会、共青团、学生会等群众组织，支持他们围绕学院和本单位的中心工作，依照各自章程独立自主地开展工作。

领导本部门的思想政治工作和精神文明建设。贯彻落实党的统一战线政策和知识分子政策，做好统战工作和知识分子工作。认真做好稳定工作，全面落实治安综合治理目标管理责任制。

（二）业务流程及管理制度

党务管理的决策机构主要包括学院党总支会议和学院党政联席会议。学院党总支根据校党委决定的重大事项制订实施细则，党总支会议集体讨论决定，院长统一组织实施。学院党政联席会议讨论决定学院（部）教学、科研、行政管理等工作中的重大事项并制订实施办法。

1. 意识形态责任

学院实行党总支意识形态工作责任制，要按照分级负责和谁主管谁负责、谁主办谁负责的原则，一级抓一级，层层抓落实。

意识形态工作的责任主体是学院党总支书记，主要职责是在学校党委的领导下做好本部门的意识形态方面的工作，各院部门领导班子对意识形态工作负主体责任。各院党组织书记、各职能部门主要负责人是第一责任人，重要工作亲自部署、重要问题亲自过问、重大事件亲自处置。班子其他成员根据工作分工，按照“一岗双责”要求，对职责范围内的意识形态工作负领导责任。

党总支各委员在学校党委的领导下，负责统筹、组织、协调、督查全校意识形态工作，建立健全本部门相应的工作机制，统筹协调，指导监督，在教学、科研、学科建设、管理和服务中体现意识形态工作要求，切实维护意识形态安全，加强对本部门各类意识形态阵地的管理，领导、组织对本部门内意识形态领域重大问题的处置，高度重视本部门宣传思想干部队伍建设，确保宣传思想战线干部队伍坚强有力。

各系部党支部对分管部门、业务领域和联系系部的意识形态工作，对职责范围内的意识形态工作负主要领导责任。

意识形态责任清单：把握正确方向导向的责任；加强课堂教育教学管理的责任；加强宣传思想阵地管理的责任；加强网络意识形态管理的责任；加强有关项目资金管理的责任；领导、组织对意识形态领域重大问题处置的责任；加强抵御和防范宗教渗透的责任；加强师生思想政治工作的责任。

2. 党的政治生活

在学院层面，党的政治生活主要包括党总支委员会会议、理论学习中心组学习会、全体党员会议、领导班子民主生活会议和其他会议形式。

（1）党总支委员会会议

党总支委员会会议的内容，主要是贯彻学院党委的决议、决定，传达会议精神，布置工作任务；预备党员的审查，行政领导提出的须党总支讨论的事项。党总支委员会会议原则上每月召开一次，特殊情况可临时召开会议。党总支召开会议，由党总支书记主持。会议内容应事先通知委员，并邀请不是委员的行政主要负责人列席。党总支讨论决定问题，必须认真贯彻民主集中制原则。与会同志应充分发表意见，表明自己的态度，会议应根据少数服从多数的原则作出决定。对某些问题的认识和意见暂不能统一时，不急于作决定，待反复协商交换意见后，再研究决定。对行政工作中的问题，要充分听取并尊重行政领导的意见。党总支集体讨论作出的决定，个人应坚决服从和执行，不得自行其是。切实遵守党的会议要求的纪律，会上讨论问题时发表的各种不同意见，会后不得透露给他人。

（2）理论学习中心组学习会

院党总支组织成立各级理论学习中心组，采取集中学习与自学相结合的形式，以集中学习为主。集中学习做到：有计划、有资料、有中心发言人、有记录、有考勤、有总结。原则上每月至少组织召开一次。

（3）全体党员会议

党总支每学期召开一次全体党员会议，报告工作，提出任务和要求，表扬先进。

（4）领导班子民主生活会议

各院党组织班子成员一般每年要单独召开一次领导班子民主生活会。其内容根据院党委的要求而定，一般情况下主要检查贯彻党的路线、方针、政策，执行党委的决议，办学指导思想，党风廉政建设等情况，开展批评与自我批评。民主生活会由院党组织书记主持。召开工作前应做好准备，并提前一周将会议召开时间报党委组织部。会议召开情况应做好记录，一式二份，报党委组织部一份。

（5）其他会议形式

其他会议形式包括支部党员大会、支委会、党小组会（活动）。

（三）院党政联席会议议事规则

学院党政联席会议议事规则根据《无锡职业技术学院院（部）党政联席会议议事规则》（锡职院委〔2020〕43号）相关规定执行。

1. 基本原则

党政联席会议应坚持民主集中制，按照集体领导、民主集中、个别酝酿、会议决定的原则，集体讨论决定重大问题，建立健全集体领导、党政分工合作、协调运行的工作机制。此外，要保证党政联席会议对院（部）重要事项的决定权，同时不能用党政联席会议代替党组织委员会会议。

2. 决策范围

（1）党政联席会议讨论决定院（部）工作中的重要事项

事关院（部）改革发展稳定的事项：贯彻落实党的教育工作方针政策、上级有关决策部署和学校整体发展规划、教学科研管理各项工作安排的重要事项；院（部）发展规划、学科专业建设规划、年度工作计划和重要改革举措、重要规章制度的制定修订等重要事项；院（部）所属机构、单位，以及管理、咨询类组织的设置、调整等重要事项；年度财务预算决算的审定和执行，大额度资金使用以及接受大额捐赠等重要事项；大型设备和大宗物资采购或购买服务，基本建设和基建修缮等重要事项；办学空间、设备设施等办学资源配置，重要资产处置，无形资产授权使用等重要事项；服务地方经济和社会发展等重要事项；各类行政审批及后勤管理工作中的重要事项；维护安全稳定，防范和处置突发事件等重要事项。

事关教师队伍建设的事项：师资引进、培养，科研团队建设，教师兼职、访学、进修、参加各类组织和参与学术交流、社会活动中的重要事项；教职员工的聘用、调动、晋升、考核、职称职级评定、薪酬分配中的重要事项；人才工作规划制定，人才队伍建设，各级各类人才计划入选、推荐、申报中的重要事项；教职员工违规、违纪惩处等重要事项。

事关学生培养的事项：学科和专业设置、调整，学生培养方案制定、修订，培养项目的设立和终止等重要事项；课程建设、教学管理、教材编写与选用等重要事项；学生学籍管理，招生、毕业、就业、奖惩、困难学生帮扶等重要事项。

事关院（部）科研管理的重要事项：科研平台、科研团队建设，科研项目、科研经费管理，科研成果转化、科研奖励中的重要事项。

开展国（境）内外教学、科研和学术交流合作中的重要事项。学术委员会、教学委员会和其他管理、咨询类组织组成人员和负责人选任等重要事项。院（部）表彰、奖励，上级重要表彰、奖励人选推荐等重要事项。其他须党政联席会议讨论决定的事项。

（2）由院（部）党组织委员会会议研究形成决议并提请党政联席会议研究落实的事项

主要包括贯彻落实学校党委关于加强院（部）党的领导和党的建设有关决策部署的具体措施；师生思想政治工作、教风学风和师德师风建设有关事项；意识形态、统一战线和安全稳定工作有关事项；党风廉政建设和巡视巡察整改工作有关事项；按照学校有关规定，对党组织提名的院（部）所属机构负责人建议任免人选进行审议；其他须提请党政联席会议成员共同研究落实的事项。

3. 决策程序

党政联席会议一般每两周召开一次，遇有重要情况经党组织书记、院长协商同意可以随时召开。根据议题内容，会议由党组织书记或院长主持。

党政联席会议成员为院（部）党政领导班子成员（党组织书记、副书记、纪委书记或纪检委员，院长、副院长、院长助理，办公室主任）。会议必须有半数以上成员到会方可召开，对重大事项进行决策时必须有三分之二以上成员到会。因故不能参加会议的，须在会前向主持人请假。根据议题需要，由党组织书记、院长协商确定列席人员。列席人员有发言权，没有表决权。

党政联席会议议题由党政领导班子成员提出，由党组织书记、院长协商确定。对重要议题，党组织书记、院长应当在会前互相沟通，意见不一致的应暂缓上会。集体决定重大事项前，党组织书记、院长和党政联席会议有关成员要个别酝酿、充分沟通。

党政联席会议要坚持科学决策、民主决策、依法决策。对拟研究讨论的重要事项，会前应深入调查研究，充分听取各方面意见，视情况进行合法合规性审查和风险评估。涉及教学科研、人才引进和学科建设中的重要事项，应充分听取学术委员会、教学委员会等的意见。对事关师生员工切身利益的重要事项，应通过教职工代表大会或其他方式，广泛听取师生员工的意见。

党政联席会议议题一般一事一报，议题相关材料应提前提交院（部）办公室，院（部）办公室应提前将会议议题及相关材料送达有关参会人员。

党政联席会议按既定议程逐项进行，无特殊情况或未经党组织书记、院长同意，一般不临时动议议题。

党政联席会议议事和决策实行民主集中制，在充分讨论的基础上，按照少数服从多数的原则形成决议或决定。如对重要问题发生较大意见分歧，一般应当暂缓作出决定。党组织书记、院长应当最后表态。

党政联席会议讨论决定重要事项时应当进行表决，表决方式可以根据讨论和决定事项的不同，采用口头、举手、无记名投票或者记名投票等方式进行，赞成票超过应到会正式成员半数为通过。未到会成员的意见可以用书面形式表达，但不得计入票数。会议讨论和决定多个事项，应当逐项表决。特殊情况下不能及时召开党政联席会议决策的，党组织书记、院长或党政领导班子其他成员可以临机处置，事后应当及时向党政联席会议报告并按程序予以确认。

党政联席会议决议分为以下几种：批准或通过；原则批准或原则通过，按要求作相应修改后实施或发布；暂不形成决议，责成相关负责人或相关单位另行提出意见再行研究；不予批准或不予通过。

党政联席会议议题涉及与会人员本人或者其亲属以及其他可能影响公正决策的情形，本人必须回避。

党政联席会议作出的决定或决议，适合公开的应当依据有关规定及时公开。对须保密的会议内容和尚未正式公布的会议决定，参会人员应当遵守保密规定。

4. 事项执行与监督

党政联席会议决定的事项，由分管领导或相关负责组织实施，院（部）办公室负责传达和督促检查协调落实，执行情况应当及时向党政联席会议汇报。院（部）应当建立有效的督查、评估和反馈机制，确保决策落实。

党政联席会议决定的事项，院（部）各部门和个人应当及时执行；对执行不力的，应当依照有关规定问责、追责；决策执行过程中须作重大调整的，应当提交党政联席会议决定；须复议的，应按规定程序重新提交议题。

（四）院党组织会议议事规则

学院党组织会议议事规则根据《无锡职业技术学院院（部）党组织会议议事规则》（锡职院委〔2020〕42号）相关规定执行。

1. 基本原则

坚持民主集中制，实行集体领导和个人分工负责相结合的制度。凡属重大问题必须按照集体领导、民主集中、个别酝酿、会议决定的原则，由院（部）党组织集体讨论，作出决定。

2. 决策范围

学院党组织会议议事决策范围主要包括：党的建设的事项；干部队伍建设的事项；加强对人才的政治引领、政治吸纳和教育管理、联系服务的重要事项；思政课程、课程思政建设等师生思想政治工作中的重要事项；教风学风和师德师风建设中的重要事项；意识形态、统一战线、安全稳定等工作中的重要事项；加强对工会、共青团、学生会、学生社团等群众组织，各类学术组织和教职工代表大会等工作中的重要事项，以及其他须院（部）党组织委员会会议研究决定的重要事项。

此外，凡涉及须党组织进行政治把关的事项也应纳入院党组织会议议事决策范围，具体包括：院（部）发展规划、学科专业建设规划和重要改革举措、重要规章制度的制定修订等重要事项；学科和专业设置调整、学生培养方案以及课程建设、教学管理、教材编写选用等重要事项；人才工作规划制定，人才队伍建设，各级各类人才计划人选推荐申报中的重要事项；学术委员会、教学委员会和其他管理、咨询类组织负责人选任等重要事项，开展国（境）内外教学、科研和学术交流合作中的重要事项；教师引进、培养，教学、科研团队建设，教师兼职、访学、进修、参加各类组织和参与学术交流、社会活动中的重要事项；教职员工的聘用、调动、晋升、考核、职称职级评定、薪酬分配中的重要事项；院（部）表彰、奖励上级重要表彰、奖励人选推荐等重要事项，以及其他应由院（部）党组织委员会会议先行把关，再提交党政联席会议讨论决定的事项。

3. 决策程序

院（部）党组织委员会会议一般每月至少召开一次，遇有重要情况经党组织书记同意可以随时召开。会议由党组织书记召集并主持。党组织书记不能参加会议的，可以委托副书记召集并主持。

院（部）党组织委员会会议的出席成员为院（部）党组织委员。会议必须有半数以上党组织委员到会方可召开，讨论和决定重大事项时必须有三分之二以上党组织委员到会。党组织委员因故不能参加会议的应当在会前向党组织书记请假。是党员的院（部）行政领导班子成员可以列席党委会会议，不是委员的专职组织员一般应列席院（部）党组织会议。根据需要，党组织书记可以确定其他人员列席会议。列席人员有发言权，没有表决权。

党组织委员会会议议题由党组织书记提出，也可以由委员提出建议、党组织书记确定。对重要议题，党组织书记应当在会前听取院长意见，意见不一致的应暂缓上会。

集体决定重大事项前，党组织书记、院长和相关党组织委员要个别酝酿、充分沟通。

党组织委员会会议要坚持科学决策、民主决策、依法决策。对拟研究讨论的重要事项，会前应深入调查研究，充分听取各方面意见。涉及教职工职称评聘、职级晋升、考核评价等应征求党支部意见；对事关师生员工切身利益的重要事项，应通过党支部、教职工代表大会或其他方式广泛征求意见。涉及干部工作议题，应充分听取行政领导班子成员的意见，按照有关规定做好相关工作。

党组织委员会会议议题一般一事一报，议题相关材料应提前提交院（部）办公室，院（部）办公室应提前将会议议题及相关材料送达有关参会人员。党组织委员会会议按既定议程逐项进行，无特殊情况或未经党组织书记同意，一般不临时动议议题。

党组织委员会会议议事和决策实行民主集中制，在充分讨论的基础上，按照少数服从多数的原则形成决议或决定。如对重要问题发生较大意见分歧，一般应当暂缓作出决定。党组织书记应当最后表态。

党组织委员会会议讨论决定重要事项时应当进行表决，表决可以根据讨论和决定事项的不同，采用口头、举手、无记名投票或者记名投票等方式进行，赞成票超过应到会委员半数为通过。未到会委员的意见可以用书面形式表达，但不得计入票数。会议讨论和决定多个事项，应当逐项表决。特殊情况下不能及时召开党组织委员会会议决策的，党组织书记、副书记或者其他委员可以临机处置，事后应当及时向党组织报告并按程序予以确认。

党组织委员会会议决议分为以下几种：批准或通过；原则批准或通过，按要求作相应修改后实施或发布；暂不形成决议，责成相关负责人或相关单位另行提出意见再行研究；不予批准或不予通过。

党组织委员会会议议题涉及与会人员本人或者其亲属，以及其他可能影响公正决策的情形，本人必须回避。

党组织委员会会议作出的决议或决定，应当及时向行政领导班子成员通报或根据工作需要提交党政联席会议成员共同研究落实。适合公开的应当依据有关规定及时公开。对须保密的会议内容和尚未正式公布的会议决定，参会人员应当遵守保密规定。

4. 事项执行与监督

党组织委员会会议决定的事项，由相关党组织委员或相关单位负责组织实施，执行情况应当及时向党组织委员会汇报，院（部）党组织办公室负责传达和督促检查。院（部）党组织应当建立有效的督查、评估和反馈机制，确保决策落实。

党组织委员会会议决定的事项，院（部）各部门和个人应当及时执行；对执行不力的，应当依照有关规定问责、追责；决策执行过程中须作重大调整的，应当提交党组织委员会会议决定；须复议的，按第八条规定重新提交议题。

（五）党务管理流程图

1. 流程目录

流程编号	流程名称	流程主管部门	风险主体	文件渊源
JXDWGL.01	党政议事规则制度	学院党总支	学院党总支	《无锡职业技术学院机械技术学院（部）党政议事规则》（锡职院委〔2018〕36号）
JXDWGL.02	学生党员发展工作“三投票三公示一答辩”实施			《无锡职业技术学院关于学生党员发展工作“三投票三公示一答辩”实施办法》（锡职院委组〔2014〕6号）
JXDWGL.03	民主评议党员制度			《民主评议党员工作制度》（锡职院委组〔2016〕22号）

2. 流程图

党政议事规则制度

流程编号：JXDWGL.01　　流程类别：党务管理　　流程主责部门：党总支　　流程版本：V1.0

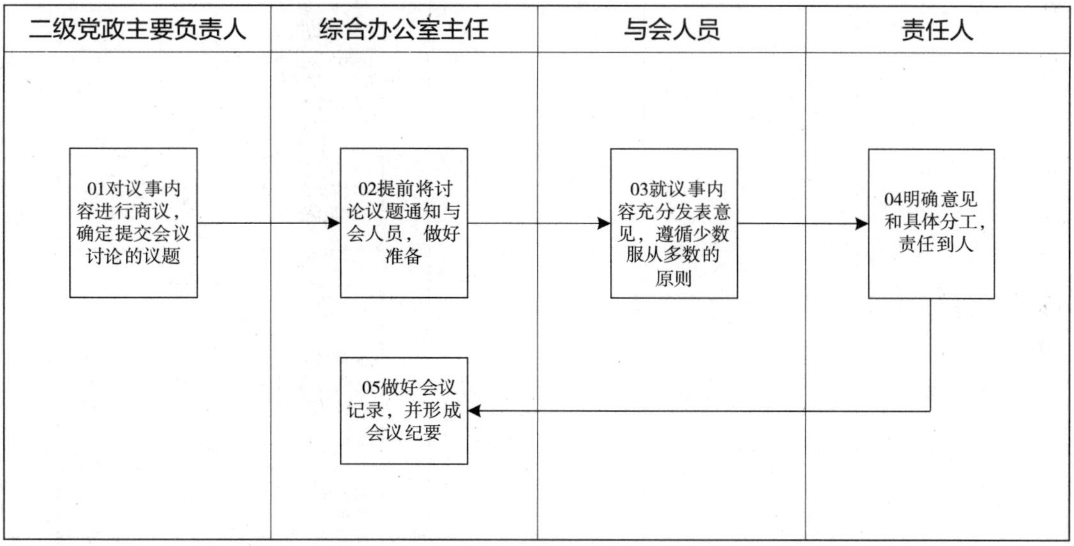

说明：

与会人员就议事内容充分发表意见，然后按少数服从多数的原则作出会议决议；会议作出的决定，须经应到会半数以上成员通过才能有效；缺席者对会议议题如有意见和建议，可在会前提出或书面表达。

党政联席会议是院（部）党政共同负责制的决策形式，院（部）重要工作和重大事项，应当由党政联席会议讨论决定。

学生党员发展工作“三投票三公示一答辩”实施

流程编号：JXDWGL.02　　流程类别：党务管理　　流程主责部门：党总支　　流程版本：V1.0

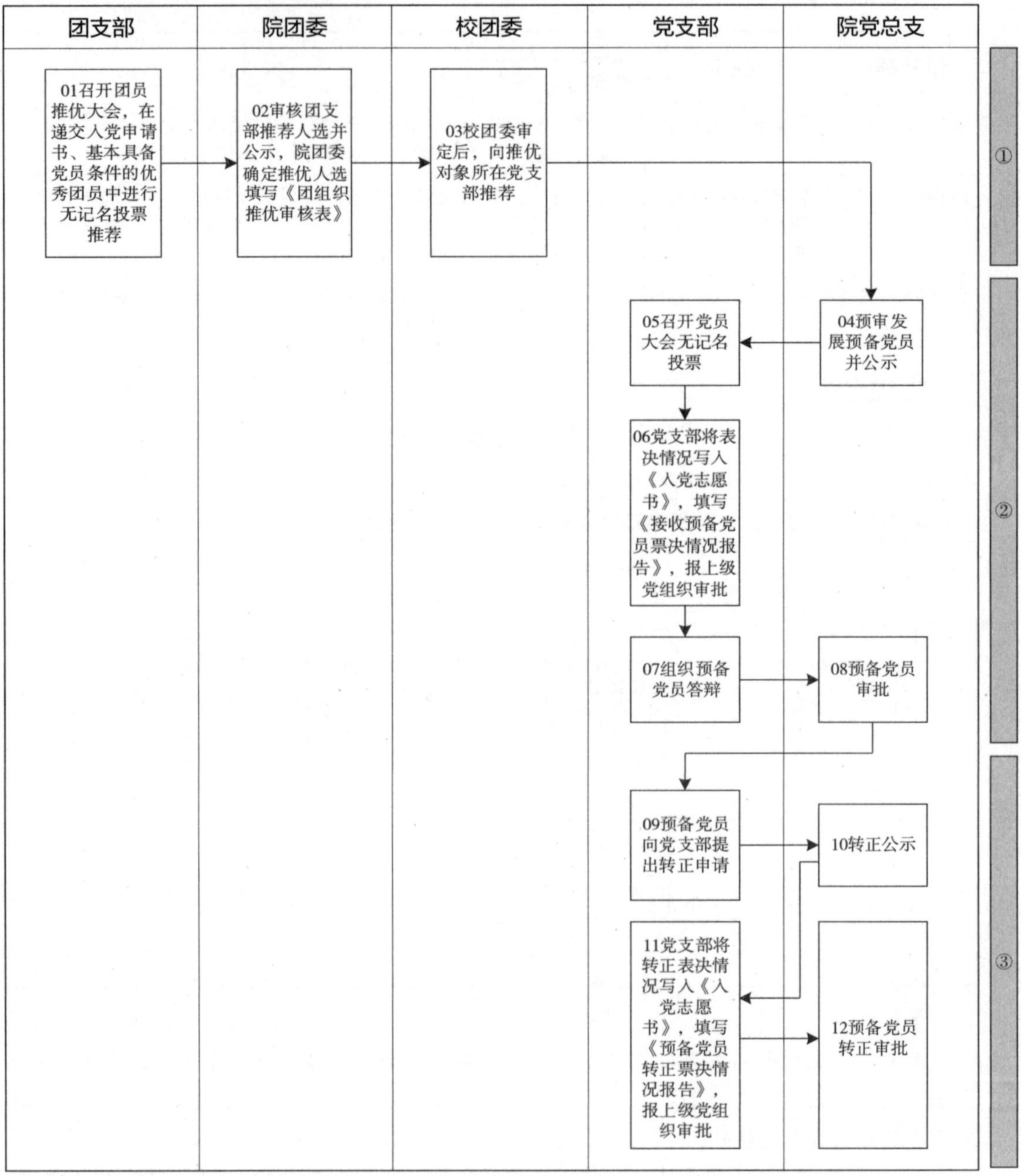

注：①组织推优投票；②发展预备党员公示、投票；③预备党员转正公示、投票。

说明：

01：答辩工作由党委组织部负责组织召开答辩会议。

02：入党答辩一般在支部大会召开后，党总支召开会议审查前进行。

03：答辩会前发布公告。答辩过程分为个人陈述、现场问答、现场评议三个环节。

民主评议党员制度

流程编号：JXDWGL.03　　流程类别：党务管理　　流程主责部门：党总支　　流程版本：V1.0

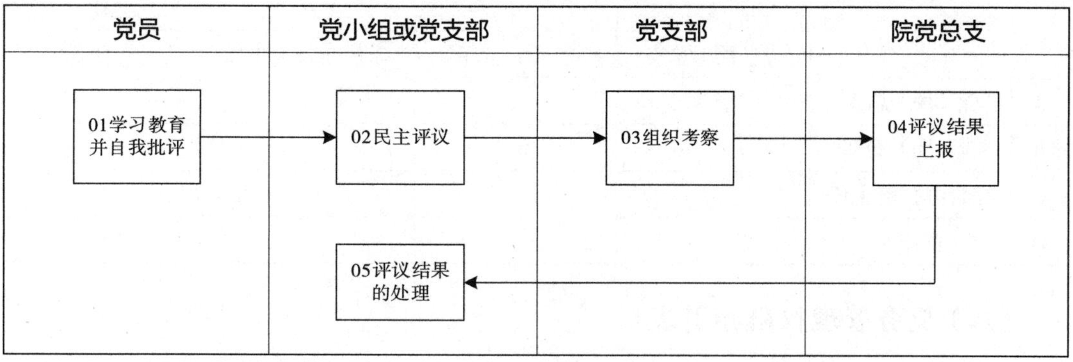

说明：

01：民主评议包括开展自我批评、相互批评与表态、无记名投票的方式进行民主测评。

02：民主评议中，被确定为不合格党员受到组织处理的，或违纪党员受到纪律处分的，其有关材料除存文书档案外，应及时存入本人档案。

（六）党务管理风险控制表

业务环节	风险编号	风险描述	控制编号	控制措施
规章制度体系	R01	规章制度不够完善或执行不到位，党务管理流程操作规范性失当，可能导致实施结果与预期偏离	C01	建立完善的党务管理制度，严格遵守党中央及上级党组织的管理规章制度
党总支的责任	R02	党总支岗位设置和工作分工不够科学，可能导致责任的重叠或空置，影响制度的落实	C02	明确党总支的人员职责
执行落实效果	R03	规章制度的执行力不够，可能导致有规不依，存在违规违纪的隐患	C03	制定相应的执行措施保障在我校执行
党的活动经费预算与使用过程	R04	党费使用不符合相关经费管理办法规定；党费使用不按照预算执行；党费预算调整不履行相关手续；党费列支违反相关规定	C04	根据单位的有关规定做好基础数据统计，掌握党员信息库
党的廉政建设过程	R06	决策的不民主性；民主管理不到位；各种活动开展不到位	C06	严格执行《中国共产党章程》及廉政建设等法规，保障党员的各项权益
党代会运行过程	R07	党代会履行职权不到位或没有履行；党代会决定流于形式；党政联席会议一言堂；党代会对提案的落实流于形式	C07	严格执行《中国共产党章程》等，保障党的正当政治权益

（七）党务管理不相容岗位分离表

		A	B	C	D
		党（团）总支	党（团）支部	综合办公室主任	责任人
A	党（团）总支				
B	党（团）支部				
C	综合办公室主任				
D	责任人				

（八）党务管理权限指引表

业务分类	经济业务活动	院党总支	党/团支部	综合办公室主任/党政秘书	责任人	学校/学院团委
党务管理	党政议事规则制度	01党政负责人确定议题		02秘书通知与会人员 04形成会议纪要	03责任到人	
	学生党员发展工作“三投票三公示一答辩”实施	02审核推优人选并公示 04预审发展预备党员并公示 06预备党员审批，转正审批并公示	01团支部推优 05召开党员大会并确定预备党员人选，组织答辩			03审定并推优
	民主评议党员制度	02评议	01民主评议，并组织考察 03评议结果处理			

二、行政事务管理

（一）基本概述

学院行政事务管理主要包括印鉴及其用印管理、档案管理、信息宣传管理、收文管理、内部会议管理等内容。

学院行政事务管理内部控制的重心是明确岗位职责、明晰办事流程并据以遵照执行。辅以制度条文、流程图等形式，以期学院教职员工更好地按章办事，从而确保行政事务管理规范有序。

（二）工作职责

学院行政事务管理主要涉及综合办公室以及提请需求的各系（部），学院教务科研办统筹学院的教学管理制度的建设和管理工作，教学管理之外的相关制度归口学院综合办公室管理。决策管理机构涉及的相关机构职责分工为：

综合办公室是本院党群、行政、人事、财务、资产、内外关系等管理的职能部门，在分管领导下开展工作。贯彻学校学院相关制度、决定、决议；组织本院规章、制度、文件的起草、审议和报批报备，着力建立本院制度体系；负责本院文件的内外流转、对外协调联络，做好本院新闻和舆情管理；负责本院考勤考核、劳务工管理、印章使用、档案管理、资产管理等日常事务，做好本院收支的财务工作；完成领导交办的其他工作。

学生工作办公室负责思想政治教育、团和班集体建设、学业指导、日常事务管理、心理健康教育与咨询、网络思想政治教育、危机事件应对、职业规划与就业指导、理论和实践研究，定期向学生处、学院主管领导汇报工作，上报工作信息，配合学校教学及其他管理。

教务科研办公室是本院从事教学与科研的职能部门，在分管教学、科研工作的院领导指导下开展工作。组织修订和完善本学院各专业的培养方案、理论课程标准、实验课程标准和各类实习大纲等工作；定期组织开展教学研究活动，做好教学改革、课程建设、实践教学等工作；积极开展教学质量研究、组织做好各类教学评估工作，做好本学院教学质量监控；组织编制学期教学实施计划，落实好教学任务；负责本学院各类教学检查的组织工作及日常教务调度工作；落实本学院教材修订计划，做好汇总上报工作；负责日常管理，及时了解教学动态，提出处理意见和建议并监督执行；组织修订学院和科研发展规划和计划；做好学院学科和科研管理工作，负责学院科研项目全过程管理；做好学院各级各类重点学科、重点实验室等重点建设项目的规划编写、申报组织、建设实施和检查评估等工作；完成领导交办的其他工作。

实训部是本院从事实训室管理和实施实训工作条例的职能部门，在分管院领导指导下开展工作。参与学院制订各实训部建设规划方案，配合系（部）做好实训基地的建设工作；起草并落实执行实训部的相关文件、制度、操作规程与程序；根据教学任务书（教学计划），做好实训所需的设备、教材以及设备的维护等多项准备工作，保证实训教学能按时进行；加强开展实训设备的维护和管理，及时解决发现的问题；为上课老师使用各种实训设备提供技术指导；负责实训室保洁与安全管理工作；完成领导交办的其他工作。

（三）关键岗位责任制

学院关键岗位包括：预算编制、采购及验收管理、财务管理、合同管理、档案管理、教学管理、科研管理、学生管理、实验实训室建设、实验实训室管理等岗位。

学院通过内控制度、业务流程图及流程说明、权限指引表、不相容岗位分离表等方式，明确并落实权责分配情况，指导相关岗位人员正确履行职责。

系（部）是学院承担具体教学任务的部门。系主任是学院三级行政主要负责人，根据学校的相关规定和授权，全面负责本部门的教学、科研和其他行政管理工作。学院设党政联席会、系务委员会、学术委员会、教学管理委员会和各类专业委员会等，指导系主任做好教学、科研、对外交流等管理工作。

各关键岗位管理职责如下表所示：

行政事务管理关键岗位职责清单

科室（系/部）	管理职责
综合办公室主任	综合办公室是服务和保障教职员工的综合单位，是学校传递行政信息和综合性工作任务的桥梁。综合办公室是行政事务管理的归口管理部门，职责如下：对部门用章申请、档案归档移交申请、档案借阅申请、信息宣传申请进行审批登记备案；处理物联网学院内外公文及其流转事宜；对接党办、校办、后勤管理处、人事处、校工会、党委宣传部、信息化中心等部门
各系（部）主任	各系（部）是在学院领导下直接承担教学任务、科研事项、师资培训等工作的基层组织。主要职责如下：协助制订并执行专业建设规划、教学计划、课程建设方案、师资培养等重大教学事项；制订、审核学期授课计划，做好课程教学组织与管理工作；做好考试考核工作
党务秘书	在高校的党务工作中发挥着承上启下、参谋助手的作用，协助党总支的日常党务管理工作、党建工作、党员事务管理、上级党委文件的上传下达等工作
党组织委员	在院党总支的领导下，开展党建工作，提出组织生活建议，指导检查督促开好组织生活会，做好发展党员的工作，做好基层党组织换届工作等
教学秘书	辅助领导实施教学管理，从事秘书工作，协助领导做好教学计划、组织、指挥、协调、控制、监督等工作
财务秘书	负责学院预算编制及日常财务事项，整理各类原始凭证、填列相关报销单据并及时送交学校财务处审核、报销。财务秘书主要对接校财务处，并接受校财务处的业务（专业）指导等
科研秘书	负责科研项目申报、人才项目申报等管理工作，负责系（部）科研设备类资产管理工作、数据统计工作
资产管理员	协助院长落实学院资产管理职责，具体负责本院各项资产的核算及其管理工作，着力资产实体的安全完整、维护维修，定期与校财务、资产管理部门进行核对，接受学校资产管理部门的业务（专业）指导
采购专员	协助制订并完成采购计划，负责采购合同的拟定、执行及其全过程管理，包括质量管理、入库管理、退换赔偿等事宜
培训和社会服务专员	以自身的学术优势为基础，根据社会的需要，有层次、有目的、有计划地为社会提供服务

（四）业务流程及管理制度

1. 流程种类

学院行政事务管理主要包括印章管理、档案管理、信息宣传管理、收文管理四大流程。其中，档案管理包括档案归档管理与档案借阅管理；信息宣传管理包括新闻稿审核发布和网上公告及挂网。

2. 用印审批与登记流程

（1）控制要点

综合办公室为学院公章管理的第一责任部门，应制定印章管理规定、流程、权限等制度，并予以贯彻执行。院公章不可充当学校公章使用，未经院领导批准，不得借出或委托他人保管。用章申请人、经办人（公章保管人）与审核人不能为同一人。

（2）流程与步骤

用印审批与登记流程

流程编号：JXXZSWGL.01　流程类别：行政事务管理　流程主责部门：综合办公室　流程版本：V1.0

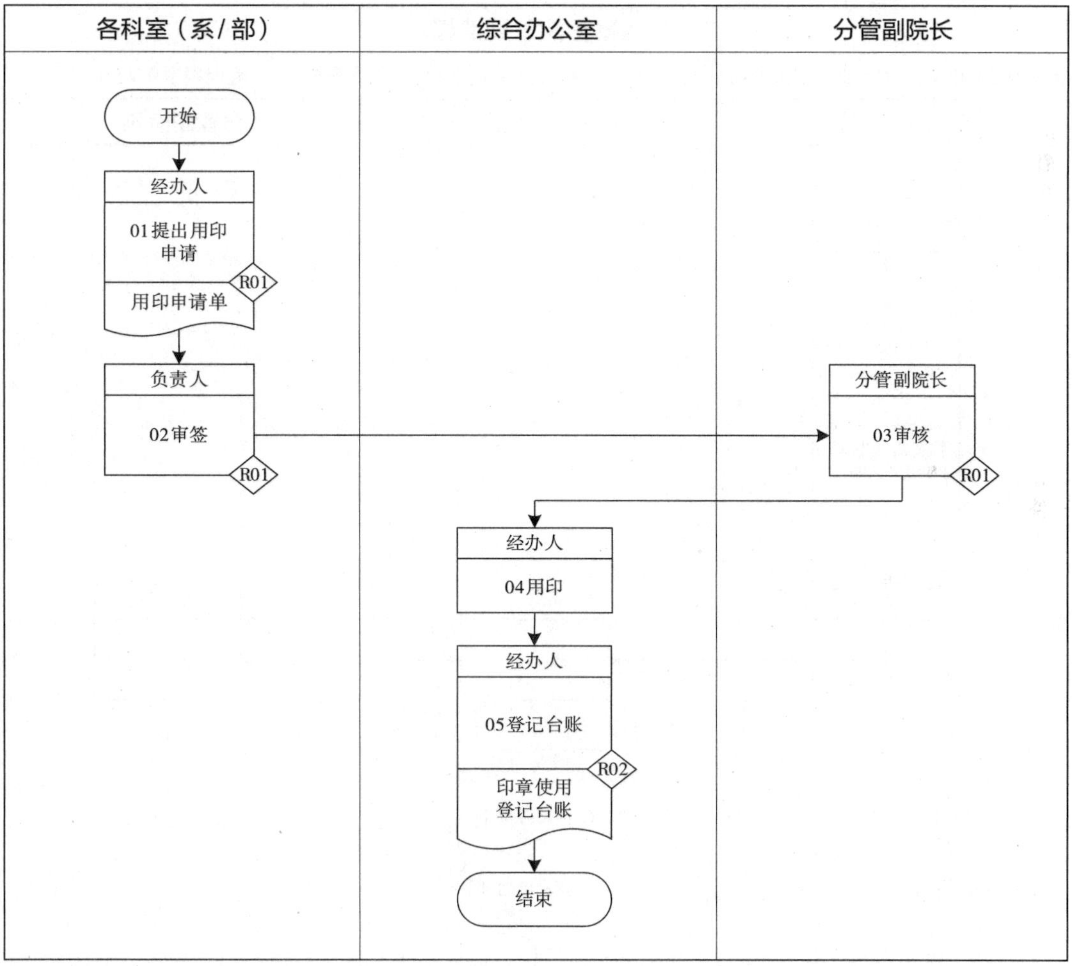

说明：

01~02：申请人提出用印申请，并准备相关材料。须各科室（系/部）负责人审签。

03：分管副院长审批。

04~05：由经办人（办公室负责人）加盖印章，并登记于印章使用登记台账。

3. 档案管理控制流程

（1）控制要点

综合办公室应做好档案收集、分类、登记和保管。分管副院长须每年对年度档案情况进行检查审核，无误后由综合办公室移交学校档案馆，并留存移交目录。

本院所有工作人员都有借阅档案的权利。借阅人借阅档案须办理登记手续并经院分管领导批准。借出和归还档案时，应办理清点手续，由档案管理人员同借阅人当面核对清楚。外单位人员借阅本室档案须持有所在单位介绍信和本人工作证，并经院长批准，方可在档案室内查阅（不可携带外出）。

（2）流程与步骤

档案借阅管理流程

流程编号：JXXZSWGL.02　流程类别：行政事务管理　流程主责部门：综合办公室　流程版本：V1.0

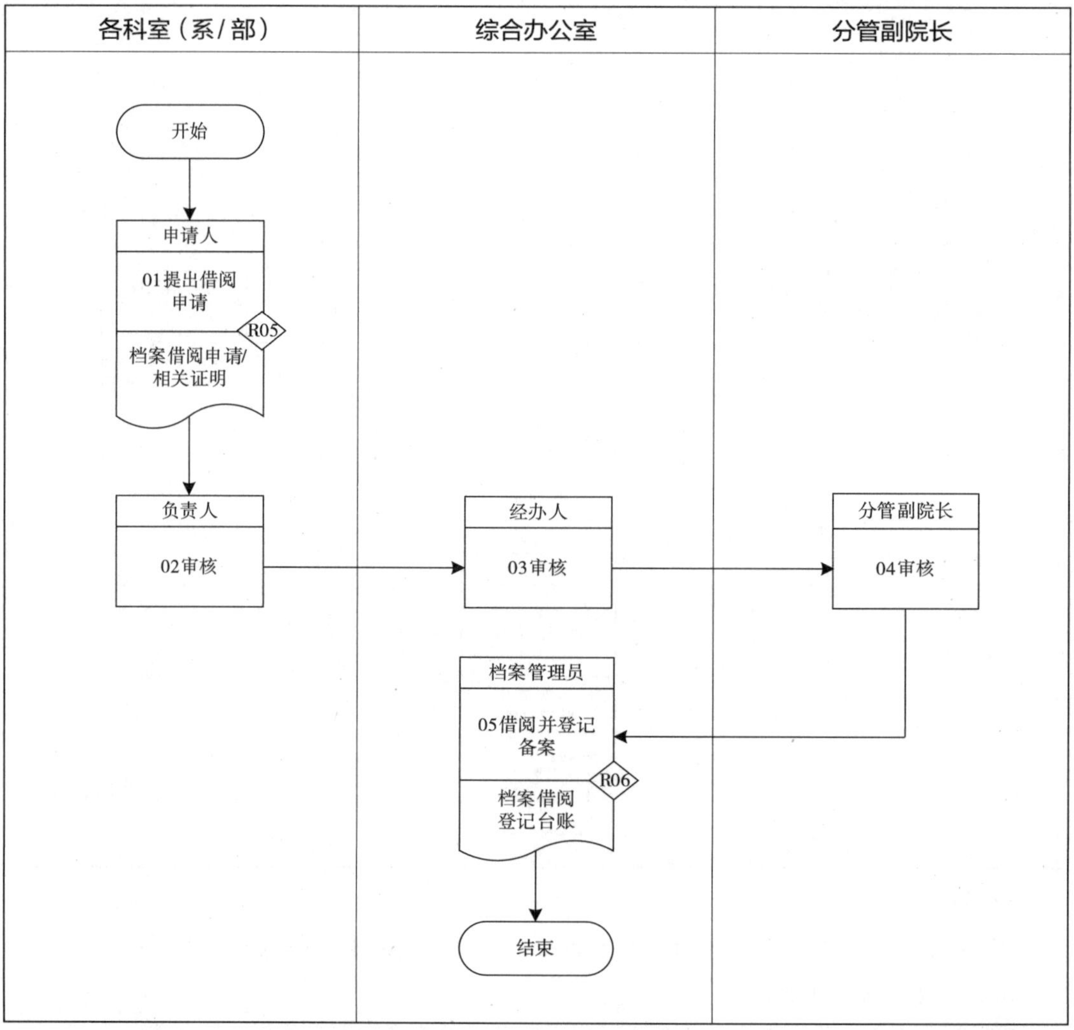

说明：

01~02：借阅时需求人员提出申请，提供档案借阅相关证明文件，提交至各科室（系/部）负责人审核。

03：借阅申请由办公室人员审核。

04：分管副院长审核。

05：审核通过后，办公室档案管理员向申请人提供档案并将借阅档案的名称、数量、借阅时间等信息登记于档案借阅台账。

4. 信息宣传管理控制流程

（1）控制要点

综合办公室负责新闻稿的最终审核发布，尤其对政治敏感信息、部门重要数据、民族和宗教等问题和事项严格审核，从严把关。将不符合要求的新闻稿退回，各系（部）及时修改并重新报送。

综合办公室主要负责全校性重大活动的拍摄、撰稿与报道，包括校领导调研指导活动、校（院）重大活动、重要会议，获得重要荣誉和先进典型事迹等新闻的采编。各系（部）的会议、活动，原则上由各中心和课题组负责安排拍摄、撰稿和采编。

本院重大活动应随时报道，投稿时间为3个工作日内，须署上系（部）及作者真实姓名。

各系（部）上报的新闻稿件以及所采集的新闻资料，须经过本系（部）组主要负责人审核签字，部分专业性和业务性较强的稿件须组织专业教师及工作人员审核、校对，确保稿件的准确和真实可靠，审核无误后交由综合办公室复核确认方可发布。

院内广告、海报宣传经综合办公室审批后方可在指定的位置悬挂、张贴。

综合办公室负责重要新闻网络信息的审定和对外发布。各系（部）设立的网站或链接上网，须报送综合办公室审定，并报学校备案。

综合办公室要加强对网上信息的监测，及时反映及处理校园网上的涉及本院的敏感信息。

对外联络、宣传及信息发布工作，一律按学校相关规定执行。

（2）流程与步骤

新闻审核发布流程

流程编号：JXXZSWGL.03　流程类别：行政事务管理　流程主责部门：综合办公室　流程版本：V1.0

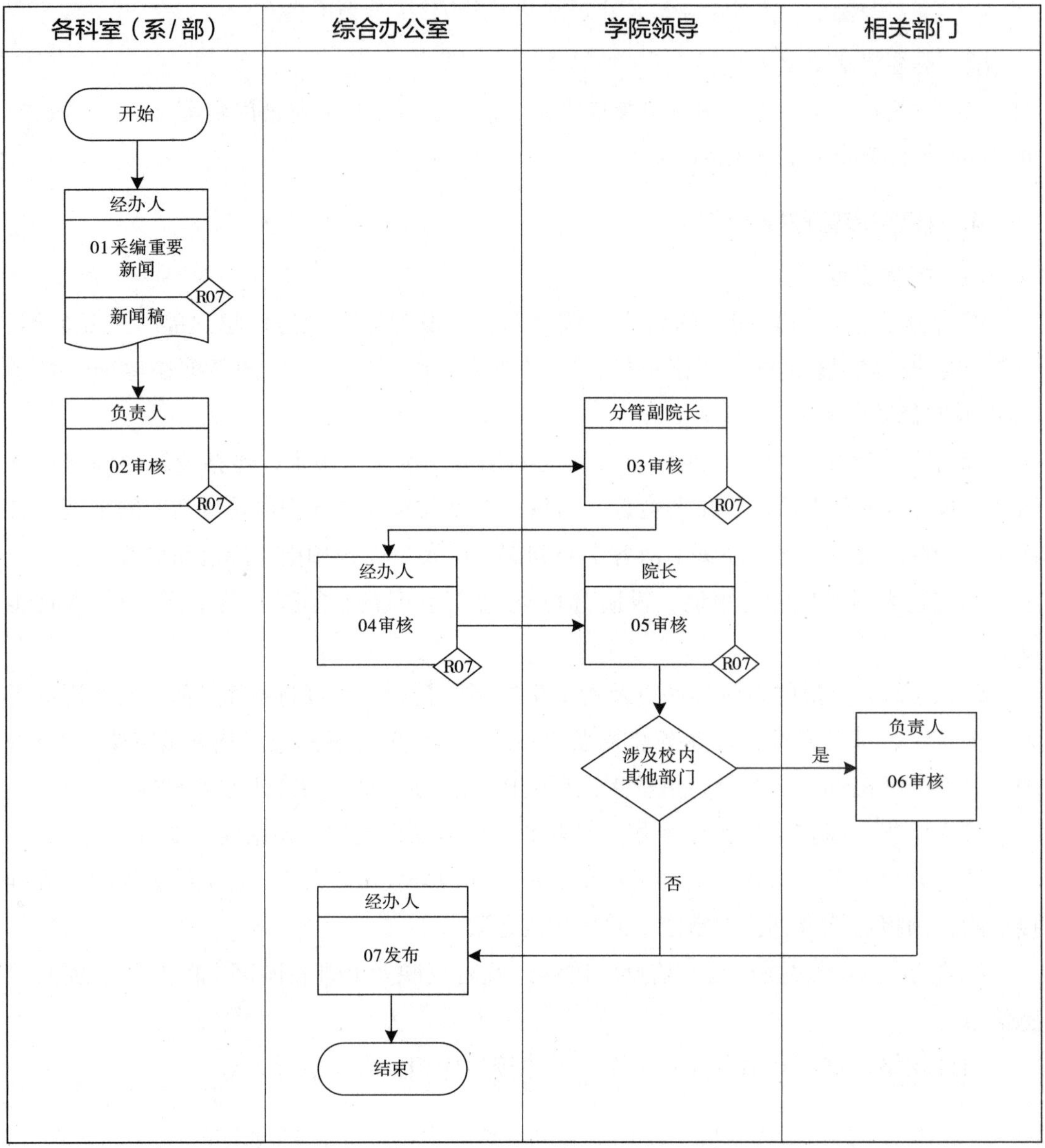

说明：

01~03：各科室（系/部）经办人采写的、拟投送校级及以上媒体的新闻稿件，须经本科室（系/部）负责人及分管副院长审核同意。

04：在部门网站等校级及以上媒体上发表的稿件，由综合办公室审核。

05：院领导审核。

06~07：审核涉及学校其他部门的新闻稿件，须经其他部门负责人审核同意。

网上公告及挂网流程

流程编号：JXXZSWGL.04　流程类别：行政事务管理　流程主责部门：综合办公室　流程版本：V1.0

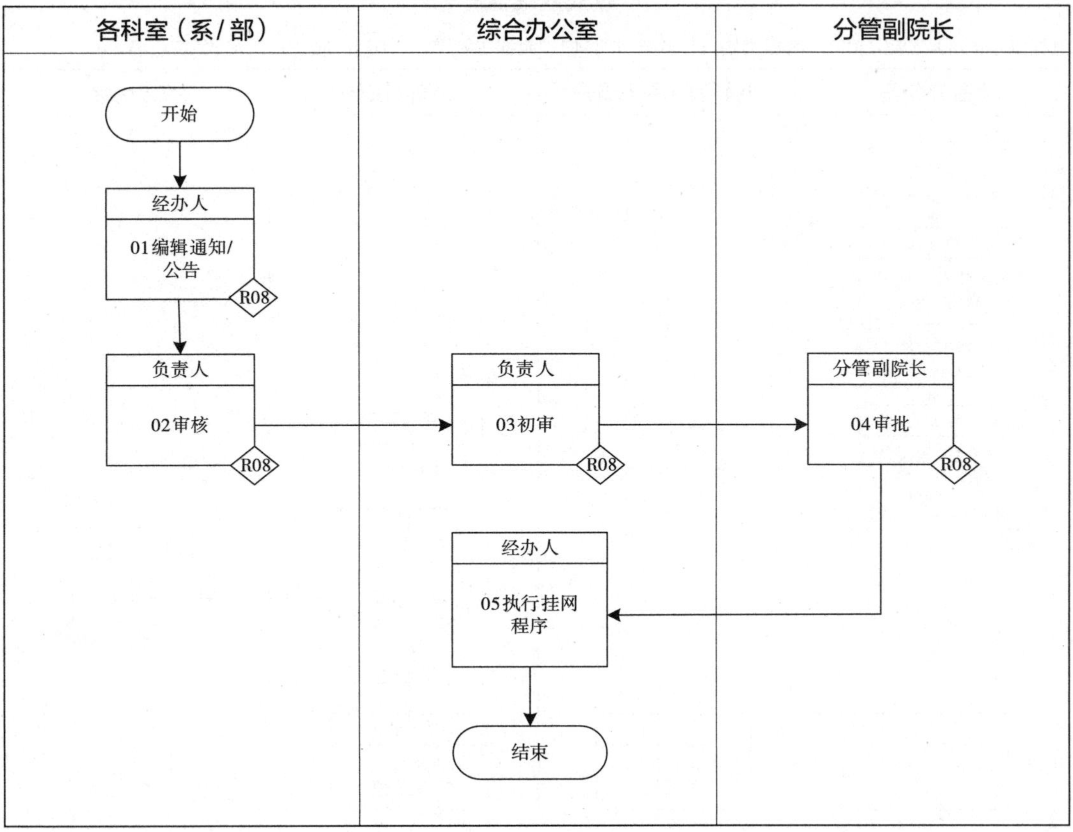

说明：

01~02：各科室（系/部）编辑好须挂网的文件后，经各科室（系/部）负责人审核。

03：综合办公室负责人初审，主要审核文件内容的合理合规性，是否涉及敏感性字眼等，并审核上网审核单是否填写完整，填写是否合理。

04~05：分管副院长对上网申请进行审批，审核文件及上网申请的合理性及必要性，同意后方可执行挂网程序。

5. 收文处理控制流程

（1）控制要点

应制定相关制度并予以贯彻落实。综合办公室要及时进行公文流转和催办。对校外行文，须院长签字、盖章，必要时须经分管校领导签字审批。重大或紧急文件须及时向学院领导汇报，涉及重大事项的须召开院（部）例会审议决定并进行情况反馈和处理。

（2）流程及步骤

收文处理流程

流程编号：JXXZSWGL.05　流程类别：行政事务管理　流程主责部门：综合办公室　流程版本：V1.0

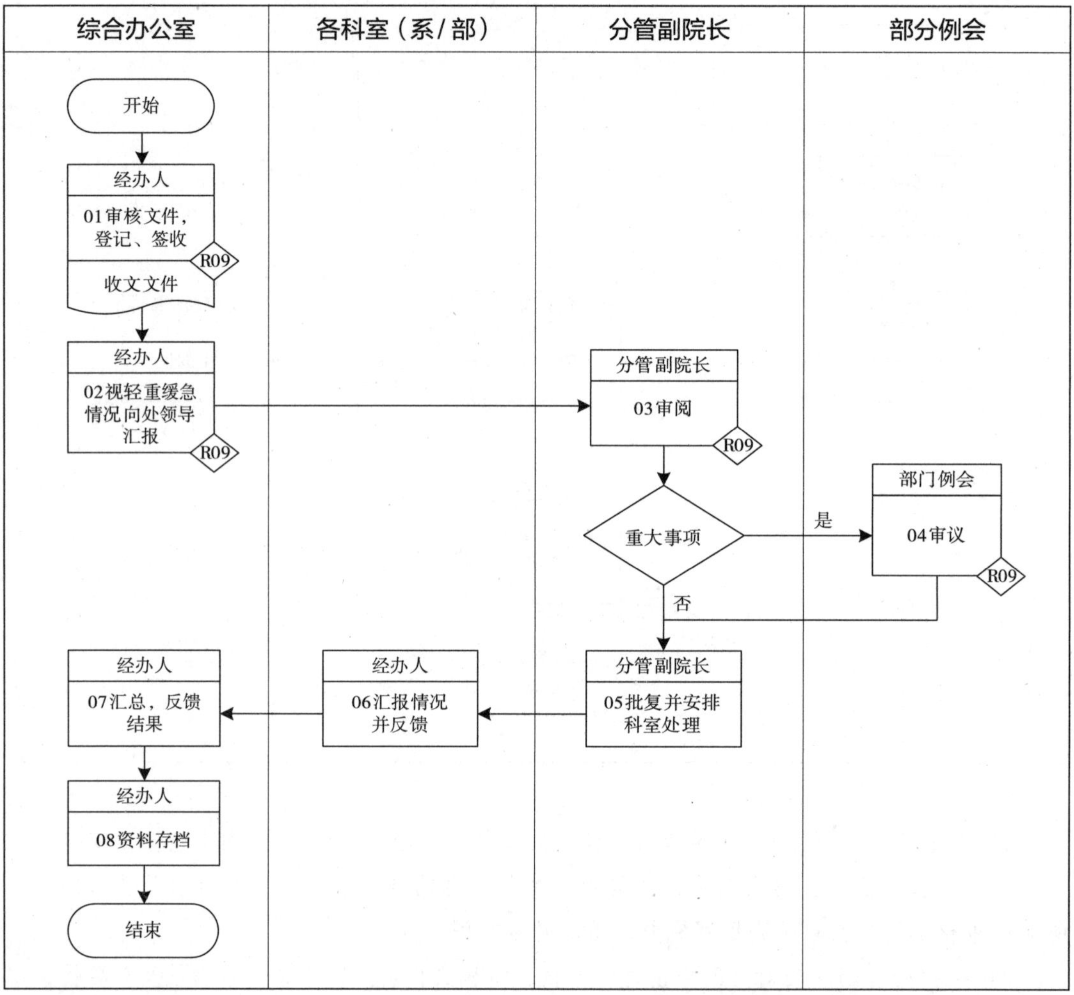

说明：

对校外单位报告，须负责人签字、盖章，留联系人姓名和电话。校内单位报告上须单位负责人签字、盖章（较大项目须分管校领导签字），并留联系人姓名和电话。

01~02：综合办公室经办人审核文件后登记、签收。视轻重缓急情况向项目处领导汇报。

03：分管副院长审阅文件。

04：若为重大项目或事项须提交至部门例会进行审议。

05：分管副院长批复并安排各科室（系/部）进行处理。

06：各科室（系/部）经办人将办理进展情况向院领导汇报并将结果反馈至综合办公室。

07：综合办公室经办人进行汇总，并将结果反馈给报告单位。

08：综合办公室经办人将相关资料进行存档。

（五）行政事务管理风险控制措施表

业务流程	业务环节	风险编号	风险描述	控制编号	控制措施	责任部门	控制实施证据（表单）
用印审批与登记流程	印章使用审批	R01	未建立健全部门内部用印审查及监督机制，未完善用印审批流程，可能出现用印程序不合规，造成法律风险或致使部门经济利益损失	C01	建立健全印章管理规定，明确各类型印章及其使用范围、印章刻制、启用与停用、印章使用与保管等要求。 严格按照管理办法及相关流程执行，根据印章类型设置授权审批权限，使用印章应坚持“先批准、后用章”的原则。印章的使用必须严格遵循印章使用审批程序，由本科室（系/部）负责人审核，院领导审批后按照印章的使用范围进行用章	综合办公室	《机械技术学院用印申请单》
	印章使用登记	R02	用印登记记录不准确、不及时、不完整，用印登记中存在漏登记，错登记，未分类登记，未及时登记，要素记录不完整、不规范等情况，不利于对印章使用情况的监督检查，影响事后核查追溯	C02	按照印章类型设立《印章使用登记台账》，登记内容包含但不限于：用印日期、用印单位、事由、印章名称、用印数量、经办人、批准人等。 印章管理员应及时登记用印情况，以便备查		《印章使用登记台账》
档案归档管理流程	整理立卷文件材料	R03	未形成部门统一的档案立卷规定，或各科室（系/部）在档案整理过程中存在错误，可能导致档案丢失	C03	建立健全部门统一的档案立卷相关规定，对整理好的档案定期检查，防止丢失。 各科室（系/部）应设置档案管理员，在相关业务完成后对相关档案及时进行整理立卷形成案卷，负责人不定期对本科室（系/部）进行档案保管工作的监督检查		《案卷》《档案登记台账》
	移交档案	R04	在移交档案过程中，存在遗漏或多交，可能导致档案管理工作混乱，无法发挥档案管理的真正效力	C04	综合办公室做好档案登记台账。分管副院长须每年对年度档案情况进行检查审核，无误后由综合办公室移交学校档案馆，并留存移交目录		《移交目录》
档案借阅管理流程	借阅申请与审核	R05	借阅申请审核不严格或借阅相关证明文件不齐全，借阅理由不充分的情况下予以借阅可能造成档案隐患	C05	严格按照相关要求对借阅申请、相关证明文件进行审核：各科室（系/部）相关人员提出借阅申请，须提交相关证明材料，经负责人审核后报综合办公室审核，分管副院长审批后方可予以借阅		《档案借阅申请》、相关证明

续表

业务流程	业务环节	风险编号	风险描述	控制编号	控制措施	责任部门	控制实施证据（表单）
档案借阅管理流程	借阅登记备案	R06	借阅登记记录不准确、不及时、不完整，借阅登记中存在漏登记、错登记、未及时登记、不规范等情况，影响事后核查追溯	C06	综合办公室档案管理员应及时按要求对借阅情况进行登记，并定期对《档案借阅登记台账》进行检查	综合办公室	《档案借阅登记台账》
新闻审核发布流程	新闻采编与审核	R07	信息宣传政治（纪律）敏感性不强、审核把关不严，可能导致政策导向错误，引发负面效应，失密泄密，损害形象	C07	建立健全信息宣传管理工作管理办法，明确新闻宣传采编、审核与发布等环节各项要求，加强信息宣传管理工作。 严格按照相关要求执行，并认真审核把关新闻稿件：各科室（系/部）采编重要新闻、本部门负责人审核后由分管副院长审核，综合办公室负责新闻稿的最终审核发布，要对政治敏感信息、部门重要数据、民族和宗教等问题和事项严格审核，从严把关。将不符合要求的新闻稿退回，各部门及时修改并重新报送，经院长审批通过后方可发布		《新闻稿》 《上网审核单》
网上公告及挂网流程	公告编辑与审核	R08	公告内容敏感性不强、审核把关不严，可能导致政策导向错误，引发负面效应，失密泄密，损害形象	C08	建立健全信息宣传管理工作管理办法，明确采编、审核与发布等环节各项要求，加强信息宣传管理工作。 严格按照相关要求执行，并认真审核相关文件：各科室（系/部）编辑好须挂网的文件后，经本科室（系/部）负责人审核，综合办公室审核文件内容的合理合规性，对涉及敏感信息的进行严格把关，不符合要求的予以退回，分管副院长审批同意后方可进行挂网		《网上公告》 《上网审核单》
收文处理流程	收文处理	R09	对于涉及重大事项的文件未及时上报相关领导或未经合理审核私自处理，可能引发负面效应	C09	对校外单位报告，须负责人签字、盖章，留联系人姓名和电话。校内单位报告上须单位负责人签字、盖章（较大项目须分管校领导签字），并留联系人姓名和电话。 对于严重影响或紧急文件须及时向院领导汇报，涉及重大事项的须召开部门例会审议决定并进行情况反馈处理		《收文文件》

（六）行政事务管理不相容岗位分离表

		A	B	C	D	E	F
		用印申请	用印审核	档案借阅申请	档案借阅审批	新闻/公告编写	新闻/公告审核
A	用印申请		×				
B	用印审核						
C	档案借阅申请				×		
D	档案借阅审批						
E	新闻/公告编写						×
F	新闻/公告审核						

注：× 表示互相冲突的岗位。

（七）行政事务管理权限指引表

业务分类	经济业务活动	参与主体								
		各科室（系/部）经办人	各科室（系/部）负责人	综合办公室档案管理员	综合办公室经办人	分管副院长	院长	院领导	部门例会	相关部门负责人
行政事务管理	用印审批与登记	01申请	02审签		04用印 05登记台账			03审核		
	档案归档管理	01整理材料 03归档移交原件	02审核	04登记台账	6移交	05检查审核				
	档案借阅管理	01申请	02审核	05登记备案	03审核	04审核				
	新闻审核发布	01采编新闻	02审核		04审核 07发布	03审核	05审核			06审核
	网上公告及挂网	01编辑公告	02审核		03初审 05执行挂网	04审批				
	收文处理（普通）	04汇报反馈			01签收			02审阅 03批复		
	收文处理（重大）	05汇报反馈			01签收			02审阅 04批复	03审议	

三、人力资源管理

（一）基本概述

人力资源管理主要权限集中于学校。学院人力资源管理主要是根据人事处的授权开展工作，负责本院劳务派遣人员的考勤，外聘教师的日常管理、考核及兼课金的发放。

学院人力资源管理的内部控制，一方面要不折不扣地贯彻执行学校人力资源方面有关政策、制度、规定；另一方面要在授权的业务范围内制定完善学院劳务人员使用管理办法，明晰办事流程并据以遵照执行，以期确保人力资源管理规范有序地开展。

（二）工作职责

综合办公室是本院人力资源的归口管理部门，负责本院劳务派遣人员的考勤，外聘教师的日常管理、考核及兼课金的发放。同时，根据人事处的授权开展相关工作。

学院内部各科室（系/部）负责编制本科室（系/部）劳务派遣及劳务协议人员考勤表。有人力资源需求的科室（系/部）按照相关流程要求，提交需求申请。

（三）业务流程及管理制度

1. 流程种类与对应制度

学院人力资源管理主要包括人员聘用管理、人员离职管理、岗位管理、人员经费发放管理、人员考核管理等流程。人力资源管理的业务流程和管理制度表如下：

流程编号	业务流程	流程主管部门	风险主体	文件渊源
JXRLZYGL.01	劳务派遣人员聘用流程	综合办公室	综合办公室	《关于部门自聘员工管理实施办法（试行）》
JXRLZYGL.02	劳务协议人员聘用流程			
JXRLZYGL.03	劳务派遣人员离职流程			
JXRLZYGL.04	劳务协议人员离职流程			
JXRLZYGL.05	劳务派遣人员工资发放流程			《无锡职业技术学院机械技术学院关于调整劳务派遣人员工资标准的实施方案》
JXRLZYGL.06	劳务协议人员工资发放流程			
JXRLZYGL.07	福利发放流程			
JXRLZYGL.08	请（休）假流程			《无锡职业技术学院机械技术学院员工考核细则》
JXRLZYGL.09	绩效考核流程			《无锡职业技术学院机械技术学院部门员工考核细则》
JXRLZYGL.10	特聘（客座）教授聘用及考核管理流程			《无锡职业技术学院特聘教授聘任管理办法（试行）》

2. 人力资源管理控制流程

（1）控制要点

应建立相关制度，并报学校人事处备案；合理定员定编，科学制订劳务人员招聘计划（方案），报学校人事处备案后据以实施；劳务派遣性质的用工须经学校人事处审核批准后方可实施招聘；劳务协议性质的用工由学院自主审批实施。

（2）流程及步骤

劳务派遣人员聘用流程

流程编号：JXRLZYGL.01　流程类别：人力资源管理　流程主责部门：综合办公室　流程版本：V1.0

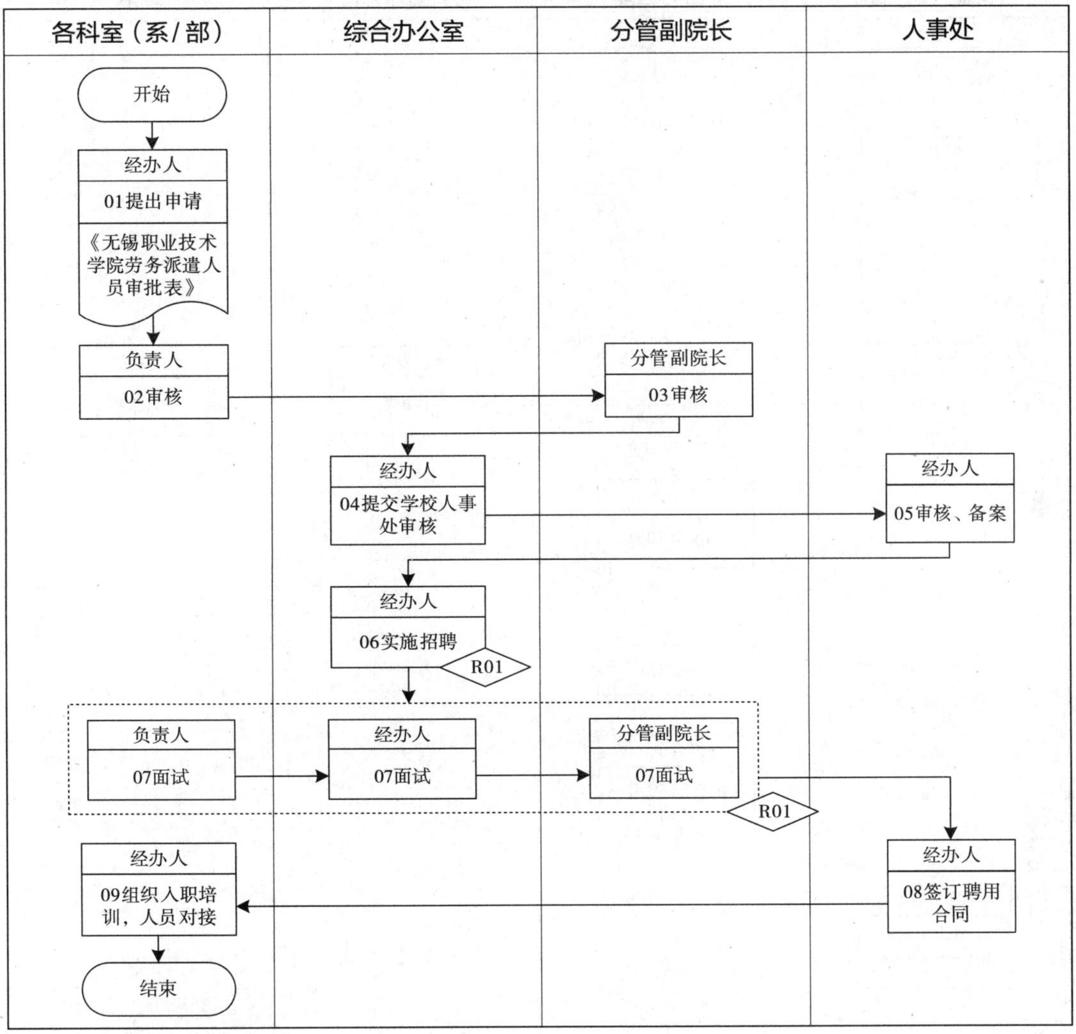

注：入职培训按需发生。

说明：

01~02：各科室（系/部）经办人填写《无锡职业技术学院劳务派遣人员审批表》提交至各科室（系/部）负责人审核。招聘申请须明确应聘人员应聘标准、岗位招聘要求等条件。

03：分管副院长审核审批表，重点审核招聘申请是否符合实际招聘需求，招聘准备是否符合规范。

04~05：综合办公室将审批表提交至校人事处审核、备案。

06~07：进行人员招聘、面试和发布结果。

08：劳务派遣人员由学校人事处统一签订合同。

09：根据实际需求，对应聘人员进行入职培训，并办理人员交接。

劳务协议人员聘用流程

流程编号：JXRLZYGL.02　流程类别：人力资源管理　流程主责部门：综合办公室　流程版本：V1.0

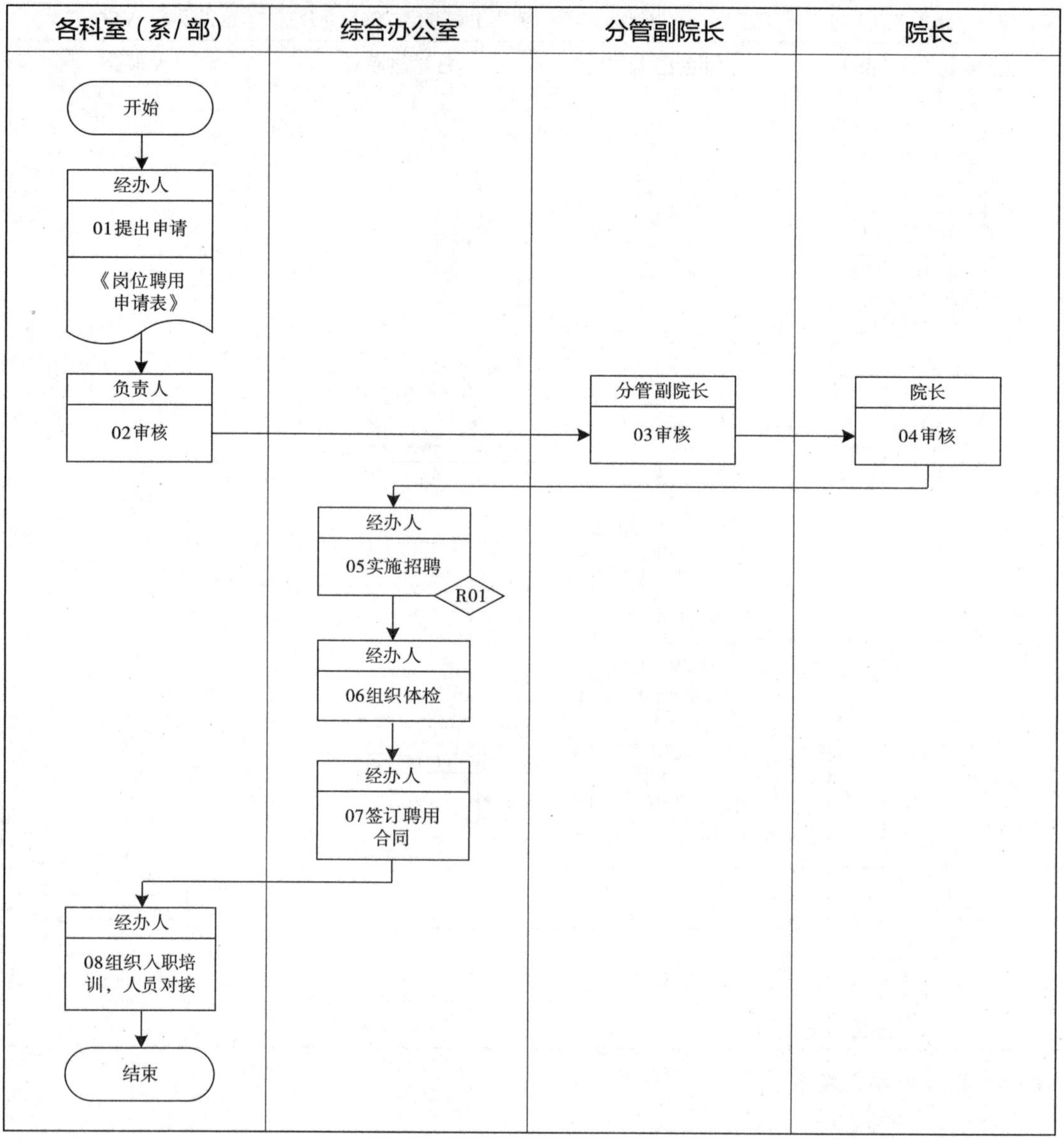

注：入职培训按需发生。

说明：

01~02：各科室（系/部）经办人填写《岗位聘用申请表》，提交至各科室（系/部）负责人审核。招聘申请须明确应聘人员应聘标准，包括学历、专业、技术专长等方面。

03~04：分管副院长、院长对聘用申请进行审核。

05~06：进行人员招聘、组织体检和发布结果。

07：劳务派遣人员签订合同。

08：根据实际需求，对应聘人员进行入职培训，并办理人员交接。

劳务派遣人员离职流程

流程编号：JXRLZYGL.03　流程类别：人力资源管理　流程主责部门：综合办公室　流程版本：V1.0

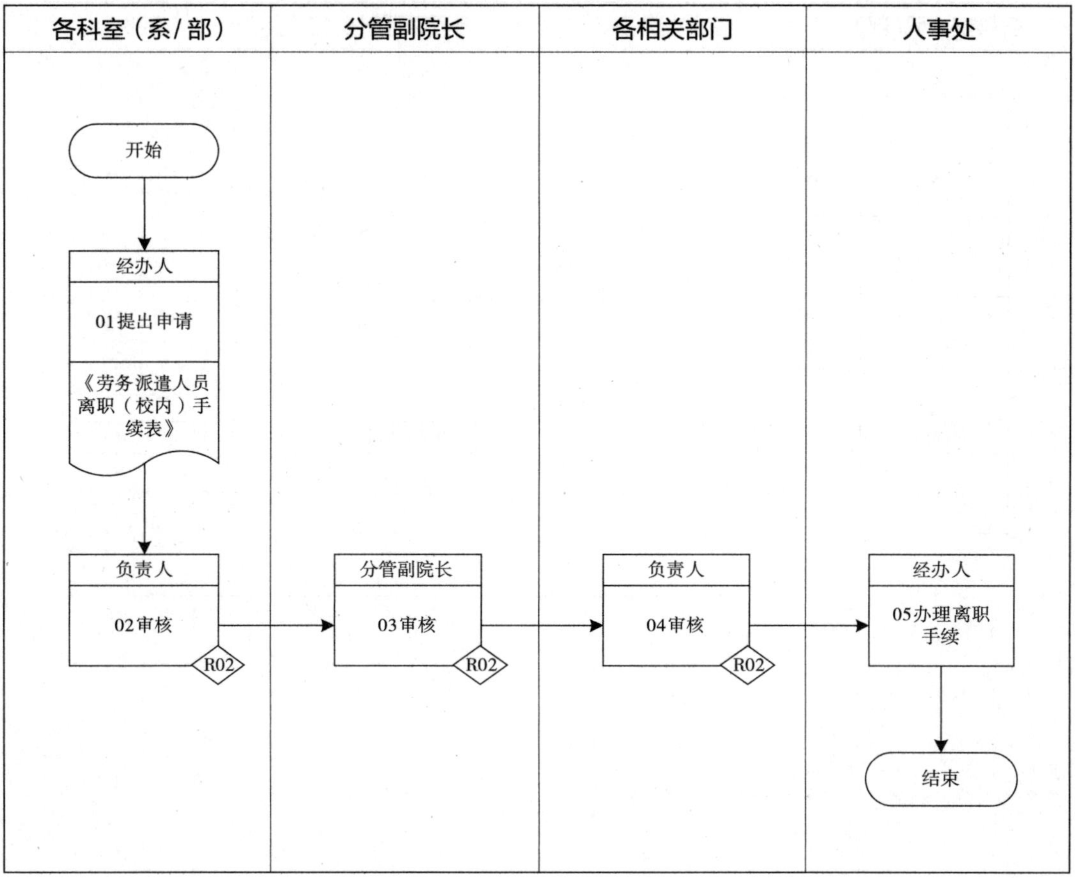

说明：

01~02：各科室（系/部）经办人提出离职申请，填写《劳务派遣人员离职（校内）手续表》，详细填写业务工作、设备、资料等移交情况。提交至各科室（系/部）负责人审核。

03：分管副院长审核。

04：校内图书馆、财务处、资产处、信息中心、人事处负责人出具意见。

05：人事处经办人办理离职手续。

劳务协议人员离职流程

流程编号：JXRLZYGL.04　流程类别：人力资源管理　流程主责部门：综合办公室　流程版本：V1.0

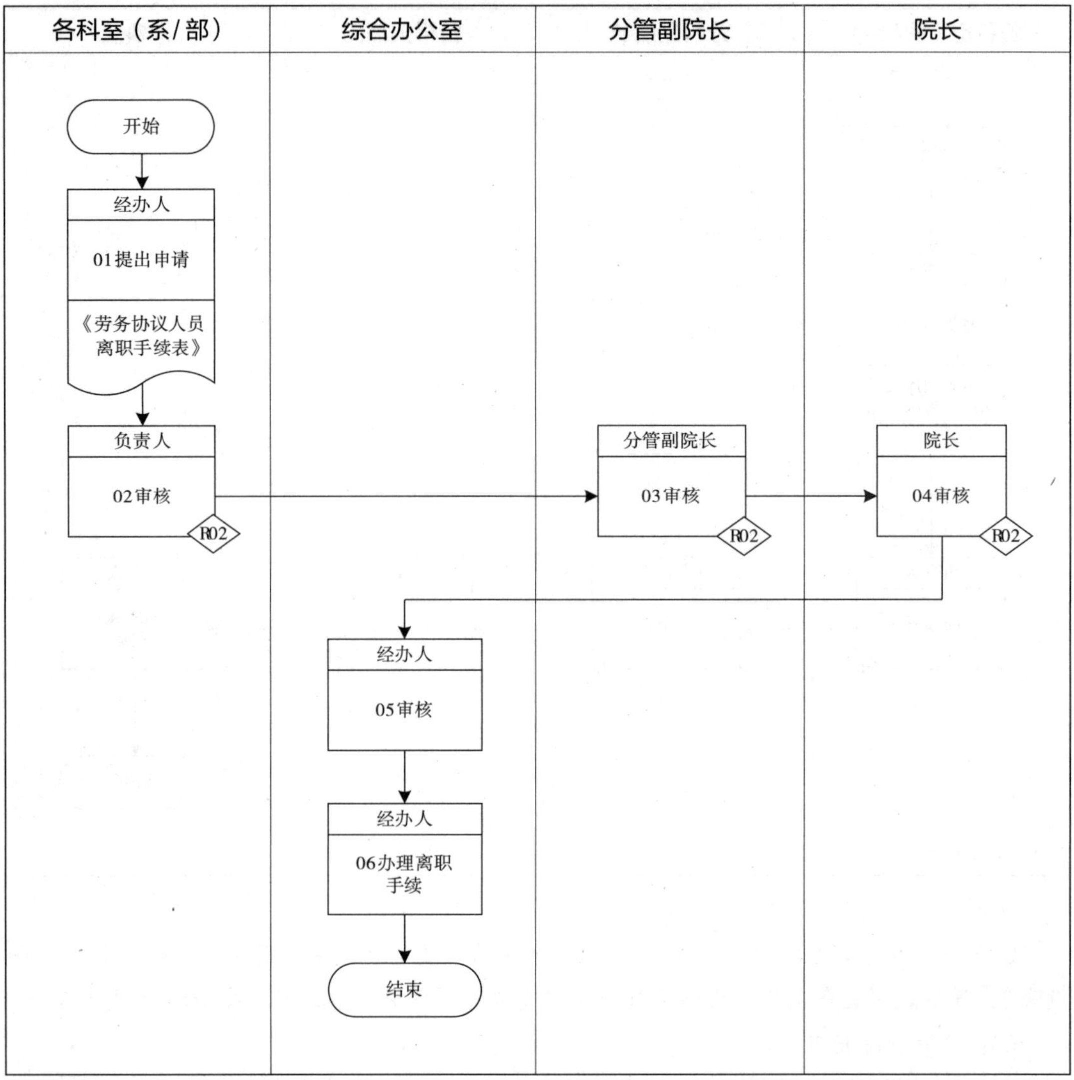

说明：

01~02：各科室（系/部）经办人提出离职申请，填写《劳务协议人员离职手续表》，详细填写业务工作、设备、资料等移交情况。提交至各科室（系/部）负责人审核。

03：分管副院长审核并出具意见。

04：院长审核并出具意见。

05~06：综合办公室经办人审核，重点关注离职人员资产、校园卡等移交和消除情况。审核无误后，办理离职手续。

劳务派遣人员工资发放流程

流程编号：JXRLZYGL.05　流程类别：人力资源管理　流程主责部门：综合办公室　流程版本：V1.0

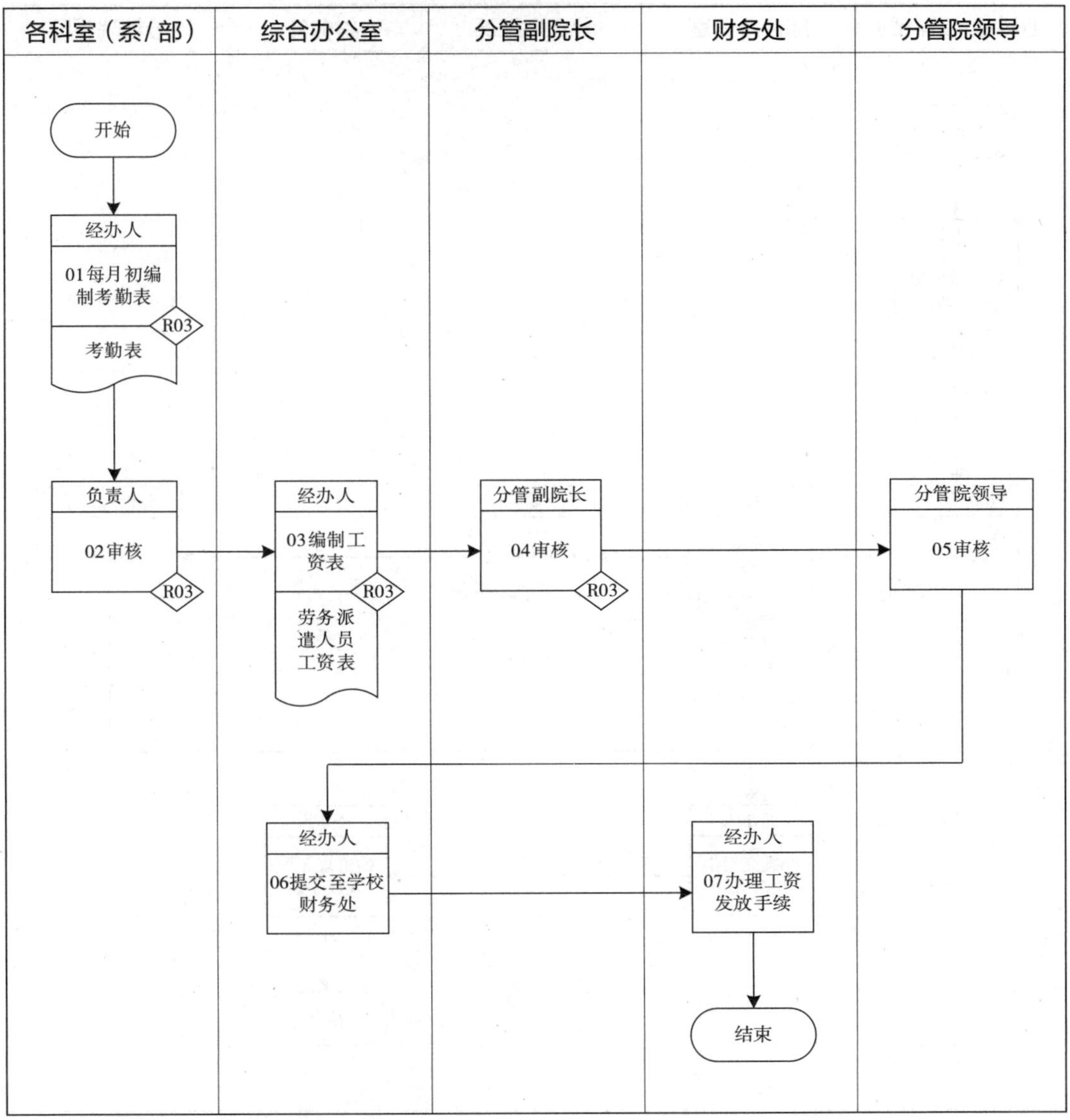

说明：

01~02：各科室（系/部）经办人每月初编制本单位人员考勤表，提交至各科室（系/部）负责人审核。

03：综合办公室经办人编制劳务派遣人员工资表，提交至各科室（系/部）负责人审核。

04~05：分管副院长、分管院领导审核。

06~07：提交学校财务处办理工资发放手续。

劳务协议人员工资发放流程

流程编号：JXRLZYGL.06　流程类别：人力资源管理　流程主责部门：综合办公室　流程版本：V1.0

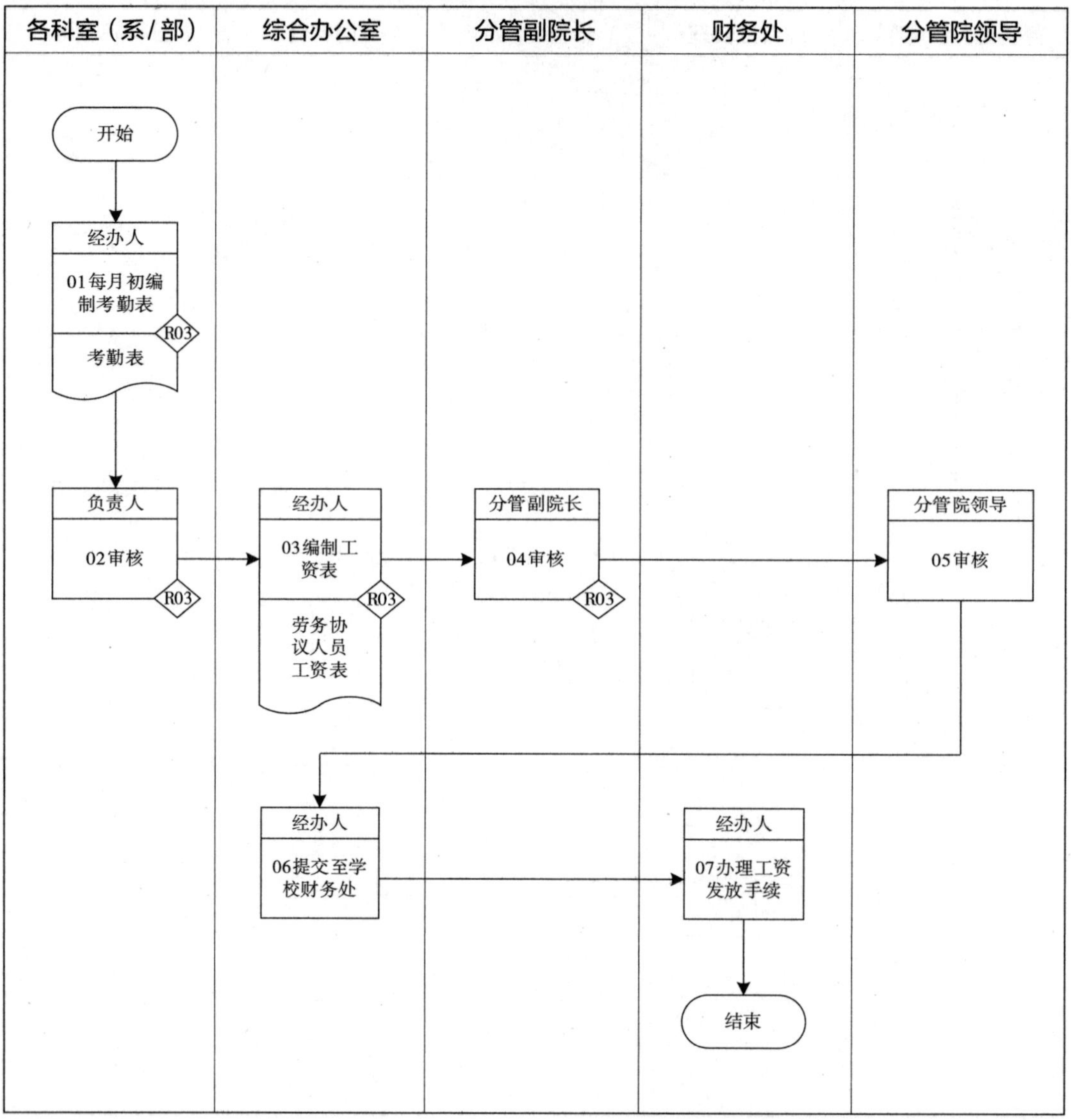

说明：

01~02：各科室（系/部）经办人每月初编制本单位人员考勤表，提交至各科室（系/部）负责人审核。

03：综合办公室经办人编制劳务协议人员工资表，提交至各科室（系/部）负责人审核。

04~05：分管副院长、分管院领导审核。

06~07：提交学校财务处办理工资发放手续。

福利发放流程

流程编号：JXRLZYGL.07 流程类别：人力资源管理 流程主责部门：综合办公室 流程版本：V1.0

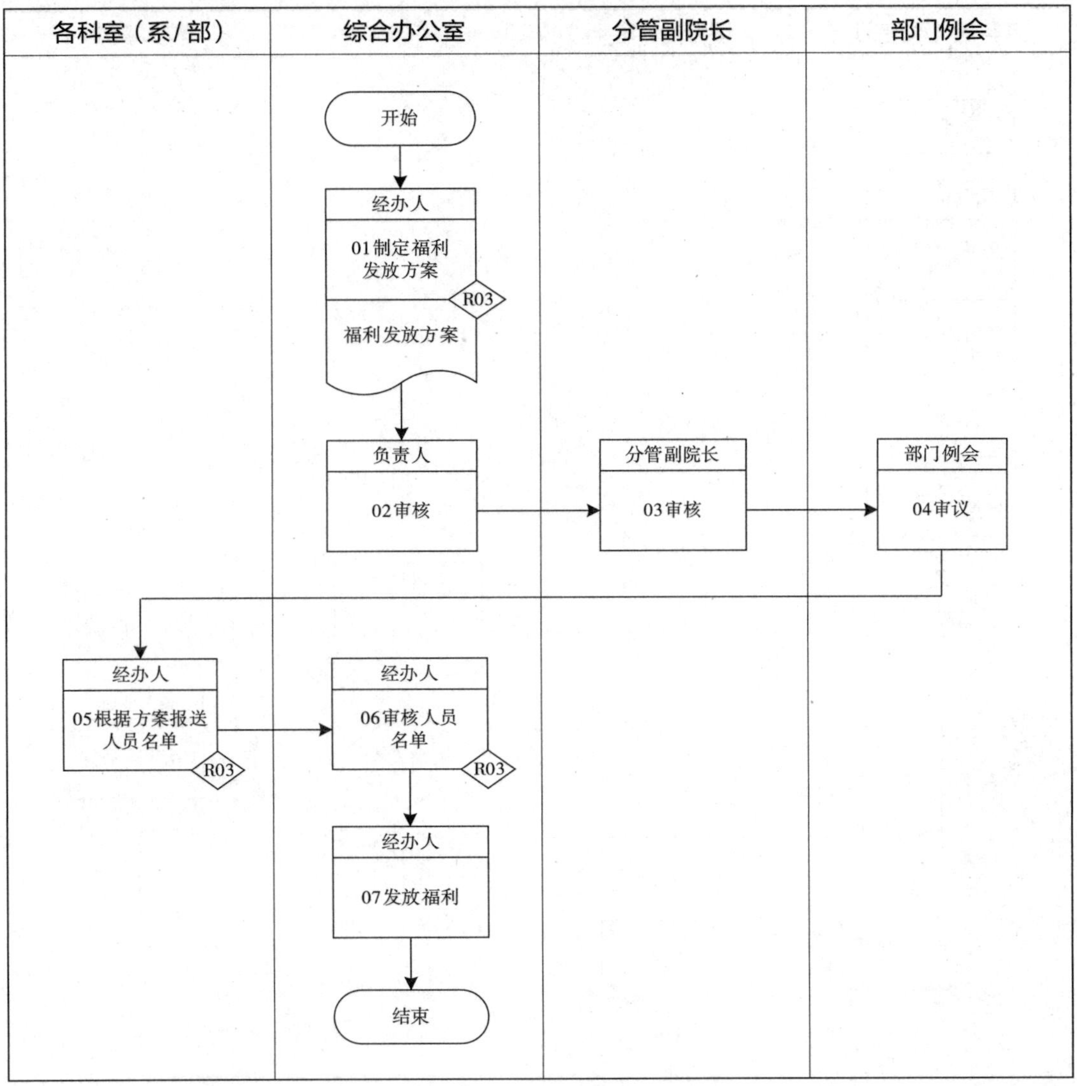

说明：

01~02：综合办公室须严格制定福利发放方案，规定福利发放标准，并按照要求进行福利发放。福利发放一般在端午节、中秋节及年终进行，并根据学校工会相关要求制定方案，提交至科室负责人审核。

03：分管副院长审核。

04：提交至部门例会审议。

05：各科室（系/部）须根据福利发放的方案按实际情况报送人员名单至办公室。

06~07：综合办公室经办人审核人员名单，并组织发放福利。

请（休）假流程

流程编号：JXRLZYGL.08　流程类别：人力资源管理　流程主责部门：综合办公室　流程版本：V1.0

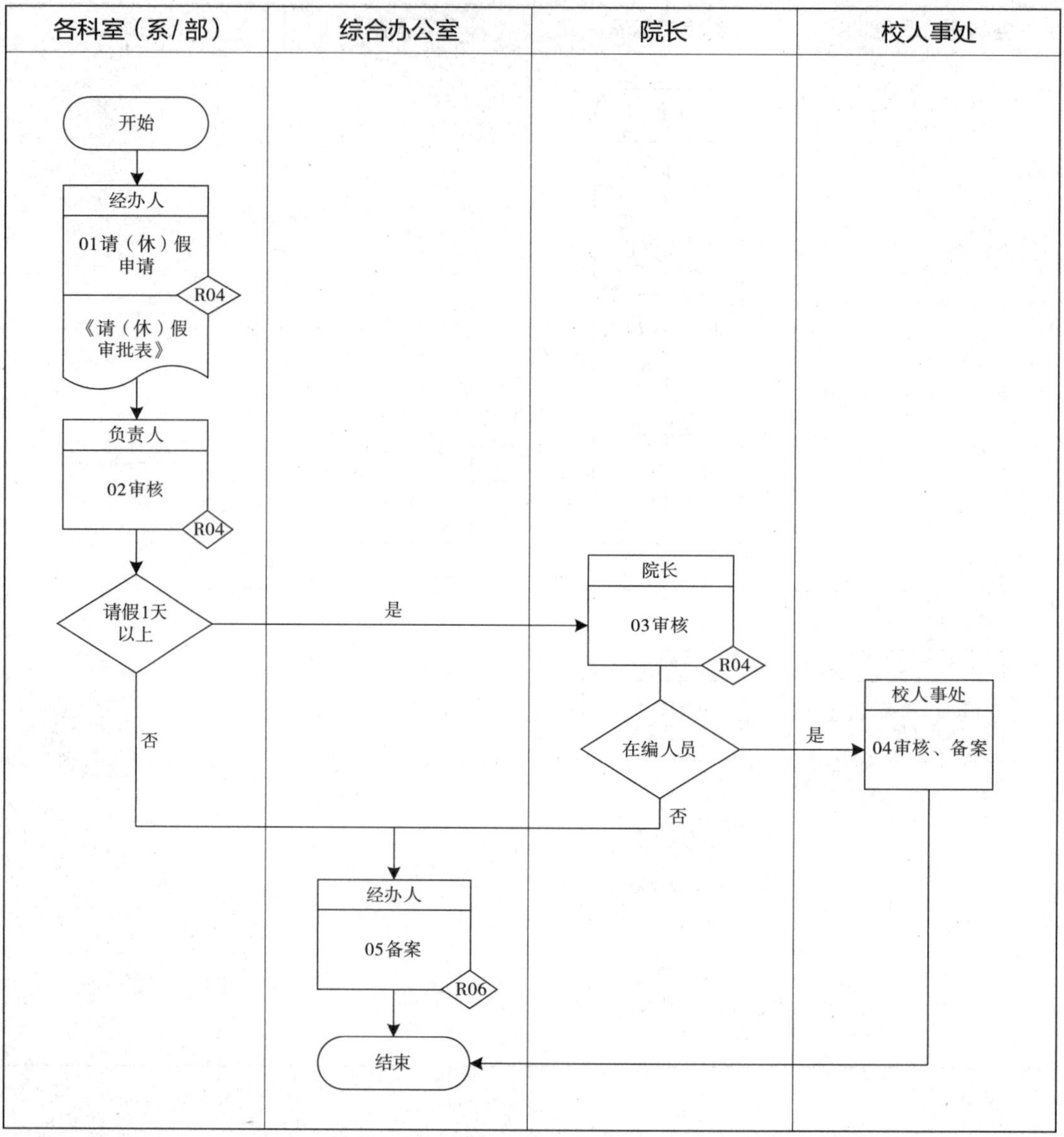

说明：

01~02：请（休）假人员提出请（休）假申请，详细说明请（休）假事由，提交至各科室（系/部）负责人审核。

03：若请（休）假为1天以上，须经院长审核。

04：若为校内在编人员请（休）假，须经学校人事处审核备案。

05：经过相关审核手续后，须到综合办公室备案。

绩效考核流程

流程编号：JXRLZYGL.09　流程类别：人力资源管理　流程主责部门：综合办公室　流程版本：V1.0

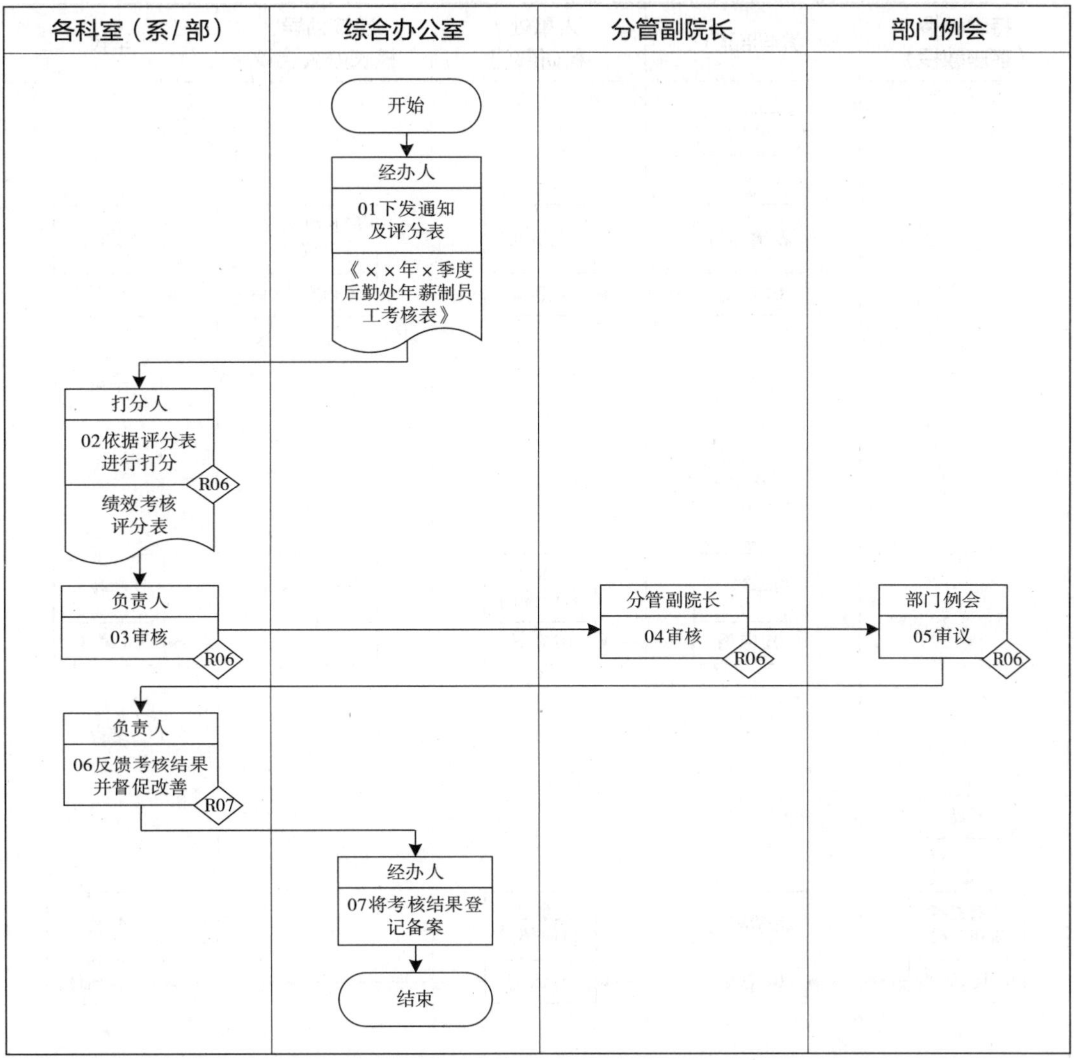

说明：

01：每季度开展绩效考核，由办公室经办人下发绩效考核通知及《××年×季度年薪制员工考核表》。

02~03：各科室（系/部）依据评分表进行打分。打分完毕后提交至各科室（系/部）负责人审核。

04：分管副院长审核。

05：汇总打分情况，提交至部门例会进行审议。

06：各科室（系/部）负责人采取谈话或书面形式向被考核工作人员及时反馈考核结果，并提出改进提高的要求。

07：考核结果由综合办公室进行登记备案。

特聘（客座）教授聘用及考核管理流程

流程编号：JXRLZYGL.10　流程类别：人力资源管理　流程主责部门：综合办公室　流程版本：V1.0

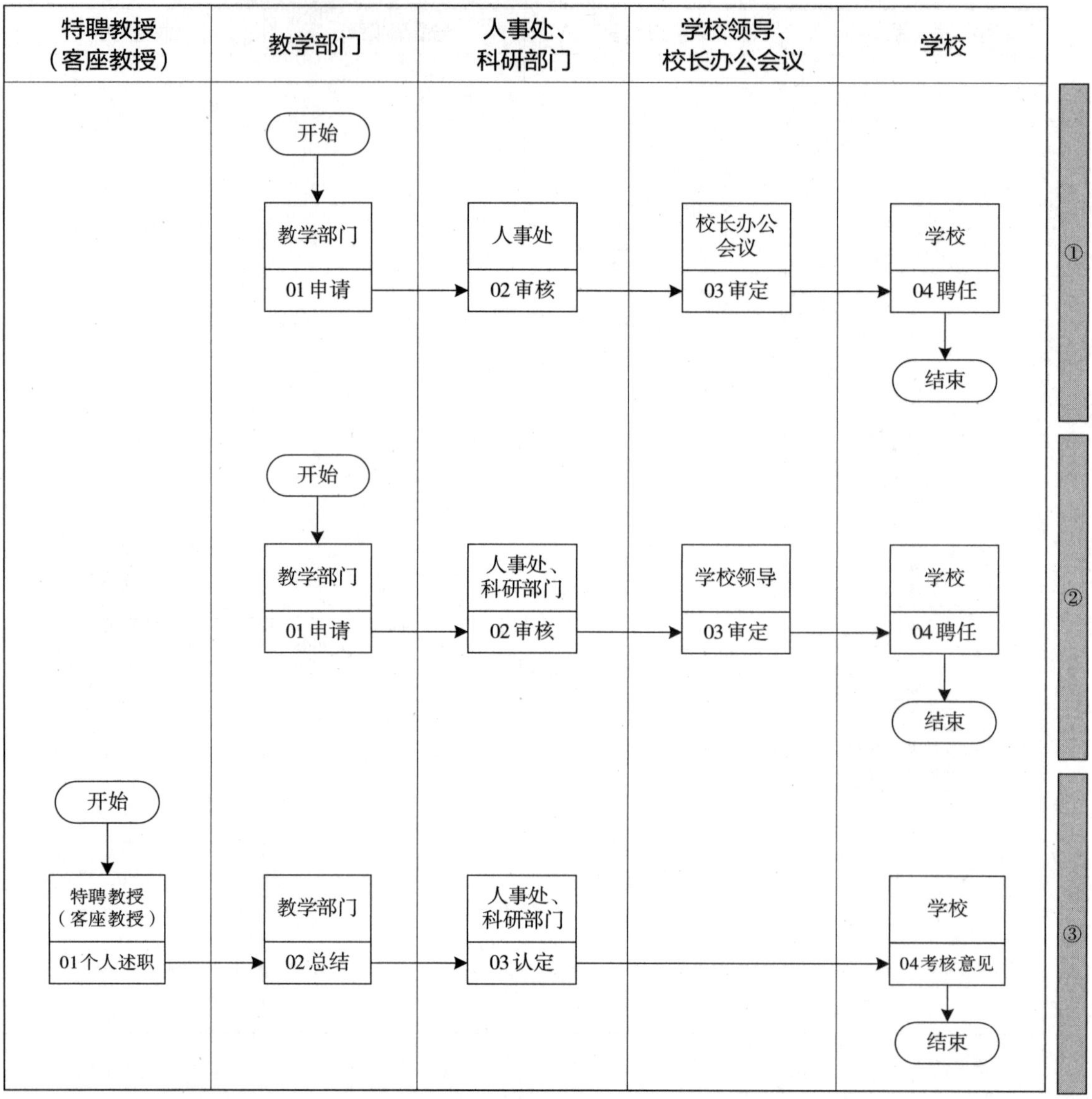

注：①客座教授聘用流程；②特聘教授聘用流程；③特聘（客座）教授考核管理流程。

说明：

聘任部门填写《无锡职业技术学院客座教授申请表》及部门聘任意见，并附受聘人员的个人简历、相关证书复印件及主要业绩等材料。

聘期一般为两年。

对于来校进行定期指导或承担一定的教学科研任务的客座教授，根据一事一议的原则，参照《教育部关于高等学校进一步做好名誉教授聘请工作的若干意见》文件精神，由学校或各聘任部门自行支付相应酬金。

（四）人力资源管理风险控制措施表

业务流程	业务环节	风险编号	风险描述	控制编号	控制措施	责任部门	控制实施证据（表单）	控制制度
人员招聘管理流程	人员招聘	R01	人力资源政策不科学、不合理，招聘流程不规范，招聘方案或渠道选择不合理，未根据岗位实际需求拟定合理的招聘方案，影响相关业务运行的效率、效果	C01	制定人员招聘相关流程，并严格按照流程执行：学院自聘员工包含劳务派遣及劳务协议人员，劳务派遣员工的招聘由各科室（系/部）提出需求，院领导审批后，提交至学校人力资源部门审核批准后方可实施招聘；劳务协议人员科室（系/部）提出需求，院领导审批后可实施招聘。 科学、合理制订招聘计划，招聘计划须明确应聘人员任职要求等，招聘实施过程须严格按照招聘计划、招聘要求实施面试考核，考核通过后方可入职	综合办公室	招聘计划	《关于部门自聘员工管理实施办法（试行）》（后〔2019〕1号）
人员离职管理流程	人员离职	R02	人力资源退出机制不当，可能导致法律诉讼或单位声誉受损	C02	建立健全员工辞职、解除劳动合同、退休等退出机制，明确退出的条件和程序，并严格按照程序执行。 劳务派遣人员离职经所在科室（系/部）负责人审核，院长审批后，至校级人事部门办理离职手续；劳务协议人员离职经所在科室（系/部）负责人审核，分管副院长及院长审批后，方可至综合办公室办理离职手续。办理离职手续时重点关注离职人员资产、校园卡等移交和注销情况		辞职报告	
人员工资福利发放管理流程	工资福利发放	R03	未建立健全员工工资福利管理机制，未明确工资福利发放标准，或未按照要求进行工资福利发放，可能影响员工权益或造成单位经济损失	C03	明确员工工资标准、福利类型及福利发放标准。 制定工资、福利发放流程，并严格按照此流程执行：劳务派遣及劳务协议人员工资发放由所在科室（系/部）编制工资表，经负责人审核后，综合办公室汇总编制，院长审批，分管机械技术学院校领导审批后报学校财务处发放。工资、福利发放前，各科室（系/部）应认真核对发放人员名单，禁止虚列人员发放工资、福利等情况发生		工资表、福利发放方案、劳保发放方案	《无锡职业技术学院机械技术学院关于调整劳务派遣人员工资标准的实施方案》

续表

业务流程	业务环节	风险编号	风险描述	控制编号	控制措施	责任部门	控制实施证据（表单）	控制制度
请（休）假流程	请（休）假申请	R04	请（休）假审批不严格，请（休）假理由不充分却得到批准，可能导致管理松懈，纪律松弛	C04	建立健全员工考勤制度，并严格按照相关制度执行。 完善员工请（休）假流程，员工请（休）假均须填写《请（休）假审批表》，明确请假事由，报本科室（系/部）负责人审批同意，若请假1天以上须院领导审批后方可执行	综合办公室	请（休）假审批表/请（休）假单存根	暂无
	请（休）假备案	R05	未按照相关规章制度进行严格备案，可能影响考勤表的编制以及工资发放	C05	综合办公室应及时按要求对请（休）假情况进行登记，相关负责人定期对请（休）假备案进行检查		登记备案表	
绩效考核流程	绩效考核评分	R06	考核目标与标准设计不合理，打分不公正，可能导致考核结果失效或考核结果不准确，损害员工权益，影响员工工作积极性	C06	建立健全考核管理办法，明确考核重点、考核人员及时间安排、考核程序等关键内容。 学院每季度开展绩效考核，由综合办公室经办人下发绩效考核通知及《××年×季度机械技术学院年薪制员工考核表》；各科室（系/部）依据评分表进行打分。打分完毕后提交至本科室（系/部）负责人、分管副院长审核，部门例会审议形成最终考核结果		机械技术学院年薪制员工考核表、绩效考核评分表	《无锡职业技术学院机械技术学院部门员工考核细则》
	督促改善	R07	提出的改进提高要求不合理，不符合实际情况，可能影响员工工作的积极性，或未及时对员工进行督促整改，不利于部门工作执行效率的提升	C07	各科室（系/部）负责人应及时对被考核工作人员进行督促整改，改进提高的要求应该符合实际，以提高员工积极性、提升工作效率为主要目的		书面反馈意见	

（五）人力资源管理不相容岗位分离表

		A 招聘方案编写	B 招聘方案审核	C 离职申请	D 离职审批	E 编制工资表	F 工资表审核
A	招聘方案编写		×				
B	招聘方案审核						
C	离职申请				×		
D	离职审批						
E	编制工资表						×
F	工资表审核						

注：×表示互相冲突的岗位。

（六）人力资源管理权限指引表

业务分类	经济业务活动		参与主体										
			各科室（系/部）经办人	各科室（系/部）负责人	综合办公室经办人	综合办公室负责人	分管副院长	院长	部门例会	各相关部门	校人事处	校财务处	分管院领导
人力资源管理	劳务派遣人员聘用		01申请	02审核	06实施招聘		03审核	04审核			05审核		
	劳务协议人员聘用		01申请	02审核	05实施招聘		03审核	04审核					
	劳务派遣人员离职		01申请	02审核			03审核	04审核		05审核	06办理手续		
	劳务协议人员离职		01申请	02审核	05审核 06办理手续		03审核	04审核					
	劳务派遣人员工资发放		01编制考勤表	02审核	03编制工资表			04审核				06工资发放	05审核
	劳务协议人员工资发放		01编制考勤表	02审核	03编制工资表			04审核				06工资发放	05审核
	福利发放	方案制定			01制定方案	02审核	03审核	04审核	05审议				
		福利人员名单审核	01报送名单		02审核名单 03发放福利								

续表

业务分类	经济业务活动		参与主体										
			各科室（系/部）经办人	各科室（系/部）负责人	综合办公室经办人	综合办公室负责人	分管副院长	院长	部门例会	各相关部门	校人事处	校财务处	分管院领导
人力资源管理	请（休）假	天数<1天	01申请	02审核	04备案			03审核					
		天数≥1天，编外人员	01申请	02审核	04备案			03审核					
		天数≥1天，编内人员	01申请	02审核	05备案			03审核			04审核备案		
	绩效考核		02打分	03审核 06反馈改善	01下发通知 07登记备案		04审核			05审议			

四、工会管理

（一）基本概述

工会管理内部控制旨在规范学院工会管理的各个环节、流程节点、各系（组）职责的管理规则，通过明确各流程步骤上的关键控制措施，防范工会管理的相关风险，确保工会管理规范有序。

本文所指工会是在学校党委和上级工会组织领导下的职工群众自愿结合的工人阶级的群众组织，是党联系群众的桥梁和纽带，是国家政权的重要社会支柱，是办好社会主义学校的重要依靠力量。作为工人阶级的阶级组织，工会代表广大教职工有组织、有纪律、有领导地参政议政，参与学校教育事业的民主管理与民主监督，在促进我校教育事业的改革与发展中，发挥重要作用。

工会管理，是指学院以学校名义在工会管理中与全体教职工进行工会活动的规范制度。

（二）工会的设立与组织

组建（换届、调整会员）院单位分工会由所在单位党总支（或直属党支部）向校工会申请并组建筹备组，得到批复后由筹备组具体负责走民主程序，按自下而上的程序产生建议名单，由筹备组汇总后广泛听取意见，按民主集中制产生候选名单，召开全体（或代表）大会差额选举委员，产生新的院单位工会委员会，向校工会报告选举结果，校工会发文批准后，院单位工会委员会正式成立。

学院分工会与其教代会保持密切的工作联系，工会会员代表大会与教职工代表大会一并召开，代表为双重身份。工会配合、协助教代会工会委员会及各专门工作委员会开展教代会工作，工会及下设的专门委员会承担有关具体任务。学院工会管理中专职人员隶属、设置、权责、考核、奖惩等，详见《无锡职业技术学院工会工作细则》(锡职院工〔2016〕6 号)、《无锡职业技术学院院教（工）代表大会暂行条例（修订）》(锡职院工〔2016〕5 号)。

（三）工会组织的工作职责

1. 工会的工作职责

工会是党委领导下的群众组织，实行“上级工会和同级党组织双重领导，以同级党组织领导为主”的组织原则。工会要在党委的领导下，依照《中华人民共和国工会法》独立自主地开展工作。根据《无锡职业技术学院工会工作细则》(锡职院工〔2016〕6 号)，无锡职业技术学院工会负责学校教职工代表大会筹备、组织工作，并贯彻执行教代会的决议，承担教代会闭会期间工作机构的有关工作；关心和维护教职工的合法权益，协助学校党政部门贯彻执行党的各项政策、法规、法令，并及时向学校党政领导反映教职工的意见和要求；配合学校党政部门“教书育人，管理育人，服务育人”，做好评优评先和典型经验推广工作；关心教职工业余文化生活，配合有关部门做好教职工健康保护工作；协同行政部门办好教职工集体福利事业，做好教职工疗（休）养工作及劳动安全保护工作；开展女教工工作，提高广大女教职工的整体素质，依法维护女教工的合法权益和特殊利益；加强工会自身的组织建设和思想建设，健全工会各级机构，遵守和健全工会各项工作和会议制度及工会换届选举工作。配合财务收好、管好、用好工会经费，充分发挥工会经费审查委员会的监督作用；负责本部门党风廉政建设和安全稳定工作、职工思想政治工作和队伍建设工作，完成党组织和上级工会交给的其他工作；负责本部门资产管理与档案归档工作；做好工会日常管理。

2. 教（工）代表大会的工作职责

根据《无锡职业技术学院院教（工）代表大会暂行条例（修订）》(锡职院工〔2016〕5 号）文件规定，无锡职业技术学院教（工）代表大会听取和讨论本单位行政领导的工作报告，审议本单位的工作计划、发展规划、教学、科研、师资队伍建设、财务状况、管理等涉及改革发展的重大问题，并就这些问题提出建议和意见；在遵循学校相关管理制度的前提下，审议通过本单位与教学、科研、人事、分配等相关的管理制度、考核方法、奖惩规定和其他关系到教职工切身利益的重要规章制度，审议通过后由行政颁布实施；在遵循学校相关管理制度的前提下，审议决定本单位有关教职工集体生活的福利事项，维护教职工的合法权益；配合有关部门做好民主评议干部工作；按照有关章程，独立自主地开展工作，广泛吸引和团结广大教职工。

3. 教（工）代表大会工作巡察制度

根据《无锡职业技术学院教职工代表大会暂行条例（修订）》（锡职院工〔2016〕9号）文件规定，学校教代会面向所有成立二级教代会或建立教职工大会制度的二级单位，每年开展一次教（工）代表大会工作巡察。

巡察工作的主要内容包括：二级单位党政领导对教代会工作的重视支持情况；二级单位教代会自身建设情况；二级单位教代会职权落实情况；二级单位教代会代表履职情况；二级单位教代会工作特色与创新情况。

巡察工作的工作程序：①单位自评。各单位对照文件有关要求，做好自评工作，撰写自评报告。②现场巡察。召开单位党政领导和教代会代表（教职工代表）参加的巡察工作会。巡察组听取汇报，询问有关情况，查看有关会议记录和教代会资料，根据现场巡察情况进行评分。③结果反馈。校教代会整理汇总巡察情况，并及时向学校党委和各单位进行反馈。④结果运用。将结果用于学校党建与事业发展融合考核。

巡察工作的重点内容：按照规定每年至少召开一次教职工代表大会的情况；部门工会主席、教代会主任按规定列席单位党政联席会的情况；涉及教职工切身利益的政策、制度、措施等出台是否经教代会审议通过的情况；对本单位领导班子和领导干部进行民主评议的情况；按学校规定实行信息公开的情况。

（四）工会管理的决策机制

工会管理的决策层为学院党总支。主要决策事项为：成立有党、政、工有关部门参加的筹备领导小组，提出选举产生代表的办法；协商确定工会会议议题；宣传动员教职工围绕中心议题提出提案、意见和建议。

学院工会代表大会和它所产生的工会委员会是工会的领导机构。工会各级委员会向同级会员大会或会员代表大会负责并报告工作和经济收支情况，接受会员监督；工会各级委员会实行集体领导和分工负责相结合的制度，凡属重大问题都要由委员会民主讨论，作出决定。

学院教代会执委会在院（系、部、处、所）的范围内，行使教代会建议、通过、决定、评议的职权，向学校工会书面报告。

文件渊源:《无锡职业技术学院教职工代表大会执行委员会议事规则》(锡职院工〔2016〕1号);《无锡职业技术学院院教(工)代表大会暂行条例(修订)》(锡职院工〔2016〕5号)。

(五)业务流程及管理制度

1. 流程种类与对应制度

学院工会管理流程种类主要包括教代会选举及提案流程、教代会架构及换届流程、教代会程序安排流程、民主接待流程、评优评先流程、医疗互助补助金流程、爱心基金流程、工会经费使用流程、教代会决策机制流程以及教代会召开程序流程等。具体业务流程和管理制度如下表:

流程编号	业务流程	流程主管部门	风险主体	文件渊源
JXGHGL.01	教代会选举及提案流程	学院工会	学院工会	《学校教职工代表大会规定》(中华人民共和国教育部令第32号)、《无锡职业技术学院工会工作细则》(锡职院工〔2016〕6号)、《无锡职业技术学院教(工)代表大会提案、合理化建议审查处理工作暂行办法》(锡职院工〔2016〕3号)
JXGHGL.02	教代会架构及换届流程			《无锡职业技术学院教职工代表大会执行委员会议事规则》(锡职院工〔2016〕1号)
JXGHGL.03	教代会程序安排流程			《无锡职业技术学院院教(工)代表大会暂行条例(修订)》(锡职院工〔2016〕5号)
JXGHGL.04	民主接待流程			《无锡职业技术学院工会民主接待管理制度》
JXGHGL.05	评优评先流程			《无锡职业技术学院工会评优评先办法》
JXGHGL.06	医疗互助补助金流程			《无锡职业技术学院教职工医疗互助金补助实施办法(修订稿)》
JXGHGL.07	爱心基金流程			《在职教职工慈善爱心基金章程》
JXGHGL.08	工会经费使用流程			《无锡职业技术学院工会经费使用管理办法》(锡职院工〔2016〕2号)
JXGHGL.09	教代会决策机制流程			《无锡职业技术学院教职工代表大会执行委员会议事规则》(锡职院工〔2016〕1号)
JXGHGL.10	教代会召开程序流程			《无锡职业技术学院教职工代表大会执行委员会议事规则》(锡职院工〔2016〕1号)

2. 流程与步骤

教代会选举及提案流程

流程编号：JXGHGL.01　　流程类别：工会管理　　流程主责部门：学院工会　　流程版本：V1.0

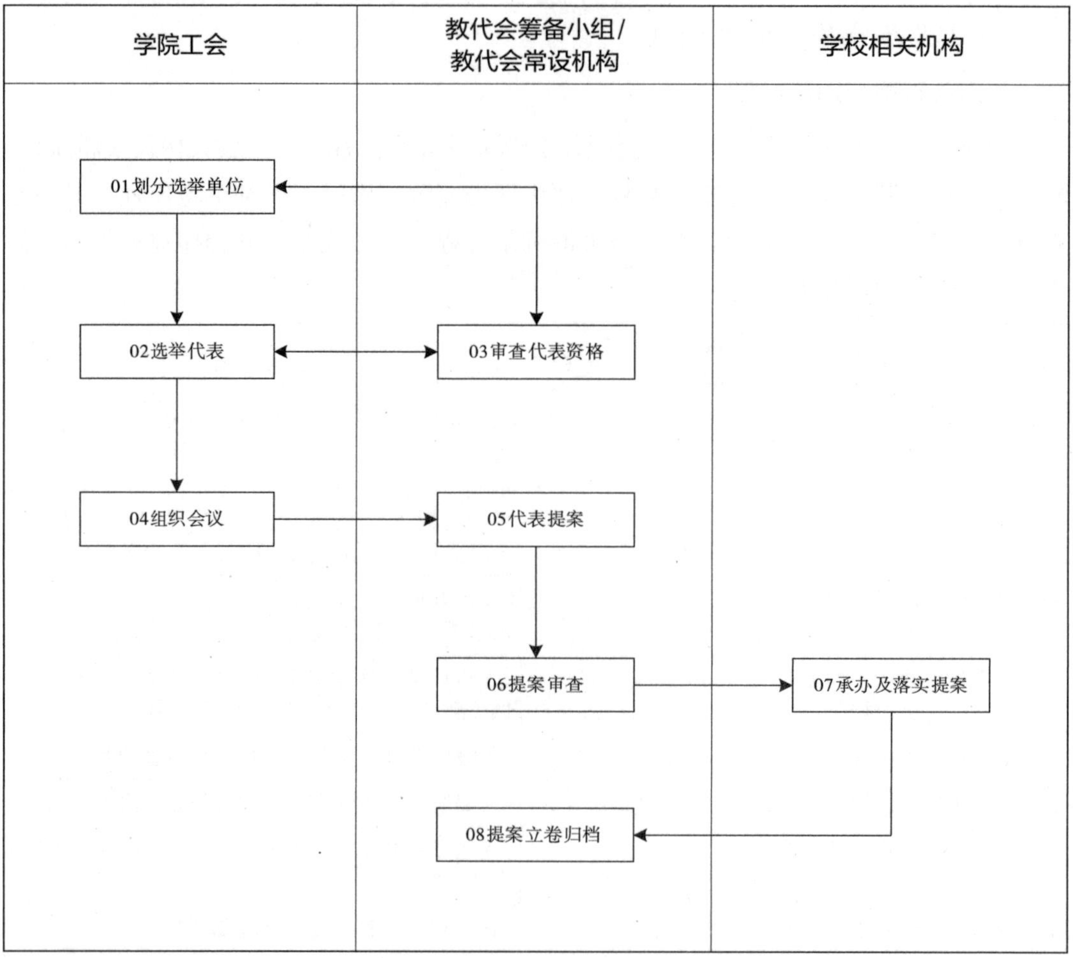

说明：

03~01：资格不符合条件，由原选举单位重选或补选。

03~02：资格符合条件，继续第4步。

代表提案不列入提案的，按照合理化建议处理。

教代会架构及换届流程

流程编号：JXGHGL.02　　流程类别：工会管理　　流程主责部门：学院工会　　流程版本：V1.0

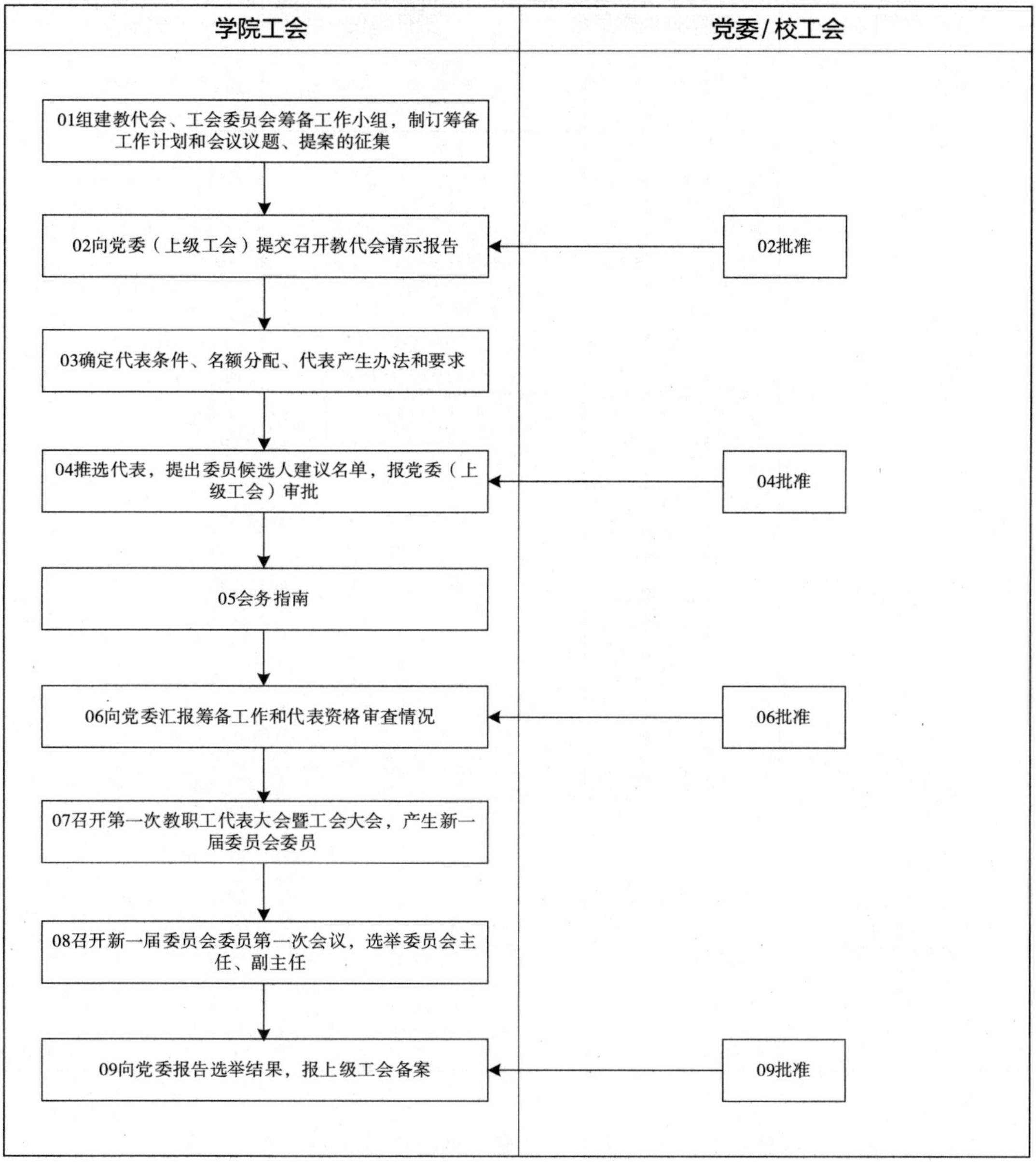

说明：

01~02：筹备工作。

03~06：审查工作。

07~09：召开教代会。

教代会程序安排流程

流程编号：JXGHGL.03　　流程类别：工会管理　　流程主责部门：学院工会　　流程版本：V1.0

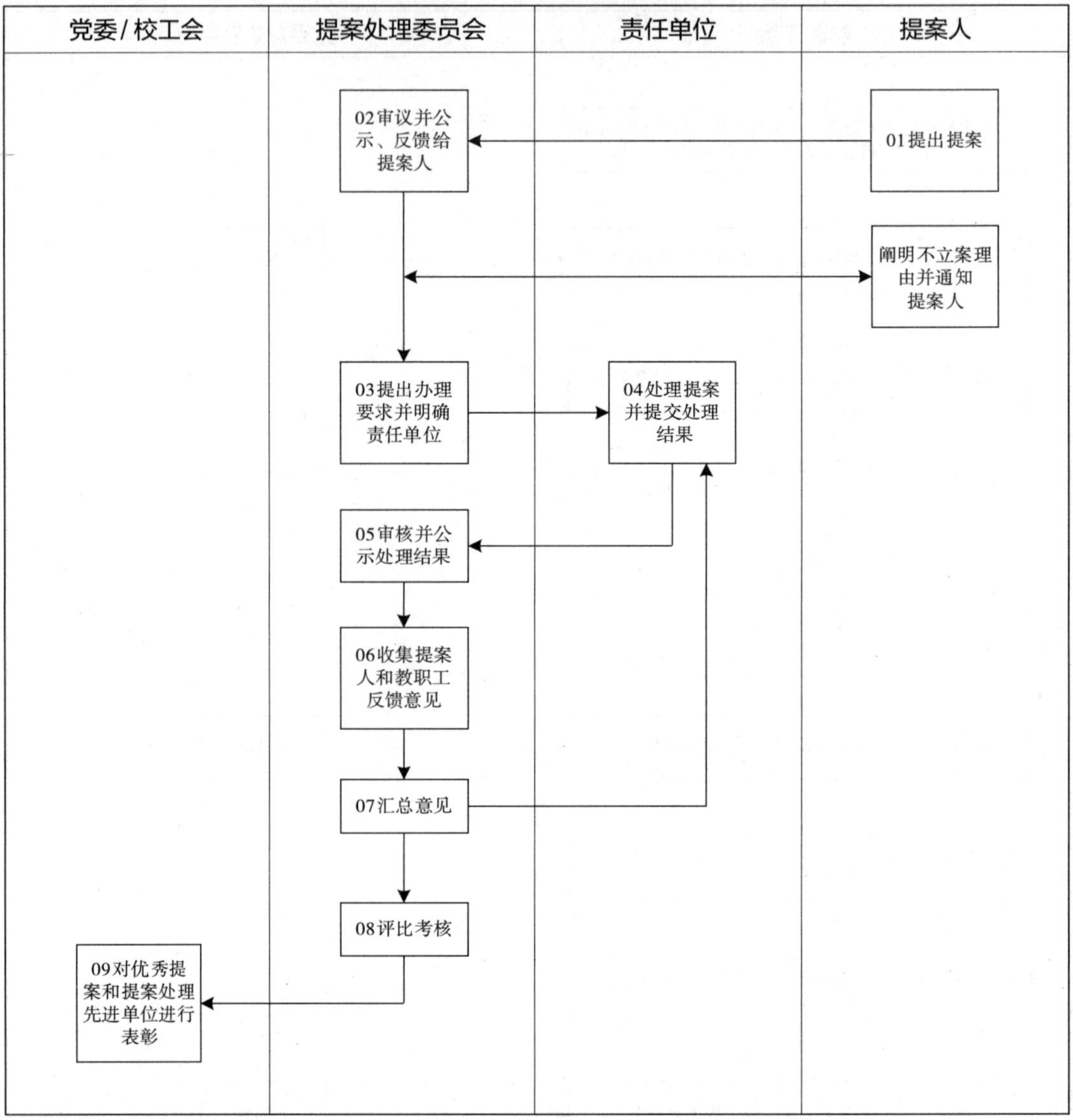

说明：

02：将不予立案的结果报告给提案人，提案人反馈给提案处理委员会意见。

07：汇总意见反馈给责任单位后，重新从第4步开始。

01、02、04：参与优秀提案的评选。

民主接待流程

流程编号：JXGHGL.04　　流程类别：工会管理　　流程主责部门：学院工会　　流程版本：V1.0

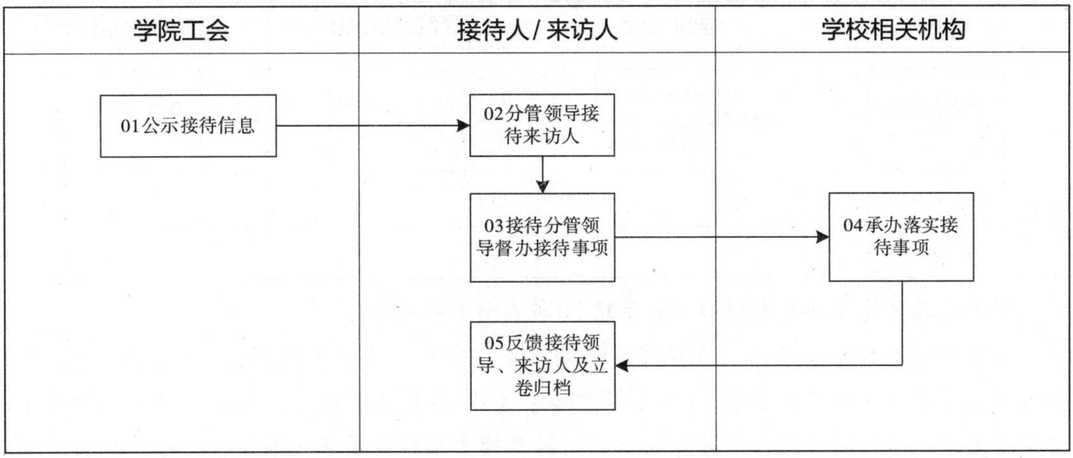

说明：

院工会将接待的有关信息提前一周在校园网发布、校内公示，实行挂牌接待。

坚持谁接待、谁批办、谁负责的原则，主持接待的院领导对批办的问题，要跟踪督办，负责到底。

评优评先流程

流程编号：JXGHGL.05　　流程类别：工会管理　　流程主责部门：学院工会　　流程版本：V1.0

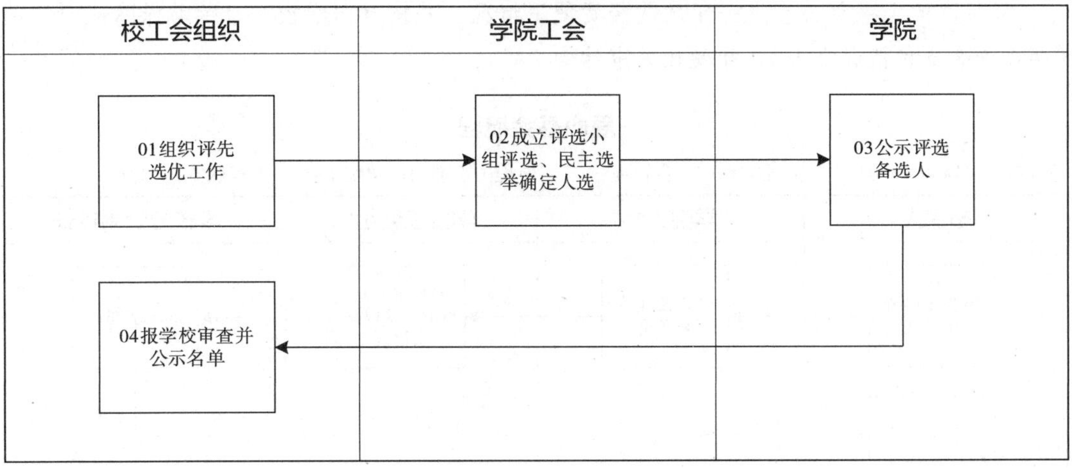

说明：

工会评优评先项目设立先进基层工会组织、工会积极分子、优秀女教工、优秀工会干部4项。

评优评先推荐表必须经部门工会和所在单位党组织审核盖章后报校工会。

医疗互助补助金流程

流程编号：JXGHGL.06　　流程类别：工会管理　　流程主责部门：学院工会　　流程版本：V1.0

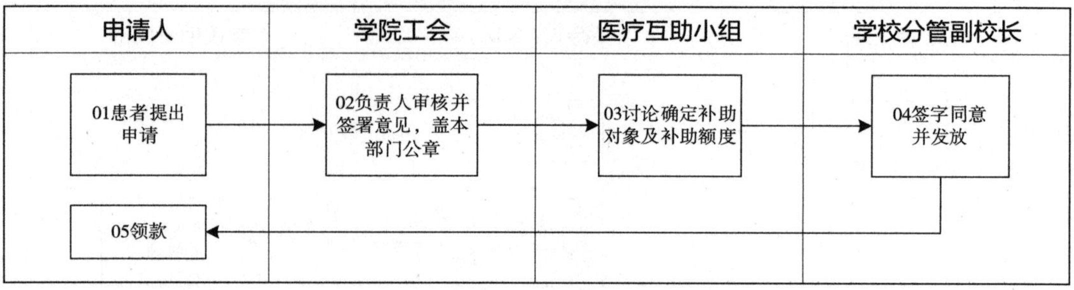

职工大病医疗互助补充保障（五年期10种大病）项目简介：

保障范围及标准：参保人在保障责任期间首次发现以下重大疾病时，由无锡市职工互助互济会（以下简称“互济会”）给付互济金：各种原发性癌症；白血病；腹水型肝硬化；爆发型重症肝炎；肾衰竭、严重尿毒症；心脏瓣膜置换或修补术（不含卵圆孔修补术）；开胸冠状动脉搭桥术；因病施行肾、肺、肝及骨髓移植术；急性坏死性（出血症）；因脊髓炎引起的截瘫。

在医疗互助金管理小组的统一领导下，由工会、校医务科等部门负责医疗互助金的审定、发放和管理等具体工作。

说明：

医疗互助金实行单独列账、单独核算、专款专用。

重点考虑门诊教职工的医疗补助问题，适当兼顾住院教职工。

每年度的上半年公布上一年度的经费使用情况，并按时向学校和市劳动保障部门报送《年度资金支付情况报表》，接受相关审计。

爱心基金流程

流程编号：JXGHGL.07　　流程类别：工会管理　　流程主责部门：学院工会　　流程版本：V1.0

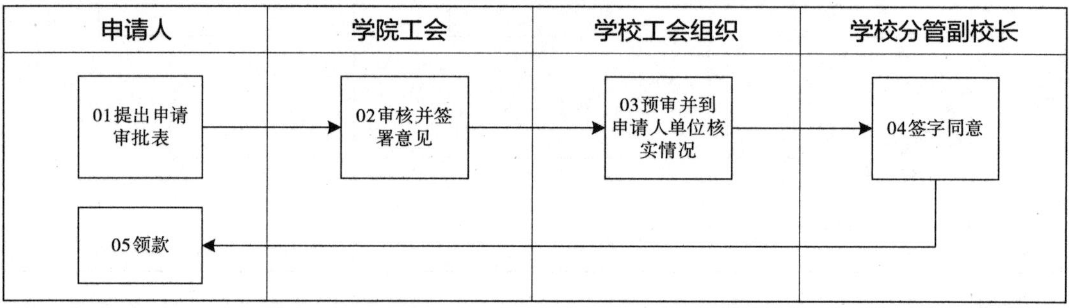

说明：

校工会在15个工作日内确定是否同意资助及资助金额，对特殊情况急需资助或明确符合资助标准的可先由主管部门审核支付，后通报备案。

工会每半年向工作小组通报一次基金使用情况，定期做好基金发放情况的网上公示工作以及材料归档工作。

工会经费使用流程

流程编号：JXGHGL.08　　流程类别：工会管理　　流程主责部门：学院工会　　流程版本：V1.0

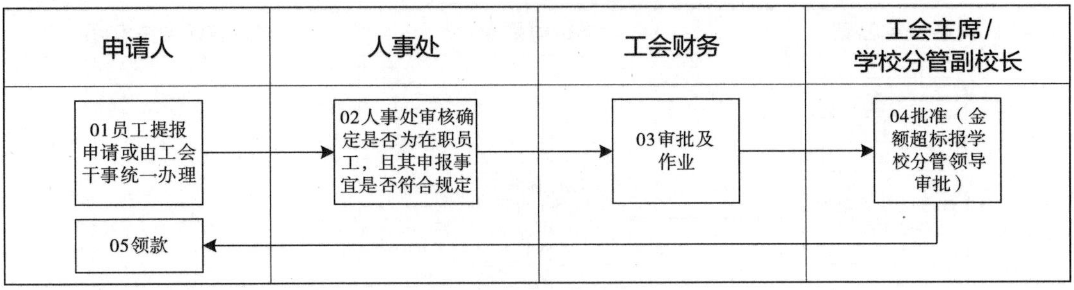

说明：

工会开设银行账户，由工会财务统一建立工会账务并管理，包括工会经费现金管理、工会日常报销账务。

丧亡慰问金必须事发3个月内申请，否则视同放弃。

教代会决策机制流程

流程编号：JXGHGL.09　　流程类别：工会管理　　流程主责部门：学院工会　　流程版本：V1.0

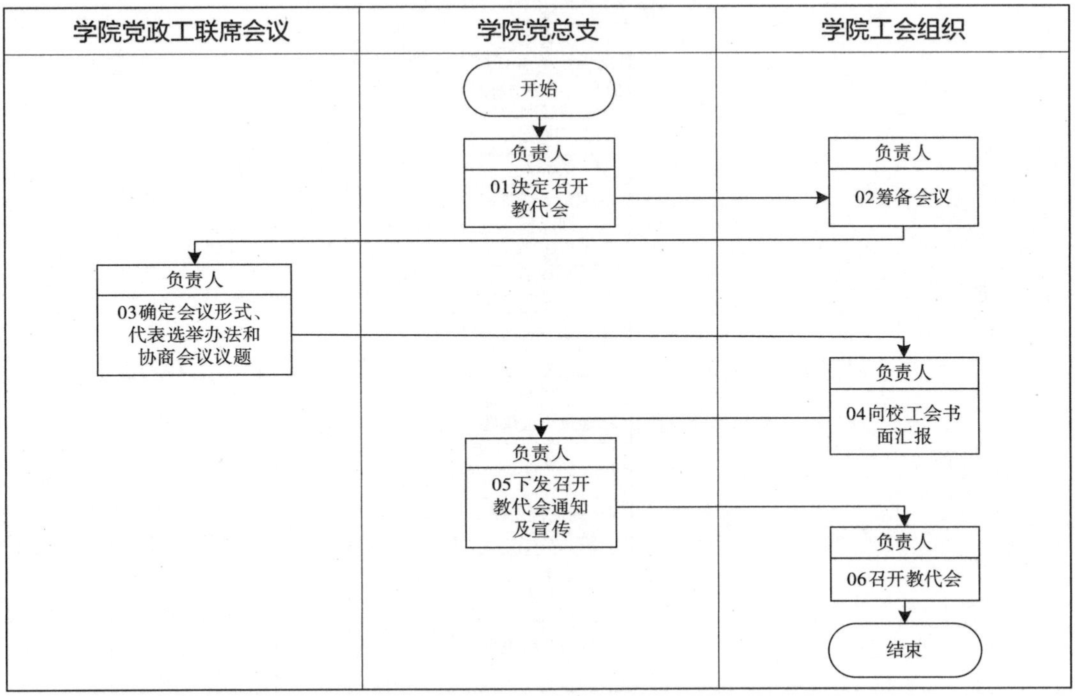

说明：

02：行使教代会建议、通过、决定、评议的职权；由党、政、工确定会议形式，提出选举产生代表的办法。

03：代表选举及提案参见JXGHGL.01。

05：宣传动员教职工围绕中心议题提出提案、意见和建议；大会前应就领导小组（或主席团）成员、代表产生的原则、会议筹备的有关事项向全体代表说明，征得同意后，即进行正式大会议程。

教代会召开程序流程

流程编号：JXGHGL.10　　流程类别：工会管理　　流程主责部门：学院工会　　流程版本：V1.0

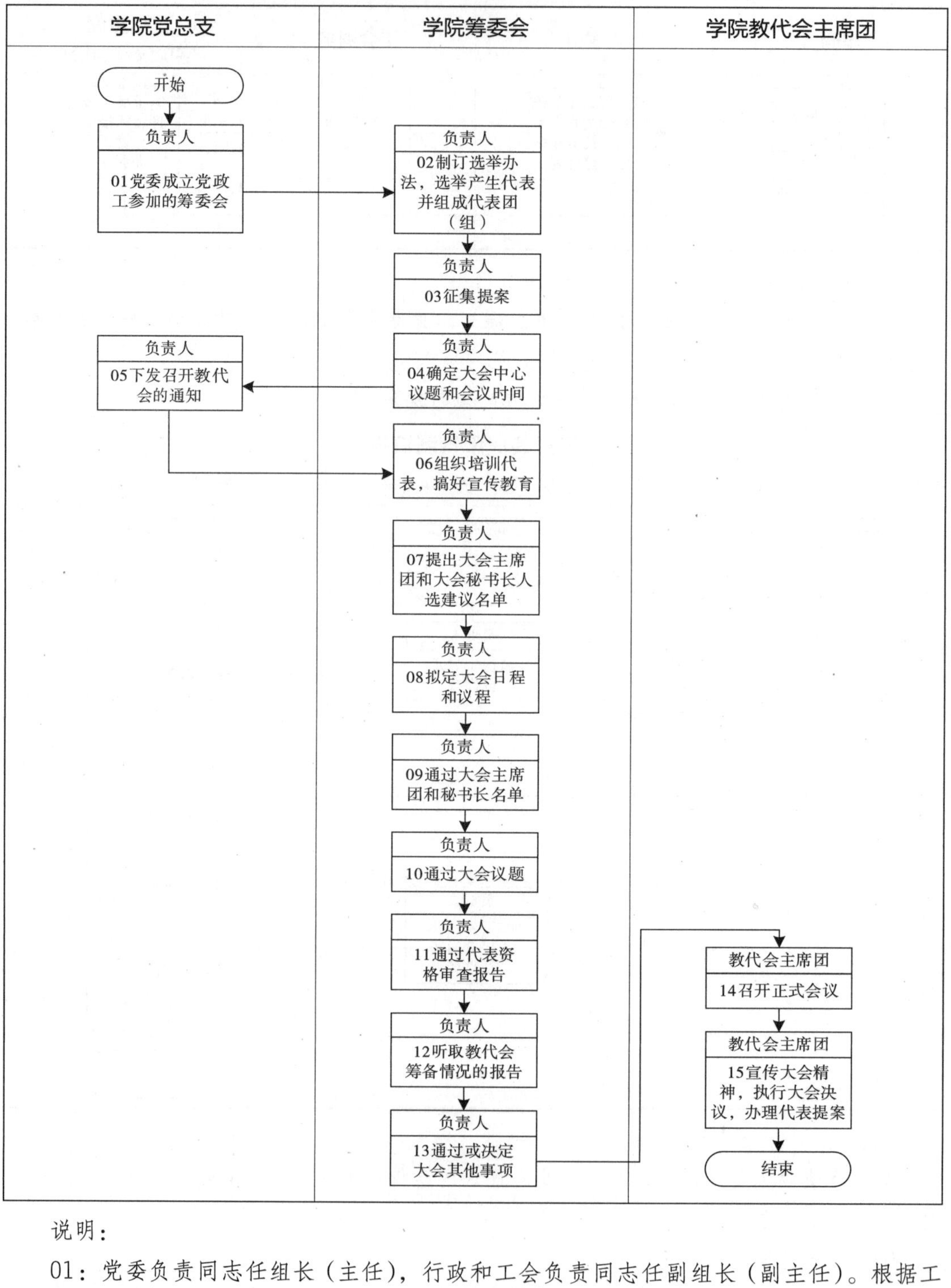

说明：

01：党委负责同志任组长（主任），行政和工会负责同志任副组长（副主任）。根据工作需要设立秘书组、宣传组、会务组、代表资格审查组（换届时）。

02~03：教代会代表依照本单位代表选举办法，以系、院、处或教研室、科室为单位，由教职工直接选举产生，代表实行常任制，可连选连任。列席代表和特邀代表由校工会提名，教代会筹备领导小组（筹委会）批准。其比例应控制在代表总数的百分之十左右（教代会选举及提案流程JXGHGL.01，教代会架构及换届流程JXGHGL.02，教代会程序安排流程JXGHGL.03）。

10：校工会在广泛征求教代会代表和教职工意见的基础上，提出初步意见；党、政、工联席会议协商后，初定中心议题；召开教代会代表组（团）长联席会，由党政负责同志就初定议题进行说明并听取意见和建议；提交教代会预备会通过。

（六）工会管理风险措施控制表

业务环节	风险编号	风险描述	控制编号	控制措施
规章制度体系	R01	规章制度不够完善或执行不到位，工会管理流程操作规范性失当，可能导致实施结果与预期偏离	C01	建立完善的工会管理制度，严格遵守国家及上级工会组织的管理规章制度
职能部门职责	R02	工会管理相关部门间的职责分工不够清晰，存在错位、失位或者越位，可能导致管理协同问题，影响管理效率	C02	明确工会的管理职责
部门内的责任	R03	部门内部机构设置、岗位设置和工作分工不够科学，可能导致责任的重叠或空置，影响制度的落实	C03	明确各参与处室和人员的职责
执行落实效果	R04	规章制度的执行力不够，可能导致有规不依，存在违规违纪的隐患	C04	制定相应的执行措施保障在我校执行
工会专项项目运行过程	R05	工会专项经费，存在将经费转拨至利益个人的风险	C05	根据单位的有关规定做好基础数据统计，掌握工会会员信息库
工会经费预算与使用过程	R06	工会经费使用不符合相关经费管理办法规定；工会经费使用不按照预算执行；工会经费预算调整不履行相关手续；工会经费列支违反相关规定	C06	根据单位的有关规定做好基础数据统计，掌握工会会员信息库
工会廉政建设过程	R07	决策的不民主性；民主管理不到位；各种活动开展不到位	C07	严格执行《中国工会章程》等法规，保障工会会员的各项权益
教代会运行过程	R08	教代会履行职权不到位或没有履行；教代会执委会履行职权流于形式；校工会逾越教代会的授权；教代会对提案的落实流于形式	C08	严格执行《中华人民共和国工会法》等法律法规，保障学校工会的正当法律权益

（七）工会管理不相容岗位分离表

		A	B	C
		院党总支、校工会	院工会组织	学校分管副校长
A	院党总支、校工会			
B	院工会组织			
C	学校分管副校长			

（八）工会管理权限指引表

业务分类	经济业务活动	院党总支、校工会	院工会及下属常设机构	学校相关机构	学院
工会管理	教代会选举及提案流程		01选举代表及组织会议 02审查代表资格和代表提案并归档	03承办及落实提案	
	教代会架构及换届流程	02批准	01筹备会议、推选代表及委员会组成		
	教代会程序安排流程	05表彰优秀提案及处理单位	01接受代表提案 02审议并公示 04汇总提案意见并评比考核	03处理提案并提交结果	
	民主接待流程		01公示接待信息	03承办并落实、反馈接待事项	02分管院长接待并督办事项 04分管院长立卷归档
	评优评先流程	01组织 04审查并公示	02民主选举		03公示备选人
	医疗互助补助金流程		01接受患者申请，并审核签署意见	02医疗互助小组讨论确定 03学校分管领导批准	
	爱心基金流程	02预审核实	01接受申请，并审核签署意见		03批准
	工会经费使用流程		02工会财务审核 03工会主席权限内批准	03超权限批准	01接受申请，并核实

（九）其他

学院工会管理工作由学校工会归口管理，学院应在学校工会统一部署和指导下组织实施分工会工作。校级工会管理工作操作流程参见附件1。

五、预算管理

（一）基本概述

预算管理内部控制旨在规范学院预算管理的各个业务环节、流程节点、科室（系/部）职责的管理规则，通过明确各流程步骤上的关键控制措施，防范预算管理活动的相关风险，确保预算管理规范有序。

预算管理内部控制适用于预算编审与上报流程和预算调整流程的管理。

（二）工作职责

学院预算管理主要涉及综合办公室以及执行预算的各科室（系/部）。

预算管理涉及的相关机构职责分工表

科室（系/部）	管理职责
综合办公室	综合办公室是部门预算管理的归口管理部门，职责如下： 根据学校财务处下发的预算编报通知，组织部门所有科室（系/部）编制并上报年度预算草案，并汇总形成部门年度预算草案，经部门相关审批后，上报学校财务处。 对于部门内部预算指标调整进行初步把关
各科室（系/部）	各科室（系/部）的主要职责如下： 有需求的科室（系/部）汇总需求，按照相关流程提交申请，并遵照流程执行。 编制本科室（系/部）年度预算草案

（三）业务流程及管理制度

学院预算管理主要包括预算草案编审与上报、预算调整（学院内部）两大流程。

预算管理的业务流程和管理制度表

流程编号	业务领域	业务流程	流程主管部门	风险主体	文件渊源
JXYSGL.01	预算管理	预算草案编审与上报流程	综合办公室	综合办公室	参照《无锡职业技术学院预算管理办法》（锡职院财〔2019〕15号）
JXYSGL.02		预算调整流程			

预算草案编审与上报流程

流程编号：JXYSGL.01　　流程类别：预算管理　　流程主责部门：综合办公室　　流程版本：V1.0

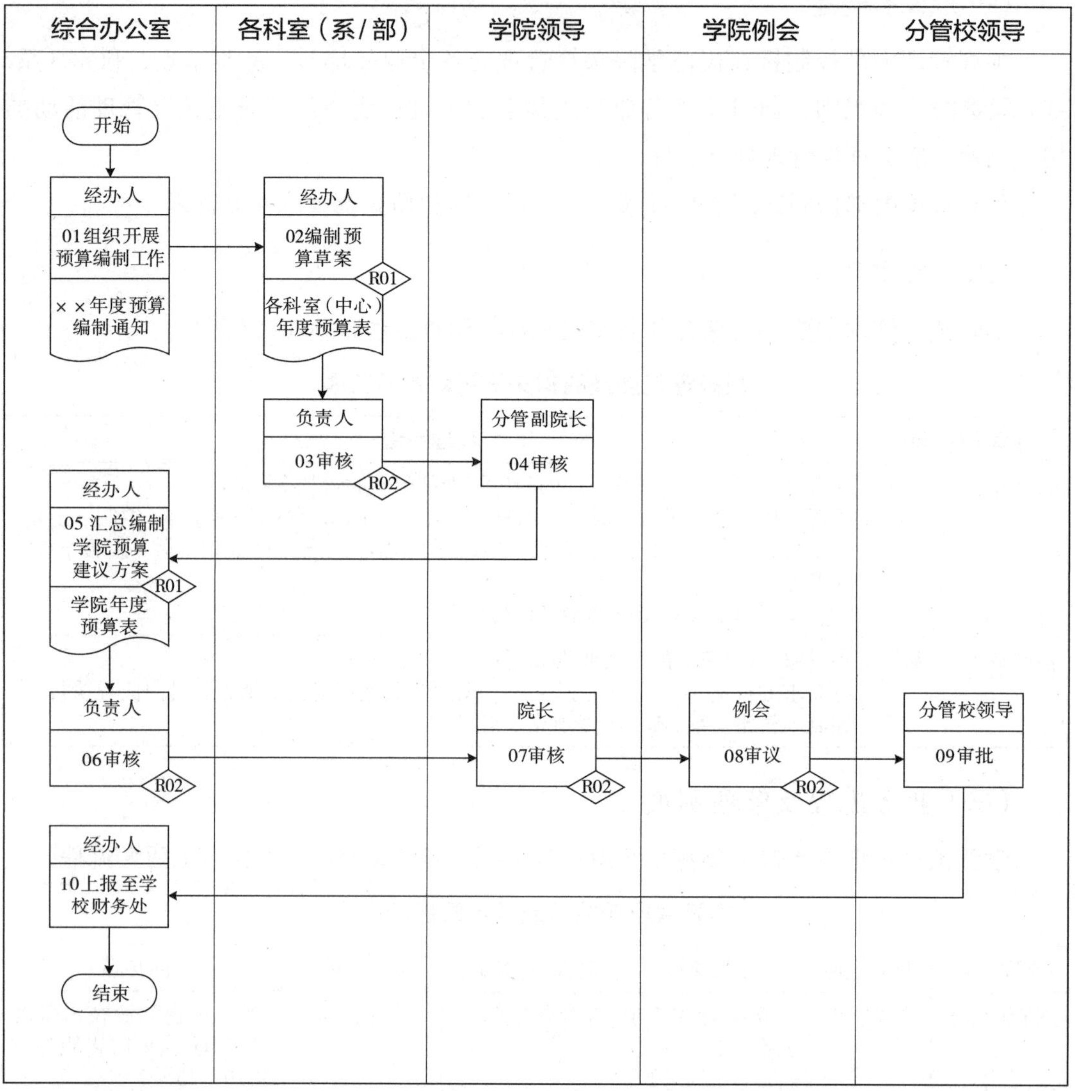

说明：

01：综合办公室根据学校财务处下发的学校年度预算编制通知，组织各科室（系/部）编制本部门年度预算草案。

02~03：各科室（系/部）根据年度工作计划和任务编制本部门年度预算数据，部门负责人对预算数据的合理性和完整性进行审核。

04：分管本科室（系/部）副院长对部门编制的预算数据进行审核，重点审核预算数据是否符合年度重点工作计划和任务。

05~07：分管副院长审核完后，各科室（系/部）将预算数据报送至综合办公室，由经办人汇总编制学院年度预算表，并报综合办负责人、院长审核，院长审核完组织学院例会对部门年度预算进行审议。主要关注申报金额是否合理，申报依据是否充分，预算基础数据是否全面、准确、合理，是否符合下一年度工作安排等。

08~09：分管学院的校领导进行审核，主要审核学院整体预算的合理性。审批后由综合办公室相关经办人根据要求报送至学校财务处。

预算调整流程

流程编号：JXYSGL.02　　流程类别：决策管理　　流程主责部门：综合办公室　流程版本：V1.0

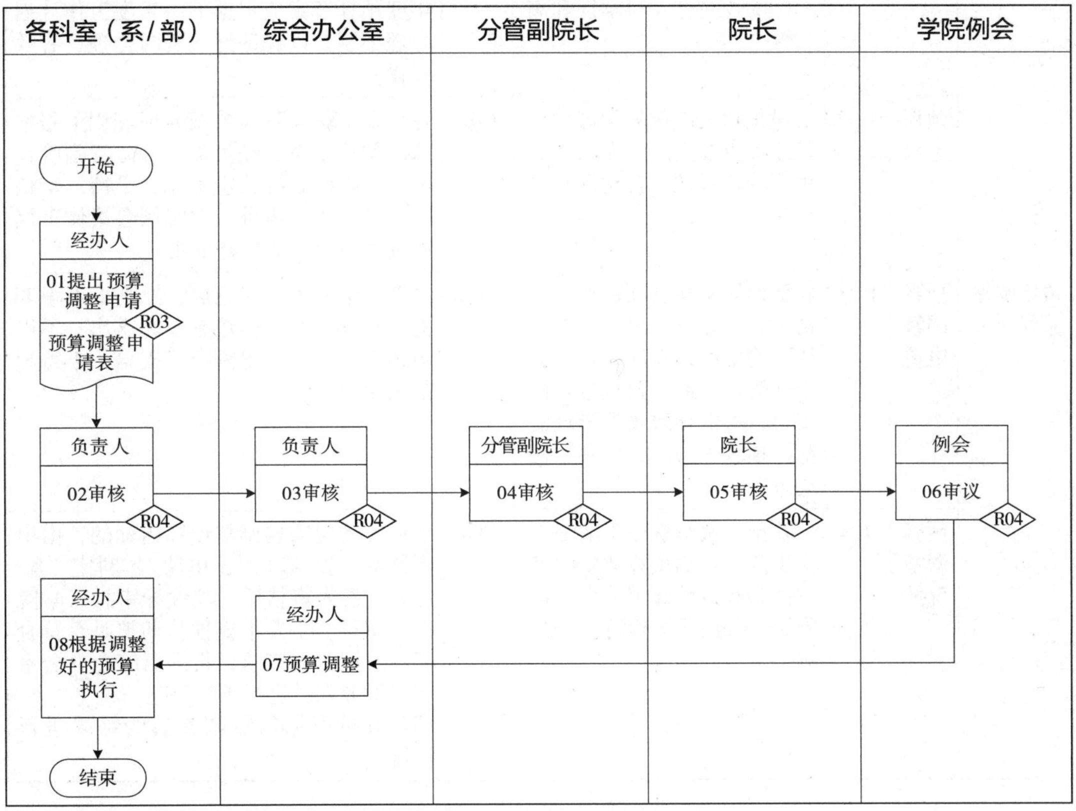

说明：

适用范围：此预算调整流程为学院内部预算调整流程。

01~02：需要进行预算调整的科室（系/部）提出预算调整申请，须明确预算调整事由，以及需要调整的具体金额，经负责人审核后报综合办公室审核。

03~05：预算调整须报综合办公室负责人、分管业务副院长及院长审核，主要审核预算调整的合理性和必要性。

06~08：组织学院例会对预算调整事项进行审议，主要审查预算调整是否符合学院发展真实需求，批准后综合办公室相关财务人员进行预算调整，科室（系/部）方可根据预算调整后的结果进行执行。

（四）预算管理风险控制措施表

业务流程	业务环节	风险编号	风险描述	控制编号	控制措施
预算草案编制与审核流程	预算编制	R01	预算编制过程中学院内部各岗位间沟通协调不够充分，可能导致基础数据或重要信息无法有效共享，影响预算编制的规范性、科学性和高效性	C01	在编制过程中，建立预算编制的沟通协调机制，要充分沟通，确保预算编制及时、合理、科学。基本支出可参考往年的历史数据，结合实际情况编制。 年度预算草案应根据下一年度工作计划合理编制，以保证财政资源合理、有效配置
	预算审核	R02	未强化相关岗位的预算审核责任和审核重点，无法确保预算的合规性、合理性和科学性	C02	各科室（系/部）应在规定时间内上报本部门预算草案，经负责人、分管副院长审核后报综合办公室汇总、平衡、审核后，经院领导审批，学院例会集体审议通过后提交至学校财务处
预算调整流程	预算调整申请	R03	学院预算调整事项存在“未批预算、先行支出、后补手续”的情况，无法通过预算指标管理、约束财政资金的支出，可能导致预算管理混乱，预算失去严肃性和“硬约束”	C03	预算方案经批准实施后，原则上不得变更。各部门要严格控制预算支出，不得超预算指标，不得跨项目支出，不得超范围使用
	预算调整审批	R04	学院预算调整程序不清晰、不规范，影响预算调整的及时性、有效性和规范性，可能导致部门预算执行受到影响	C04	因特殊情况需要调整预算指标的，由申请科室（系/部）提出申请，本科室（系/部）负责人审核后，院领导审批，学院例会审议，主要审查预算调整是否符合部门发展真实需求，批准后综合办公室相关财务人员进行预算调整，科室（系/部）方可根据预算调整后的结果进行执行

（五）预算管理不相容岗位分离表

		A	B	C	D
		预算草案编制	预算草案审批	预算调整方案编制	预算调整方案审批
A	预算草案编制		×		
B	预算草案审批				
C	预算调整方案编制				×
D	预算调整方案审批				

注：×表示互相冲突的岗位。

（六）预算管理权限指引表

业务分类	经济业务活动	各科室（系/部）经办人	各科室（系/部）负责人	综合办公室经办人	综合办公室负责人	分管副院长	院长	学院例会	分管校领导	校财务处
预算管理	预算草案编审与上报	01编制草案	02审核	04汇总	05审核	03审核	06审核		07审批	08汇总
	预算调整	01提出申请	02审核		03审核	04审核	05审核	06审议		

六、收入管理

（一）基本概述

下属各单位开展教学、科研及其他活动依法取得的非偿还性资金。收入业务与资金流转、预算编制密切相关，故有关内部控制内容多在预算篇章中体现。

本节所指收入仅为学院自主收费项目和代收费项目。

学院收入管理业务内部控制的重心在于项目设立及收费标准合法合规性。

（二）工作职责

综合办公室是收入管理的归口管理部门，负责收费项目的报批、款项收缴等事务，系（部）指定人员协助办理本系（部）相关具体事项。

收入管理涉及的相关机构职责分工表

科室（系/部）	管理职责
综合办公室	审核确定收费事项的合理合规性
各科室（系/部）	根据实际情况确定收费事项并通知交款人缴款

（三）业务流程及管理制度

学院收入管理主要包括收入管理一个流程。

收入管理的业务流程和管理制度表

流程编号	业务流程	流程主管部门	风险主体	文件渊源
JXSRGL.01	收入收缴流程	综合办公室	综合办公室	参照《无锡职业技术学院服务性收费和代收费管理办法》（锡职院财〔2019〕16号）、《无锡职业技术学院票据管理制度》（锡职院财〔2019〕9号）

（1）控制要点

要严格按照规定的收费项目和标准收费。学校财务处统一出具收款凭据。所收取的各类收入，应当及时、足额上缴，做到收缴分离、票款一致，不得以任何形式截留、挪用或者隐瞒收入。

（2）收入收缴流程

收入收缴流程

流程编号：JXSRGL.01　　流程类别：收入管理　　流程主责部门：综合办公室　　流程版本：V1.0

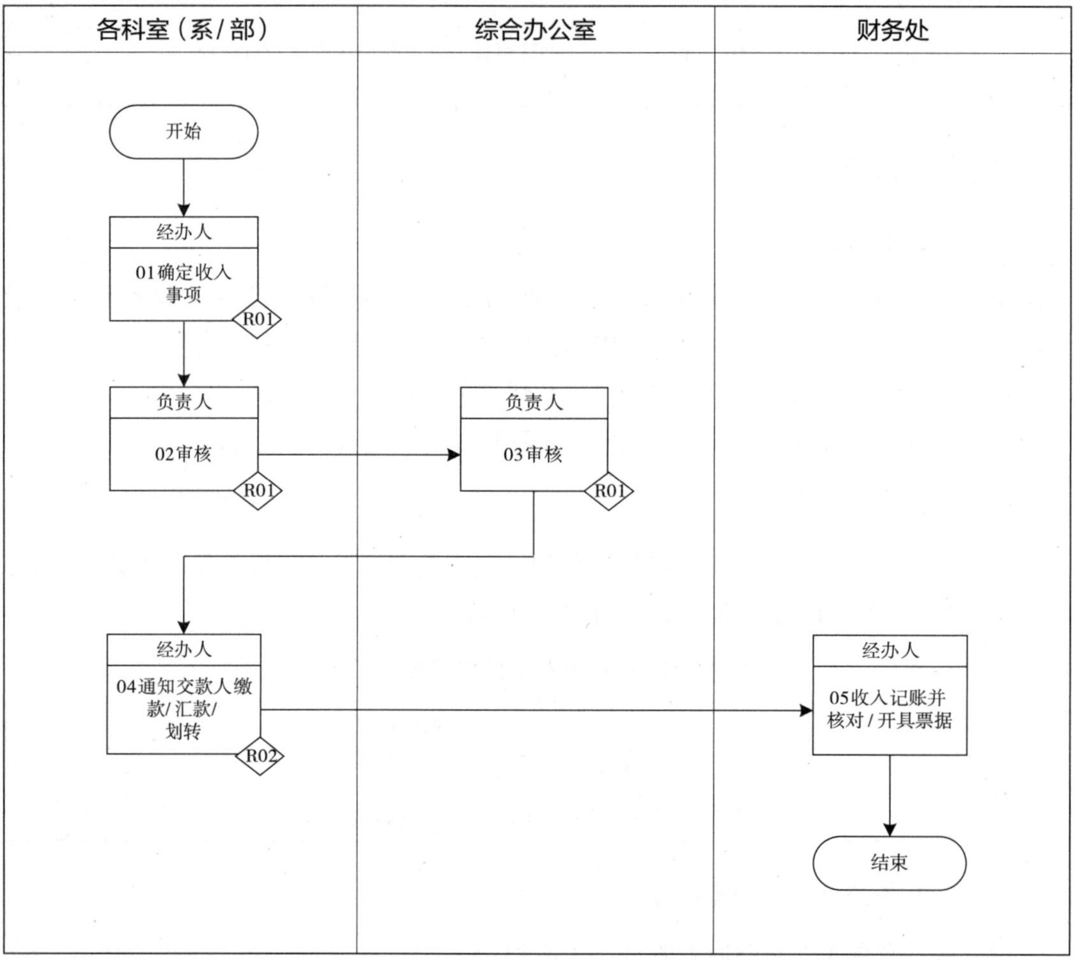

注：根据学校规定，学院对业务范围内的资产出租和服务类项目的收入进行管理，所有的收入严格按照学校要求归入学校账户。所有收费事项均须经学校或上级部门审批执行，并严格按照相关审批结果执行。

说明：

01~03：收费部门确定收费事项，须经部门负责人及综合办公室负责人审核，审核收费事项是否符合规定。

04~05：收入事项经办人通知交款人通过银行账户汇款至学校账户，学校财务处应及时进行入账确认，进行收入记账及相关票据的开具。

（四）收入管理风险控制措施表

业务流程	业务环节	风险编号	风险描述	控制编号	控制措施	责任部门	控制实施证据（表单）	控制制度
收入收缴流程	收入事项确定	R01	收费项目未合理论证或未经恰当程序审批，违反规定擅自增设收费项目、提高收费标准或扩大收费对象，导致发生违规收费收入收取	C01	制定收费项目立项及审批相关流程及制度规范管理。 业务部门新增收费项目或调整收费标准时，须提交书面申请及相关材料，内容包括：收费部门、收费项目名称、收费理由、收费对象、收费范围、收费标准、收费方式、执行期限、收费依据（如国家或地方颁布的法规、政策）等	综合办公室		参照《无锡职业技术学院服务性收费和代收费管理办法》（锡职院财〔2019〕16号）、《无锡职业技术学院票据管理制度》（锡职院财〔2019〕9号）
	款项收取	R02	未按计划执行收入收取或收费项目发生变更未及时进行报批、报审，导致部门收费项目执行进度缓慢或中止，影响部门资金使用计划安排	C02	应当加强各类收入管理，严格按照规定的收费项目和标准收费，按照规定开具票据。所收取的各类收入，应当及时、足额上缴，做到收缴分离、票款一致，不得以任何形式截留、挪用或者隐瞒收入		票据	

（五）收入管理权限指引表

业务分类	经济业务活动	参与主体			
		各科室（系/部）经办人	各科室（系/部）负责人	综合办公室负责人	校财务处
收入管理	收入收缴	01确定收入事项 04通知缴款	02审核	03审核	05记账开票

七、支出管理

（一）基本概述

支出与收入相对应，也有广义与狭义之分。本节所指支出管理，仅含学院公务接待支出、会议支付、差旅费支出、借款管理等。广义支出，通常涉及合同支付，相关管理控制在合同及预算中表述。

支出管理业务内部控制旨在规范学院支出管理的各个业务环节、流程节点、科室（系/部）职责的管理规则，通过明确各流程步骤上的关键控制措施，防范支出管理的相关风险，确保支出管理规范有序。

（二）工作职责

综合办公室是支出管理的归口管理部门，负责公务接待、公务出差、会议安排及相关的财务结算工作。系（部）须指定专人与综合办公室对接并办理与本系（部）相关的支出报批报审事项。

支出管理涉及的相关机构职责分工表

科室（系/部）	管理职责
综合办公室	对于公务接待、组织会议（培训）、公务出差等申请进行初步把关并登记备案；须学校相关部门审批的由综合办公室对接
各科室（系/部）	有需求的科室（系/部）汇总需求，按照相关流程提交申请，并遵照流程执行

（三）业务流程及管理制度

1. 流程种类与对应制度

学院支出管理流程主要包括经费事前申请管理、报销管理及借款管理三大流程。

流程编号	业务领域	业务流程	流程主管部门	风险主体	文件渊源
JXZCGL.01	支出管理	公务接待事前申请流程	综合办公室	综合办公室	参照《无锡职业技术学院接待工作管理规定（试行）》（锡职院财〔2019〕2号）
JXZCGL.02		组织会议（培训）申请流程			暂无
JXZCGL.03		公务出差事前申请流程			参照《无锡职业技术学院国内差旅费管理办法（修订）》（锡职院财〔2017〕4号）
JXZCGL.04		日常费用报销流程			参照《无锡职业技术学院财务报销管理办法》（锡职院财〔2019〕14号）
JXZCGL.05		借款管理流程			参照《无锡职业技术学院暂付款管理办法》（锡职院财〔2019〕11号）

2. 支出控制流程与步骤

（1）控制要点

公务接待、会议费、差旅费须事前审批；报销（申请）人与审批人不能为同一人；费用报销应严格遵循审批程序及审批权限（门槛）予以审批。

（2）流程与步骤

公务接待事前申请流程

流程编号：JXZCGL.01　　流程类别：支出管理　　流程主责部门：综合办公室　　流程版本：V1.0

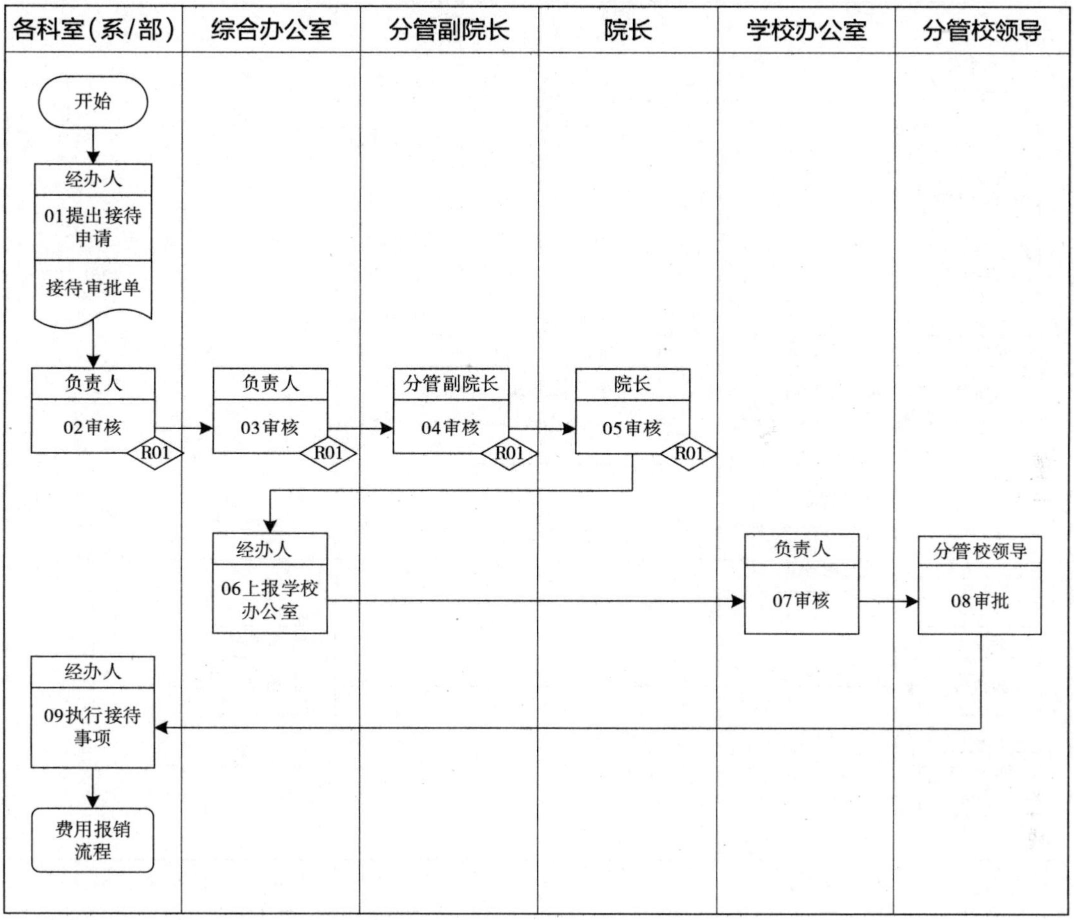

说明：

01~02：公务接待各科室（系/部）经办人填写《无锡职业技术学院接待审批单》，写明接待对象、接待事由、接待时间、接待人数、来访人员等信息，由各科室（系/部）负责人审核同意后报综合办公室审核。

03：综合办公室负责人对公务接待事项的合理合规性进行审核，审核完后报院相关领导审核。

04~05：分管副院长对接待事项的合规性进行审核，同意后由院长签署意见。

06：综合办公室将本部门的公务接待事项相关表单及审签单上报至学校综合办公室审核。

07：学校综合办公室审核公务接待申请事由、接待人数是否符合相关规定及要求。

08：分管校领导审批。

09：签批完毕后，需求部门经办人执行接待事宜。

组织会议（培训）申请流程

流程编号：JXZCGL.02　　流程类别：支出管理　　流程主责部门：综合办公室　　流程版本：V1.0

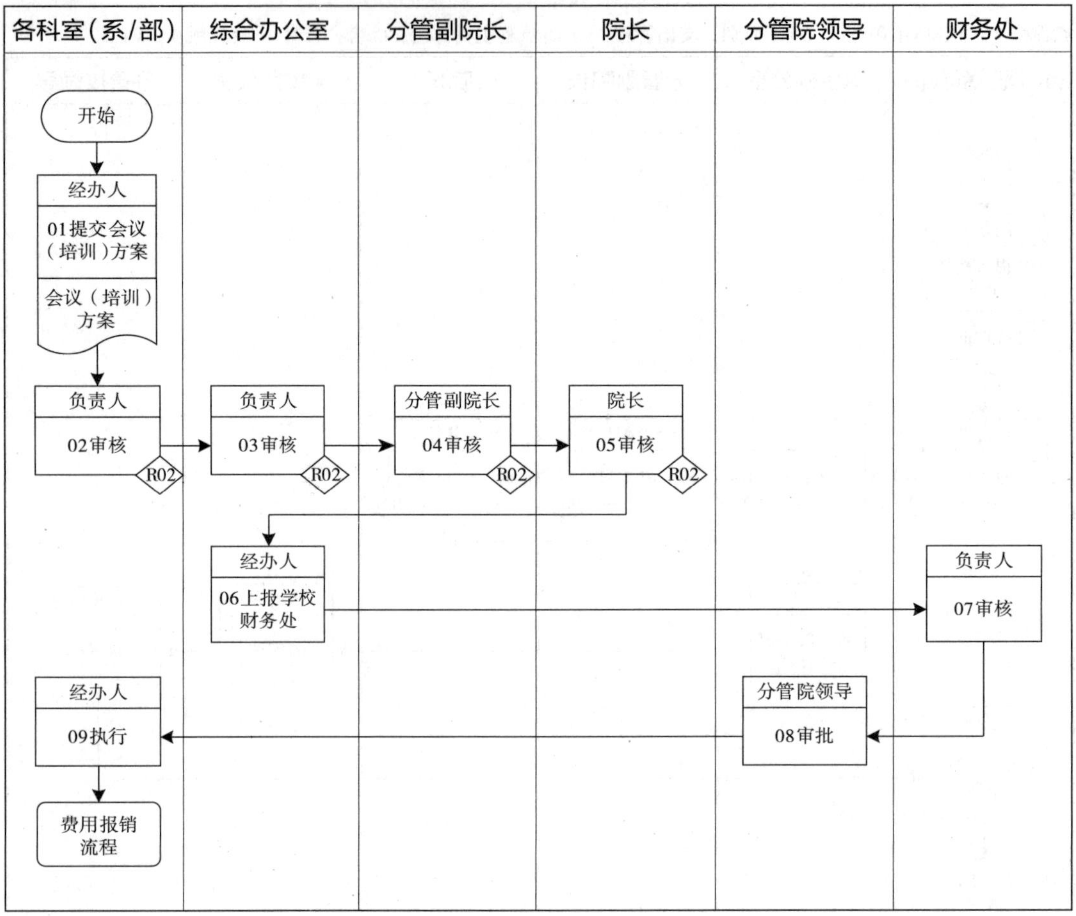

说明：

01~02：各需求科室（系/部）经办人提交会议（培训）方案，内容主要包括会议（培训）时间、地点、支出项目、预计金额等，由各科室（系/部）负责人审批同意后报综合办公室审核。

03：综合办公室负责人审核，主要关注会议（培训）方案编制是否合理、完整，相关金额列支是否准确。审核完后报学院相关领导审核。

04~05：分管副院长对会议（培训）方案的准确合理性进行审核，重点关注相关资金列支的合理性，审核完后由院长签署最终审核意见。

06：综合办公室将方案及相关意见表单上报至学校财务处审核。

07：学校财务处负责人进行审核，主要关注是否存在预算指标，是否有超支风险，各项支出是否符合相关支出范围的要求等。

08：分管院领导审核，主要关注会议（培训）方案的合理性和必要性。

09：审批通过后，需求部门经办人按照方案举行会议（培训）。

公务出差事前申请流程

流程编号：JXZCGL.03　　流程类别：支出管理　　流程主责部门：综合办公室　　流程版本：V1.0

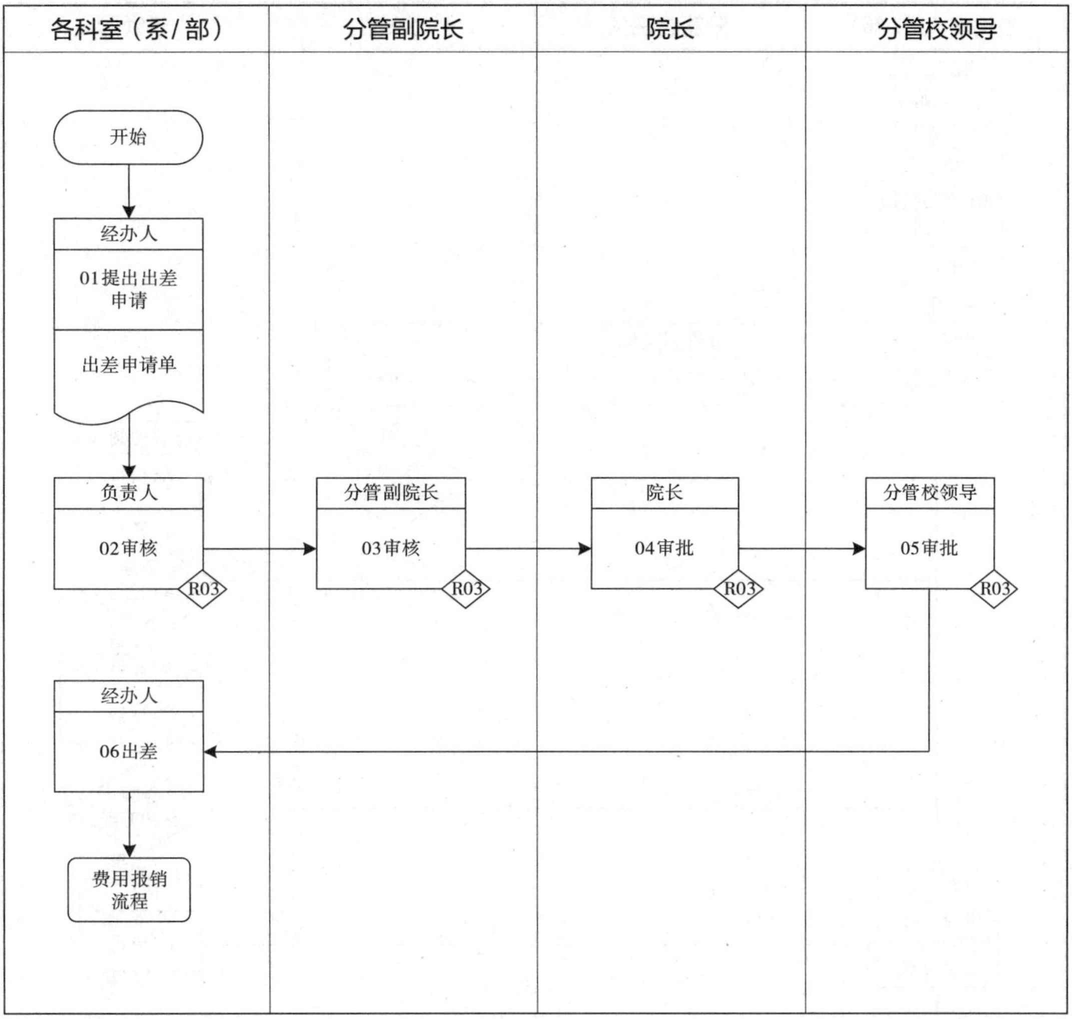

说明：

01~02：需求人员提交出差申请，列明出差时间、地点、出差天数、选用的交通方式、出差事由等，各科室（系/部）负责人审核同意后，报分管副院长审核。

03~05：分管副院长及院长审核，主要关注出差事由是否真实，是否与实际情况相符，审核无误后签署意见报分管校领导审批。

06：获批后，经办人执行出差事宜，出差结束应及时到学校财务处办理报销手续。

日常费用报销流程

流程编号：JXZCGL.04　流程类别：支出管理　流程主责部门：综合办公室　流程版本：V1.0

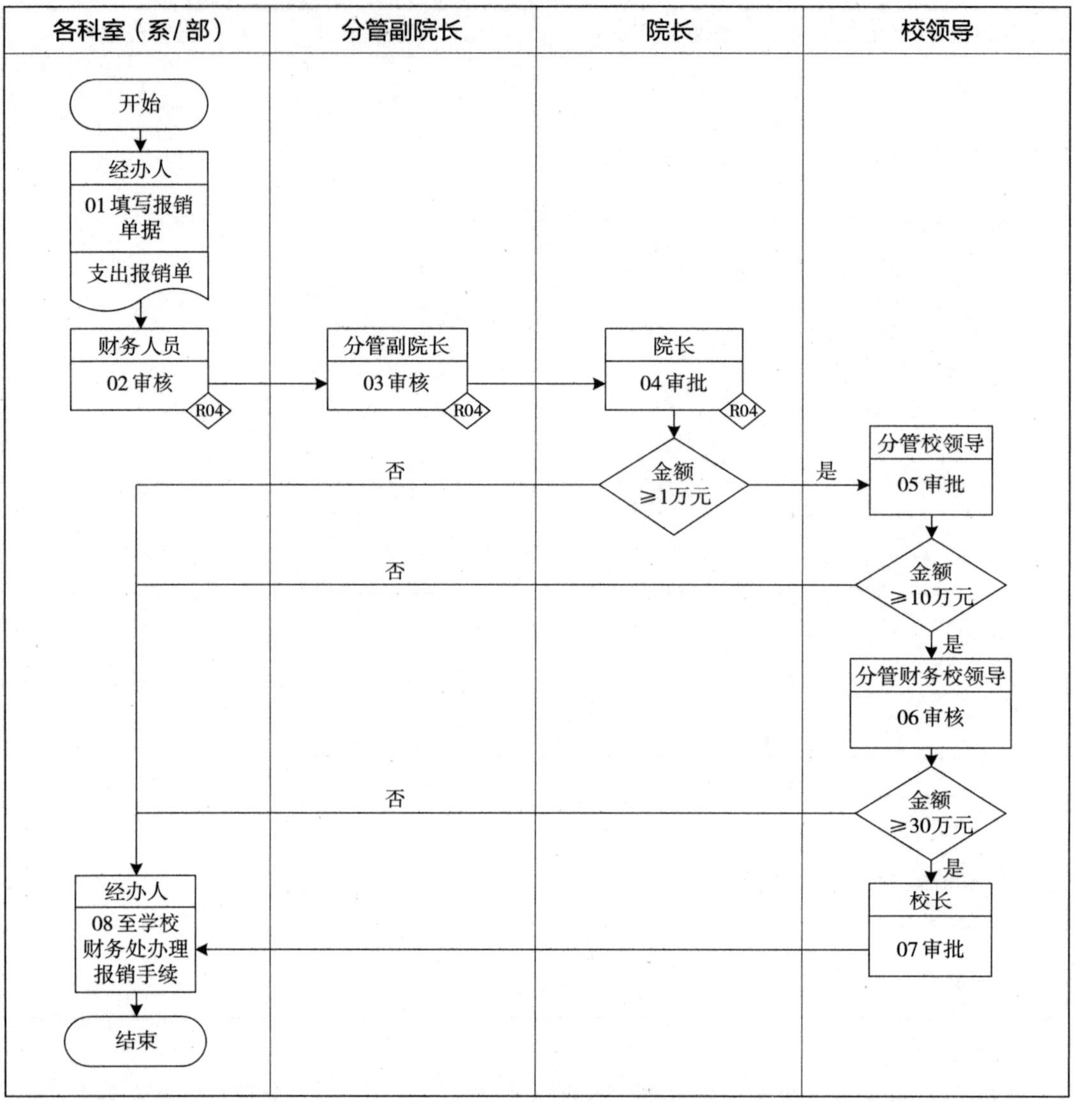

说明：

01~02：报销人在完成相关工作任务或办理有关结算手续的过程中，应及时取得发票等合法报销凭证，填制报销单据，履行验收或证明手续，报送各科室（系/部）审核签字。

03：分管副院长对报销事项进行审核批准，签署意见。

04：报销金额在1万元以下的，由院长进行审批后方可至学校财务处办理相关手续。

05：报销金额在1万元以上10万元以下的，由分管（联系）校领导审批。

06：报销金额在10万元以上30万元以下的，由分管财务校领导审批。

07：报销金额在30万元以上的，由校长审批。

08：相关审批程序履行完，至学校财务处办理报销手续。

借款管理流程

流程编号：JXZCGL.05　　流程类别：支出管理　　流程主责部门：综合办公室　　流程版本：V1.0

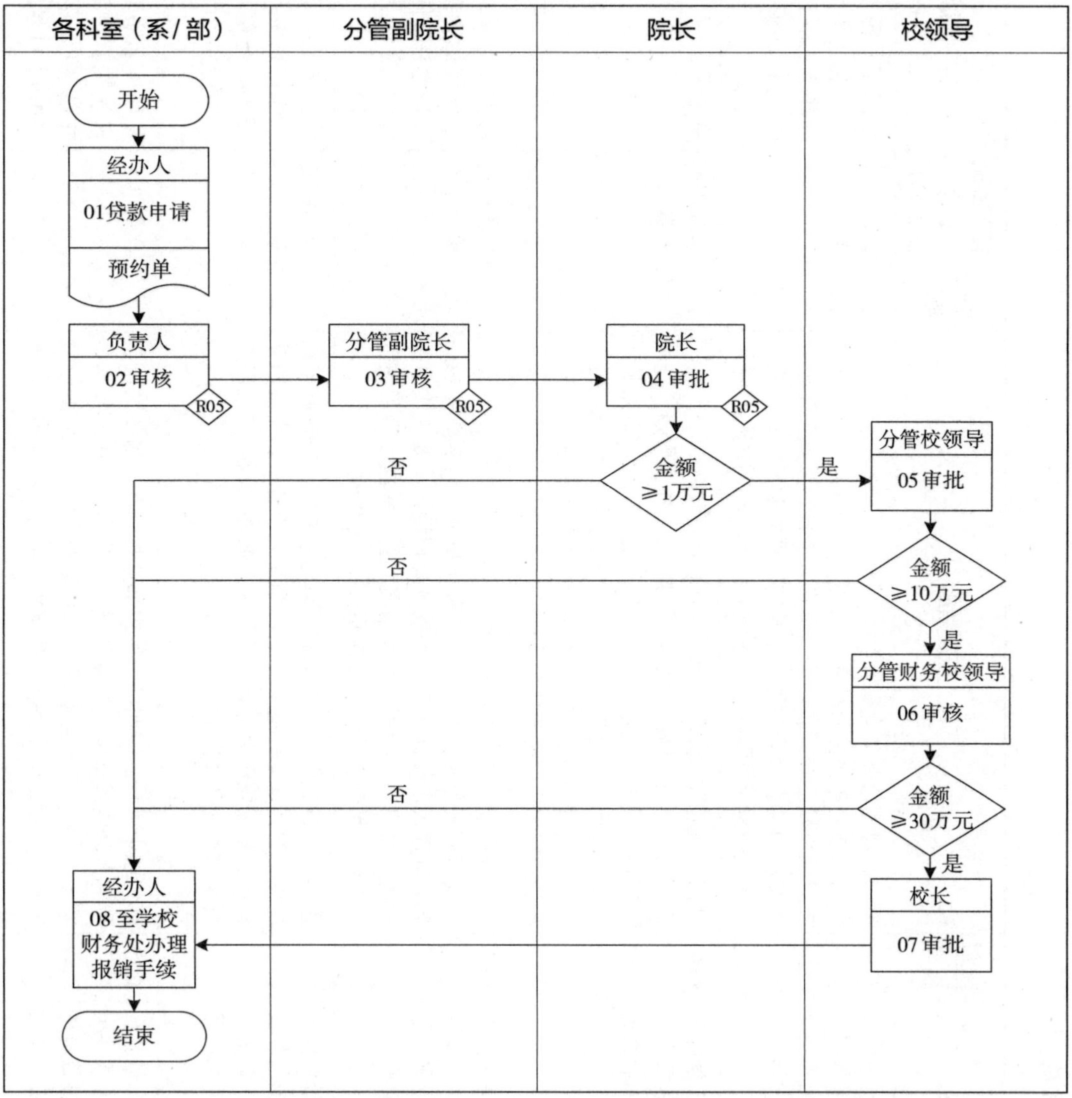

说明：

01~02：借款人到财务处办理借款，须如实填写预约单，写明借款事由、借款金额等内容，报送各科室（系/部）审核签字。

03：分管副院长对借款事项进行审核批准，签署意见。

04：借款金额1万元以下的，由院长进行审批后方可至学校财务处办理相关手续。

05：借款金额1万元以上10万元以下的，由分管校领导审批。

06：借款金额10万元以上30万元以下的，由分管财务校领导审批。

07：借款金额30万元以上的，由校长审批。

08：相关审批程序履行完，至学校财务处办理报销手续。

（四）支出管理风险控制措施表

业务流程	业务环节	风险编号	风险描述	控制编号	控制措施	责任部门	控制实施证据（表单）	控制制度
公务接待事前申请流程	接待申请与审核	R01	部门内部未严格规范公务接待事前申请与审批程序，可能导致支出不符合部门预算和整体规划	C01	部门应规范公务接待事前审批程序： 需要实施公务接待的科室（系/部）提出申请，经本部门负责人审核后报综合办公室负责人审核，重点关注公务接待事项的合理合规性。审核完后报院领导审批，院领导审批同意后报学校综合办公室审批后方可按规定执行	综合办公室	接待审批单	参照《无锡职业技术学院接待工作管理规定（试行）》（锡职院财〔2019〕2号）
组织会议（培训）申请流程	会议（培训）申请与审核	R02	会议（培训）方案编制不合理、不完整，相关金额列支不准确，影响后续具体执行	C02	部门应规范组织会议（培训）事前审批程序： 需要组织会议（培训）的科室（系/部）提出申请，经本部门负责人审核后报综合办公室负责人审核，重点关注会议（培训）的合理合规性。审核完后报院领导审批，院领导审批同意后报学校财务处审核预算指标，由分管校领导审批后方可按规定执行		会议培训方案	暂无
公务出差事前申请流程	出差申请与审核	R03	出差未经部门内部事前申请或事由不真实，与实际情况不相符可能导致利益受损，甚至发生舞弊	C03	部门应规范公务出差事前审批程序： 需要实施公务出差的业务人员提出申请，经本科室（系/部）负责人审核同意后，报院领导审批，主要关注出差事由是否真实，是否与实际情况相符，审核无误后签署意见报分管校领导审批后方可执行公务出差		出差申请单	参照《无锡职业技术学院国内差旅费管理办法（修订）》（锡职院财〔2017〕4号）
日常费用报销流程	报销申请与审核	R04	报销所需相关审批单据、发票或相关采购资料整理和保存不完整，影响报销结果，造成个人或部门经济利益受损	C04	报销人至学校财务处报销前应填写报销单，整理好报销所需单据，报本科室（系/部）负责人审核后，由院领导审批，根据校级财务相关规定由校级相关领导审批后方可至财务处办理报销		支出报销单	参照《无锡职业技术学院财务报销管理办法》（锡职院财〔2019〕14号）
借款管理流程	借款申请与审核	R05	借款理由不合理，借款金额超出预支范围，或缺少相关手续，可能导致申请不通过，影响相关工作的具体执行效力	C05	部门或个人借款应明确学院内部审批程序：借款人至学校财务处借款前应填写预约单，明确借款理由，报本科室（系/部）负责人审核后，由院领导审批，根据校级财务相关规定由校级相关领导审批后方可至财务处办理借款		预约单	参照《无锡职业技术学院暂付款管理办法》（锡职院财〔2019〕11号）

（五）支出管理不相容岗位分离表

		A	B	C	D
		事前申请	内部审批	付款申请	付款审批
A	事前申请		×		
B	内部审批	×			
C	付款申请				×
D	付款审批			×	

注：× 表示互相冲突的岗位。

（六）支出管理权限指引表

业务分类	经济业务活动		参与主体									
			各科室（系/部）经办人	各科室（系/部）负责人	综合办公室负责人	分管副院长	院长	校综合办公室	校财务处	分管学院校领导	分管财务校领导	校长
支出管理	公务接待事前申请审批		01申请	02审核	03审核	04审核	05审核	06审核		07审批		
	组织会议（培训）申请		01申请	02审核	03审核	04审核	05审核		06审核	07审批		
	公务出差事前申请		01申请	02审核		03审核	04审批			05审批		
	日常费用报销	小于1万元	01申请	02审核		03审核	04审核					
		大于等于1万元小于10万元	01申请	02审核		03审核	04审核			05审批		
		大于等于10万元小于30万元	01申请	02审核		03审核	04审核			05审核	06审批	
		大于30万元	01申请	02审核		03审核	04审核			05审核	06审核	07审批
	借款申请	小于1万元	01申请	02审核		03审核	04审核					
		大于等于1万元小于10万元	01申请	02审核		03审核	04审核			05审批		
		大于等于10万元小于30万元	01申请	02审核		03审核	04审核			05审核	06审批	
		大于30万元	01申请	02审核		03审核	04审核			05审核	06审核	07审批

八、资产管理

（一）基本概述

资产管理内部控制旨在规范学院资产管理的各个业务环节、流程节点、科室（系/部）职责的管理规则，通过明确各流程步骤上的关键控制措施，防范资产管理的相关风险，确保资产管理规范有序。

资产管理内部控制适用于固定资产取得与验收流程、固定资产报废处置流程、固定资产内部调拨流程、固定资产移交流程、固定资产清查与盘点流程的管理。

（二）工作职责

学院资产管理由资产归口管理岗负责。

科室（系/部）	管理职责
资产归口管理员	参与资产采购后的验收工作，并进行登记备案； 对部门内部资产报废处置进行初步审核并把关； 负责部门内部资产调拨、移交的审核及监督实施； 组织部门内部固定资产清查盘点，负责经营性用房出租合同审核
各科室（系/部）	有需求的科室（系/部）汇总需求，按照相关流程提交申请，并遵照流程执行

（三）业务流程及管理制度

学院固定资产管理主要包括固定资产取得与验收管理、固定资产变动管理、固定资产清查与盘点管理及资产出租管理等。

流程编号	业务领域	业务流程	流程主管部门	风险主体	文件渊源
JXZCGL.01	资产管理	固定资产取得与验收流程	综合办公室	综合办公室	参照《无锡职业技术学院固定资产管理办法（修订）》（锡职院资〔2021〕8号）
JXZCGL.02.01		固定资产报废处置流程			
JXZCGL.02.02		固定资产内部调拨流程			
JXZCGL.02.03		固定资产移交流程			
JXZCGL.03		固定资产清查与盘点流程			

固定资产取得与验收流程

流程编号：JXZCGL.01　　流程类别：资产管理　　流程主责部门：综合办公室　　流程版本：V1.0

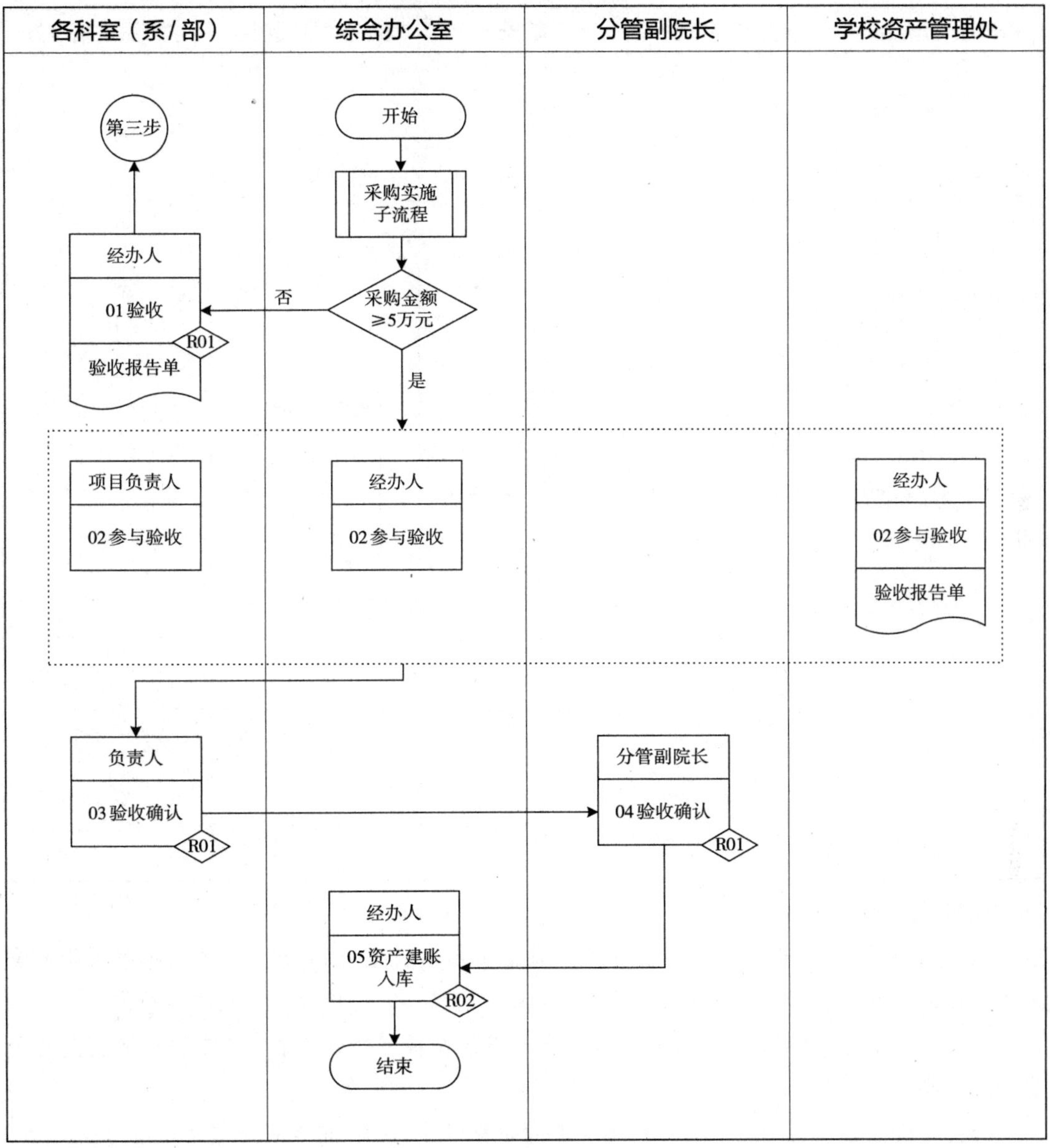

说明：

单台（套）价值5万元以下的设备由需求部门项目负责人组织验收，经办人、使用人共同参与验收，并形成验收记录。

单台（套）价值5万元以上，由综合办公室牵头，申购科室（系/部）、资产管理处等相关部门人员共同参与验收，并在验收报告单上签字确认。

验收合格后，申购科室（系/部）负责人及分管副院长进行验收确认，综合办公室按规定建立固定资产账。

固定资产报废处置流程

流程编号：JXZCGL.02.01　流程类别：资产管理　流程主责部门：综合办公室　流程版本：V1.0

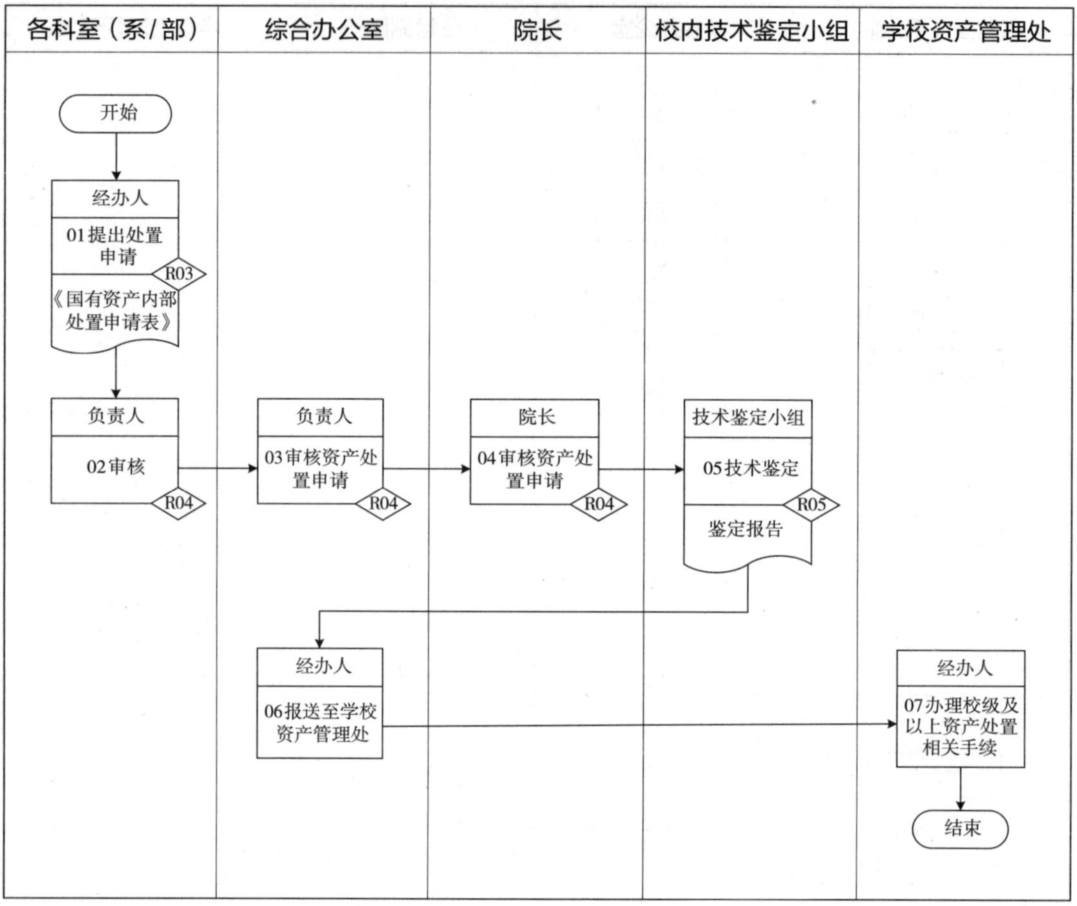

说明：

01：各科室（系/部）如需进行资产处置，由申请科室（系/部）经办人填写《国有资产内部处置申请表》，写明所需处置资产的名称、数量、账面价值、处置原因等内容。

02：各科室（系/部）负责人初步审核资产报损及报废处置申请，主要关注申请是否与资产现状相符。

03：综合办公室负责人审核资产处置申请的合理合规性，核查资产使用现状。

04：院长审核资产处置申请，重点关注是否合理合规，是否符合资产现状，并签署审批意见。

05：学校技术鉴定小组对需处置资产进行鉴定，出具鉴定意见，确认是否达到处置条件。

06~07：综合办公室经办人将资产处置申请及相关鉴定报告报送至学校资产管理处，由资产管理处办理校级及以上相关审批及处置手续。

固定资产内部调拨流程

流程编号：JXZCGL.02.02　流程类别：资产管理　流程主责部门：综合办公室　流程版本：V1.0

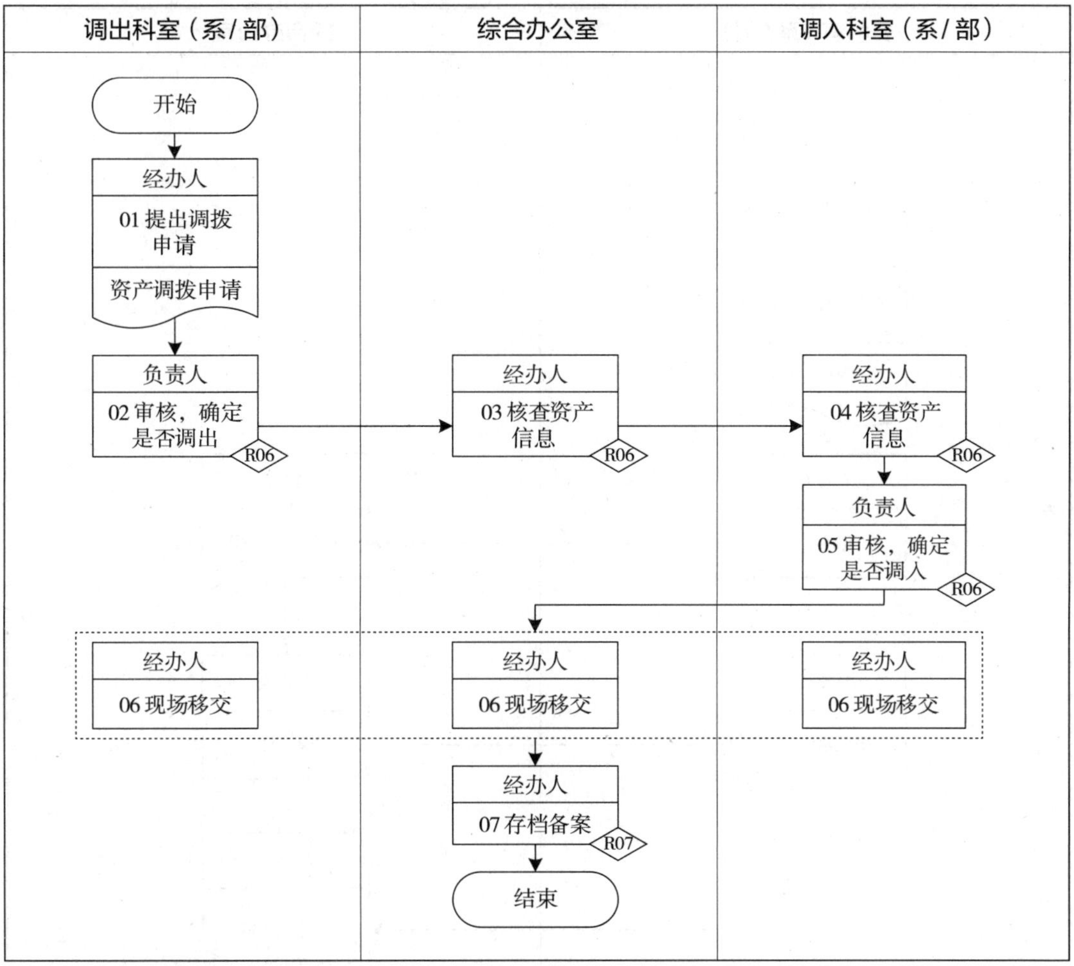

注：此流程适用于学院内部各科室（系/部/中心）资产调拨事项。

说明：

01：各科室（系/部）有闲置资产时，由科室（系/部）经办人提出调拨申请，报科室（系/部）负责人审核。

02：科室（系/部）负责人查看资产信息、实物图片等，确认是否调出，若不同意调出，则部门留用；若同意调出，则报综合办公室审核。

03：综合办公室经办人核查资产信息，确认调拨资产信息及现状。

04~05：资产调入科室（系/部）核查资产主要信息及现状，确保资产符合使用要求。负责人审核签署确认意见。

06：资产调入科室（系/部）与调出科室（系/部）进行资产实物移交，综合办公室经办人监督移交。

07：综合办公室对资产调拨过程相关资料进行归档备案，以备查验。

固定资产移交流程

流程编号：JXZCGL.02.03　流程类别：资产管理　流程主责部门：综合办公室　流程版本：V1.0

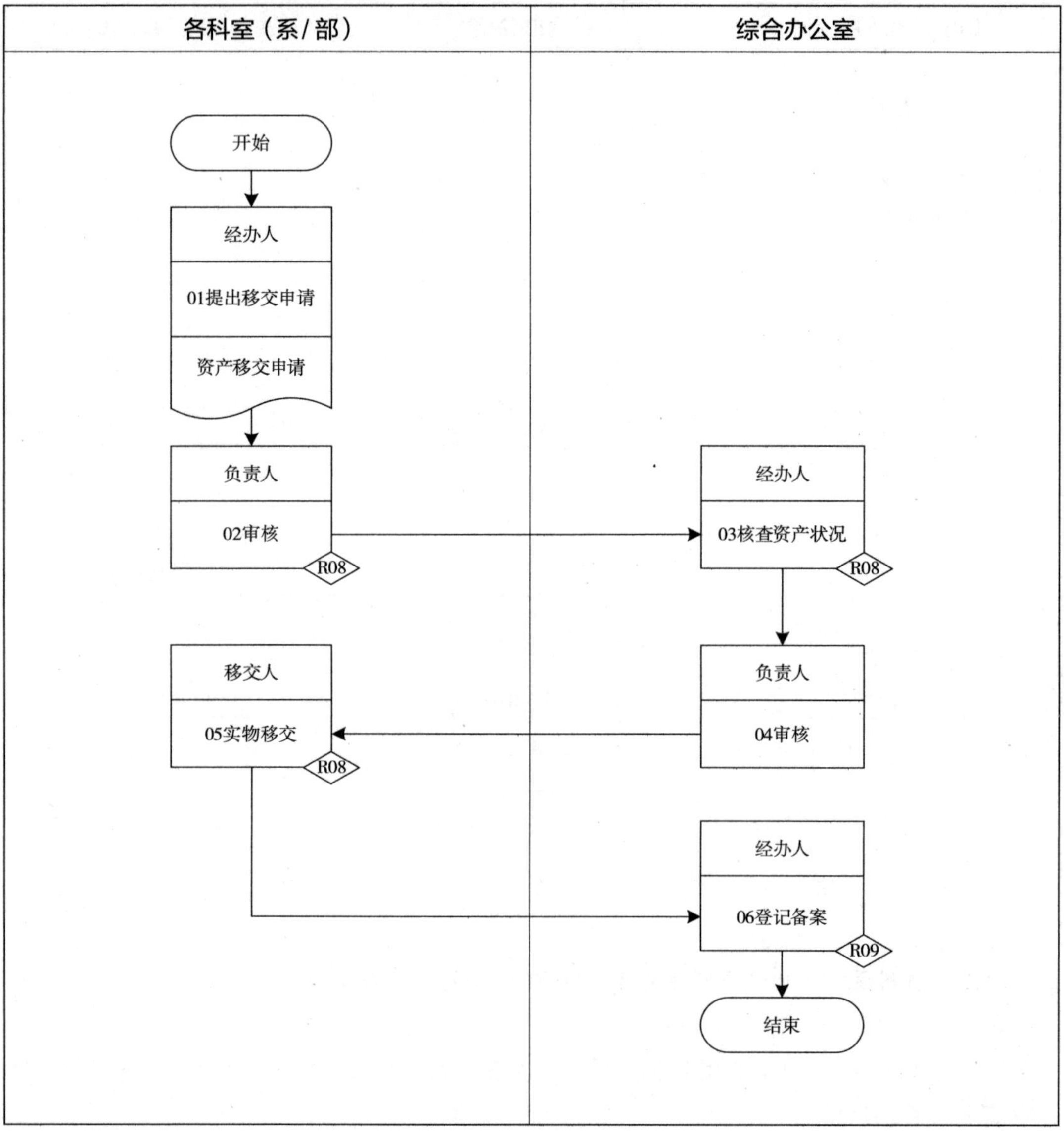

注：本流程适用于因离职、退休等原因出现人员变动时，资产的移交或退还事项。

说明：

01~02：若各业务人员离职、退休，须在办理离职、退休等手续前及时办理资产移交手续，提出资产移交申请，经科室（系/部）负责人审核同意后报综合办公室核查。

03~05：综合办公室经办人核查资产状况，确认无相关因个人原因损坏痕迹后，经负责人审批同意后进行实物移交。

06：综合办公室进行登记备案，必要时将移交后闲置资产进行调剂使用，避免资源浪费。

固定资产清查与盘点流程

流程编号：JXZCGL.03　　流程类别：资产管理　　流程主责部门：综合办公室　　流程版本：V1.0

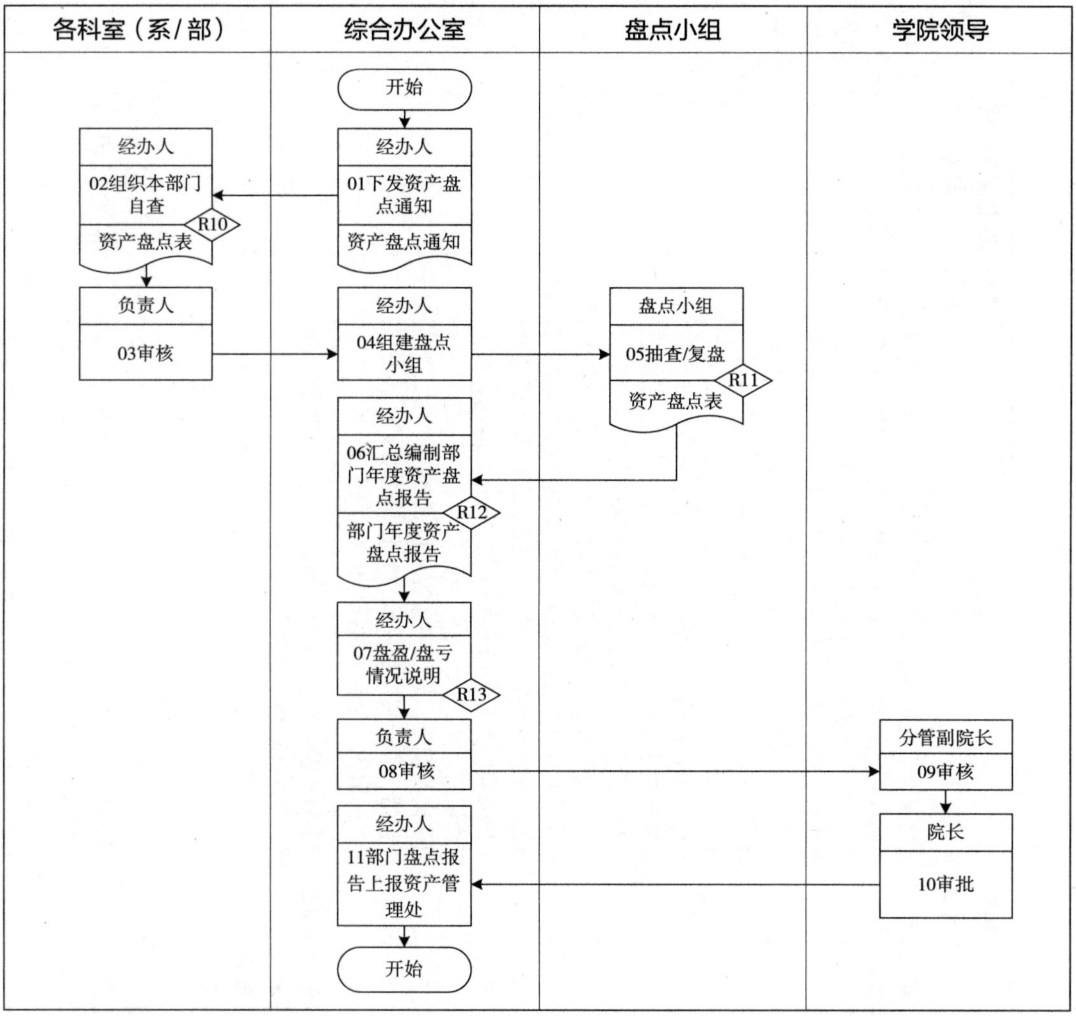

说明：

01：每年末，综合办公室经办人根据学校资产管理处下发的资产盘点通知，通知各科室（系/部）进行年末资产清查盘点。

02~03：各科室（系/部）资产管理员进行本科室（系/部）资产全面盘点，各科室（系/部）经办人汇总形成资产盘点表，负责人审核确认。

04~05：综合办公室经办人汇总各科室（系/部）资产盘点表，并组建资产盘点小组，盘点小组由各科室（系/部）指派相关人员参加，进行抽盘/复盘。

06~08：综合办公室汇总编制部门年度资产盘点报告并说明盘盈/盘亏情况，以便及时处理。经负责人审核后报学院领导审批。

09~11：分管副院长及院长对部门年度资产盘点报告进行审核和审批，通过后由综合办公室将本部门盘点报告报送至学校资产管理处。

（四）资产管理风险措施表

业务流程	业务环节	风险编号	风险描述	控制编号	控制措施	责任部门	控制实施证据（表单）	控制制度
固定资产取得与验收管理流程	资产验收入库	R01	固定资产验收程序不规范，难以保证购置资产质量符合实际需求，可能影响资产使用效果，造成资源浪费	C01	建立健全学院内部固定资产管理规定，明确固定资产验收程序，并严格按照相关制度及流程执行：单台（套）价值5万元以下的设备由需求部门项目负责人自行组织验收，使用人、经办人参与验收；单台（套）价值5万元以上。由综合办公室牵头，申购科室（系/部）、资产管理处等相关部门人员共同参与验收并在验收报告单上签字确认。备注：5万元标准来自后勤处，其他院校也是这么规定的。学校文件规定单台（套）价值10万元以下且批量价值在30万元以下的专用仪器设备由需求部门自行组织验收，使用人、经办人参与验收；单台（套）价值10万元以上且批量价值在30万元以上的专用仪器设备，由综合办公室牵头，申购科室（系/部）、资产管理处等相关部门人员共同参与验收并在验收报告单上签字确认。 明确岗位职责，确保不相容岗位相分离。不相容岗位包括：固定资产的采购、验收与款项支付；固定资产的取得、保管的执行与相关会计记录	综合办公室	验收申请表、验收报告	参照《无锡职业技术学院固定资产管理办法（修订）》（锡职院资〔2021〕8号）
	资产验收登记	R02	固定资产验收后没有及时登记资产信息、建立资产台账，或未及时按照要求建账入库，可能造成账实不符或资产配置与使用效率低下	C02	固定资产验收后要及时登记资产信息、建立资产台账、及时按照要求建账入库			
固定资产报废处置流程	固定资产处置申请	R03	固定资产处置申请与固定资产现状不符，处置申请不合理、不合规	C03	各科室（系/部）如需进行资产处置，由申请科室（系/部）经办人填写《国有资产内部处置申请表》，写明需处置资产的名称、数量、账面价值、处置原因等内容。 各科室（系/部）负责人初步审核资产报损及报废处置申请，主要关注申请是否与资产现状相符		《国有资产内部处置申请表》	

续表

业务流程	业务环节	风险编号	风险描述	控制编号	控制措施	责任部门	控制实施证据（表单）	控制制度
固定资产报废处置流程	固定资产报废处置内部审核	R04	资产报废处置不符合国家有关政策规定，或处置方案及处置报告未履行相应的严格审核、授权审批手续，可能导致资产处置行为不合规，甚至引发舞弊问题	C04	应明确学院内部资产处置审核程序： 综合办公室负责人审核资产处置申请的合理合规性，核查资产使用现状。 院长审核资产处置申请，重点关注是否合理合规，是否符合资产现状，并签署审批意见。 综合办公室经办人将资产处置申请及相关鉴定报告报送至学校资产管理处，由资产管理处办理校级及以上相关审批及处置手续	综合办公室		参照《无锡职业技术学院固定资产管理办法（修订）》(锡职院资〔2021〕8号）
	固定资产报废处置论证	R05	资产报废处置方案未经合理或专业论证，可能导致出现资产未到报废程度而报废的情况，造成国有资产的浪费	C05	报废须报送至学校技术鉴定小组对需处置资产进行鉴定，出具鉴定意见，确认是否达到处置条件		鉴定报告	
固定资产内部调拨流程	固定资产调拨申请审核	R06	资产调拨申请未经严格审核、授权审批，可能造成资源浪费和损失	C06	应明确学院内部资产调拨申请与审核具体程序： 各科室（系/部）有闲置资产时，由科室（系/部）经办人提出调拨申请，报科室（系/部）负责人审核。 科室（系/部）负责人查看资产信息、实物图片等，确认是否调出，若不同意调出，则部门留用；若同意调出，则报综合办公室审核。 综合办公室经办人核查资产信息，确认调拨资产信息及现状。 资产调入科室（系/部）核查资产主要信息及现状，确保资产符合使用要求。负责人审核签署确认意见。 资产调入科室（系/部）与调出科室（系/部）进行资产实物移交，由综合办公室经办人监督移交		资产调拨申请表	

续表

业务流程	业务环节	风险编号	风险描述	控制编号	控制措施	责任部门	控制实施证据（表单）	控制制度
固定资产内部调拨流程	存档备案	R07	资产实物已调拨，台账登记未更新，导致固定资产调拨存在账实登记不符的情况	C07	综合办公室对已调拨的固定资产进行登记备案，及时更新台账，确保账实相符	综合办公室	登记台账	参照《无锡职业技术学院固定资产管理办法（修订）》(锡职院资〔2021〕8号)
固定资产移交流程	固定资产移交申请	R08	各业务人员离职、退休前，固定资产未清点完毕或清点错误可能导致账实不符或国有资产流失	C08	应明确学院内部资产移交的具体程序： 若各业务人员离职、退休，须在办理离职、退休等手续前及时办理资产移交手续，提出资产移交申请，经科室（系/部）负责人审核同意后报综合办公室核查。 综合办公室经办人核查资产状况，确认无相关因个人原因损坏痕迹后，经负责人审批同意后方可进行实物移交		资产移交申请	
	固定资产移交存档备案	R09	固定资产实物移交事项未及时登记备案，台账登记未更新，导致固定资产移交存在账实登记不符的情况	C09	综合办公室对已移交的固定资产进行登记备案，及时更新台账，确保账实相符		登记台账	
固定资产清查与盘点流程	部门自查	R10	未要求各科室（系/部）定期或不定期对资产进行自查，导致一些盘盈/盘亏问题未能及时发现，不利于资产的有效管理	C10	应当建立学院内部固定资产盘点清查规定，结合单位实际情况确定盘点周期、盘点流程等相关内容： 综合办公室至少在每年年度终了时组织开展固定资产盘点，由各科室（系/部）自查，形成《各科室（系/部）年度资产盘点报告》		资产盘点通知、《各科室（系/部）资产盘点表》	

续表

业务流程	业务环节	风险编号	风险描述	控制编号	控制措施	责任部门	控制实施证据（表单）	控制制度
固定资产清查与盘点流程	抽盘/复盘	R11	未对各科室（系/部）自盘结果进行抽盘或复盘，导致账账不符、账实不符，资产实际情况未得到有效统计，不利于部门固定资产的有效管理	C11	综合办公室组织盘点小组进行复盘，盘点清查结果应当形成书面报告报院领导审核	综合办公室	《部门资产盘点表》	参照《无锡职业技术学院固定资产管理办法（修订）》(锡职院资〔2021〕8号)
	编制资产盘点报告	R12	资产盘点报告汇总不完整，汇总错误，可能导致账实不符	C12	综合办公室经办人汇总各科室（系/部）资产盘点表，形成学院年度资产盘点报告，经本部门负责人审核后报院长审核		《机械技术学院院资产盘点报告》	
	盘盈/盘亏处理	R13	盘盈/盘亏情况未及时查明原因或未及时进行处理，可能导致账实不符	C13	盘点清查中发现的固定资产盘盈、盘亏、毁损、闲置以及需要报废的固定资产，应当查明原因，落实并追究责任，报院领导及校级相关领导批准后进行处理			

（五）资产管理不相容岗位分离表

		A	B	C	D	E	F
		资产使用申请	资产使用审批	资产处置申请	资产处置审批	资产盘点申请	资产盘点确认
A	资产使用申请		×				
B	资产使用审批						
C	资产处置申请				×		
D	资产处置审批						
E	资产盘点申请						×
F	资产盘点确认						

注：× 表示互相冲突的岗位。

（六）资产管理权限指引表

业务分类	经济业务活动		各科室（系/部）经办人	各科室（系/部）负责人	综合办公室经办人	清查盘点小组	分管副院长	院长	校资产处	技术鉴定小组
资产管理	资产取得与验收管理	小于1万元	01验收	02审核	04资产建账入库		03审核			
		大于等于1万元	01验收	02审核	04资产建账入库		03审核		05验收	
	固定资产报废处置		01处置申请	02审核	03审核			04审核	06处理	05技术鉴定
	固定资产移交		01申请	02审核	03核查资产 04登记备案					
	固定资产清查盘点	清查盘点	02自查	03审核	01下发通知	04抽查/复盘				
		资产盘点报告编制			01编制		02审核	03审批		

九、采购管理

（一）基本概述

采购管理内部控制旨在规范学院采购管理的各个业务环节、流程节点、科室（系/部）职责的管理规则，通过明确各流程步骤上的关键控制措施，防范采购管理的相关风险，确保采购管理规范有序。

采购管理内部控制适用于采购计划申报与审批流程、采购项目申请与审批流程、校内集中采购流程、学院内部询价采购流程、学院内部单一来源采购流程、采购履约验收管理流程及采购质疑答复与投诉受理流程的管理。

（二）工作职责

学院采购管理主要涉及综合办公室及请购科室（系/部）。

采购管理涉及的相关机构职责分工表

科室（系/部）	管理职责
采购专员	采购专员是采购管理的归口管理部门，职责如下： 负责部门内部采购计划编制的组织与审核汇总工作，对于采购项目的申请进行审核把关； 负责将需学校资产处采购的项目资料整理报送，负责组织学院内部询价采购会议，参与单一来源采购的谈判并对会议纪要存档备案； 负责学院内部采购质疑答复与投诉受理
各科室（系/部）	各科室（系/部）的主要职责如下： 有需求的科室（系/部）汇总需求，按照相关流程提交申请，并遵照流程执行

（三）业务流程及管理制度

学院采购管理主要包括采购计划管理、采购申请管理、采购方式管理、采购验收管理及采购质疑答复和投诉受理管理五大流程。

采购管理的业务流程和管理制度表

流程编号	业务领域	业务流程	流程主管部门	风险主体	文件渊源
JXCGGL.01	采购管理	采购计划申报与审批流程	综合办公室	综合办公室	参照《无锡职业技术学院部门自行采购操作规程（修订）》（锡职院资〔2021〕6号）
JXCGGL.02		采购项目申请与审批流程			
JXCGGL.03.01		校内集中采购流程			
JXCGGL.03.02		学院内部询价采购流程			
JXCGGL.03.03		学院内部单一来源采购流程			
JXCGGL.04		采购履约验收管理流程			
JXCGGL.05		采购质疑答复与诉讼受理流程			

采购计划申报与审批流程

流程编号：JXCGGL.01　　流程类别：采购管理　　流程主责部门：综合办公室　　流程版本：V1.0

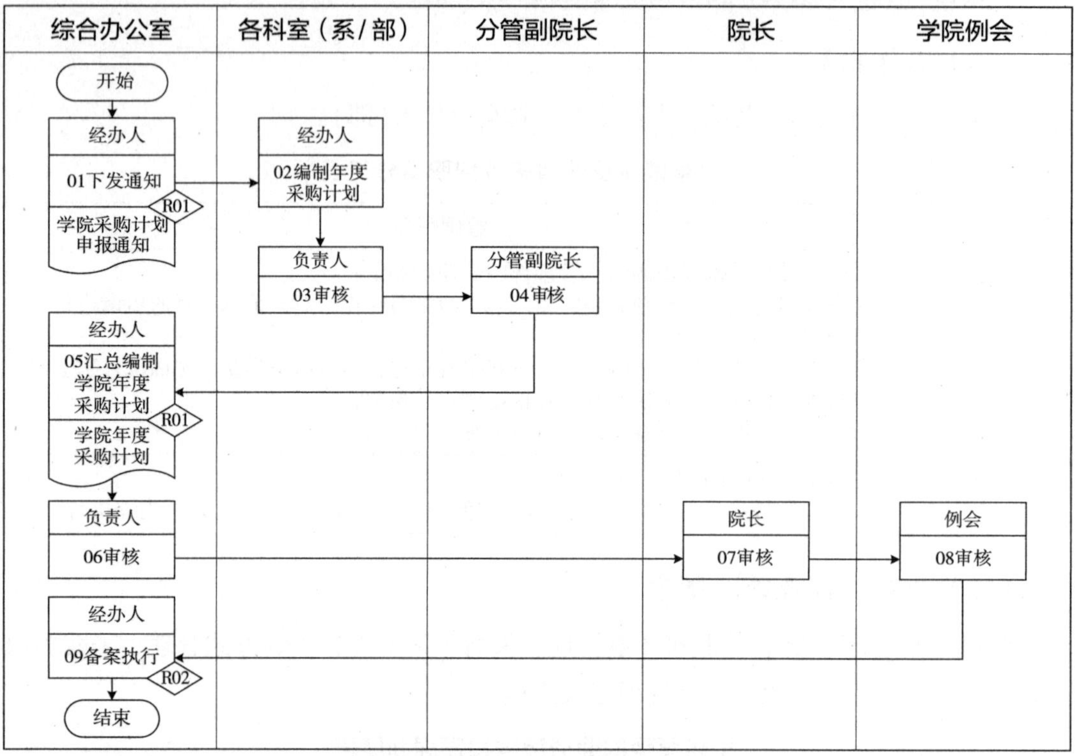

注：本流程适用于学院内部年度采购计划的编制与审批工作。

说明：

01~02：综合办公室下发采购计划申报通知，各科室（系/部）编制本部门的年度采购计划；年度采购计划须明确采购项目名称、采购品目、资金来源、数量、单价、拟使用月份等，编制部门年度采购需求计划时，应注意全面性及完整性，已纳入采购预算的项目均应编制在年度采购计划内。

03~04：各科室（系/部）负责人及分管副院长对本部门提交的年度采购计划进行初审，重点关注采购计划事项是否在采购预算范围内、是否与本科室（系/部）的实际工作需要及库存存量相适应。审核无误签字确认。

05~06：综合办公室经办人负责汇总各科室（系/部）提交的年度采购计划，编制形成学院年度采购计划，并对采购项目是否在预算范围内，采购价格、采购组织形式和采购方式等内容，提出初步意见报负责人审核。负责人对经办人审核意见做出初审，主要关注其审核内容是否真实合理。

07：院长对全学院年度采购计划进行审核，重点关注其是否符合本部门发展需求，采购需求是否合理合规。

08~09：学院例会讨论决议采购计划的合理合规性，会议通过后由相关科室（系/部）参照计划具体执行。

采购项目申请与审批流程

流程编号：JXCGGL.02　　流程类别：采购管理　　流程主责部门：综合办公室　　流程版本：V1.0

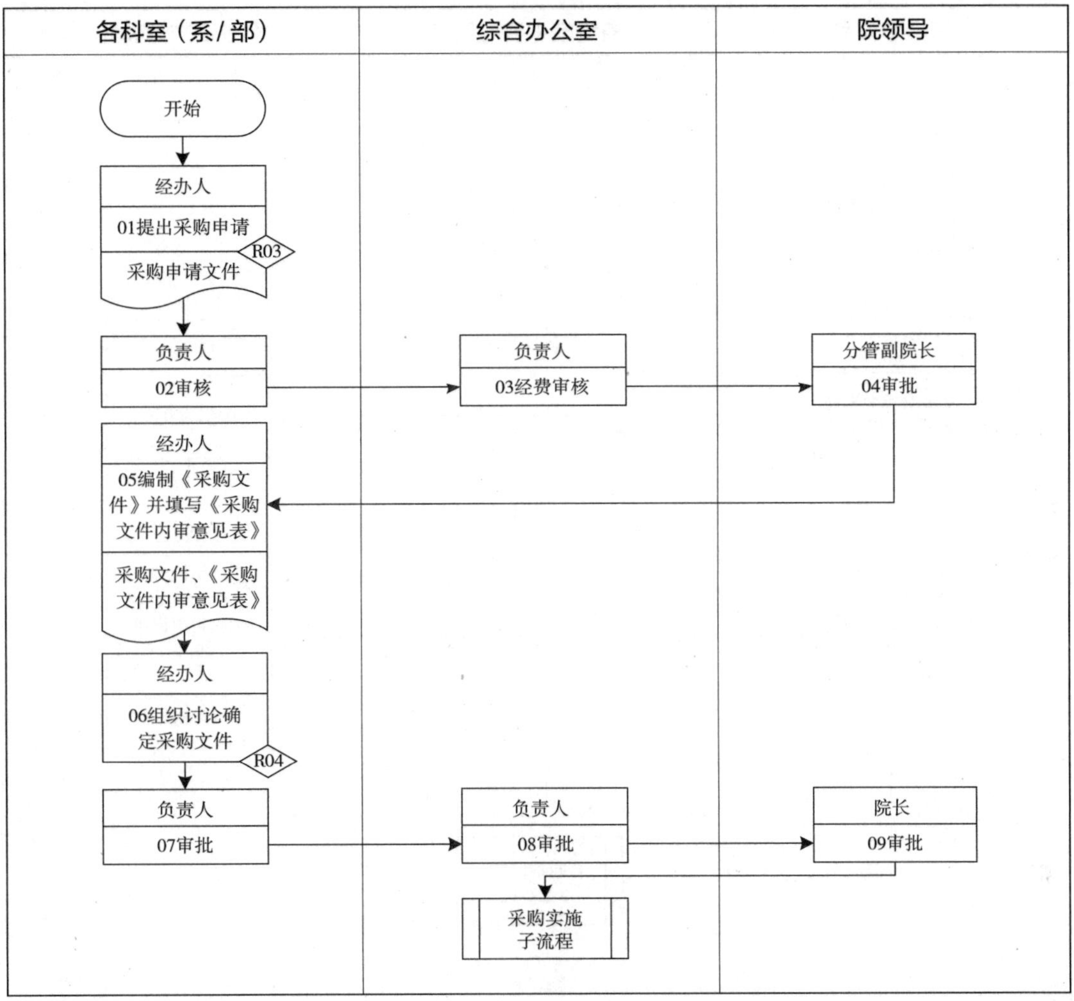

说明：

01~02：各申购科室（系/部）根据项目内容提出采购申请，选择采购方式（定向谈判、询价、招投标、其他）；填写项目内容、项目预估金额、采购申请文件。

03：综合办公室负责人进行经费审核，根据项目专项号查询预算余额，确保项目经费落实到位。

04：提交至分管副院长审核。

05~07：申请科室（系/部）编制《采购文件》，组织讨论采购文件方案并填写《采购文件内审意见表》。

08：综合办公室对《采购文件》及《采购文件内审意见表》进行初审。

09：院长进行审核。审批结束后，由综合办公室确定该项目的具体采购方式（询价、招投标和单一来源采购）并进行具体采购方式的过程实施。

校内集中采购流程

流程编号：JXCGGL.03.01　流程类别：采购管理　流程主责部门：综合办公室　流程版本：V1.0

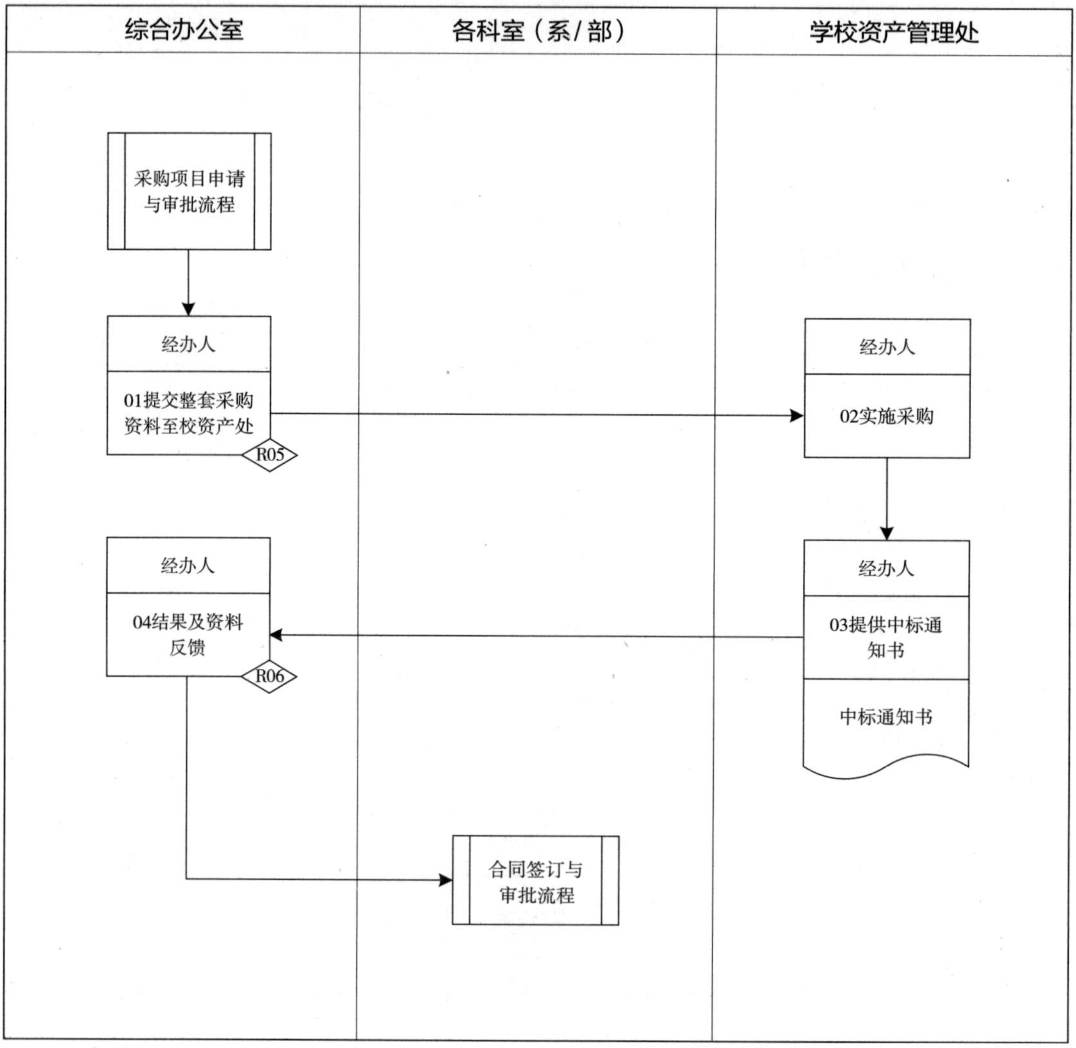

说明：

01：综合办公室将招投标采购资料整理后提交资产管理处进行采购。

02：学校资产管理处按照学校招投标管理办法及具体实施程序进行采购实施，确定中标单位，并提供中标通知书至综合办公室。

03：中标结果及相关资料由综合办公室反馈给申购科室（系/部）。

学院内部询价采购流程

流程编号：JXCGGL.03.02　流程类别：采购管理　流程主责部门：综合办公室　流程版本：V1.0

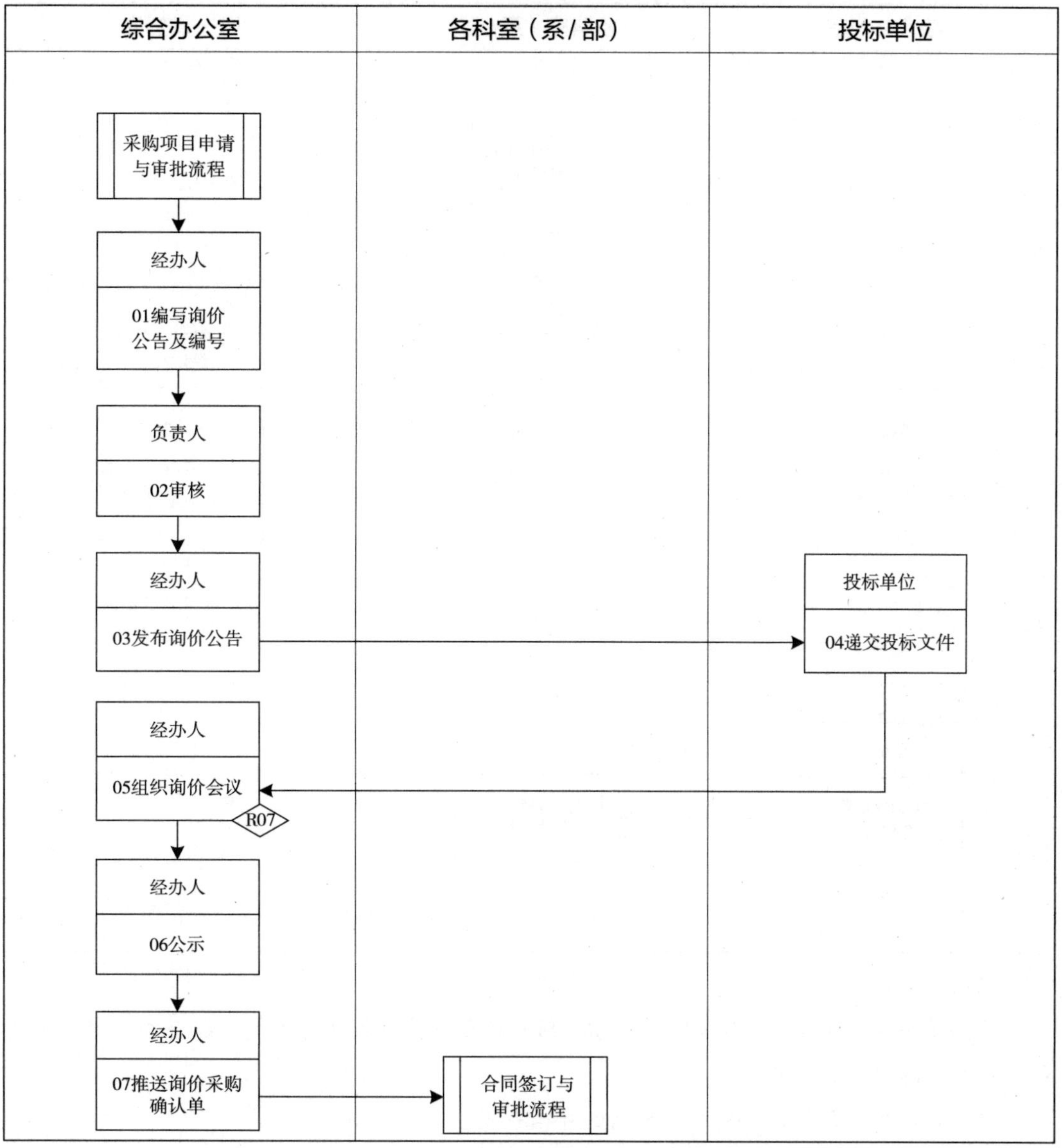

说明：

01~03：综合办公室根据申购科室（系/部）提供的询价文件，编写询价编号和询价公告，经负责人审核通过后，于OA系统和资产处网站招投标信息版块公示。

04~07：综合办公室根据投标情况组织开标，结果于资产处网站招投标信息版块公示。公示无问题后，将询价采购确认单交于申购科室（系/部），申购科室（系/部）根据结果进行实施。

服务类采购自行开标，货物类采购由资产处集中开标。

学院内部单一来源采购流程

流程编号：JXCGGL.03.03　流程类别：采购管理　流程主责部门：综合办公室　流程版本：V1.0

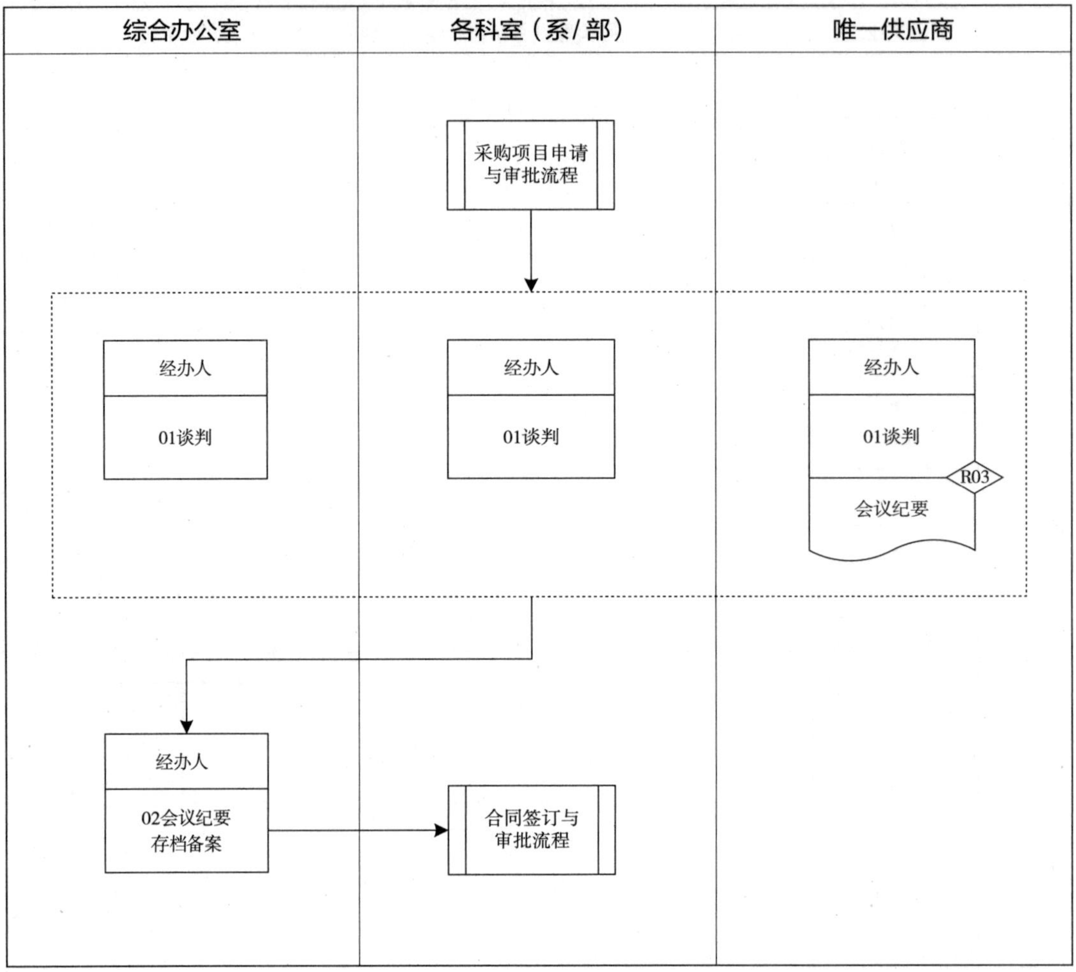

说明：

01：单一来源采购，由申购科室（系/部）与唯一供应商进行谈判，综合办公室参与谈判，并形成谈判会议纪要。

02：综合办公室做好相关过程文档的存档备案。

采购履约验收管理流程

流程编号：JXCGGL.04　　流程类别：采购管理　　流程主责部门：综合办公室　　流程版本：V1.0

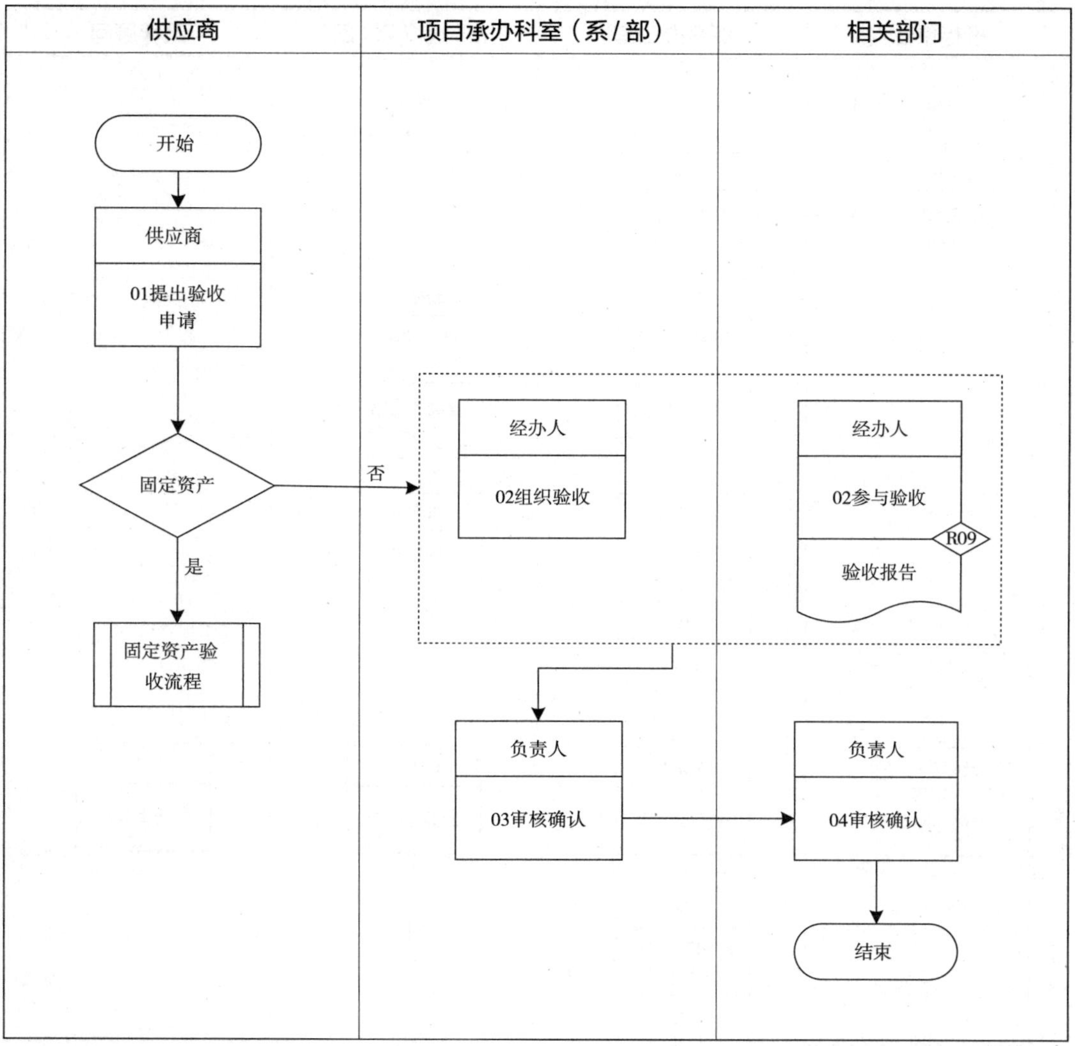

说明：

01：供应商提出验收申请，若为固定资产类，则参照单独的固定资产验收流程履行验收程序，其他采购验收履行此流程。

02：由项目承办科室（系/部）组织验收，其他相关部门，如各需求业务部门或归口管理部门参与验收，并出具验收报告。

03：验收结束后，项目承办部门及相关部门负责人须对验收报告进行审核确认，须明确验收结果的正确合理性。

采购质疑答复与诉讼受理流程

流程编号：JXCGGL.05　　流程类别：采购管理　　流程主责部门：综合办公室　　流程版本：V1.0

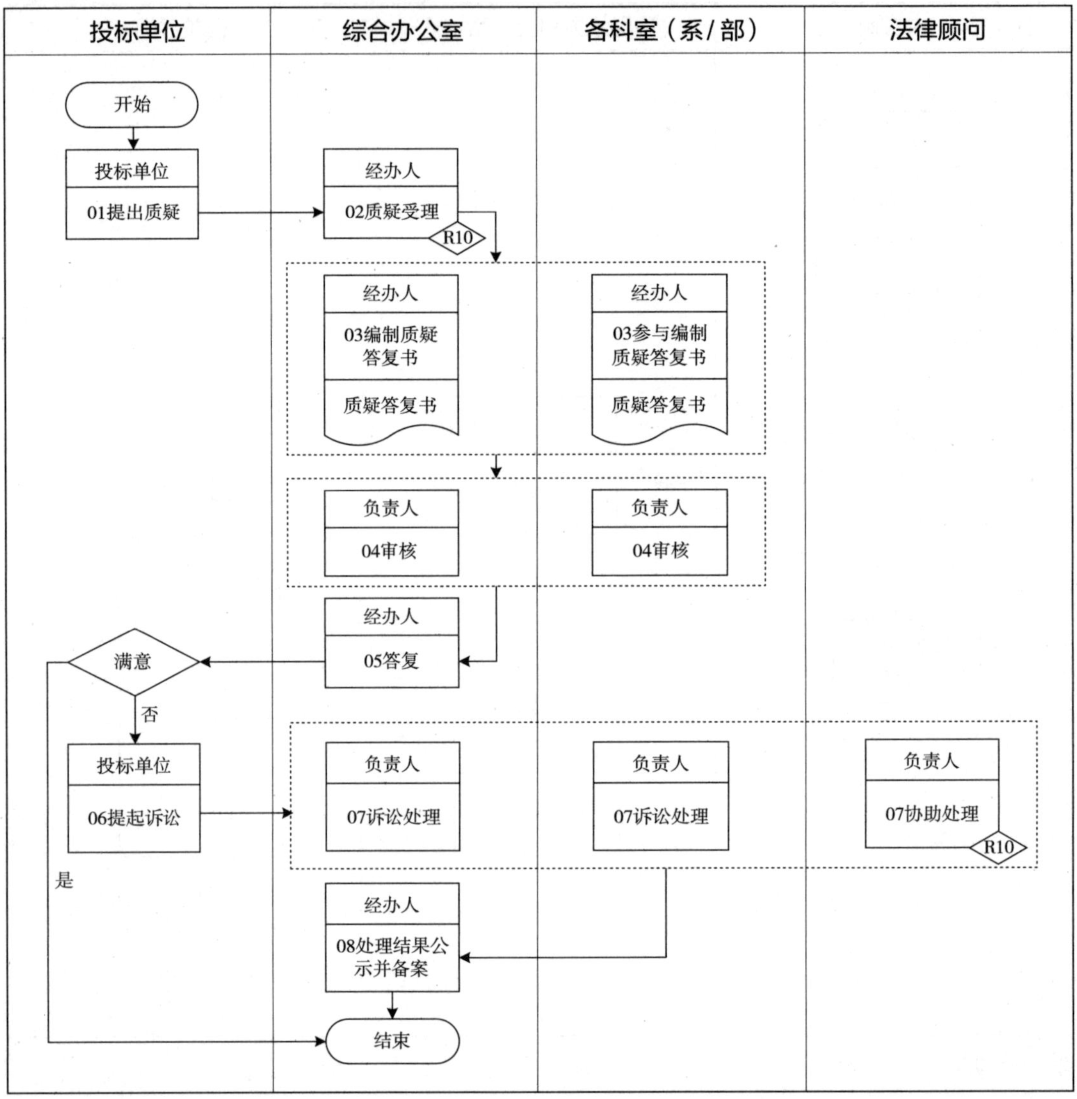

注：本流程适用于学院询价采购或单一来源采购等内部自行采购方式（学校采购主管部门集中采购除外）。

说明：

01：若发生采购方面的疑问，投标单位提出采购质疑并提供相关质疑材料。

02~05：综合办公室经办人受理质疑，对处理意见恰当与否进行审核，审核无误后与需求科室（系/部）共同编制质疑答复书，经负责人审核通过后答复投标单位。

06~08：若投标单位对答复结果无异议，综合办公室经办人对处理结果进行备案；若无法通过协商解决，投标单位提起诉讼的，申购科室（系/部）、综合办公室共同进行诉讼应对，法律顾问协助处理，处理完毕后，综合办公室经办人对处理结果进行备案。

（四）采购管理风险控制措施表

业务流程	业务环节	风险编号	风险描述	控制编号	控制措施	责任部门	控制实施证据（表单）	控制制度
采购计划申报与审批流程	编制年度采购计划	R01	未按照要求及时、准确编制采购计划，采购统筹管理工作无法有效落实，可能导致采购管理效率与质量大打折扣，滋生拆分采购、重复采购等问题，无法做到集采降本，可能造成资金和资源的浪费	C01	应规范采购计划及审批流程，明确各科室（系/部）职责权限，并严格按照要求执行： 每年年末组织各科室（系/部）编制年末采购计划，经负责人审核，分管副院长审核后，由综合办公室汇总编制部门年度采购计划，负责人审核后，院长审批，学院例会审议后通过，按计划执行。 应统筹安排采购计划，合理确定采购批次，提高采购效率，降低采购成本	联合综合办公室	年度采购计划	《无锡职业技术学院部门自行采购操作规程（修订）》（锡职院资〔2021〕6号）
	采购计划备案执行	R02	采购执行程序不规范，管理和授权审批不到位，可能导致采购物资验收不合格	C02	应严格按照采购计划执行采购，落实授权审批，采购完毕后综合办公室要进行备案			
采购项目申请与审批流程	采购申请与审核	R03	采购项目和预算安排不合理，项目经费不明确，或者项目经费余额不足，采购与招标、资产管理、预算编制以及业务部门之间缺乏沟通协调，采购项目可行性论证不充分，重复立项，采购与实际需求脱节，导致资金浪费或资产闲置的风险	C03	应明确学院内部采购申请程序与规范： 各申购科室（系/部）根据项目内容提出采购申请，选择采购方式（定向谈判、询价、招投标、其他）；填写项目内容、项目预估金额等信息。 综合办公室负责人进行经费审核，根据项目专项号查询预算余额，确保项目经费落实到位。 提交至分管副院长审核		采购申请文件、采购文件、《采购文件内审意见表》	

续表

业务流程	业务环节	风险编号	风险描述	控制编号	控制措施	责任部门	控制实施证据（表单）	控制制度
采购项目申请与审批流程	采购文件确定	R04	文件条款未经合法合规性论证与审批程序，直接进行会签，可能导致文件内容存在重大疏漏和欺诈，导致部门合法权益受到侵害	C04	申请科室（系/部）编制《采购文件》，组织讨论采购文件方案并填写《采购文件内审意见表》。 综合办公室对《采购文件》及《采购文件内审意见表》进行初审。 院长进行审批后进行具体采购实施	综合办公室	采购文件、《采购文件内审意见表》	《无锡职业技术学院部门自行采购操作规程（修订）》（锡职院资〔2021〕6号）
校内集中采购流程	提交采购资料	R05	招投标采购资料提交过程中发生遗失，造成利益受损的风险	C05	综合办公室将招投标采购资料整理后，提交资产管理处进行采购，移交过程中双方都应对移交资料进行清点确认		采购资料	
	采购资料反馈	R06	采购业务档案管理不善，售后服务信息缺失，导致采购资料丢失或伪造，无法确保采购过程的可追溯性、真实性、完整性	C06	中标结果及相关资料由综合办公室反馈给申购科室（系/部），申购科室（系/部）应妥善保管并定期检查，防止丢失		中标通知书	
学院内部询价采购流程	组织询价会议	R07	未按照要求组织询价会议，询价会议相关人员未做到回避规范，可能导致评标活动无法保持公允客观，存在舞弊或错误判断，影响评标结果	C07	综合办公室根据申购科室（系/部）提供的询价文件，编写询价编号和询价公告，经负责人审核通过后，于OA系统和学院网站招投标信息版块公示。 综合办公室根据投标情况组织询价会议，询价会议抽取相关专家参加，结果于学院网站招投标信息版块公示。 公示无问题后，将询价采购确认单交于申购科室（系/部），申购科室（系/部）根据结果进行实施		评标记录、中标通知书、询价采购确认单	

续表

业务流程	业务环节	风险编号	风险描述	控制编号	控制措施	责任部门	控制实施证据（表单）	控制制度
学院内部单一来源采购流程	单一来源谈判	R08	未按照实际情况选取谈判人员或未做到回避规范，可能导致谈判活动无法保持公允客观，存在舞弊或错误判断	C08	单一来源采购，由申购科室（系/部）与唯一供应商进行谈判，综合办公室参与谈判，并形成谈判会议纪要。综合办公室做好相关过程文档的存档备案	综合办公室	会议纪要	《无锡职业技术学院部门自行采购操作规程（修订）》（锡职院资〔2021〕6号）
采购履约验收管理流程	验收	R09	采购验收不规范，验收方法和标准不规范，验收方案过于简单、欠缺科学性，不能完全满足验收的需要，或采购验收问题处理不当，对验收过程中存在的异常情况未及时正确地处理，可能导致采购货物以次充好，造成利益损失	C09	应当建立严格的采购验收规范，明确验收归口管理部门或验收工作小组，加强对采购项目验收的管理。 归口管理部门或验收工作小组应当根据验收制度和采购文件，对所购货物或服务的品种、规格、数量、质量和其他相关内容进行验收，并出具验收证明		验收报告	
采购质疑答复与诉讼受理流程	质疑、答疑、诉讼受理	R10	未按规定时间及时处理质疑、投诉，或质疑、投诉处理不当，无法有效维护国家利益、社会公共利益，维护应有的合法权益	C10	应当加强对采购与招标业务质疑答复与诉讼处理的管理，投标单位提出质疑时，由综合办公室进行受理，针对质疑投诉事项查清原委，并依据相关规定对实名投诉人做出正式答复		质疑答复书	

（五）采购管理不相容岗位分离表

		A	B	C	D	E	F	G	H	I	J
		采购计划制订	采购计划审核	招标文件准备	招标文件复核	合同签订	合同验收	付款	采购执行	采购监督	验收
A	采购计划制订		×								
B	采购计划审核										
C	招标文件准备				×						
D	招标文件复核										
E	合同签订						×				
F	合同验收										
G	付款								×		
H	采购执行									×	×
I	采购监督										
J	验收										

注：×表示互相冲突的岗位。

（六）采购管理权限指引表

业务分类	经济业务活动		参与主体									
			各科室（系/部）经办人	各科室（系/部）负责人	综合办公室经办人	综合办公室负责人	分管副院长	院长	部门例会	相关部门经办人	相关部门负责人	外部单位
采购管理	采购计划申报与审批		02编制采购计划	03审核	01下发通知 05汇总编制	06审核	04审核	07审核	08审议			
	采购项目申请与审批	采购事项	01提出申请	02审核		03经费审核	04审批					
		采购文件	01编制采购文件	02审核		03审核		04审批				
	学院内部询价采购				01编写询价公告 03发布公告 05确定中标单位	02审核						04递交文件（投标单位）

续表

业务分类	经济业务活动	参与主体									
		各科室（系/部）经办人	各科室（系/部）负责人	综合办公室经办人	综合办公室负责人	分管副院长	院长	部门例会	相关部门经办人	相关部门负责人	外部单位
采购管理	学院内部单一来源采购	01谈判		01谈判 02存档备案							01谈判（供应商）
	采购履约验收管理	02组织验收	03审核确认						02参与验收	04审核确认	01验收申请（供应商）
	采购质疑答复与投诉受理 质疑答复书编制	03编制答复书	04审核	02质疑受理 03编制答复书	04审核						01提出质疑

十、合同管理

（一）基本概述

合同管理内部控制旨在规范学院合同管理的各个业务环节、流程节点、各系（组）职责的管理规则，通过明确各流程步骤上的关键控制措施，防范合同管理的相关风险，确保合同管理规范有序。

本手册所指合同，是指学院以学校名义在行政管理和教学经济活动中与公民、法人或其他社会组织订立的合同、协议等。

对于科研项目中需要对外签订的合同，要经过对合同项目立项、谈判、协商、合同文本起草、合同文本审查、合同签字盖章、合同备案登记。

合同管理内部控制适用于合同签订（变更）和审批流程、合同付款流程、合同履行与监督流程、合同变更与解除流程、合同纠纷处理流程和合同归档流程的管理。

（二）工作职责

学院合同管理主要涉及综合办公室及合同承办科室（系/部）。

合同管理涉及的相关机构职责分工表

科室	管理职责
合同经办人	合同经办人为合同签订、变更、付款、归档工作的直接责任人，通常为课题秘书、综合办公室秘书，负责对合同签订、变更、付款所需文件进行编拟，以及对合同项目完成后的文件进行整理归档
项目负责人或系主任	项目负责人对科研类项目相关合同进行初审；系主任须对全系合同进行审批，包括合同事项的真实性与必要性
归口管理部门	为校内集中采购合同、政府集中采购合同的归口管理部门，负责此类合同审核与备案工作。在学院，综合办公室秘书为自行采购合同、科研项目合同归档备案的负责人。 其他归口部门如教学工作部、实验室与设备管理部、后勤保障部等，对合同中所涉及的归口相关事项进行审核

（三）业务流程及管理制度

学院合同管理主要包括合同拟定与审批管理、合同履行管理及合同归档管理三大流程。

合同管理的业务流程和管理制度表

流程编号	业务流程	流程主管部门	风险主体	文件渊源
JXHTGL.01	合同拟定和审批流程	综合办公室	综合办公室	参照《无锡职业技术学院经济合同管理暂行办法》（锡职院审〔2019〕1号）
JXHTGL.02	合同付款流程			
JXHTGL.03	合同履行与监督流程			
JXHTGL.04	合同变更与解除流程			
JXHTGL.05	合同纠纷处理流程			
JXHTGL.06	合同归档流程			

合同拟定和审批流程

流程编号：JXHTGL.01　　流程类别：决策管理　　流程主责部门：综合办公室　　流程版本：V1.0

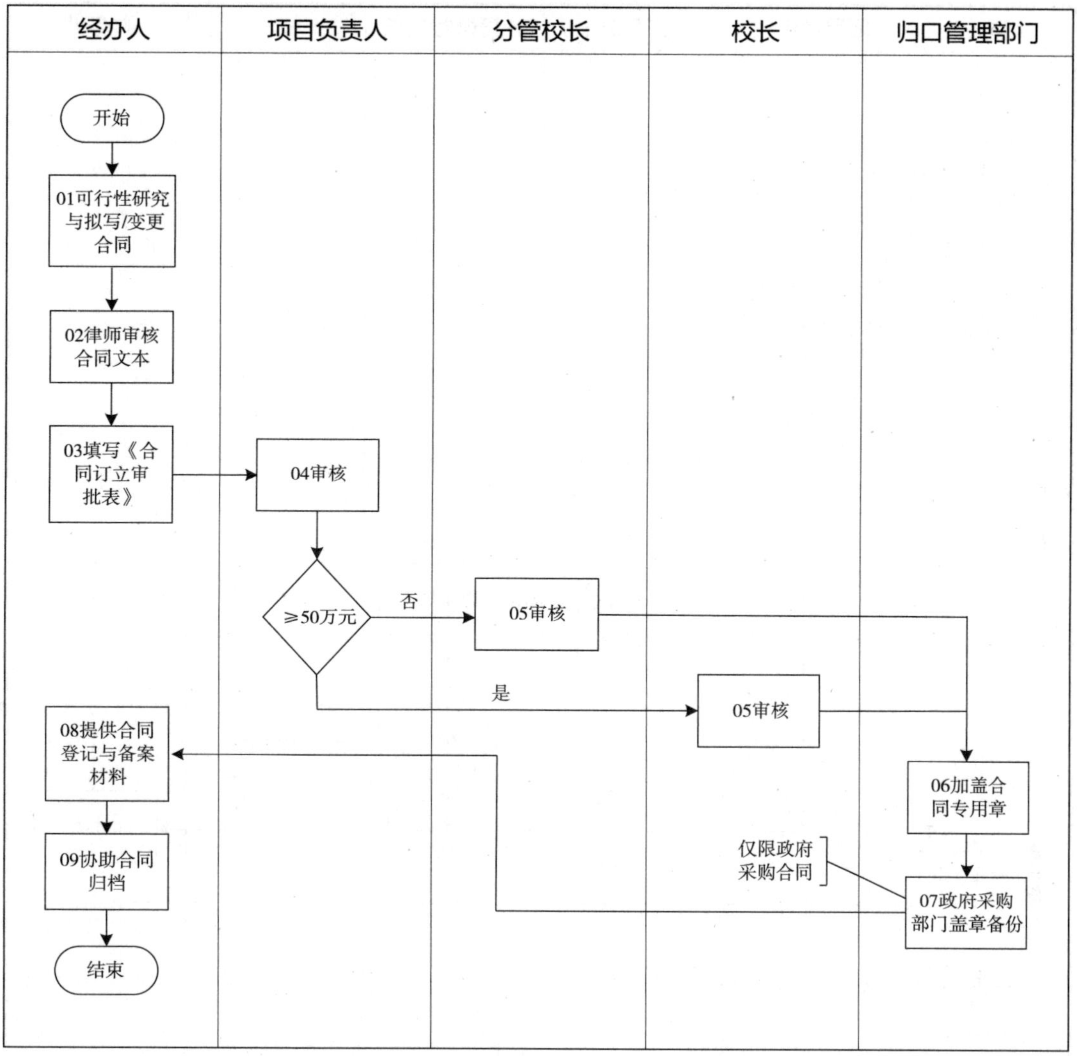

说明：

合同签订前，合同经办人须经过项目可行性分析后，拟写合同（变更）文本，并将文本送交律师进行合法性审查，通过后填写《合同订立审批表》进行审批。

以学校为主体的经济合同，须经校长或受校长委托的合同签署代理人签字（盖签名章），并加盖无锡职业技术学院合同专用章方为有效。

标的额在50万元以下的合同，根据合同经费来源，可由分管校领导代表校长在合同上签字（盖签名章）；标的额在50万元及以上的合同，由校长在合同上签字（盖签名章）。

属于政府集中采购合同的，须送交政府采购部门加盖政府采购合同盖章备份。

合同签订（变更）完毕后，经办人整理并提供合同登记及备案材料，协助本系进行合同归档。

合同付款流程

流程编号：JXHTGL.02　流程类别：决策管理　流程主责部门：综合办公室　流程版本：V1.0

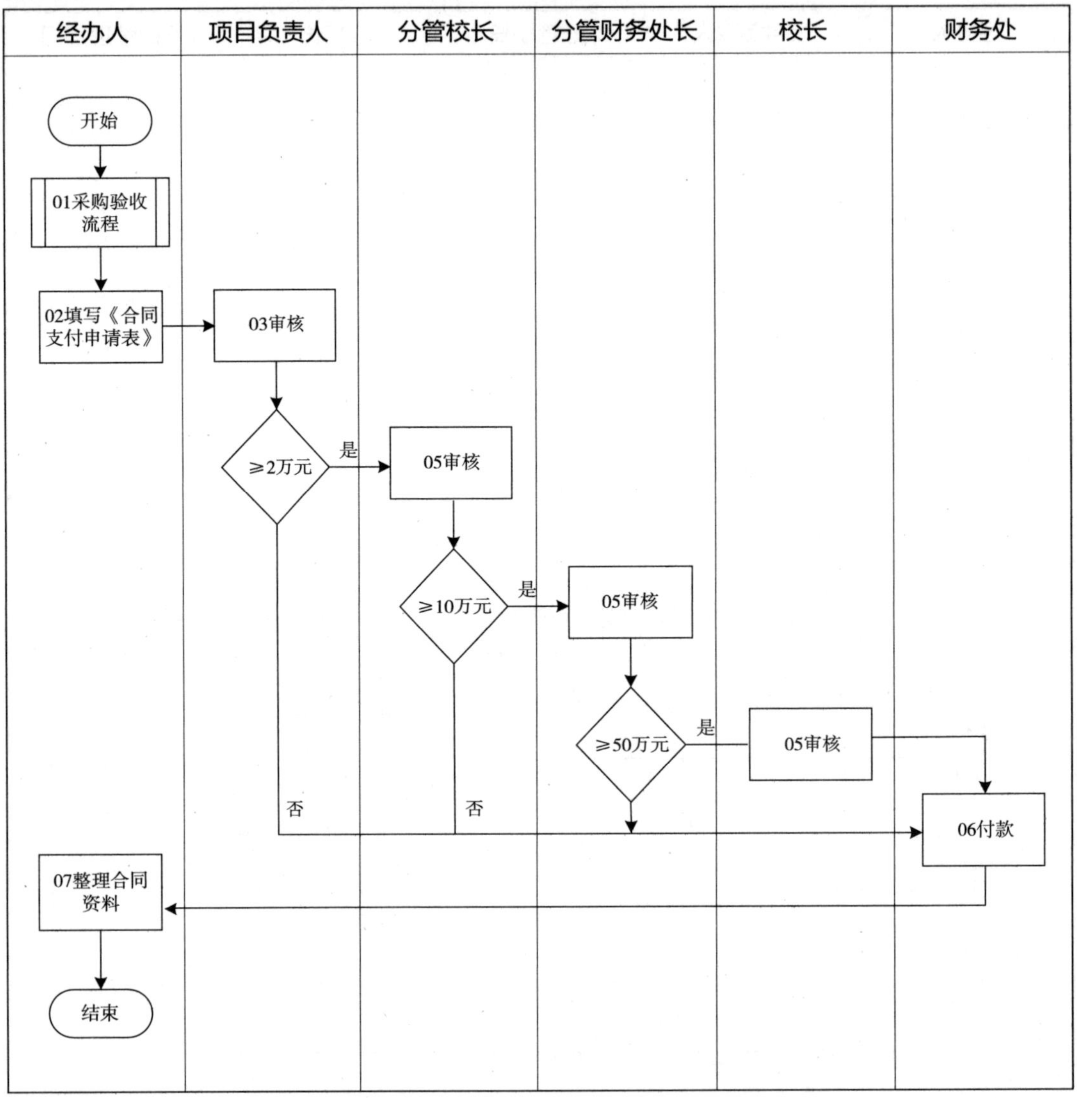

说明：

采购合同项目验收完毕后，合同经办人填写预约单，申请合同付款。

合同金额2万元以下的由项目负责人一支笔审批，通过后送交财务处付款；合同金额2万元至10万元的，须经分管财务校领导审批，通过后送交财务处付款；合同金额10万元以上50万元以下的，分管校领导、校长审核通过后，财务处付款；合同金额50万元以上的须校长审批，通过后方可付款。

合同付款完成后，合同经办人整理合同资料，协助归档。

合同归档流程

流程编号：JXHTGL.06　　流程类别：决策管理　　流程主责部门：综合办公室　　流程版本：V1.0

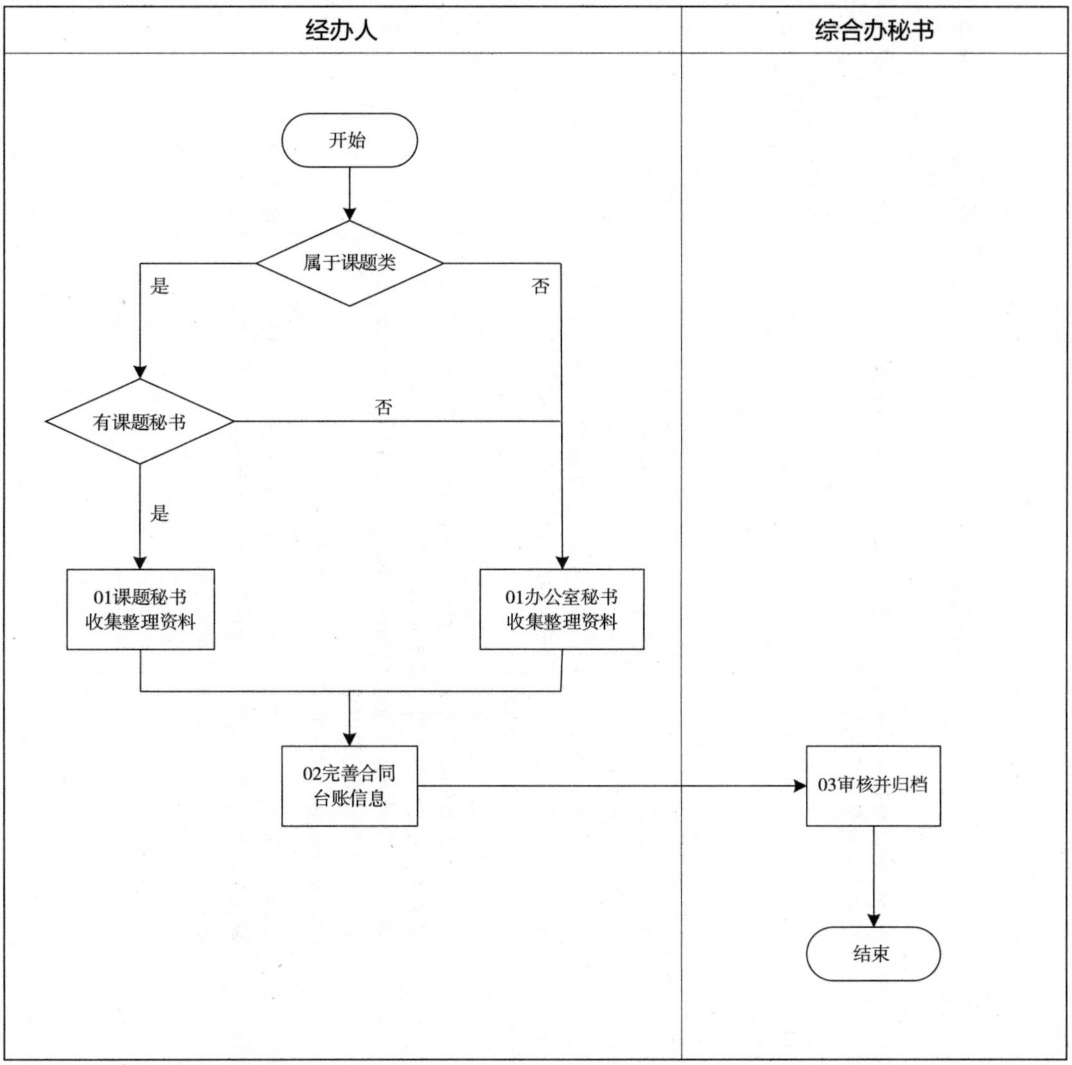

说明：

合同经办人进行合同归档：课题秘书作为合同经办人的，由课题秘书收集整理好合同项目全过程资料后，打包备份并登记合同台账信息；综合办公室秘书作为合同经办人的，由办公室秘书收集整理全过程资料，打包备份并登记合同台账信息。

综合办公室秘书审核合同资料与台账信息是否完整，确认无误后进行归档。

（四）合同管理风险控制措施表

业务流程	业务环节	风险编号	风险描述	控制编号	控制措施	责任部门	控制实施证据（表单）	控制制度
合同拟定和审批流程	草拟合同	R01	未明确合同订立的范围和条件，对应当订立合同的经济业务未订立合同，或者违规签订担保、投资和借贷合同，导致经济利益损失	C01	各部门应严格按照《中华人民共和国合同法》等国家法律法规和学校制度，根据具体情况要求起草合同文本	综合办公室	合同文本、采购资料	参照《无锡职业技术学院经济合同管理暂行办法》（锡职院审〔2019〕1号）
	合同审核	R02	未对合同进行严格审核或合同未经合理审核，或超越权限签订合同，可能导致合同所涉及事项不合理、不科学、不真实，或合同内容存在重大疏漏，导致合同无效甚至产生法律纠纷，使利益受损	C02	各科室（系/部）负责人对合同所涉标的物的规格、数量、技术参数等内容与采购的一致性进行审核，对是否有标的经费、能否提供服务等履约能力进行审查。 综合办公室对合同文本进行初步审核，就合同的可行性、合规性、付款条件、合同金额的准确性进行审核，并根据实际情况确认是否提出修改意见。 根据审查意见，与相关科室进行讨论研究进行修改。对于影响重大、涉及较高专业技术或法律关系复杂的合同，应当组织法律、技术、财务等专业人员参与谈判和签订。 院长进行合同审核。须学校和政府相关部门审批的，应提交相关部门或领导进行审批。 明确岗位职责，确保不相容岗位相分离		合同审核会签单	
	合同编号并登记存档	R03	未对合同进行编号或合同编号错乱，合同电子稿缺失，导致合同存档不力、合同管理混乱，不利于合同的有效监管	C03	合同签订完成后，应由综合办公室将相关编号填写在合同会签表上，统一登记并扫描留档管理，未经审核或手续不全的合同、协议，综合办公室应当拒绝编号		合同登记台账	

续表

业务流程	业务环节	风险编号	风险描述	控制编号	控制措施	责任部门	控制实施证据（表单）	控制制度
合同履行与监督流程	合同履行	R04	合同生效后，合同执行主体未严格恰当地履行合同中约定的义务，或未能及时发现合同对方当事人未严格恰当履行约定义务并采取措施，发现合同履约异常情况不及时上报，使利益受损	C04	各科室（系/部）经办人在履行完合同签订流程以后，由经办人移交合同资料至综合办公室备案。 综合办公室合同管理员根据移交的合同文本登记合同台账。合同台账的内容应当具体完整、便于查阅。经办人履行合同过程中，综合办公室监督合同履行，及时跟踪并准确记录合同履行情况	综合办公室	合同台账	参照《无锡职业技术学院经济合同管理暂行办法》(锡职院审〔2019〕1号)
	监督合同履行情况	R05	部门合同归口管理部门未对合同履行过程实施跟踪检查，出现异常无法及时处理，可能导致合同不能正常履行，无法取得应有的经济利益	C05	合同经办人应当及时向综合办公室合同管理员反馈合同履行情况（合同支付款进度、项目节点等），并提供相关实施证据，保证合同管理员及时更新合同台账。 在合同履行结束后，档案管理员应当对合同履行过程中所有的合同资料进行归档			
合同变更与解除流程	合同变更与解除	R06	未按规定的程序办理合同变更、解除等，可能导致单位经济和声誉损失，影响合同正常进展	C06	若合同履行过程中发生合同变更或解除事项，经办人应提出意见，说明原因，经部门负责人同意后，重新执行合同签订与审批流程，在合同履行过程中，合同管理员应当根据合同履行情况及时更新合同台账。 合同变更或解除，必须采用书面形式，必须符合法定或约定程序；变更或解除合同的协议未生效前，原合同继续有效；合同变更与解除的内部管理程序与合同签订的程序相同		合同变更申请	
合同纠纷处理流程	合同纠纷协商解决	R07	未及时按照合同纠纷处理方案及时处理纠纷问题，双方职责与义务无法正常履行，导致利益持续受损	C07	合同纠纷发生后，各科室（系/部）应及时查明原因，提出解决办法，并报请项目负责人及时与对方协调解决。 项目负责人根据各科室（系/部）提出的解决办法，及时与对方协商解决。法律纠纷复杂的，可提请学校法律顾问处理		合同纠纷解决方案	

续表

业务流程	业务环节	风险编号	风险描述	控制编号	控制措施	责任部门	控制实施证据（表单）	控制制度
合同纠纷处理流程	提起诉讼	R08	未收集对方违约行为的证据，在纠纷处置过程中将会处于不利地位，影响最终诉讼结果	C08	若协商失败，由项目负责人提出仲裁诉讼意见，报请院长就诉讼必要性进行审核，审核无误后交由分管校领导审批。 分管校领导对仲裁诉讼意见进行审批后，由项目负责人提起仲裁或诉讼，必要时法律顾问协助处理	综合办公室		参照《无锡职业技术学院经济合同管理暂行办法》（锡职院审〔2019〕1号）
	结果跟踪	R09	未按照调解书、判决书、仲裁裁决书的内容追究对方的违约责任，可能导致利益受损	C09	项目负责人应当对生效的调解书、判决书、仲裁裁决书的执行情况进行跟踪，并督促合同纠纷双方按照仲裁/诉讼结果履行。 各科室（系/部）经办人对合同履行过程中出现的合同纠纷事项以及处理结果及相关材料及时进行备案登记		合同台账	
合同归档流程	归档存放	R10	合同台账、合同信息归档不完整、不规范，合同重要信息保密工作不到位，备案手续不全，合同及相关资料的登记、流转和保管不善，导致合同及相关资料丢失，可能导致合同履行出现纠纷时，无法追溯，影响合同的正常履行和纠纷的有效处理	C10	合同签订后，各科室（系/部）经办人应当将签约各方签字、盖章齐全的合同及其他相关附件、资料整理后交综合办公室归档留存。 综合办公室经办人审查无误后，装订成册，送交档案管理员存档。 整理当年履行终止或终结的合同，统一归档存放		合同档案资料	

（五）合同管理不相容岗位分离表

		A 合同起草	B 合同审核	C 合同签订	D 合同用印申请	E 合同专用章保管	F 纠纷解决方案编制	G 纠纷解决方案审批
A	合同起草		×					
B	合同审核							
C	合同签订					×		
D	合同用印申请					×		
E	合同专用章保管							
F	纠纷解决方案编制							×
G	纠纷解决方案审批							

注：×表示互相冲突的岗位。

（六）合同管理权限指引表

业务分类	经济业务活动		参与主体 各科室（系/部）经办人	各科室（系/部）负责人	各科室（系/部）项目负责人	综合办公室经办人	综合办公室负责人	院长	校财务处	校审计处	法律顾问	分管校领导	校长
合同管理	合同拟定和审批	小于等于30万元	01草拟合同	02审核			03初步审查 04组织论证	05审核	06审核	07审核 09备案		08审批	
		大于30万元，小于等于100万元	01草拟合同	02审核			03初步审查 04组织论证	05审核	06审核	07审核 10备案		08审核	09审批
		大于100万元	01草拟合同	02审核			03初步审查 04组织论证	05审核	07审核	08审核 11备案	06审核	09审核	10审批
	合同履行及监督		01自行监督			03登记台账	02监督						
	合同变更与解除		01提出申请	02审核		03登记台账							
	合同纠纷处理	协商一致	01提出方案		02沟通协调								
		协商不一致			01提出申请			02审核				03审批	
	合同归档		01提交资料			02审查存档							

十一、教学管理

（一）基本概述

教学管理就是统筹教学活动中的各要素，使之成为一个有机整体，从而有效、高质量地完成教学任务和目标。学校教学工作实行校、院两级管理。学院是学校办学的主体力量，承担一线的教学任务，因而教学管理控制是院级内部控制的重中之重。教学管理是一个有机的管理系统，一般由人才培养方案管理、教学工作组织管理、课程标准管理、课堂管理、教学质量管理等环节组成。

学院教学管理控制的重心是人才培养，人才培养方案是实现学校培养目标的实施方案，是组织和管理教学过程的主要依据，是监控与评价教学质量的基础性文件。在广泛调研、充分论证的基础上，由分管教学工作的副院长组织相关业务骨干完成本院相关专业人才培养方案的制订、修订工作。各专业人才培养方案由院教学管理委员会审定并报学校教学管理委员会。培养方案一经审定通过，任何单位或个人不得擅自更改培养方案中的任何内容。

（二）工作职责

学校教学工作实行校、院两级管理。学院是学校办学的主体力量，承担一线教学任务，系（部）为基层组织，直接负责具体的教学和实验实训室管理等工作。

部门	管理职责
学院	负责本院教学、科研、行政管理等工作；负责制订人才培养方案、课程大纲、专业发展规划、课程建设规划等工作；负责本院实验实训室建设及实习基地的建设和管理；协同学校相关部门做好师资队伍建设
系（部）	直接承担教学、任务、师资培训及实验实训室管理等具体工作、任务，是学校的基层组织部门

（三）控制要点与流程

1. 流程种类及制度

教学管理存在若干环节和具体工作，其流程如下：

流程编号	业务领域	业务流程	流程主管部门	风险主体	文件渊源
JXJXGL.01	教学管理	课程标准制定流程	校教务处	系（部）	《无锡职业技术学院教材选用与建设管理规定》（锡职院教〔2017〕5号）、《无锡职业技术学院专业、课程、教材建设与管理工作的实施意见（修订）》（锡职院教〔2016〕5号）、《关于制（修）定2018级高职专业人才培养方案的原则意见》（锡职院教〔2018〕3号）
JXJXGL.02		开新课批准流程			
JXJXGL.03		教材使用批准流程			

2. 教学管理工作责任制

院长为本单位教学工作第一责任人，全面主持教学工作。分管教学工作的副院长主持日常教学工作，负责组织本院的教学活动，落实和督促完成本院各项具体教学任务。

学院设立教学管理委员会，修改、完善和审定各系（部）专业人才培训方案和规划；协调和审定课程设置；规范和指导教师的教学行为；审核、制定教学规章制度并报请学校讨论决定。

学院设立教务科研办。教务科研办是学院管理并服务于教学工作的职能部门，具体负责计划、组织、协调、监督本院各项教学教务，并依据教学管理委员会制定的标准和规范，评估本院教学活动，监督和保障本院教学质量。

学院按专业设立系（部）。系（部）是落实课程标准、开展课堂教学、提升教学质量的执行层，与教务科研办一起推动本院教学工作的顺利进行。

3. 课程标准制定

（1）控制要点

课程标准应根据专业培养目标，由课程负责人主持制订配套的课程标准，经院长审核，校教务处批准使用。课程标准一经审议批准使用，应保持相对稳定。

教学进度表（日历）是课程教学检查对照的依据。各门课程的主讲教师应依照课程标准认真填写教学进度表（日历）。

专业培养方案（计划）、课程标准、教学日历属于基本教学文件。学院应按档案要求进行存档。

（2）流程与步骤

课程标准制定流程

流程编号：JXJXGL.01　　流程类别：教学管理　　流程主责部门：校教务处　　流程版本：V1.0

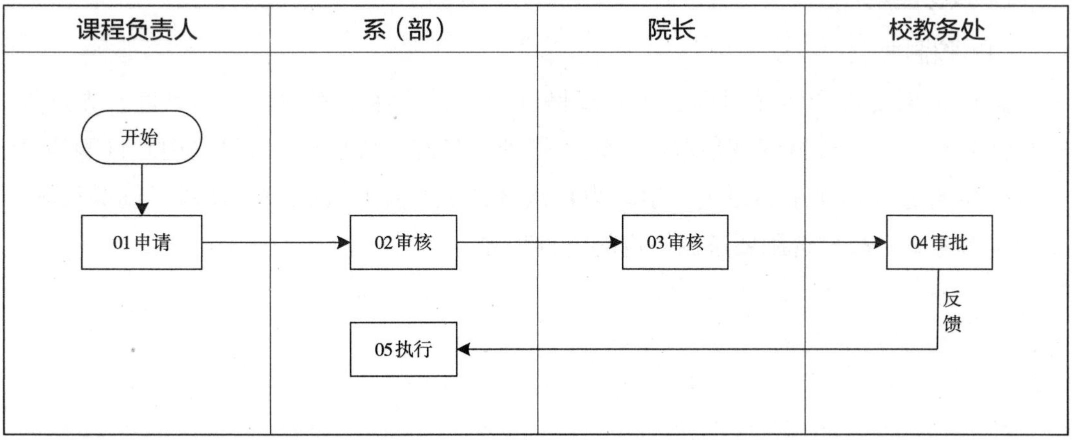

说明：

01~03：课程负责人提出申请，系（部）讨论通过，报院长审核后报校教务处审批。

04：教务处批准后反馈给相关系（部）实施。

4. 课程开设管理

（1）控制要点

学院应制订并实施课程建设计划。课程开设，尤其开新课，须符合相关条件和批准手续。

（2）流程与步骤

开新课批准流程

流程编号：JXJXGL.02　　流程类别：教学管理　　流程主责部门：校教务处　　流程版本：V1.0

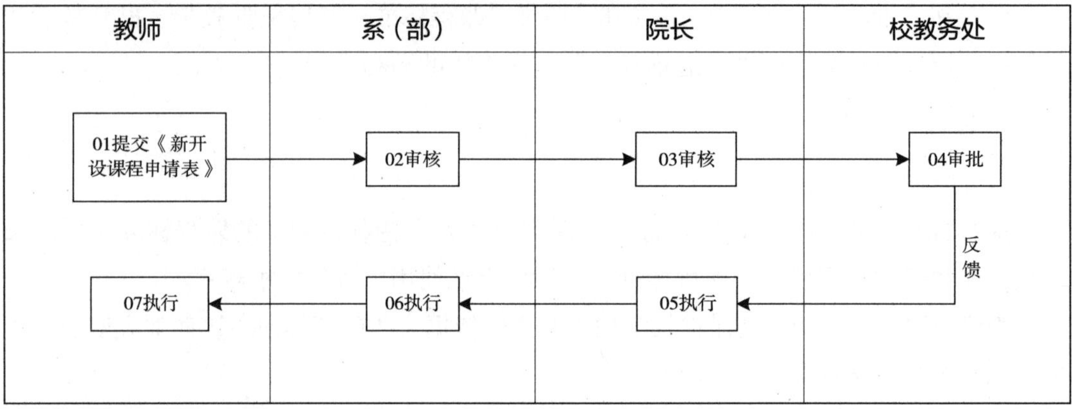

说明：

01：拟开新课老师提出申请。

02~03：所在院系（部）负责人审核。

04~07：校教务处批准后反馈院系（部）及教师执行。

5. 教材使用

（1）控制要点

教材选用要符合培养目标、培养规格的要求，要注重思想性、学术性、先进性、适用性和统一性。教材管理采取学校统一管理、各院（系）提供教材选用和订购信息，以及学生自愿选购使用的原则。学校为首次开课教师免费提供教材及所开设课程配套的教学参考书。教材选用要遵循一定的审批程序。

（2）流程与步骤

教材使用批准流程

流程编号：JXJXGL.03　　流程类别：教学管理　　流程主责部门：校教务处　流程版本：V1.0

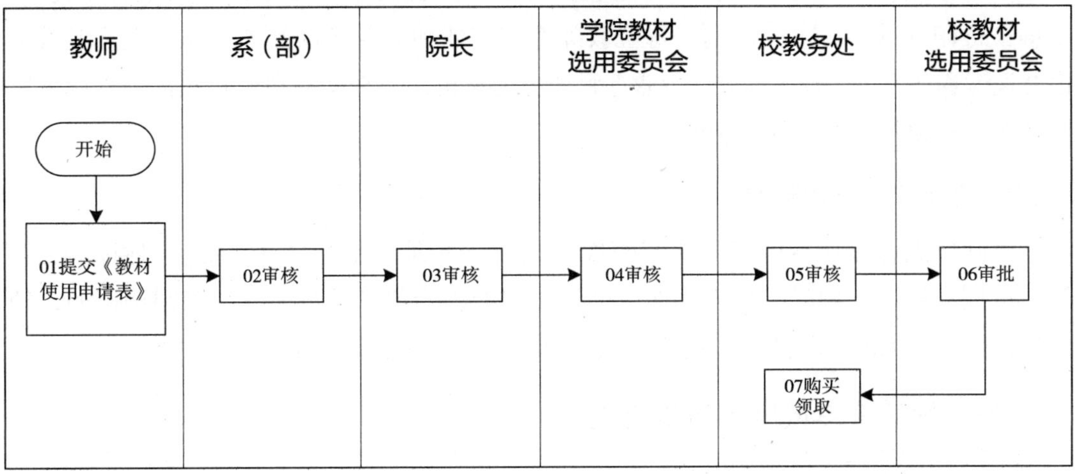

说明：

01：教师或课程负责人提出申请。

02~04：系（部）、院长、学院教材委员会负责人审核。

05~06：校教务处审核，校教材委员会审批。

07：教务处教材科负责购买并通知系（部）领取教材。

6. 课堂教学（理论部分）管理

控制要点：课堂教学要以教师为主导，学生为主体；任课教师的主要职责为讲授课程及考试命题。任课教师应提前到达上课地点并做好相应教学准备工作。任课教师于开课之始，要以适当的方式自我介绍，还应扼要介绍本课程讲授计划及安排。任课教师要组织好课堂讨论。同一门课程由数人开设时，应成立课程教学小组（课程组），开展课程教学研究活动。

7. 实验课教学管理

控制要点：任课教师要合理制定实验课程标准；任课教师课前要检查实验仪器、设备性能。任课教师课中必须在场巡视指导，解答和处理实验中出现的问题，及时批改实验报告。

8. 辅导和作业管理

控制要点：课外指导（辅导）是教学活动的一部分，是课堂讲授的重要补充环节。教师要在排定的时间到教室进行辅导、答疑。任课教师应批改作业并将学生的平时作业作为修读课程成绩考核的依据之一，在总成绩中占一定的比例。

9. 课程考核管理

控制要点：任课教师或课程组可以决定课程考核方式，同一门课程的试卷 3 年内不应出现重复。试题出好后，由命题教师提前两周提交学校教务处统一印刷和装订，不得自行印刷试卷，不得泄题。每位教师都有责任和义务参加监考工作，主监考教师由开设课程所在系（部）选派或由教务科研办协调解决。要建立科学规范的阅卷制度以及试卷分析和教学效果分析制度。

10. 教学工作纪律管理

控制要点：任课教师按照课程表准时上课、下课，在上课时关闭一切通信工具，且不得擅自停课、调课、请人代课。已经排定的课表原则不再变动，确须调课的，须经学校教务处批准。教师失职造成的教学事故，应依有关规定予以严肃处理。

（四）教学管理风险控制措施表

业务环节	风险描述	控制措施	责任部门
课程标准管理	大纲制定未能体现专业目标的要求，修订频繁，实施过程打“折扣”	由课程负责人主持制定配套的课程标准，经院长审核，校教务处批准使用。课程标准一经审议批准使用，应保持相对稳定。各门课程的主讲教师应依照课程标准认真填写教学进度表	系（部）
课程开设管理	课程开设随意性大，或长久没有开设、开发新课程	学院应制订并实施课程建设计划。课程开设，尤其开新课，须符合相关条件和批准手续	
教材选用管理	选用低质或未经批准的外版教材； 选用的教材缺乏“五性”； 教师自主确定使用教材	教材选用要符合培养目标、培养规格的要求，要注重思想性、学术性、先进性、适用性和统一性。教材选用要遵循一定的审批程序	

（五）教学管理岗位不相容分离表

		A	B	C	D	E
		教学文件起草	文件审核	文件审批	执行	评价
A	教学文件起草		×			
B	文件审核			×		
C	文件审批				×	
D	执行					×
E	评价				×	

注：× 表示互相冲突的岗位。

（六）教学管理权限指引表

业务分类	经济业务活动	参与主体			
		系（部）	院教务科研办	院领导	学校相关委员会/部门
教学管理机制	教学文件起草	01牵头	02组织研讨、上报	03审核	04审批
	教学检查	01协助	02组织自查自评	03组织整改	04检查、评价、处罚

十二、学生管理

（一）基本概述

学生管理是指学校为进入专业的学生提供学业指导、就业和创业指导、心理健康教育及相关服务。对取得突出成绩和为系争得荣誉的学生集体和个人进行表彰奖励或表彰奖励推荐，对违纪学生给予相应的纪律处分或向上级单位给出处分建议。

本书所指学生管理基于1990年国家教委颁布的《普通高等学校学生管理规定》界定，是指普通高等学校、承担研究生教育任务的科学研究机构（以下称“学校”）对接受普通高等教育的研究生和本科、专科（高职）学生（以下称“学生”）的管理。实施学生管理，应当尊重和保护学生的合法权利，教育和引导学生承担应尽的义务与责任，鼓励和支持学生实行自我管理、自我服务、自我教育、自我监督。

学生管理内部控制旨在规范学院学生管理的各个环节、流程节点、辅导员职责的管理规则，通过明确各流程步骤上的关键控制措施，防范学生管理的相关风险，确保学生管理规范有序。

学生管理内部控制适用于工作保障、思想政治教育、学风建设、管理与服务、就业创业、心理健康教育、研究与发展、共青团工作、关工委工作的管理。

（二）决策层次及组织架构

学生管理层次分为校级层次（主要通过校党委、校办、校学生会等建立科学规范的学生管理体制和机制）、职能部门层次（通过学生处、校团委、后勤处等组织落实、协调和检查督促学校各项规章制度的实施）、学院层级（通过院党/团总支及其专属办、院学生会等建设学院团委、辅导员、班主任、学生会队伍，以学生为主体的管理方式，规范管理，建立有效的激励机制）、师生层级（通过党/团员、学生会等建立有效的沟通途径）。

学生管理决策以人为本，结合社会因素、人文因素，学院以辅导员和导师引导学生的教育发展，后者应切实深化岗位认知，牢固树立服务意识；严格执行首问负责制，认真落实限时办结制，切实提高工作效率；落实立德树人根本任务，提升思想政治教育内涵，狠抓教师职业道德建设；密切联系广大学生，继续推进“三进”工作（进班级、进宿舍、进课堂）。

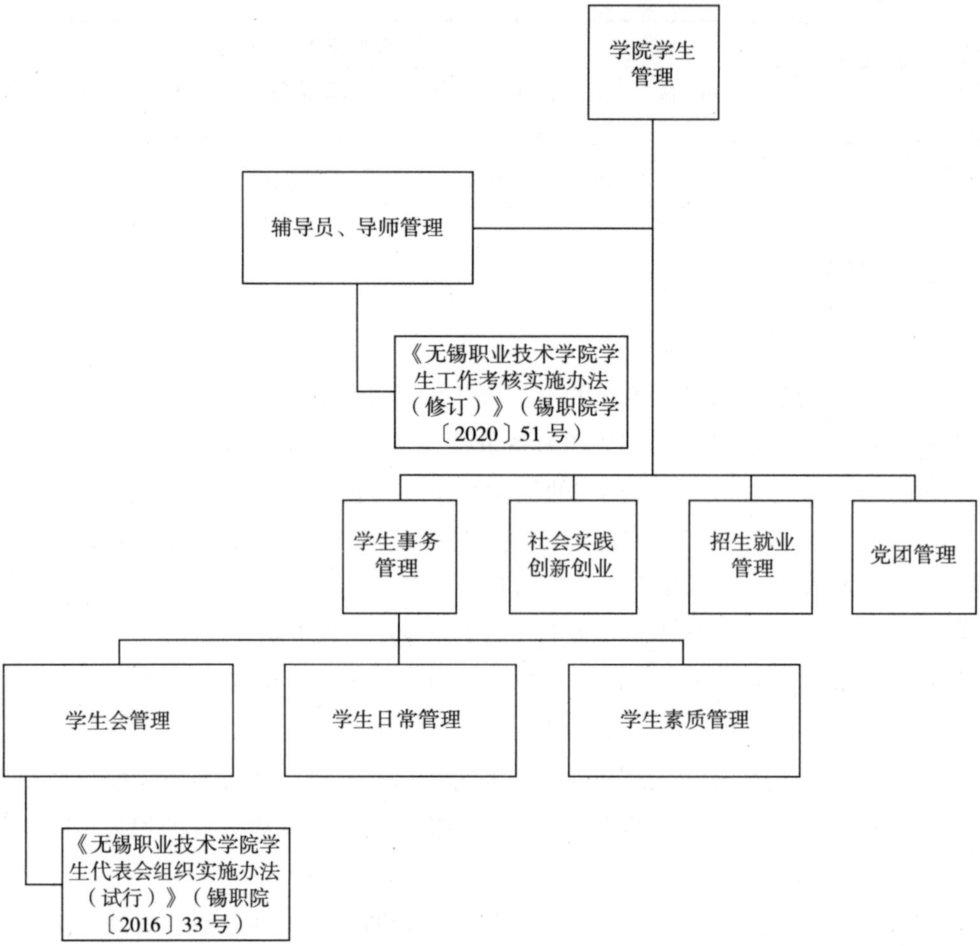

学生代表大会（以下简称“学代会”）是各级学生会组织的最高权力机构，在学校党委的领导下和学校团委的指导下开展工作。学生代表大会的组织原则是民主集中制。

机构	学生代表大会决策内容	文件渊源
职权	审议学生会组织的工作报告、财务预决算报告以及其他专项学生工作报告，提出意见和建议；审议学校上一届（次）学生代表大会提案的办理情况报告；选举产生新一届学生会组织的领导机构；制定和修订学代会、学生会组织章程；开展学生代表提案工作，并通过多种方式对学校工作提出意见和建议，监督学校和学生会章程、规章制度和决策的落实；参与学校制定关于学生自我教育、管理和服务有关工作的规章制度	《无锡职业技术学院学生代表大会组织实施办法（试行）》（锡职院〔2016〕33号）
常任代表会议	负责监督评议学生会组织工作；监督组织章程和工作条例的落实情况，其结果向下一次学生代表大会报告；听取和审议学生会组织工作报告、财务预决算报告以及其他专项学生组织工作报告，提出意见和建议；选举决定学生会领导机构组成人员调整等重大事项，提出对学生会领导机构成员罢免意见并启动相应程序；提议临时召开学生代表大会；根据学校工作需要设立学生专门事务委员会，配合学校相关部门处理与学生有关的专门事务	

续表

机构	学生代表大会决策内容	文件渊源
学生会	做好学生代表大会的筹备工作和会务工作，组织选举学生代表，征集和整理提案，提出会议议题、方案和会议主席团建议人选；组织学生代表大会代表的培训，接受和处理学生代表的建议和申诉；就学校民主管理工作向学校党组织汇报，与学校沟通；完成学生代表大会及其常设机构委托的其他任务	《无锡职业技术学院学生代表大会组织实施办法（试行）》（锡职院〔2016〕33号）

（三）工作职责

科室（系/部）	管理职责	主办单位
学院	招生工作	招生办
学生办	学籍管理工作，学生在校学习、考试、考核、毕业、就业创业、奖励和处罚等，以利于学风建设	学生处
	学生在校期间管理与服务，心理健康教育和研究与发展，培养学生能力	
	建立健全学生的评价体系，对违纪学生调查材料的登记，及时介入教育，建立表扬奖励制度，促进学生进步	
团委	学生的思想政治教育，共青团工作，做好党/团员的选拔、教育、培养和考察工作	校团委
党总支、团委	加强学生干部制度建设和队伍建设，学生会的工作，学生社团工作和关工委工作的管理，关心学生的能力培养	校党委、校团委
党总支	辅导员、班主任的工作致力于学生的思想政治教育，行为管理和日常生活	校党委

（四）业务流程及管理制度

流程编号	业务流程	流程主管部门	风险主体	文件渊源
JXXSGL.01	学生评优评先流程	学院	学院	《无锡职业技术学院学生评奖评优实施细则（修订）》（锡职院学〔2021〕55号）
JXXSGL.02	家庭困难学生认定工作流程			《无锡职业技术学院家庭经济困难学生认定工作实施办法》（锡职院学〔2019〕41号）
JXXSGL.03	学生临时困难补助流程			《无锡职业技术学院学生临时困难补助管理办法》（锡职院学〔2022〕28号）
JXXSGL.04	建档立卡家庭经济困难学生学费减免流程			《无锡职业技术学院建档立卡家庭经济困难学生学费减免实施细则》（锡职院学〔2019〕43号）
JXXSGL.05	勤工助学流程			《无锡职业技术学院勤工助学管理办法（修订）》（锡职院学〔2022〕27号）

续表

流程编号	业务流程	流程主管部门	风险主体	文件渊源
JXXSGL.06	国家奖学金、助学金流程	学院	学院	《无锡职业技术学院国家奖学金、国家励志奖学金和国家助学金实施细则》（锡职院学〔2021〕24号）
JXXSGL.07	辅导员管理流程			《无锡职业技术学院辅导员队伍建设规定（试行）》（锡职院委〔2018〕2号）
JXXSGL.08	大学生心理危机干预实施方案			《无锡职业技术学院大学生心理危机干预实施方案》
JXXSGL.09	社团活动流程			《无锡职业技术学院学生社团活动管理细则》（锡职院团〔2021〕1号）
JXXSGL.10	学生违纪处理流程			《无锡职业技术学院学生违纪处理规定》（锡职院学〔2022〕74号）
JX.GCGL.11	学生档案管理程序			《无锡职业技术学院学生档案管理办法》

学生评优评先流程

流程编号：JXXSGL.01　　流程类别：学生管理　　流程主责部门：学工办　　流程版本：V1.0

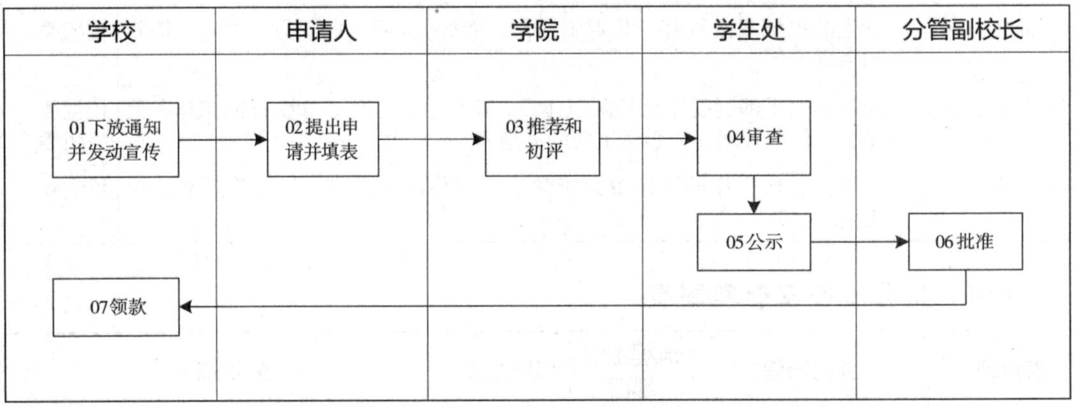

说明：

先进班级评选由二级学院党总支负责，从第3步开始。

集体先进评选跨学院的组合，直接报学生处评审。

家庭困难学生认定工作流程

流程编号：JXXSGL.02　　流程类别：学生管理　　流程主责部门：学工办　　流程版本：V1.0

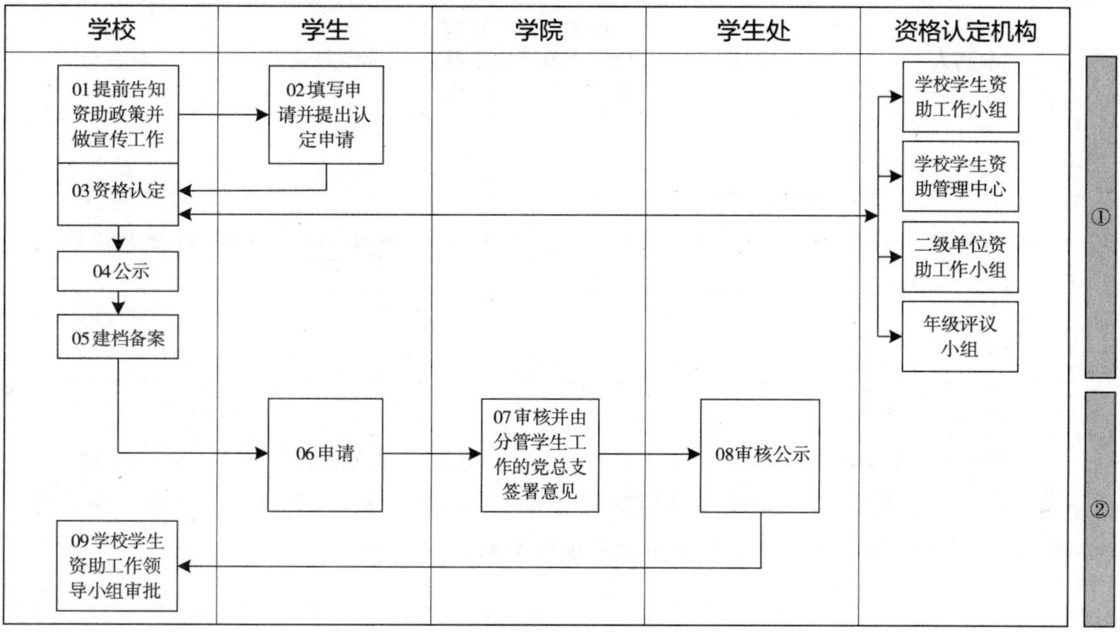

注：①家庭困难学生认定工作流程；②校内助学金流程。

说明：

资格认定机构由四级机构组成。

三种情况可附相关证明材料：属建档立卡贫困家庭子女、最低生活保障家庭子女、特困供养人员、孤儿、困境儿童、享受国家定期抚恤补助的优抚对象子女、因公牺牲警察子女、残疾人及残疾人子女、特困职工家庭子女等；已在上一学段经学校认定并获得国家教育资助的学生；在该学段就读期间已经得到学校认定并获得国家教育资助，再次申请的学生。

05~06：建档立卡的学生申请校内助学金。

学生临时困难补助流程

流程编号：JXXSGL.03　　流程类别：学生管理　　流程主责部门：学工办　　流程版本：V1.0

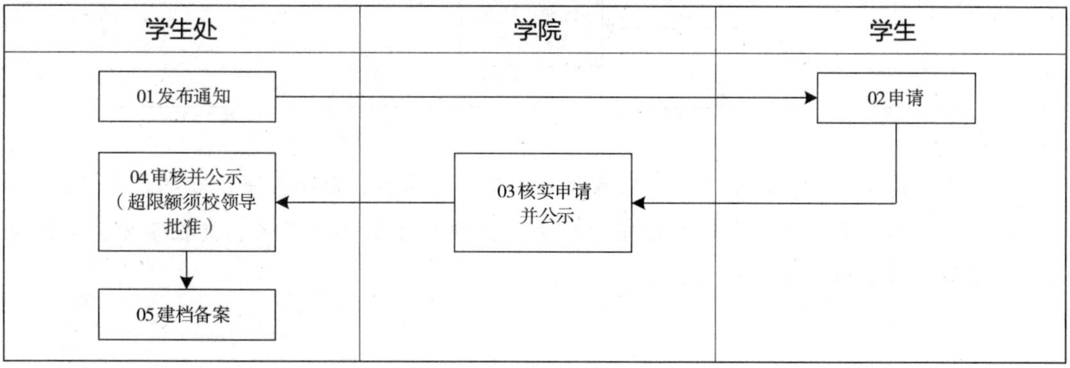

说明：

个人突发性临时困难流程从第2步开始；特殊群体临时困难流程从第1步开始。

建档立卡家庭经济困难学生学费减免流程

流程编号：JXXSGL.04　　流程类别：学生管理　　流程主责部门：学工办　　流程版本：V1.0

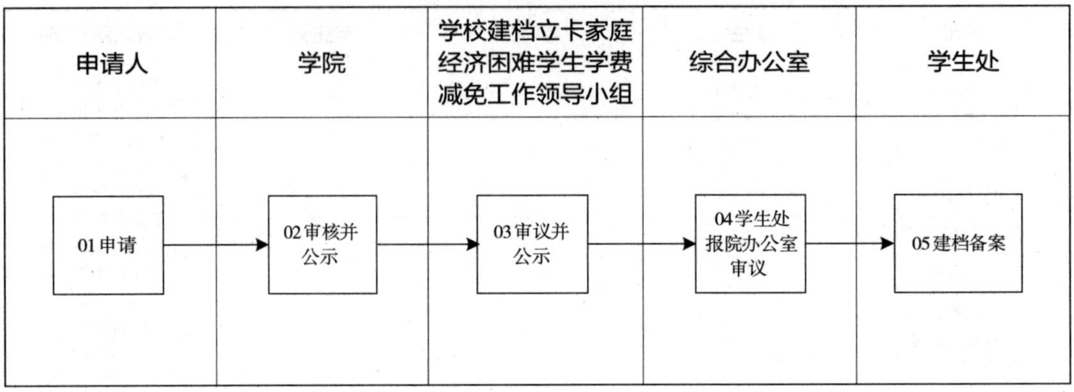

说明：

建档立卡家庭经济困难学生学费减免工作，由学生工作处资助管理中心统一管理。

经过学校审议，符合减免条件的建档立卡家庭经济困难学生学费减免资金首先补偿学费和冲抵欠费，余额由财务处退还至本人银行卡中。

勤工助学流程

流程编号：JXXSGL.05　　流程类别：学生管理　　流程主责部门：学工办　　流程版本：V1.0

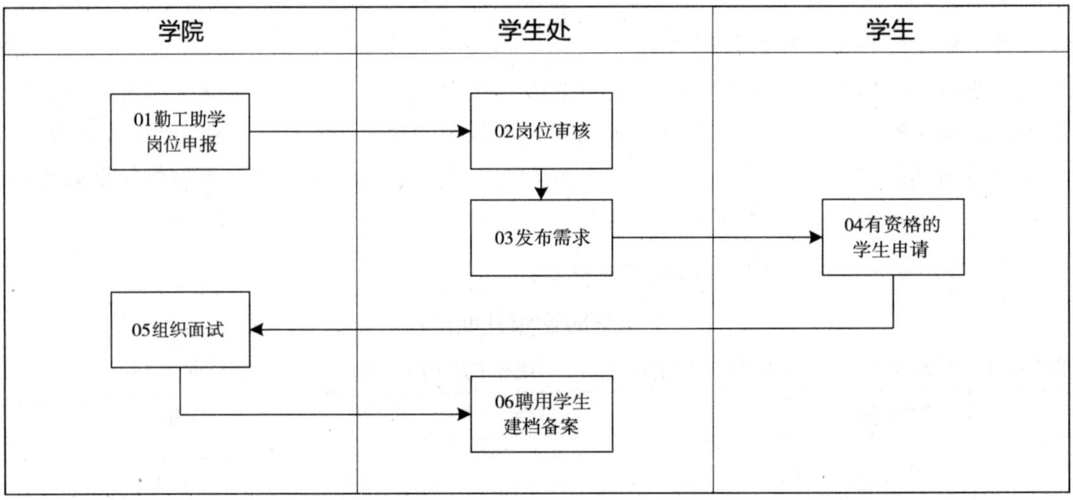

说明：

参加勤工助学的学生以学校认定家庭经济困难学生为主，每年鼓励、吸纳新生参加。

学生工作部（处）学生资助管理中心负责全校学生勤工助学管理、岗位审核、报酬标准的制定及发放审核工作。

国家奖学金、助学金流程

流程编号：JXXSGL.06　　流程类别：学生管理　　流程主责部门：学工办　　流程版本：V1.0

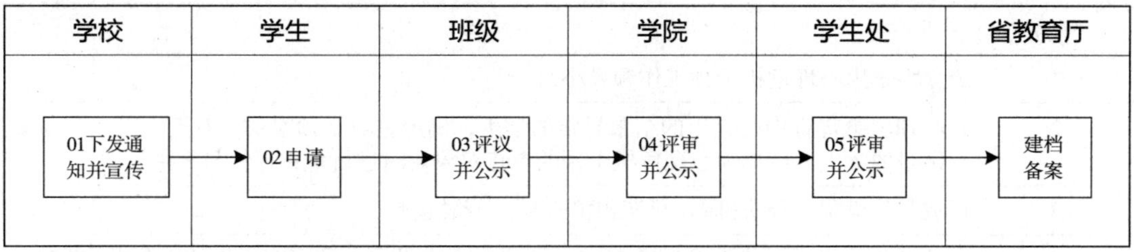

说明：

同一学年内，申请并获得国家助学金的学生，可同时申请并获得国家奖学金或国家励志奖学金。

在学校学生资助管理领导小组的领导下，进行国家奖学金、国家励志奖学金、国家助学金的评审。

辅导员管理流程

流程编号：JXXSGL.07　　流程类别：学生管理　　流程主责部门：学工办　　流程版本：V1.0

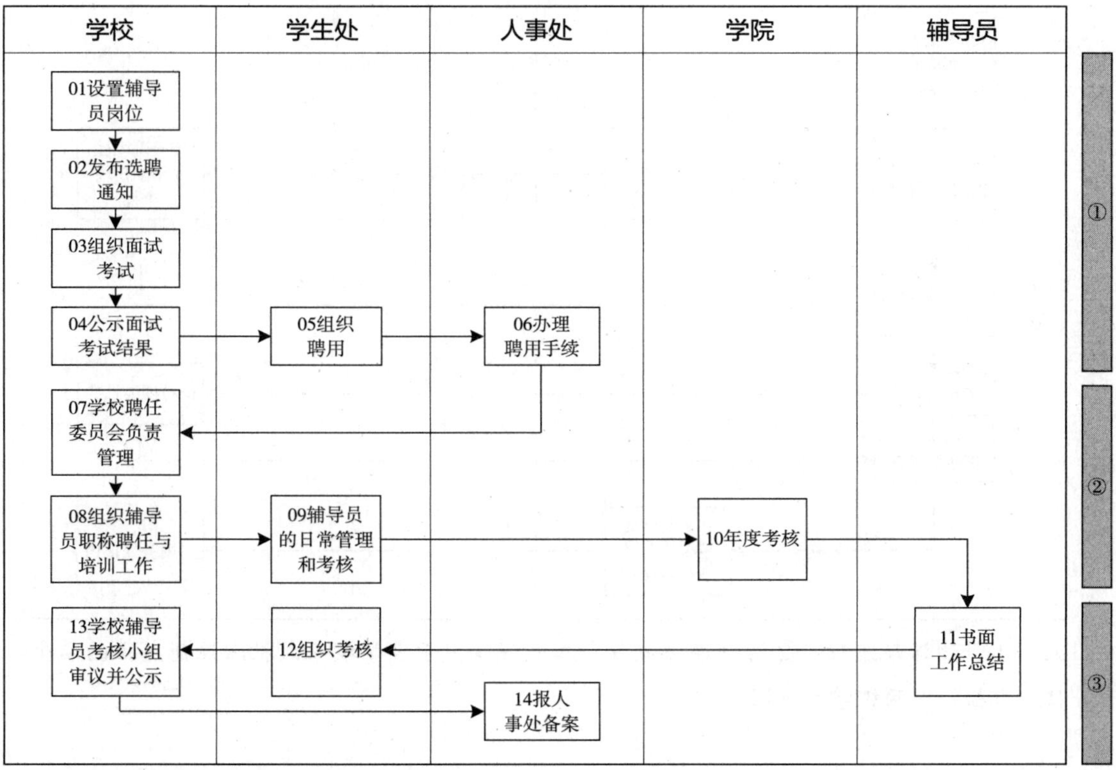

注：①选聘流程；②聘任管理流程；③考核流程。

说明：

06~07、10~11：两个流程中间过渡步骤，三个流程融为一体。

学生处牵头管理。

大学生心理危机干预实施方案

流程编号：JXXSGL.08　　流程类别：学生管理　　流程主责部门：综合办公室　　流程版本：V1.0

序号	内容
1	成立大学生心理危机干预工作领导小组
2	在心理健康普查中筛查出的结果异常的学生，确定重点干预对象，对近期发出下列警示讯号的学生，应作为心理危机干预的重点对象及时进行危机评估与干预
3	形成工作机制：预防机制/早期预警机制/干预机制
4	心理危机分级干预措施及后期跟踪：严重心理障碍或心理疾病学生的干预措施/对有自杀意念学生的干预措施/对已经实施自杀行为学生的干预措施/对有因心理因素引起的伤害他人意念或行为学生的干预措施/因心理问题治疗后复学学生的跟踪管理
5	建立工作制度：培训制度/备案制度/鉴定制度/保密制度/责任追究制度

社团活动流程

流程编号：JXXSGL.09　　流程类别：学生管理　　流程主责部门：学工办　　流程版本：V1.0

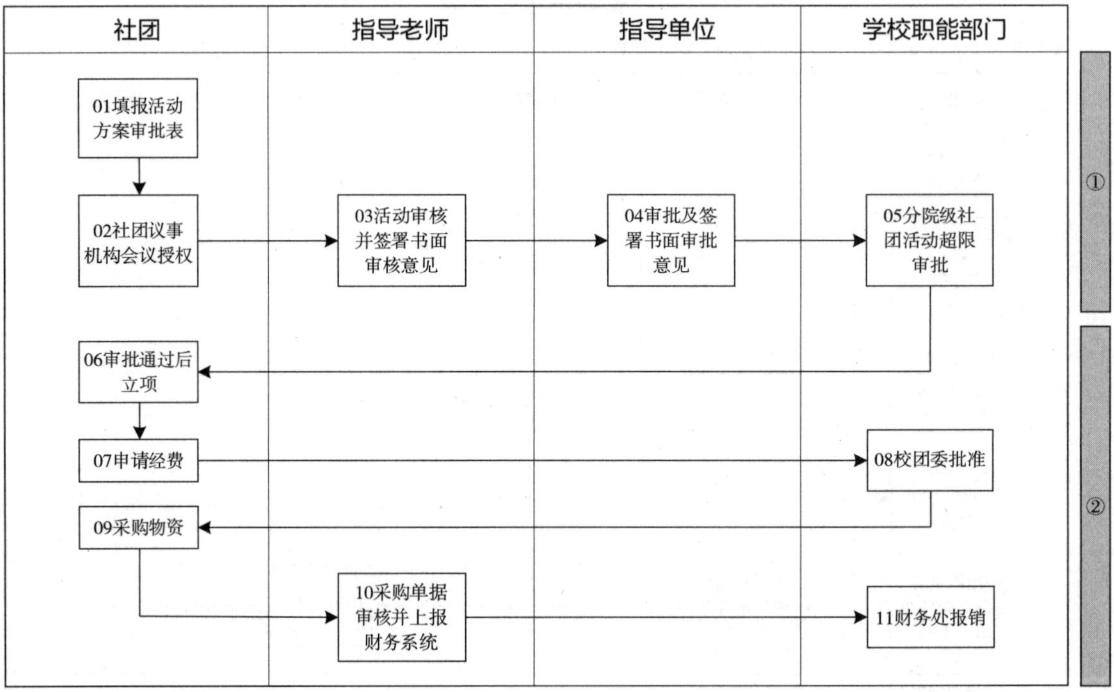

注：①社团活动流程；②活动经费流程。本流程适用于经学校正式批准注册成立的学生社团，含校、院两级学生社团。

说明：

05~06：两个流程过渡步骤。

指导单位必须为《无锡职业技术学院学生社团建设管理实施办法（试行）》中规定的校内机关职能部门、二级学院党组织或校内学术科研机构三类，不能以二级学院分团委或其他三级机构代替。

学生违纪处理流程

流程编号：JXXSGL.10　　流程类别：学生管理　　流程主责部门：学工办　　流程版本：V1.0

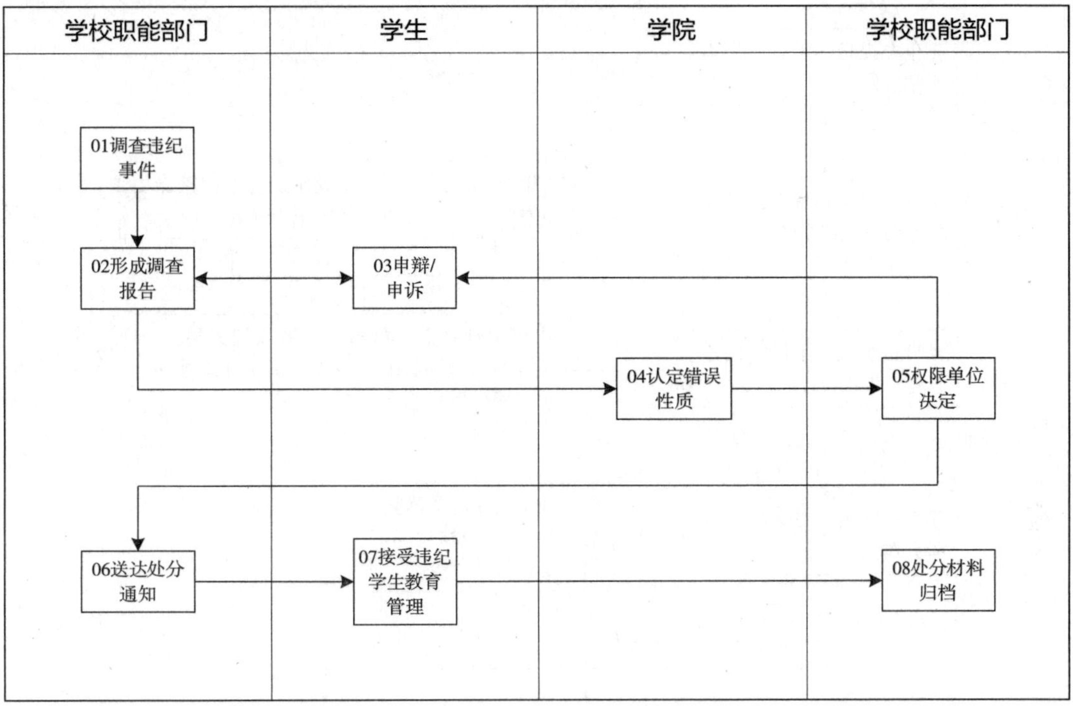

说明：

违纪处分的审批权限：留校察看及以下处分由学生所在院系学生工作会议讨论提出处理意见，学院学生工作处审核后，报主管院领导决定。学生工作处负责行文，并分别报学院办公室、教务处、院系和相关部门备案；若涉及两个以上院系的学生违纪处分，学生工作处在征求院系意见后可直接作出处理；开除学籍处分由学生所在院系党政联席会议讨论提出处理意见，学院学生工作处审核，主管院领导同意后，报院长办公会议研究决定。学院办公室负责行文，并分别报送学院相关部门备案。同时，报江苏省教育厅备案。

违纪学生的教育管理：受留校察看及以下处分的学生所在班级，应指定两名学生干部作为联系人，经常开展谈心活动，受处分的学生定期（不超过3个月）以书面形式向班委会及班主任、辅导员汇报思想认识，书面汇报材料交辅导员；警告和严重警告处分考察期为6个月，记过处分考察期为9个月，留校察看处分考察期为12个月，考察期自发文之日起计算。考察期满，若能认真改正错误，可提出解除处分的申请，同时附相关的思想汇报和有关单位证明材料。

学生档案管理程序

流程编号：JXXSGL.11　　流程类别：学生管理　　流程主责部门：学工办　　流程版本：V1.0

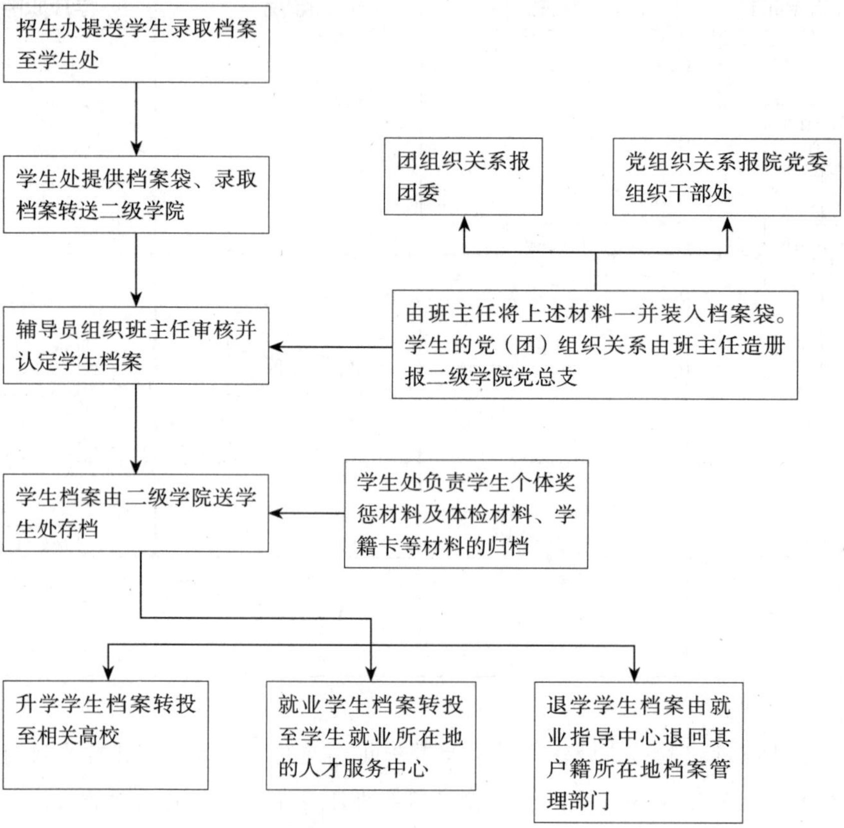

（五）学生管理风险控制措施表

业务流程	业务环节	风险编号	风险描述	控制编号	控制措施
管理体制与运行机制	规章制度体系	R1	规章制度不够完善或执行不到位，学生管理流程操作规范性失当，可能导致实施结果与预期偏离	C1	建立完善的学生管理制度，严格遵守国家及教育部门的管理规章制度
	职能部门职责	R2	学生管理相关部门间的职责分工不够清晰，存在错位、失位或者越位，可能导致管理协同问题，影响管理效率	C2	明确学生管理职责
	部门内的责任	R3	部门内部机构设置、岗位设置和工作分工不够科学，可能导致责任的重叠或空置，影响制度的落实	C3	明确学生处、各学院及辅导员的职责
	执行落实效果	R4	规章制度的执行力不够，可能导致有规不依，存在违规违纪的隐患	C4	制定相应的执行措施保障在我校执行

续表

业务流程	业务环节	风险编号	风险描述	控制编号	控制措施
管理体制与运行机制	学生专项运行过程	R5	学生干部选举不民主；学生社团活动的导向性问题；学生心理干预不严密；学生管理重成绩轻德行的问题；学生评优评先活动的廉政问题；辅导员辅导机制不到位；学生学籍及成绩管理流于形式	C4	根据单位的有关规定做好基础数据统计，掌握重点学生信息库
	学生活动经费预算与使用过程	R6	活动经费使用不符合相关经费管理办法规定；活动经费使用不按照预算执行；活动经费预算调整不履行相关手续；活动经费列支违反相关规定	C5	根据单位的有关规定做好基础数据统计，掌握学生信息库
	校园学生特色建设过程	R7	决策的不民主性；民主管理不到位；各种活动开展不到位；学生干部的培养机制的党性不强	C6	严格执行教育部关于高校学生管理等法规，保障学生的各项权益
	学生管理运行过程	R8	学生安全风险；学生成长风险；学生学业风险；学生就业风险	C7	严格执行《中华人民共和国教育法》等法律法规，保障学生的正当法律权益

（六）学生管理不相容岗位分离表

		A	B	C	D
		学校	学院	分管副校长	辅导员
A	学校		×	×	×
B	学院	×		×	×
C	分管副校长	×	×		×
D	辅导员	×	×	×	

注：× 表示互相冲突的岗位。

（七）学生管理权限指引表

业务分类	教学经济业务	学校	学院	校长	辅导员	社团
学生管理	学生评优评先	01发布通知 03学生处审查公示	02推荐和初评	04批准		
	家庭困难学生认定工作	01告知资助政策 03资格认定并公示 04建档备案 06学生处审核并公示 07学生资助工作领导小组审批	02认定 05党总支批准			

续表

业务分类	教学经济业务	学校	学院	校长	辅导员	社团
学生管理	学生临时困难补助	01学生处发布通知 03学生处审查公示 04建档备案	02核实申请并公示	03超权限批准		
	建档立卡家庭经济困难学生学费减免	02学校建档小组审议并公示 03院办建档备案	01核实申请并公示			
	勤工助学	02岗位审核并发布需求 04学生处聘用并建档备案	01岗位申报 03组织面试			
	国家奖学金、助学金	01发布通知 03学生处审查公示 04报省厅备案	02班级及学院评审并公示			
	辅导员管理	01设置岗位，发布选聘，学生处组织考试，人事处办理聘用 02聘委会管理、学生处组织培训 05学生处组织考核小组审议并公示 06人事处备案	03党总支负责年度考核		04书面工作总结	
	大学生心理危机干预实施方案	01工作小组筛选确定干预对象 03跟踪管理	02负责跟进			
	社团活动	03审批 05校团委批准 07财务处报销			02审核 06采购单据审核	01提交活动方案 04立项、申请经费、采购物资
	学生违纪处理	01职能部门违纪调查并形成报告 03决定处理与否 04送达通知，归档	02认定错误性质			

（八）校友管理及其他

1. 校友管理

校友管理归口管理部门为学校招生办、校友办（合署），学院校友管理工作应在学校招生办、校友办（合署）统一部署下组织实施。校级校友工作管理操作流程参见附件2。

2. 其他

学院学生管理工作由学校学工处归口管理，学院学工办应在学校学工处统一部署下组织实施学生管理工作。校级学生管理工作操作流程参见附件3。

十三、科研管理

（一）基本概述

科研管理内部控制旨在规范学院科研管理的各个业务环节、流程节点、项目组（系）职责的管理规则，通过明确各流程步骤上的关键控制措施，防范科研管理的相关风险，确保科研管理规范有序。

本书所称科研项目包括纵向科研项目和横向科研项目两类。

纵向科研项目：课题组通过承担国家或地方政府、学校常设的科技计划项目或者专项项目取得的由财政资金资助的科研项目。

横向科研项目：课题组通过对外开展科研活动和科技服务取得的由社会资金资助的科研项目。

科研管理内部控制适用于纵向科研项目管理流程、横向科研项目管理流程。科研项目管理包括项目流程管理、项目经费管理、项目成果管理及档案归档。科研项目管理是指从项目申请、立项论证、组织实施、检查评估、验收鉴定到成果申报、科技推广、档案入卷的全程管理。其目的是保证科研项目的规范化和科学化的管理，确保我院各级各类科研项目圆满完成，出成果、出人才、出效益，提高竞争力。

（二）工作职责

学院科研管理主要涉及各系主任及科研秘书。科技产业处为全校自然科学科研项目管理的主管部门，社会科学处为全校社会科学科研项目管理的主管部门，统称为科研管理部门。

科研管理涉及的相关机构职责分工表

科室	管理职责
项目负责人	项目负责人在系部的组织管理下，负责各级科研课题项目的申报、立项、实施、结题、鉴定及材料准备等工作。负责科研经费的管理，使用与分配到账经费及配套资金经费，定期召开研讨会，督促科研项目的执行，对项目经费管理负全责；负责课题组人员的选聘及分工；负责课题项目仪器设备的选用，对仪器设备使用与保管进行管理；接受所属科研行业、校科研管理部门对科研项目管理的监督检查，对项目研究成果进行阶段性汇报，并配合结题评审与验收
课题秘书	课题秘书作为课题负责人的工作助理，主要负责协助课题负责人进行课题管理。暂未聘任课题秘书的课题组，可由项目负责人指定其他人兼任课题秘书。协助项目负责人、课题组成员进行经费申请与报销；实施课题项目的采购事项；负责经办课题组合同签订事宜及合同备案等工作；负责协助项目负责人安排召开课题交流会；负责保管项目负责人签名章，经授权可按权限使用；负责接待课题组邀请到校的专家等人，包括规划行程及入住计划；负责课题归档资料的整理与归档；负责完成项目负责人交代的其他细项协助工作

续表

科室	管理职责
科研秘书	科研秘书为学院科研管理的工作助理和联络员，在学院分管科研的副院长领导下开展工作。及时传达学校科研管理部门下达的有关项目申报、中期检查、结题验收等通知；负责汇总本学院各类项目申报、验收等的信息，根据时间节点要求及时提交学校科研管理部门；全面掌握学校各类科研管理政策文件精神，负责向本学院科研人员进行宣贯和政策解读
科研管理部门	科研管理部门为课题项目中直接对口部门，负责各级各类科技计划项目的信息发布、组织申报、协调管理、立项实施、结题验收，为教师提供全程服务
校学术委员会	校学术委员会是校内最高学术机构，统筹行使学术事务的决策、审议、评定和咨询等职权

（三）业务流程及管理制度

学院科研管理主要包括科研课题申报立项流程、课题过程管理流程、课题评审与验收流程。

科研管理的业务流程和管理制度表

流程编号	业务领域	业务流程	流程主管部门	风险主体	文件渊源
JXKYGL.01	科研管理	课题申报立项流程	科研管理部门	科研管理部门	《无锡职业技术学院纵向科研项目管理及经费管理办法》（锡职院科〔2022〕1号）、《无锡职业技术学院横向科研项目管理及经费管理办法》（锡职院科〔2022〕2号）、《无锡职业技术学院专利管理办法》（锡职院科〔2022〕3号）、《无锡职业技术学院纵向科研包干制项目经费管理办法》（锡职院科〔2022〕4号）、《无锡职业技术学院校级科研课题管理办法》（锡职院科〔2022〕5号）、《无锡职业技术学院科研创新团队建设与管理办法》（锡职院科〔2022〕6号）
JXKYGL.02		课题过程管理流程			
JXKYGL.03		课题评审与验收流程			
JXKYGL.04		科研项目经费预算编制流程			
JXKYGL.05		科研项目预算调整调剂流程			

课题申报立项流程

流程编号：JXKYGL.01　　流程类别：科研管理　　流程主责部门：科研管理部门　　流程版本：V1.0

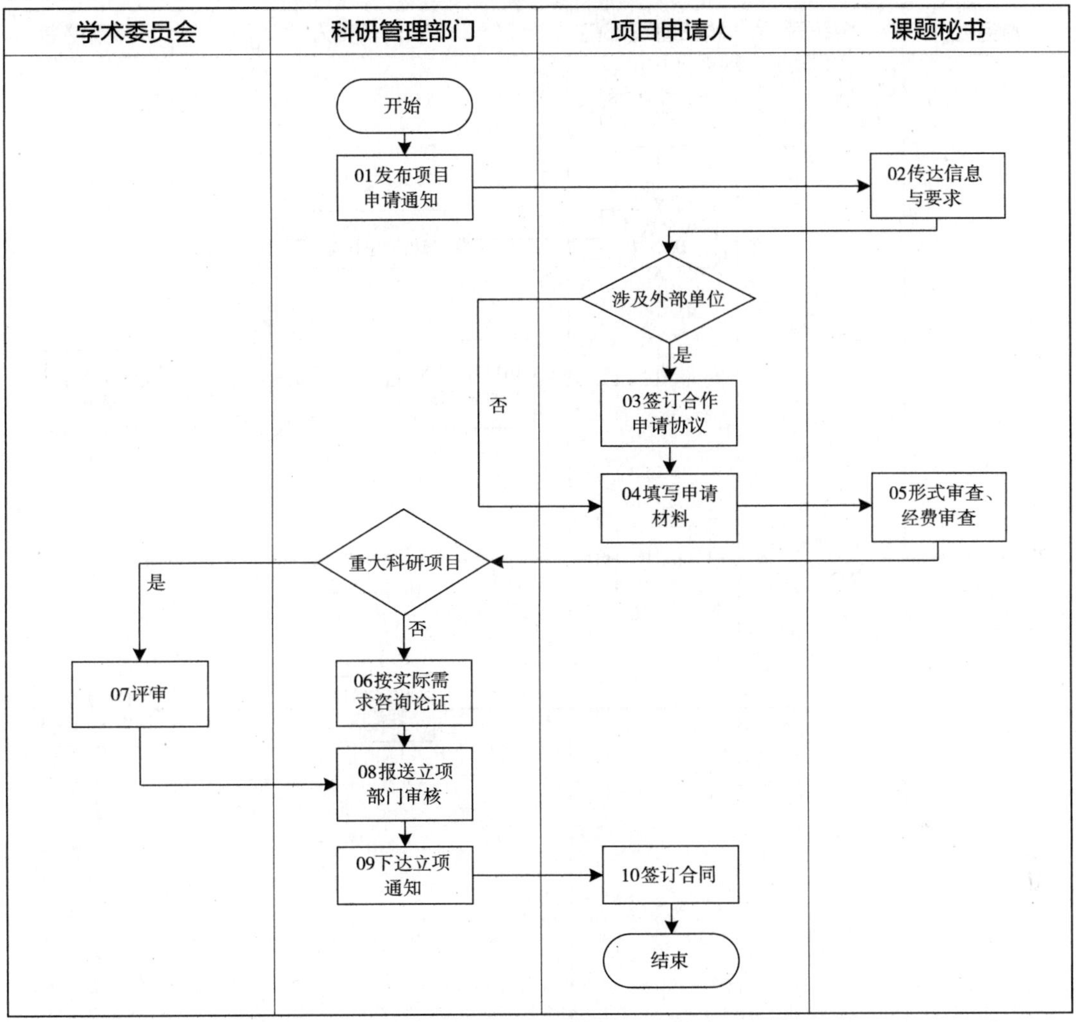

说明：

项目申请人在知悉科研管理部门发布项目申请通知，并明确各单位传达的科研项目信息与要求后，对内填写科研项目申请材料，对外签订合作申请协议，启动申报流程。

各单位对申请材料与协议进行形式审查与经费审查。

科研管理部门接收项目申请人的申报材料后，如属于重大科研项目，则须将材料递交学术委员会进行评审；如不属于重大科研项目，则根据项目申报实际需求选择项目评审方式咨询论证。

评审通过后，科研管理部门将申报材料报送立项部门审核，审核无异议后，由立项部门下达立项通知。

科研管理部门将通知转发项目申请人后，项目申请人按课题项目合同签订流程签订合同。

课题过程管理流程

流程编号：JXKYGL.02　　流程类别：科研管理　　流程主责部门：科研管理部门　　流程版本：V1.0

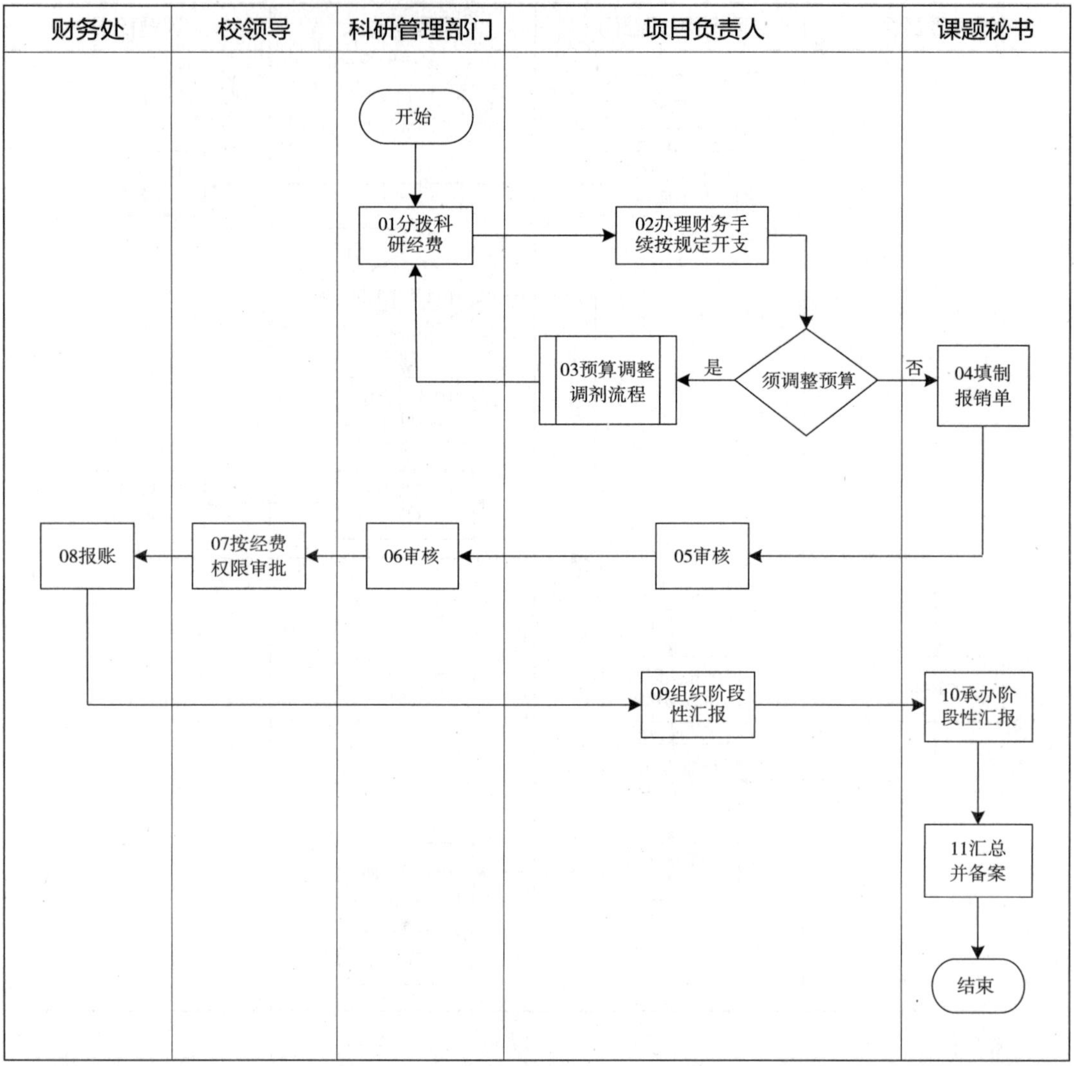

说明：

在课题项目实施过程中，课题经费由科研管理部门负责分拨科研经费，项目负责人办好财务手续后，可按项目计划与相关规定进行开支。

如在经费使用过程中，发现须对项目预算进行调整或变更项目负责人，可依据相应流程进行申请与审批。如无须调整，则在经费事项发生后，课题秘书填制报销单，经项目负责人、科研管理部门审核后，按照学校经费审批权限审批通过后进行报销。

项目负责人定期组织开展项目阶段性汇报，课题秘书协助开展，并将汇报过程与内容以书面、影像等方式记录。

阶段性汇报的记录材料可在课题验收阶段作为评审材料提交。

课题评审与验收流程

流程编号：JXKYGL.03　　流程类别：科研管理　　流程主责部门：科研管理部门　　流程版本：V1.0

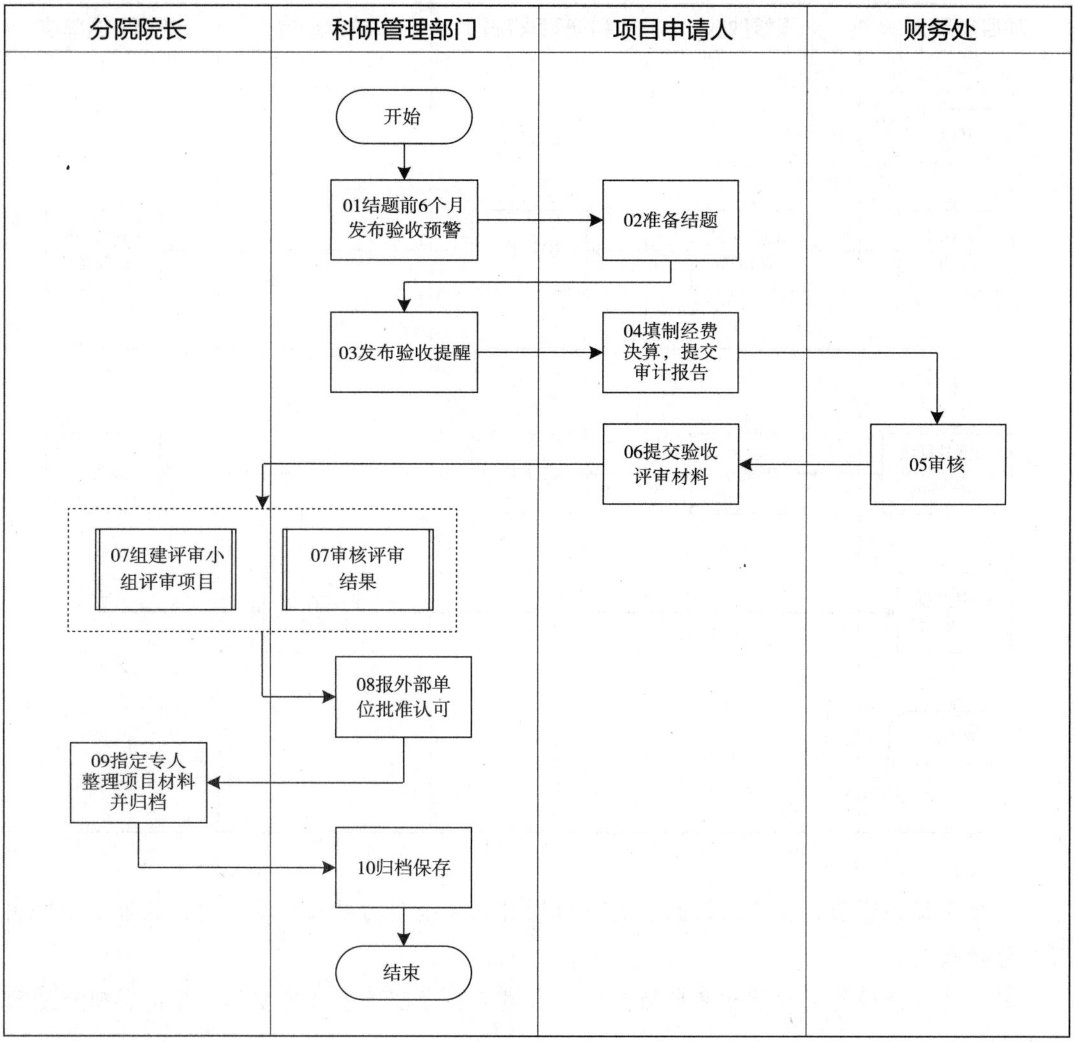

说明：

为提高课题项目实施效率及协助项目申请人妥善结题，科研管理部门在结题前6个月，向项目申请人发布验收预警。验收预警内容包括预计应结题时间、预计应达科研指标、经费剩余比例等。项目申请人根据预警内容，对课题进行梳理，做好结题准备。

项目申请人接收科研管理部门发布的验收提醒后，着手编制课题项目经费决算，并提交项目审计报告，交财务处审核。

财务处决算审核通过后，项目申请人提交验收评审材料，由分院院长组建评审小组，对课题项目进行评审。

科研管理部门将审核后的评审结果报送外部单位，批准认可后，分院院长指定专人整理项目材料并归档，同时送备份到科研部归档保存并记录。

科研项目经费预算编制流程

流程编号：JXKYGL.04　　流程类别：科研管理　　流程主责部门：科研管理部门　　流程版本：V1.0

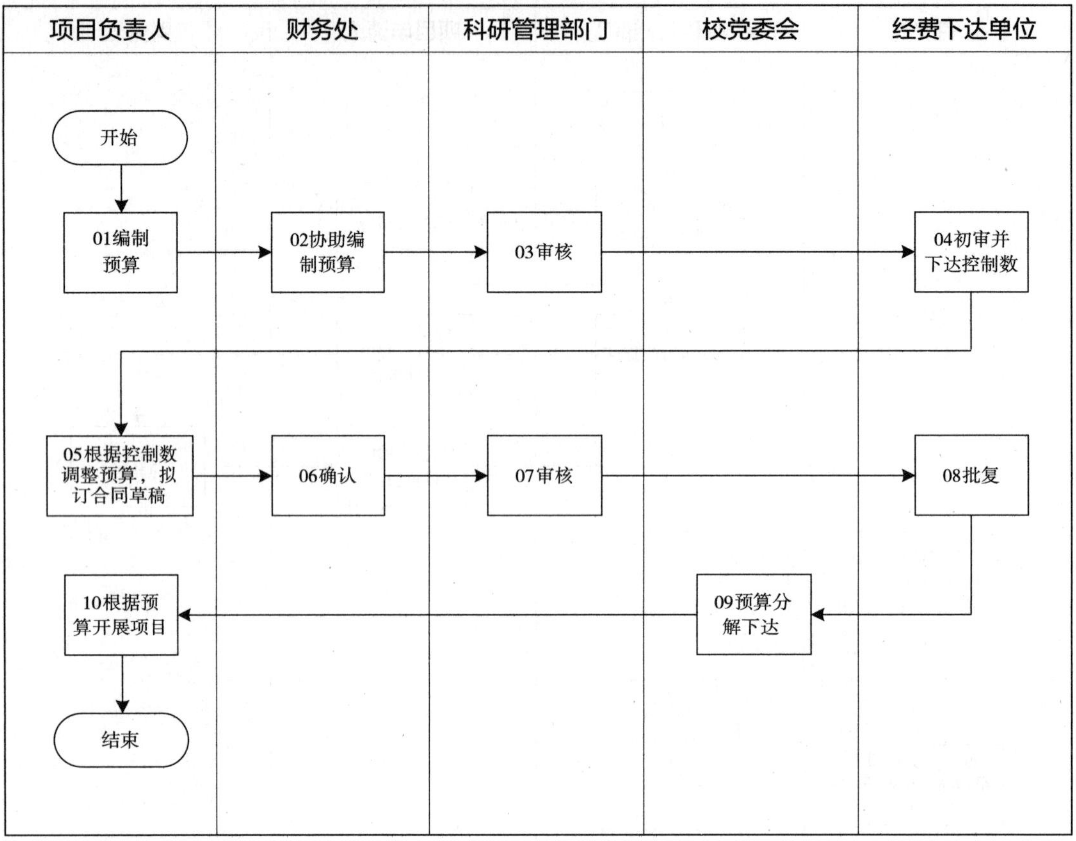

说明：

二级学院科研项目负责人按照有关科研项目预算编制的要求科学合理、实事求是编制项目经费预算。

财务处从经费使用和管理角度协助项目负责人科学配置、合理安排，提高科研经费预算水平。

科研管理部门按照有关规定严格审核科研项目预算，并按有关程序汇总后向经费下达单位进行报批。经费下达单位对项目预算进行初审并下达预算控制数。

项目负责人根据下达的控制数调整预算，并以学校的名义拟定合同草稿，合同金额与调整后的预算数一致，并交由财务处进行确认。

科研管理部门对调整后的预算数进行审核，并提交经费下达单位进行批复。再由校经费分配委员会对批复的预算数进行分解，下达至二级学院，项目负责人再依据预算开展项目。

科研项目预算调整调剂流程

流程编号：JXKYGL.05　　流程类别：科研管理　　流程主责部门：科研管理部门　　流程版本：V1.0

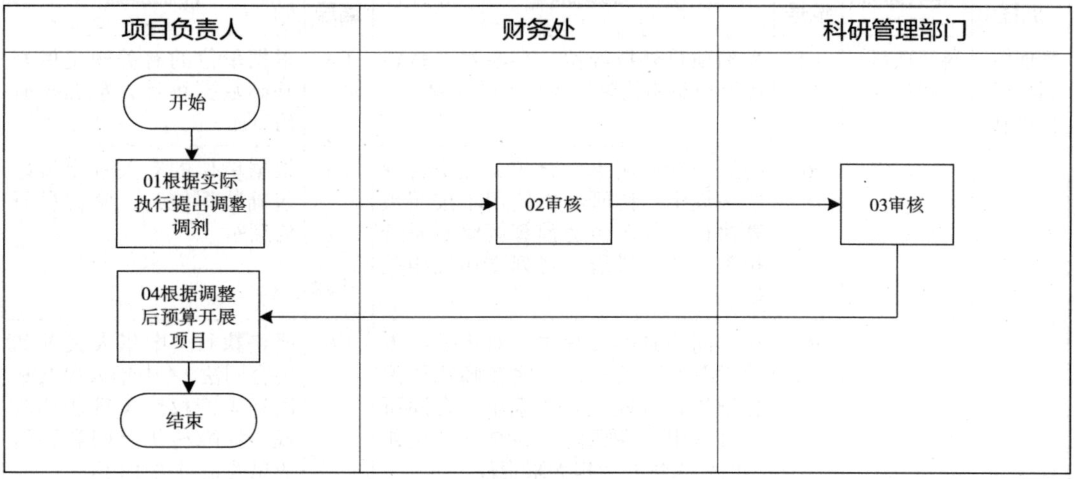

说明：

科研项目预算调整调剂为项目总预算内科研经费的调整调剂，由二级学院预算组（项目组及项目负责人）据科研活动的实际需要提出申请，经财务部、科研管理部门审核确认后办理，根据调整后的项目预算开展项目。

科研项目经费决算：项目负责人负责编制科研项目决算，报财务处及科研管理部门审核，再按照学校部门决算流程执行。涉及科研项目结题决算的，须送交经费下达单位审核。

（四）科研管理风险控制措施表

业务流程	业务环节	风险编号	风险描述	控制编号	控制措施
管理体制与运行机制	规章制度体系	R1	规章制度不够完善或执行不到位，科研项目操作规范性失当，可能导致科研项目实施结果与预期偏离	C1	建立完善的科研项目管理制度，严格遵守国家及相关部委对科研项目的管理规章制度
	职能部门职责	R2	科研项目管理相关部门间的职责分工不够清晰，存在错位、失位或者越位，可能导致管理协同问题，影响管理效率	C2	明确科研管理部门的管理职责
	部门内的责任	R3	部门内部机构设置、岗位设置和工作分工不够科学，可能导致责任的重叠或空置，影响制度的落实	C3	明确各参与处室和人员的职责
	执行落实效果	R4	规章制度的执行力不够，可能导致有规不依，存在违规违纪的隐患	C4	制定相应的执行措施保障在我校执行

续表

业务流程	业务环节	风险编号	风险描述	控制编号	控制措施
管理体制与运行机制	科研项目运行过程	R5	大额项目外拨经费，存在将经费转拨至利益相关单位或个人的风险	C4	根据单位的有关规定做好基础数据统计，掌握科研信息库
		R6	科研经费使用不符合相关经费管理办法规定；科研经费使用不按照预算执行；科研经费预算调整不履行相关手续；科研经费列支违反相关规定	C5	根据单位的有关规定做好基础数据统计，掌握科研信息库
		R7	在合同谈判的过程中，对于委托方的“霸王”条款，一些教师往往因急于签订合同，委曲求全。合同研发过程中存在风险，在合同产生纠纷时要求学校承担无限责任	C6	严格执行《中华人民共和国合同法》《中华人民共和国知识产权法》等法律法规，保障科研合同和科研成果的正当法律权益
		R8	技术合同经科技产业处审核后由教师自行打印后到科技产业处盖章，在此过程中存在盖章合同与审核时内容不一致（阴阳合同）的可能性	C7	规范科研合同招投标行为，规范项目验收程序
		R9	国家自然科学基金项目申报过程中项目申报人的资格审核，包括是否是我校在编在岗的全职人员，聘期是否覆盖项目执行期等	C8	项目申报流程科学合理，决策过程合法规范，建立与基本建设项目相关的审核制度，招标过程合法合规，执行过程控制有效，结项和验收程序合法合规
		R10	对项目经费预算编制及其预算调整的审定；项目多家单位联合申报的协议书审定；任务书与合同、结题项目等档案管理	C9	经费决算合理合法，项目档案齐全，有效可控
		R11	专利转化过程中存在具有较大商业价值的职务技术成果被发明人通过低价的方式转让出去的可能性	C10	业务窗口签订廉政责任书、意识形态责任书等，业务权利与责任并重考核

（五）科研管理不相容岗位分离表

		A	B	C	D
		项目负责人	课题秘书	科研部	校财务处
A	项目负责人		×	×	×
B	课题秘书	×		×	×
C	科研部	×	×		×
D	校财务处	×	×	×	

注：×表示互相冲突的岗位。

（六）科研管理岗位权限指引表

业务分类	科研业务活动	项目申请人	项目负责人	课题秘书	学术委员会	科研管理部门	财务处	分院院长	校领导
科研管理	课题申报立项流程	03是否涉及外部单位 04签订申请协议 05填写申请材料 12签订合同		02传达信息 06审查材料	09评审 11下达立项通知	01发布通知 07是否属于重大科研项目 08咨询论证 10报送立项			
	课题过程管理流程		03是否须调整预算 04走预算调整调剂流程 06审核 10组织阶段性汇报	02办理财务手续 05填制财务报销单报销 11承办阶段性汇报 12汇总并备案		01分拨科研经费 07审核	09报账		08按经费权限审批
	课题评审与验收流程	02准备结题 04填制经费决算，提交审计报告 06提交验收评审材料		09整理项目材料并归档		01结题前6个月发布验收预警 03发布验收提醒 07审核评审结果 08报外部单位批准认可 10归档保存	05审核	07组建评审小组评审项目	
	科研项目经费预算编制流程		01编制预算 05根据控制数调整预算，拟定合同草稿 10根据预算开展项目			03审核 07审核	02协助编制预算 04初审并下达控制数 06确认 08批复 09预算分解下达		
	科研项目预算调整调剂流程		01根据实际执行提出调整调剂 04根据调整后预算开展项目			03审核	02审核		

附则：科研管理相关制度

序号	文件名称	文件类型	文号
1	无锡职业技术学院纵向科研项目管理及经费管理办法	内部文件	锡职院科〔2022〕1号
2	无锡职业技术学院横向科研项目管理及经费管理办法		锡职院科〔2022〕2号
3	无锡职业技术学院专利管理办法		锡职院科〔2022〕3号
4	无锡职业技术学院纵向科研包干制项目经费管理办法		锡职院科〔2022〕4号
5	无锡职业技术学院校级科研课题管理办法		锡职院科〔2022〕5号
6	无锡职业技术学院科研创新团队建设与管理办法		锡职院科〔2022〕6号
7	无锡职业技术学院校企合作管理办法（试行）		锡职院〔2022〕15号
8	科研诚信案件调查处理规则（试行）		国科发监〔2019〕323号
9	无锡职业技术学院高水平科研和教研成果认定与计分管理办法		锡职院〔2021〕29号
10	无锡职业技术学院关于国家社会科学基金项目资金的管理办法		锡职院科〔2017〕4号
11	无锡职业技术学院千万级研究所实施管理办法（修订）		锡职院科〔2023〕1号

十四、实验实训室建设

（一）基本概述

实验实训室建设内部控制旨在规范学院实验实训室建设管理的各个业务环节、流程节点、科室（系/部）职责的管理规则，通过明确各流程步骤上的关键控制措施，防范实验实训室建设的相关风险，确保实验实训室建设规范有序。

实验实训室建设内部控制适用于实验实训室规划立项流程，实验实训室建设与验收流程，实验实训室启用、废止与考核流程的管理。

（二）工作职责

学院实验实训室建设主要涉及教务科研综合办公室、实验实训室负责人。

实验实训室建设涉及的相关机构职责分工表

科室（系/部）	管理职责
教务科研办	负责本单位实验实训室的建设管理和实验实训室负责人及工作人员的聘任；根据学科和专业特点，制定本单位实验实训室建设的规划设计、功能布局方案，建立健全相应的管理制度； 负责实验实训室建设方案论证、施工监督，定期检查实验实训室运行情况，并且不得随意变更实验实训场所使用性质
实验实训室负责人	为实验实训室建设的直接责任人； 围绕学科和专业发展的总体目标，充分调研，制定实验实训室建设和运行方案； 督促实验实训人员规范使用本实验实训室的设备和设施

（三）业务流程及管理制度

学院实验实训室建设主要包括实验实训室规划立项流程，实验实训室建设与验收流程，实验实训室启用、废止与考核流程。

实验实训室建设的业务流程和管理制度表

流程编号	业务领域	业务流程	流程主管部门	风险主体	文件渊源
JXSYSXSJS.01	实验实训室建设	实验实训室规划立项流程	教务科研办	教务科研办	参照《无锡职业技术学院实验实训室建设管理办法（试行）》（锡职院资〔2022〕6号）
JXSYSXSJS.02	实验实训室建设	实验实训室建设与验收流程	各科室（系/部）	各科室（系/部）	参照《无锡职业技术学院实验实训室建设管理办法（试行）》（锡职院资〔2022〕6号）；《无锡职业技术学院实验实训室建设与采购专员管理办法》（锡职院资〔2021〕1号）
JXSYSXSJS.03	实验实训室建设	实验实训室启用、废止与考核流程	各科室（系/部）	各科室（系/部）	参照《无锡职业技术学院实验实训室建设管理办法（试行）》（锡职院资〔2022〕6号）

教学实验实训室规划立项流程

流程编号：JXSYSXSJS.01.01　　流程类别：实验实训室建设　　流程主责部门：教务科研办公室　　流程版本：V1.0

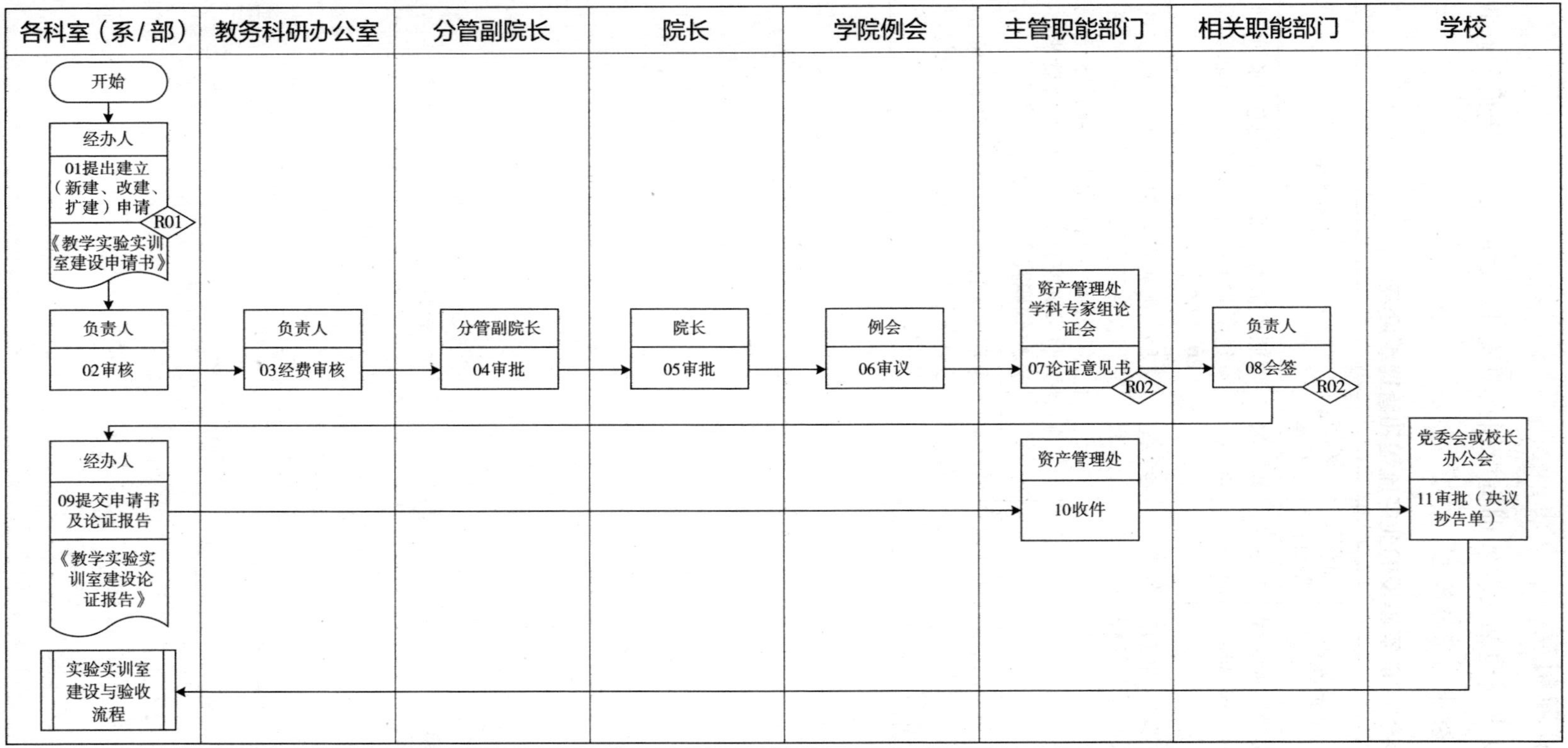

说明：

01~03：各科室（系/部）提出建立教学实验实训室的申请并填写建设申请书后，经负责人审核，提交至教务科研办备案登记。

04~06：分管副院长和院长审核后，提交学院例会审议。

07~09：召开学科专家组论证会并出具论证意见书，经相关职能部门（基建处、后勤处、保卫处、资产处）会签后，发还至各科室（系/部）经办人。

10~12：经办人向资产处提交《教学实验实训室建设申请书》，并附《教学实验实训室建设论证报告》，资产处对于审定通过的项目报党委会或校长办公会审核批准。经批准立项的实验实训室建设项目，由项目所在部门牵头，按照归口管理的原则，相关职能部门负责配合实施。

科研实验实训室规划立项流程

流程编号：JXSYSXSJS.01.02　　流程类别：实验实训室建设　　流程主责部门：教务科研办公室　　流程版本：V1.0

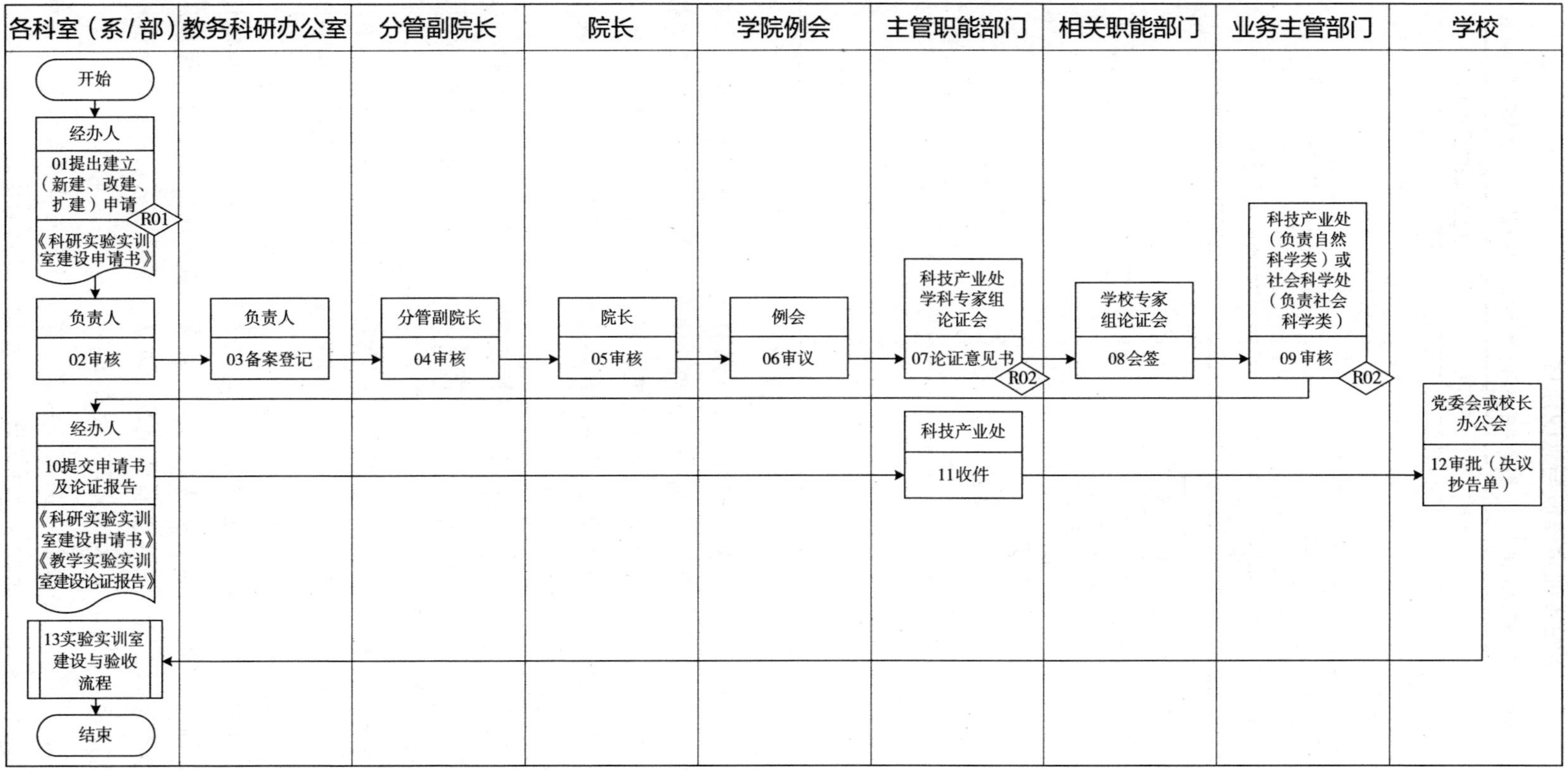

说明：

01~03：各科室（系/部）提出建立教学实验实训室的申请并填写建设申请书后，经负责人审核，提交至教务科研办备案登记。

04~06：分管副院长和院长审核后，提交学院例会审议。

07~10：召开学科专家组论证会并出具论证意见书、召开学校专家组（科技产业处、教务处、资产处、后勤处、保卫处、财务处）论证会并出具立项论证意见书，经科技产业处（负责自然科学类）或社会科学处（负责社会科学类）审核后发还至各科室（系/部）经办人。

11~13：经办人向科技产业处提交《科研实验实训室建设申报书》，并附《科研实验实训室建设论证报告》，科技产业处对于审定通过的项目报党委会或校长办公会审核批准。经批准立项的实验实训室建设项目，由项目所在部门牵头，按照归口管理的原则，相关职能部门负责配合实施。

实验实训室建设与验收流程

流程编号：JXSYSXSJS.02　流程类别：实验实训室建设　流程主责部门：各科室（系/部）　流程版本：V1.0

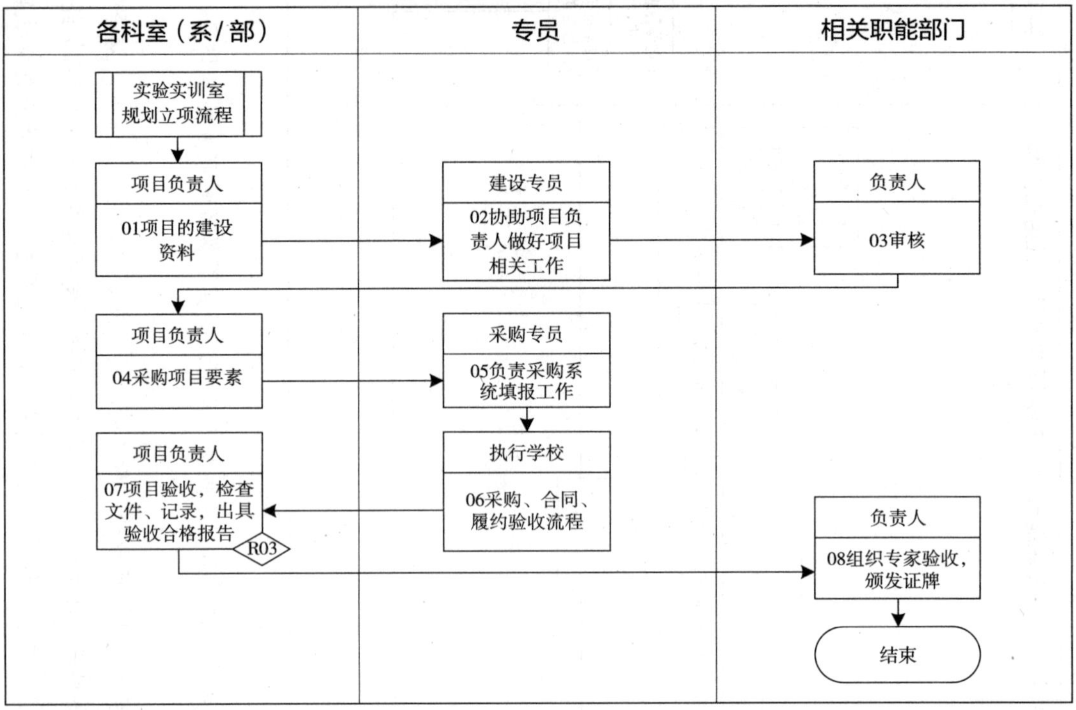

说明：

01~03：项目负责人完成项目建设规划、建设思路、项目论证、实施方案、申报书撰写后，建设专员协助项目负责人做好项目的前期论证、文件收集、编制、整理、项目申报等工作，并关注实训室建设过程，审核上报项目建设进度，跟踪项目预算执行情况；建设专员在项目建设过程中与相关职能部门进行工作对接，具体负责与后勤处、资产处、教务处、财务处、审计处等部门沟通协调。

04：采购项目的基础信息、采购需求、评分标准、招标方案审核、合同草拟、项目验收、款项支付等都由项目负责人负责；提交的实施方案、申报书、采购需求、招标方案、合同草稿审核不合格的，由项目负责人负责修改。

05~06：采购专员负责采购系统填报工作，包括发起采购申请，采购需求与评分标准规范性审核，通知项目负责人审核招标方案，上传中标通知等采购结果资料，发起采购合同申请等；执行学校采购、合同、履约验收流程。

07：项目完成后，二级单位对实验实训室的安全性能、使用性能进行验收。检查建设与设计文件、施工文件、综合性能评定文件和竣工图等，检查设备开箱检查记录、管道压力试验记录、风管漏风检查记录、通风柜风量检测记录、风量平衡测定记录、室内静压检测记录、室内洁净度检测记录等。验收合格须出具验收合格报告。

08：项目建设完成后，资产处（负责教学实验实训室）和科技产业处（负责科研实验室）根据立项归口分别组织专家对实验实训室进行验收，验收通过后颁发证牌。

实验实训室启用、废止与考核流程

流程编号：JXSYSXSJS.03　流程类别：实验实训室建设　流程主责部门：各科室（系 / 部）　流程版本：V1.0

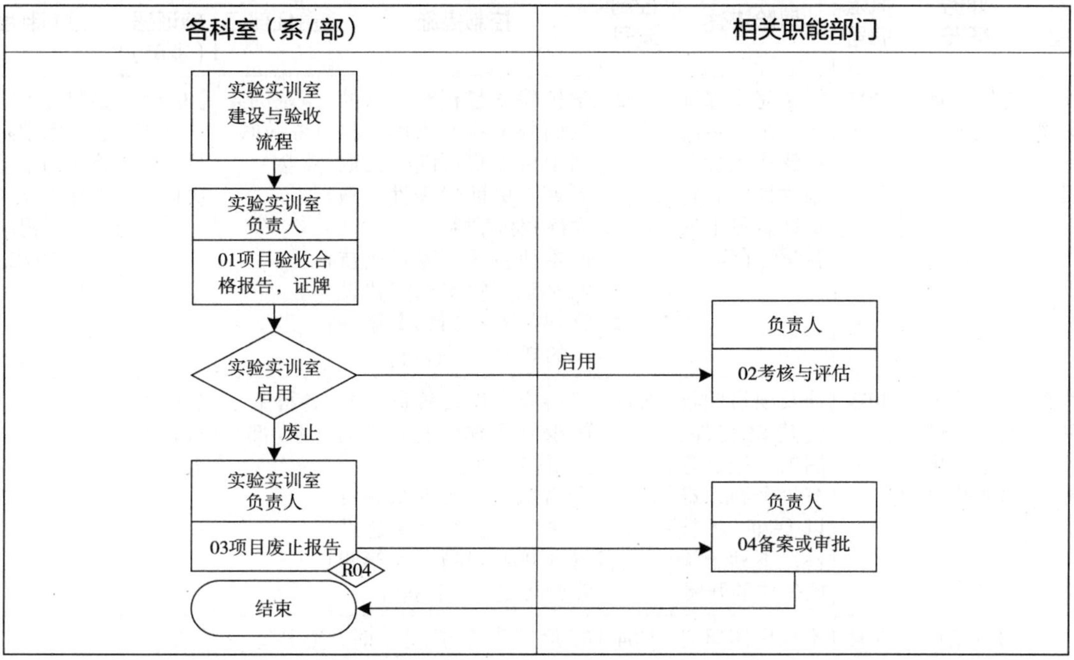

说明：

01~02：新建、改建、扩建实验实训室经验收合格后方可启用，根据建设目标，科技产业处、资产处分别对实验实训室运行情况进行年度考核与评估。评估主要对实验实训室建设运行期间的整体运行状况进行综合评价，指标包括：创新能力提升、标志性成果产出、人才培养、产业升级、实验室利用率等产生的长远影响，适当降低论文、专利数量等短期量化指标。

03~04：实验实训室因种种原因废止时，二级单位和实验实训室负责人应落实实验实训室处理措施，消除可能存在的对环境的影响，报资产处备案，特殊实验实训室废止须报主管部门审批。

（四）实验实训室建设风险控制措施表

业务流程	业务环节	风险编号	风险描述	控制编号	控制措施	责任部门	控制实施证据（表单）	控制制度
实验实训室规划立项流程	提出建立申请	R01	项目申报前未进行充分调研和必要性、可行性分析，导致无效申报	C01	做好项目前期论证工作，无论证不申报	各科室（系 / 部）	项目前期调研分析表及佐证材料	参照《无锡职业技术学院实验实训室建设管理办法（试行）》（锡职院资〔2022〕6号）

续表

业务流程	业务环节	风险编号	风险描述	控制编号	控制措施	责任部门	控制实施证据（表单）	控制制度
实验实训室规划立项流程	专家认证意见书	R02	无法完全保证专家组成员的广泛代表性和独立性，导致认证意见书的科学性存疑	C02	学校建立起相对完备的校内外学科专家库，根据项目需要可随机抽取专家，保证代表性、独立性和科学性。 严格执行《无锡职业技术学院实验实训室建设管理办法（试行）》第三章的规定，不打折扣	学院例会（党政联席会）	《专家认证意见书》决议	参照《无锡职业技术学院实验实训室建设管理办法（试行）》（锡职院资〔2022〕6号）
实验实训室建设与验收流程	项目验收，检查文件、记录，出具验收合格报告	R03	涉及项目验收的建设文件、图纸、记录等海量资料，难以保证完整性，不利于验收工作的开展	C03	资料应由项目负责人实施编号管理，统一登记并留档管理。 严格执行《无锡职业技术学院实验实训室建设管理办法（试行）》第四章的规定，不打折扣	各科室（系/部）	建设项目验收表	
实验实训室启用、废止与考核流程	项目废止报告	R04	不经集体研究和申报，科室（系/部）随意废止还有使用价值的实验实训室，导致管理失控	C04	实验实训室须废止时，负责人须起草《项目废止报告》，报学院分管领导签署意见。 严格执行《无锡职业技术学院实验实训室建设管理办法（试行）》第五章第二十九条的规定，不打折扣	各科室（系/部）	《项目废止报告》及佐证材料	

（五）实验实训室建设不相容岗位分离表

		A	B	C	D	E	F
		实验实训室立项申请	实验实训室立项审核	实验实训室建设	实验实训室验收	实验实训室启用和考核	实验实训室废止
A	实验实训室立项申请		×				
B	实验实训室立项审核						
C	实验实训室建设				×		
D	实验实训室验收						
E	实验实训室启用和考核						×
F	实验实训室废止						

注：× 表示互相冲突的岗位。

（六）实验实训室建设权限指引表

业务分类	经济业务活动	各科室（系/部）经办人	各科室（系/部）负责人	教务科研办负责人	项目负责人	建设专员	采购专员	分管副院长	院长	学院例会	学校职能部门	党委会或校长办公会
实验实训室建设	教学实验实训室规划立项	01提出申请 09准备申请文件及认证报告	02审核	03备案登记				04审核	05审核	06审议	07学科专家组认证意见书 08会签 10收件	11审批
	科研实验实训室规划立项	01提出申请 10准备申请文件及认证报告	02审核	03备案登记				04审核	05审核	06审议	07学科专家组认证意见书 08学校专家组认证意见书 09审核 11收件	12审批
	实验实训室建设与验收				01项目建设资料准备 04采购项目要素准备 07项目验收，检查文件、记录，出具验收合格报告	02协助项目负责人工作	05采购系统填报 06执行学校采购、合同、履约验收流程				03审核 08组织专家验收，颁发证牌	
	实验实训室启用、废止与考核		01以项目验收合格报告、证牌，启用实验实训室 03项目废止报告					04签署意见			02考核与评估 05备案或审批	

十五、实验实训室管理

（一）基本概述

实验实训室管理内部控制旨在规范学院实验实训室管理的各个业务环节、流程节点、科室（系/部）职责的管理规则，通过明确各流程步骤上的关键控制措施，防范实验实训室管理的相关风险，确保实验实训室管理规范有序。

实验实训室管理内部控制适用于实验实训室专项安全管理流程、实验实训室文化建设管理流程、实验实训室安全教育培训管理流程、实验实训室危险化学品管理流程的管理。

（二）工作职责

学院实验实训室管理主要涉及综合办公室（学院安全工作领导小组综合办公室）、实训部。

实验实训室管理涉及的相关机构职责分工表

科室（系/部）	管理职责
综合办公室	综合办公室是实验实训室安全管理的归口管理部门，职责如下： 成立安全工作领导小组，统筹协调本单位实验实训室建设与安全工作； 建立健全本单位实验实训室安全责任体系，与实验实训室安全责任人及使用教师签订实验实训室安全责任书，制订本单位实验实训室安全工作计划并组织实施； 根据本单位专业特点，制定实验实训室安全管理制度及实施细则、技术规范、操作规程、安全事故应急预案、安全教育培训计划等； 对本单位的实验实训室进行安全风险评估，明确安全隐患与应对措施；定期组织本单位的实验实训室安全宣传，培育实验实训室安全文化，落实实验实训室安全准入制度； 定期组织本单位的实验实训室安全检查，对发现的实验实训室安全问题与安全隐患进行整改
实训部负责人	实训部负责人主要职责如下： 明确各实验实训室的安全责任人（各实验实训室负责人是本实验实训室安全工作的直接责任人），全面负责本实验实训室安全工作； 落实学校有关实验实训室安全规章制度； 加强实验实训室危险源的管理，包括安排并督促特种设备、压力容器的正确使用和定期校验，督促并落实危险化学品规范储存和使用，规范处置实验实训室废弃物；制定应急处置办法；定期组织实验实训室安全隐患的自查与整改；对在实验实训室学习、工作的人员进行安全基本常识、安全原则教育，告知本实验实训室的安全风险点，督促其遵循实验实训室安全管理规章制度，按工作场所和岗位的规定履行安全职责

续表

科室（系/部）	管理职责
实训部负责人	要落实从事实验教学相关人员的安全教育、培训与准入，使其具备实验过程中发现安全问题并快速、妥善处置的能力； 落实本实验实训室规章制度、安全警示、安全标志、安全措施、个人防护等工作； 督促实验实训教学教师将实验实训安全纳入教学内容，明确实验实训过程中的安全风险点与相应处置措施； 进入实验实训室进行实验实训时，指导老师或实验员必须教育提醒学生注意安全，指导、监督学生进行实验实训规范操作，实验实训教学过程中不得脱离岗位； 实验实训室安全责任人可中止不符合本实验实训室安全要求的相关活动并及时上报

（三）业务流程及管理制度

学院实验实训室管理主要包括实验实训室专项安全管理流程、实验实训室文化建设管理流程、实验实训室安全教育培训管理流程、实验实训室危险化学品申领管理流程四大流程。

实验实训室管理的业务流程和管理制度表

流程编号	业务流程	流程主管部门	风险主体	文件渊源
JXSYSXSGL.01	实验实训室专项安全管理流程	实训部	实训部	参照《无锡职业技术学院实验实训室专项安全管理办法》(锡职院资〔2022〕2号)
JXSYSXSGL.02	实验实训室文化建设管理流程			参照《关于加强实验实训室文化建设工作的指导意见》(锡职院资〔2022〕1号)
JXSYSXSGL.03	实验实训室安全教育培训管理流程			参照《无锡职业技术学院实验实训室安全教育培训管理办法》(锡职院资〔2022〕7号)
JXSYSXSGL.04	实验实训室危险化学品申领管理流程			参照《无锡职业技术学院危险化学品管理办法（试行）》(锡职院资〔2022〕5号)

实验实训室专项安全管理流程

流程编号：JXSYSXSGL.01　流程类别：实验实训室管理　流程主责部门：实训部　流程版本：V1.0

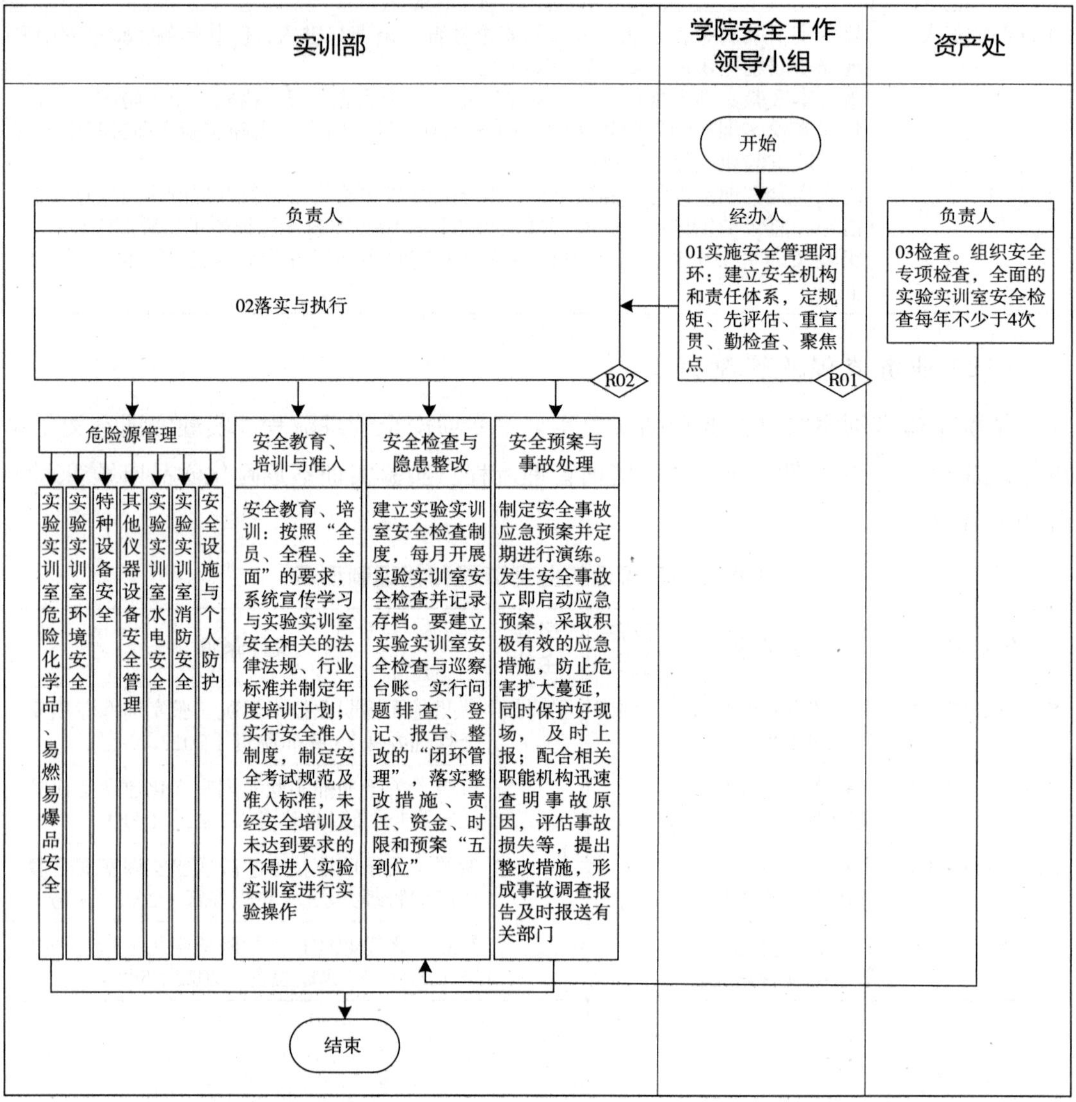

说明：

建机构：学院成立安全工作领导小组，统筹协调本单位实验实训室建设与安全工作。立体系：建立健全学院实验实训室安全责任体系，与实验实训室安全责任人及使用教师签订实验实训室安全责任书，制订学院实验实训室安全工作计划并组织实施。定规矩：根据学院专业特点，制定实验实训室安全管理制度及实施细则、技术规范、操作规程、安全事故应急预案、安全教育培训计划等。先评估：对本单位的实验实训室进行安全风险评估，明确安全隐患与应对措施。重宣贯：定期组织学院的实验实训室安全宣传，培育实验实训室安全文化，落实实验实训室安全准入制度。勤检查：定期组织本单位的实验实训室安全检查，对发现的实验实训室安全问题与安全隐患进行整改。聚焦点：学院应明确各实验实训室的安全责任人（各实验实训室负责人是本实验实训室安全工作的直接责任人），全面负责本实验实训室安全工作。落实学校有关实验实训室安全规章制度；加强实验实训室危险源的管理，包括安排并督促特种设备、压力容器的正确使用和定期校验，督促并落实危险化学品规范储存和使用，规范处置实验实训室废弃物；制定应急处置办法；定期组织实验实训室安全隐患的自查与整改；对在实验实训室学习、工作的人员进行安全基本常识、安全原则教育，告知本实验实训室的安全风险点，督促其遵循实验实训室安全管理规章制度，按工作场所和岗位的规定履行安全职责。

落实与执行：实验实训室要落实从事实验教学相关人员的安全教育、培训与准入，使其具备实验过程中发现安全问题并快速、妥善处置的能力；落实本实验实训室规章制度、安全警示、安全标志、安全措施、个人防护等工作；督促教师将实验实训安全纳入教学内容，明确实验实训过程中的安全风险点与相应处置措施。进入实验实训室进行实验实训时，指导老师或实验员必须教育提醒学生注意安全，指导、监督学生进行实验实训规范操作，实验实训教学过程中不得脱离岗位。实验实训室安全责任人可中止不符合本实验实训室安全要求的相关活动并及时上报。

资产处根据学校安全工作整体要求，制订全校实验实训室年度安全检查计划并组织实施，根据具体情况组织实验实训室安全专项检查。全面的实验实训室安全检查每年不少于4次。

实验实训室文化建设管理流程

流程编号：JXSYSXSGL.02　　流程类别：实验实训室管理　　流程主责部门：实训部　　流程版本：V1.0

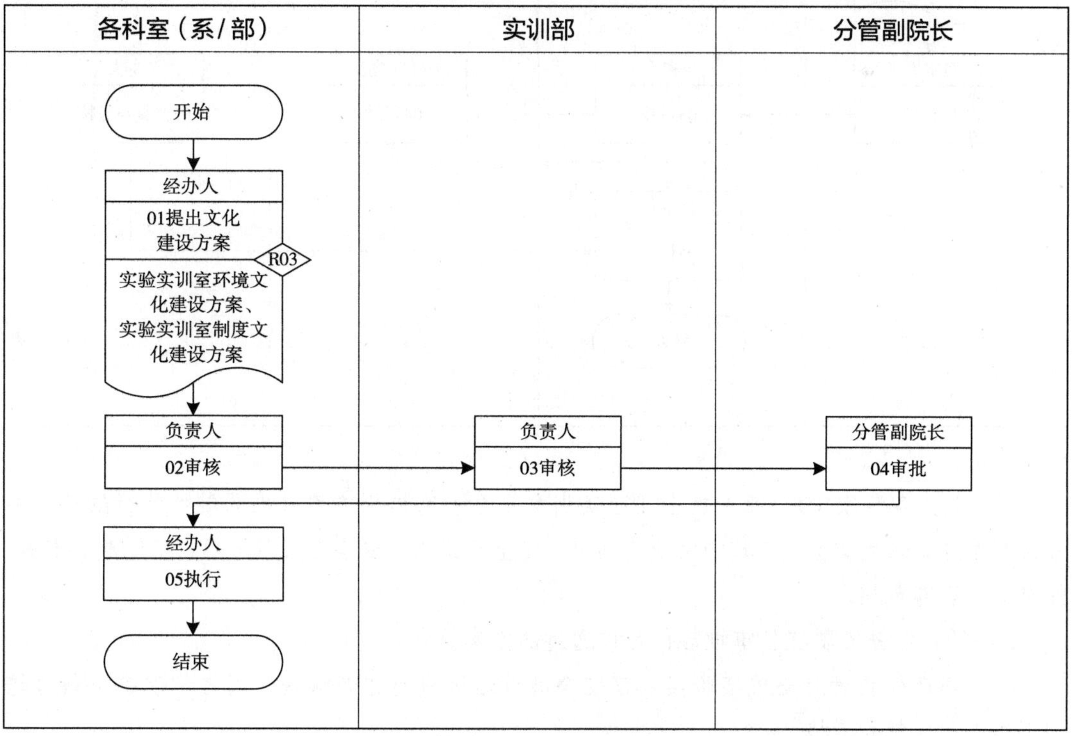

说明：

01~03：各科室（系/部）提出实验实训室文化建设方案，并分别制作环境文化建设方案和制度文化建设方案后，经负责人审核，提交至实训部审核。

04~05：经分管副院长审批后，可按通过的方案执行。

实验实训室安全教育培训管理流程

流程编号：JXSYSXSGL.03　流程类别：实验实训室管理　流程主责部门：实训部　流程版本：V1.0

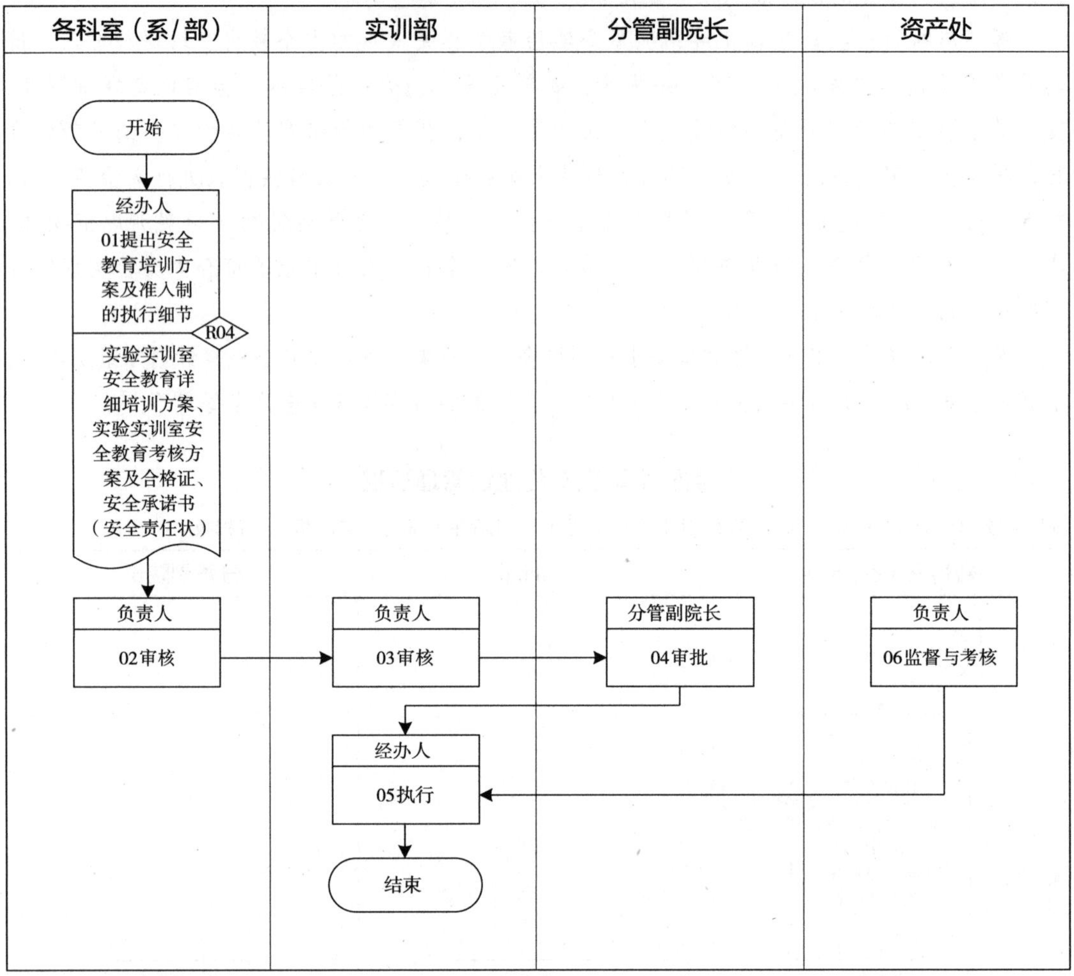

说明：

01~03：各科室（系/部）提出实验实训室安全教育培训方案及准入制的执行细节，并分别制作详细培训方案、考核方案及合格证、安全承诺书（安全责任状）后，经负责人审核，提交至实训部审核。

04~05：经分管副院长审批后，可按通过的方案执行。

06：资产处负责对全校实验实训室安全教育培训进行监督管理，对各学院安全教育培训工作进行监督和考核。

实验实训室危险化学品申领管理流程

流程编号：JXSYSXSGL.04　流程类别：实验实训室管理　流程主责部门：实训部　流程版本：V1.0

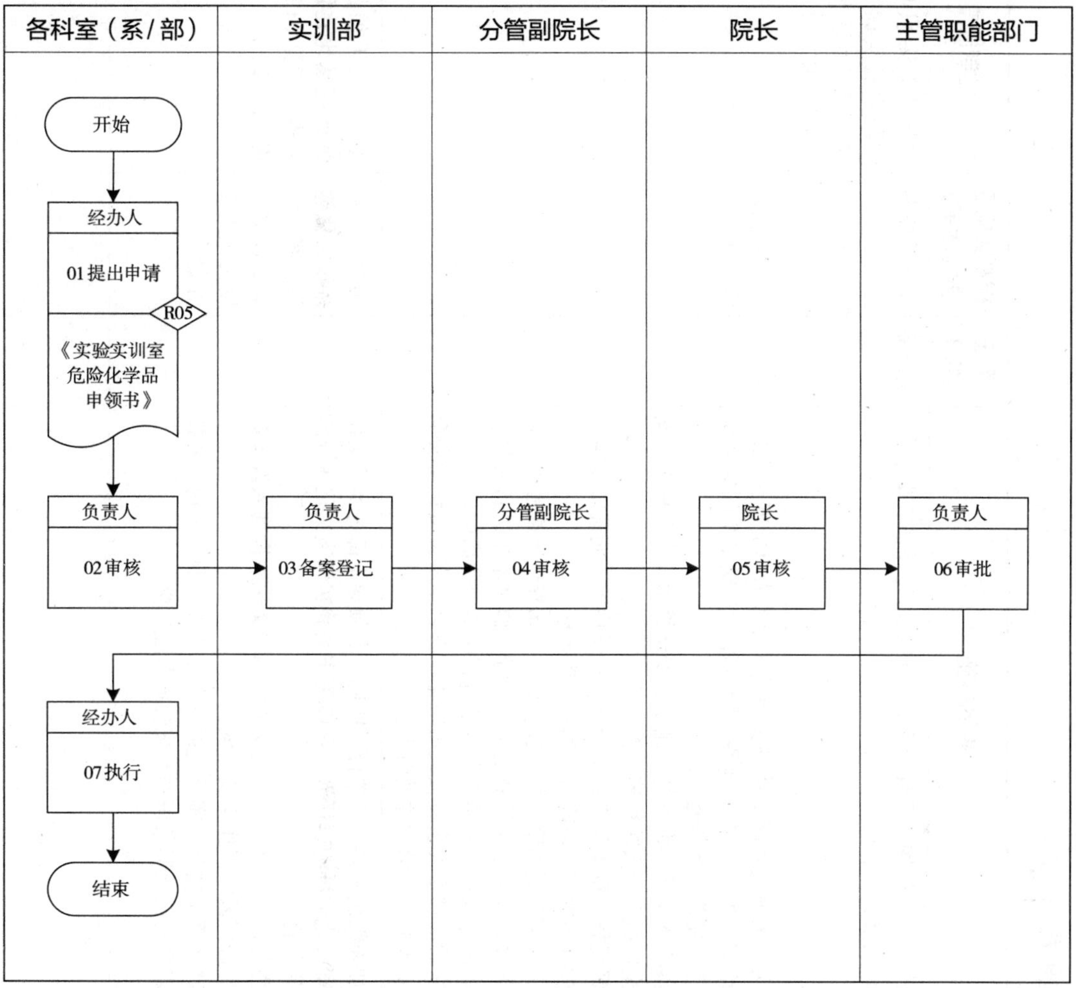

说明：

01~03：各科室（系/部）提出实验实训室危险化学品的申领申请并填写申请书后，经负责人审核，提交至实训部备案登记。

04~07：经分管副院长和院长审核后，提交资产处、科技产业处、保卫处审批。管制类危险化学品由资产处统一采购，部门根据需求办理领用手续；非管制类化学品由相关部门自行采购，并按规定领用。确无替代必须购买剧毒化学品的，提出书面申请报所在单位同意，经资产处、科技产业处、保卫处审核，校安全生产工作领导小组批准，并通过公安部门审批后，方可购买使用。

（四）实验实训室管理风险控制措施表

业务流程	业务环节	风险编号	风险描述	控制编号	控制措施	责任部门	控制实施证据（表单）	控制制度
实验实训室专项安全管理流程	实施安全管理闭环	R01	因领导重视不够，导致无法有效形成安全管理闭环	C01	建立安全机构和责任体系，定规矩、先评估、重宣贯、勤检查、聚焦点	实训部	安全责任书	参照《无锡职业技术学院实验实训室专项安全管理办法》（锡职院资〔2022〕2号）
	落实与执行	R02	因具体负责人员重视不够，导致安全管理闭环无法有效运行	C02	实验实训室要落实从事实验教学相关人员的安全教育、培训与准人，使其具备实验过程中发现安全问题并快速、妥善处置的能力； 落实本实验实训室规章制度、安全警示、安全标志、安全措施、个人防护等工作； 督促教师将实验实训安全纳入教学内容，明确实验实训过程中的安全风险点与相应处置措施。 进入实验实训室进行实验实训时，指导老师或实验员必须教育提醒学生注意安全，指导、监督学生进行实验实训规范操作，实验实训教学过程中不得脱离岗位。 实验实训室安全责任人可中止不符合本实验实训室安全要求的相关活动并及时上报		7S现场管理实施标准	
实验实训室文化建设管理流程	提出文化建设方案	R03	因责任人员对环境文化和制度文化建设不熟悉，导致建设项目不符合学校整体视觉形象识别系统要求	C03	加强组织领导。各单位应明确一名领导干部为实验实训室文化建设的责任人，具体落实实验实训室文化建设的相关要求。 强化执行监督。各单位实验实训室文化建设列入教学业务部门教学工作年度考核。 严格落实规范。实验实训室文化建设按照《无锡职业技术学院视觉形象识别系统管理办法》执行		实验实训室环境文化建设方案、实验实训室制度文化建设方案	参照《关于加强实验实训室文化建设工作的指导意见》（锡职院资〔2022〕1号）

续表

业务流程	业务环节	风险编号	风险描述	控制编号	控制措施	责任部门	控制实施证据（表单）	控制制度
实验实训室安全教育培训管理流程	提出安全教育培训方案及准入制的执行细节	R04	因责任人员对安全教育培训的重要意义认识不足或工作不负责任，导致培训方案、考核、准入制和持证上岗等管控措施流于形式	C04	各科室（系/部）提出实验实训室安全教育培训方案及准入制的执行细节，并分别制作详细培训方案、考核方案及合格证、安全承诺书（安全责任状）后，经负责人审核，提交至实训部审核。 实训部负责人和分管副院长对安全教育培训执行情况，要加大巡察和监督力度。 资产处负责对全校实验实训室安全教育培训进行监督管理，对各学院安全教育培训工作进行监督和考核	实训部	培训合格证、安全承诺书（安全责任状）	参照《无锡职业技术学院实验实训室安全教育培训管理办法》（锡职院资〔2022〕7号）
实验实训室危险化学品申领管理流程	提出申请	R05	责任人员对使用危险化学品的必要性研究不够和节约意识不强，导致使用效益不高和申请数量超标	C05	各科室（系/部）提出实验实训室危险化学品的申领申请并填写申请书前，申请人、科室（系/部）负责人、实训部负责人和分管副院长须对使用必要性和申请数量进行详细审核和技术规范比对，并对审核结果负责。 经院长审核后，提交资产处、科技产业处、保卫处审批。管制类危险化学品由资产处统一采购，部门根据需求办理领用手续；非管制类化学品由相关部门自行采购，并按规定领用。 确无替代必须购买剧毒化学品的，提出书面申请报所在单位同意，经资产处、科技产业处、保卫处审核，校安全生产工作领导小组批准，并通过公安部门审批后，方可购买使用		实验实训室危险化学品申领书	参照《无锡职业技术学院危险化学品管理办法（试行）》（锡职院资〔2022〕5号）

（五）实验实训室管理不相容岗位分离表

		A	B	C	D	E	F	G	H
		安全管理闭环规划	安全管理闭环落实与执行	实验实训室文化建设方案设计	实验实训室文化建设方案审批	实验实训室安全教育培训方案设计	实验实训室安全教育培训方案审批	实验实训室危险化学品申请	实验实训室危险化学品审批
A	安全管理闭环规划		×						
B	安全管理闭环落实与执行								
C	实验实训室文化建设方案设计				×				
D	实验实训室文化建设方案审批								
E	实验实训室安全教育培训方案设计						×		
F	实验实训室安全教育培训方案审批								
G	实验实训室危险化学品申请								×
H	实验实训室危险化学品审批								

注：×表示相互冲突的岗位。

（六）实验实训室管理权限指引表

业务分类	经济业务活动	各科室（系/部）经办人	各科室（系/部）负责人	实训部负责人	学院安全工作领导小组	分管副院长	院长	学校职能部门
实验实训室管理	实验实训室专项安全管理流程			02落实与执行	01实施安全管理闭环			03检查
	实验实训室文化建设管理流程	01提出文化建设方案 05执行	02审核	03审核		04审批		
	实验实训室安全教育培训管理流程	01提出安全教育培训方案及准入制的执行细节 05执行	02审核	03审核		04审批		06监督与考核
	实验实训室危险化学品申领管理流程	01申请 07执行	02审核	03备案登记		04审核	05审核	06审批

第五章
内部控制评价监督

评价与监督是学院内部控制得以有效实施的保障机制，评价服务于监督。通过对内部控制的建立与实施的有效性开展监督检查和评价，查找和发现内部控制存在的问题，提出改进建议并督促落实整改，一方面可以防范教学经济活动风险，及时堵塞管理漏洞；另一方面有利于持续地完善学院内部控制体系，使内部控制在学院内部管理中发挥更大的作用。

一、内部监督的机构

学校建立内部监督机制，明确财务处为学校内部控制领导小组办公室，审计与法规处为学校督查监督工作主责部门，定期或不定期检查学院内部管理制度和机制的建立与执行情况，以及内部控制关键岗位及人员的设置情况等，及时发现内部控制存在的问题并提出改进建议。

二、内部控制监督内容

学院内部控制建立的有效性评价应主要考虑以下四方面：

合法合规性。内部控制的建立是否符合《行政事业单位内部控制规范（试行）》《教育部直属高校经济活动内部控制指南》及国家相关法律、法规的规定。

全面性。内部控制的建立是否覆盖了学院所有的教学经济活动、教学经济活动的全过程、所有内部控制关键岗位、各相关部门及工作人员和相关工作任务。

重要性。内部控制的建立对重要教学经济活动和教学经济活动的重大风险是否给予足够关注，并建立相应的控制措施。是否重点关注了学院的各关键部门和岗位、重大政策落实、重点专项执行和高风险领域。

适应性。内部控制的建立是否根据国家相关政策、学院教学经济活动的调整和自身条件的变化，适时调整内部控制的关键控制点和控制措施。

学院内部控制执行的有效性评价应主要考虑：各项经济业务控制在评价期内是否按规定运行；各项经济业务控制是否得到持续、一致的执行；相关内部控制机制、内部管理制度、岗位责任制、内部控制措施是否得到有效执行；执行业务控制的相关人员是否具备必要的权限、资格和能力。

三、内部控制监督方法

学院内部控制监督的方法主要有：个别访谈法、实地观察法、证据检查法、重新执行法和穿行测试法等，旨在充分收集内部控制建立和执行是否有效的证据，研究分析是否存在内部控制缺陷。对学院内部控制建立和执行情况进行内部监督时，通常履行以下六个步骤：

制订监督检查工作方案。监督检查工作方案对检查的依据、范围、内容、方式、实施计划、人员构成等相关内容进行明确。监督检查工作方案经分管校领导批准后实施。

实施监督检查。首先，通过获取并查阅与内部控制建立相关的文件和资料，包括与教学经济活动相关的内部管理制度、业务流程图、风险控制矩阵、岗位责任书以及相关的财务数据，了解内部控制在建立上是否覆盖了学院的全部教学经济活动，是否符合学校的实际情况，是否针对风险点选择了恰当的控制措施，以及以前发现的问题是否及时采取措施整改等。其次，根据了解的教学经济活动业务流程，确定监督检查的范围和重点，综合运用个别访谈法、实地观察法、证据检查法、重新执行法、穿行测试法等检查方法开展现场检查测试，记录测试结果，分析查找内部控制缺陷。

对内部控制的自我评价。在对学院内部控制执行监督检查的基础上，通过分析查找内部控制缺陷后，对内部控制的有效性进行评价，提出内部控制改进意见和建议，并出具内部控制自我评价报告。对内部控制的有效性进行自我评价，主要包括内部控制建立有效性和执行有效性两个方面：对内部控制建立有效性的评价，主要侧重于单位层面内部控制，包括内部控制建立的合法性、全面性、重要性和适应性；对内部控制执行有效性的评价，主要侧重于业务层面内部控制，包括各个业务控制在监督检查期内是如何运行的，各个业务控制是否得到了持续、一致的执行，相关内部控制机制、内部管理制度、岗位责任制、内部控制措施是否得到了有效执行，执行业务控制的相关工作人员是否具备必要的权限、资格和能力。

完成内部控制自我评价报告。对学院内部控制的评价结束后，由内控评价工作机构客观、公正、完整地编制内部控制自我评价报告。内部控制自我评价报告的主要内容包括：内部监督检查和评价的依据，内部监督检查和评价的范围，内部监督检查和评价的程序和方法，以前检查中发现的内部控制缺陷及其整改情况，本次检查中发现的内部控制缺陷及改进意见或建议，内部控制建立和执行有效性的评价、结论及改进意见和建议。

提交内部控制自我评价报告。学院内部控制评价报告完成后，经分管校领导审批同意后，按国家有关规定报送拟对学校开展监督检查工作的部门或机构，如财政厅、教育厅等，以供外部监督所用。

整改跟踪。对执行内部控制成效显著的相关部门及工作人员提出表扬表彰，对违反内部控制的部门或人员提出处理意见；对认定的内部控制缺陷，内部控制体系建设工作综合办公室提出整改建议，要求相关部门或岗位及时整改，并跟踪其整改落实情况；已经造成损失或负面影响的，学院应当追究相关责任。

四、监督结果的应用

学院将内部控制监督检查、自我评价结果纳入领导干部经济责任审计内容与干部考核体系，将评价结果与个人考核挂钩，实行追责问责，促进内部控制规范有效执行。

附件1
《无锡职业技术学院内部控制流程——工会管理》

一、工会管理内部控制概述

（一）业务范围

工会管理业务范围详见“工会管理内部控制流程及说明”部分流程目录中所涵盖内容。

（二）职责分工

单位应根据本单位“三定方案”及《行政事业单位内部控制规范（试行）》等要求明确工会管理业务的部门及岗位职责分工，并拟制部门职责分工及岗位说明书等文件。

工会为单位工会管理的归口管理部门，在学校党政的领导下，认真贯彻执行上级关于工会工作的有关政策和规定，负责工会工作。

根据《中华人民共和国工会法》和《中国工会章程》，在校党委和行政以及上级工会组织的领导下，团结教育广大会员群众，努力把工会建成合格、模范职工之家；

认真履行工会四项社会职能（维护、建设、参与、教育），充分发挥工会组织是党组织联系群众的“桥梁、纽带”的作用，协助党政组织发动教职工积极参与学校的民主管理、民主监督。发挥工会的特色和优势，依照《中国工会章程》独立自主地开展工作；

负责学校教职工代表大会筹备、组织工作，并贯彻执行教代会的决议，承担教代会闭会期间工作机构的有关工作；

关心和维护教职工的合法权益，协助学校党政部门贯彻执行党的各项政策、法规、法令，并及时向学校党政领导反映教职工的意见和要求；

配合学校党政部门做好“教书育人，管理育人，服务育人”工作，抓先进工作者的推荐工作，做好先进事迹、典型经验推广工作；

关心教职工业余文化生活，发挥工会宣传阵地和活动室的作用，积极组织和开展有益于身体健康的文体活动，促进学校精神文明和校园文化的建设。配合有关部门做好教职工健康保护工作；

协同行政部门办好教职工集体福利事业，做好教职工疗（休）养工作及劳动安全保护工作；

开展女教工工作，提高广大女教职工的整体素质，依法维护女教工的合法权益和特殊利益；

加强工会自身的组织建设和思想建设，健全工会各级机构，遵守和健全工会各项工作和会议制度及工会换届选举工作。配合财务收好、管好、用好工会经费，充分发挥工会经费审查委员会的监督作用；

做好工会日常管理；

负责本部门党风廉政建设和安全稳定工作；

负责本部门职工思想政治工作和队伍建设工作；

负责本部门资产管理与档案归档工作；

完成党组织和上级工会交给的其他工作。

（三）程序要求

工会管理业务环节执行程序详见“工会管理内部控制流程及说明”部分。

二、工会管理内部控制流程及说明

（一）流程目录

流程编号	流程类别	流程名称
GHGL25	**工会管理**	
GHGL25.01		行政经费
GHGL25.02		**工会经费**
GHGL25.02.01		**预算管理**
GHGL25.02.01.01		预算编制与审批流程
GHGL25.02.01.02		预算执行与分析流程
GHGL25.02.01.03		预算调整流程
GHGL25.02.01.04		决算编制与审批流程
GHGL25.02.01.05		预算绩效评价流程
GHGL25.02.02		**财务管理**
GHGL25.02.02.01		**收入管理**
GHGL25.02.02.01.01		会费收入
GHGL25.02.02.01.02		拨缴经费收入

续表

流程编号	流程类别	流程名称
GHGL25.02.02.02		**支出管理**
GHGL25.02.02.02.01		支付报销流程
GHGL25.02.02.02.02		**备用金管理**
GHGL25.02.02.02.02.01		备用金借支流程
GHGL25.02.02.02.02.02		备用金核销流程
GHGL25.02.02.02.03		**现金和银行存款管理**
GHGL25.02.02.02.03.01		现金管理流程
GHGL25.02.02.02.03.02		银行存款管理流程
GHGL25.02.02.02.04		**工会经费收入专用收据**
GHGL25.02.02.02.04.01		适用范围
GHGL25.02.02.02.04.02		票据领用与发放流程
GHGL25.02.02.02.04.03		票据使用要求
GHGL25.02.02.02.04.04		票据保管要求
GHGL25.02.02.02.04.05		票据遗失工作要求
GHGL25.02.02.02.04.06		票据销毁流程
GHGL25.02.02.02.05		**银行账户管理**
GHGL25.02.02.02.05.01		银行账户管理（开立、变更、撤销）流程
GHGL25.02.02.02.05.02		银行账户年检流程
GHGL25.02.02.02.06		**印章管理**
GHGL25.02.02.02.06.01		印章种类
GHGL25.02.02.02.06.02		印章保管流程
GHGL25.02.02.02.06.03		印章用印申请流程
GHGL25.02.02.02.07		**法人证书（组织机构代码和法人证书）**
GHGL25.02.02.02.07.01		法人证书使用申请与审批流程
GHGL25.02.02.02.08		会计核算流程
GHGL25.02.02.03		**财务报告**
GHGL25.02.02.03.01		财务报告编制流程
GHGL25.02.02.03.02		财务报告审计和对外提供流程
GHGL25.02.02.04		会计档案管理流程
GHGL25.02.03		**采购管理**
GHGL25.02.03.01		采购管理流程
GHGL25.02.04		**资产管理**

续表

流程编号	流程类别	流程名称
GHGL25.02.04.01		资产管理流程
GHGL25.02.05		**合同管理**
GHGL25.02.05.01		合同签订与审批流程
GHGL25.02.05.02		合同履行监控与纠纷处理流程
GHGL25.02.05.03		合同补充、变更或解除流程
GHGL25.02.05.04		**合同结算**
GHGL25.02.05.04.01		合同收款流程
GHGL25.02.05.04.02		合同付款流程
GHGL25.02.05.05		合同台账与归档流程
GHGL25.03		工会评选管理流程
GHGL25.04		教职工代表大会流程
GHGL25.05		**教职工医疗互助金**
GHGL25.05.01		医疗互助金收缴流程
GHGL25.05.02		医疗互助金补助对象
GHGL25.05.03		医疗互助金补助标准
GHGL25.05.04		医疗互助金补助申请流程

（二）具体流程及说明

1 行政经费

行政经费涉及六大模块业务的，按照学校六大模块业务的相关流程执行。

2 工会经费

2.1 预算管理

2.1.1 预算编制与审批流程

（1）流程图

流程编号：GHGL25.02.01.01 流程类别：工会管理 流程主责部门：工会（财务部） 流程主责岗位：预算管理岗 流程版本：V1.0

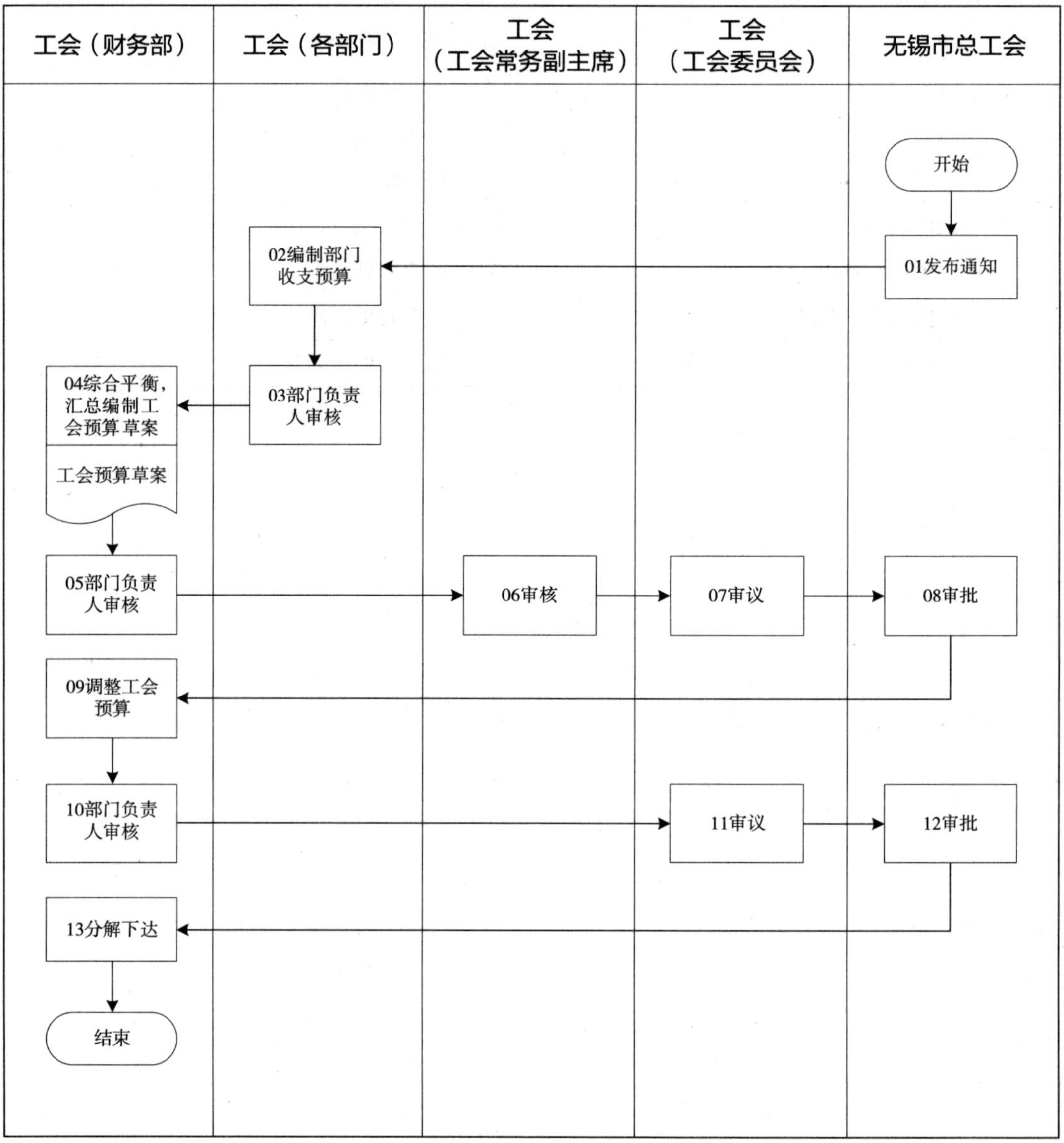

（2）流程说明

编号	流程步骤	责任部门	责任岗位	流程步骤描述	输出文档	是否关键控制点	控制要素
01	发布通知	无锡市总工会		发布预算编报通知	预算编报通知	否	
02	编制部门收支预算	工会（各部门）	经办岗	按要求编制部门收支预算	部门收支预算	否	
03	审核	工会（各部门）	部门负责人	对部门收支预算进行审核		是	预算编制科学性、合理性
04	综合平衡，汇总编制工会预算草案	工会（财务部）	预算管理岗	对部门收支预算进行汇总审核，编制工会预算草案	工会预算草案	否	
05	审核	工会（财务部）	部门负责人	对工会预算草案进行审核		是	预算编制科学性、合理性
06	审核	工会	工会常务副主席	对工会预算草案进行审核		否	
07	审议	工会	工会委员会	对工会预算草案进行审议		是	预算编制科学性、合理性
08	审批	无锡市总工会		对工会预算草案进行审批		否	
09	调整工会预算	工会（财务部）	预算管理岗	按要求调整工会预算	工会预算	否	
10	审核	工会（财务部）	部门负责人	对工会预算进行审核		是	预算编制科学性、合理性
11	审议	工会	工会委员会	对工会预算进行审议		是	预算编制科学性、合理性
12	审批	无锡市总工会		对工会预算进行审批		否	
13	分解下达	工会（财务部）	预算管理岗	对预算分解下达给工会（各部门）		否	

2.1.2 预算执行与分析流程

（1）流程图

流程编号：GHGL25.02.01.02　流程类别：工会管理　流程主责部门：工会（财务部）　流程主责岗位：预算管理岗　流程版本：V1.0

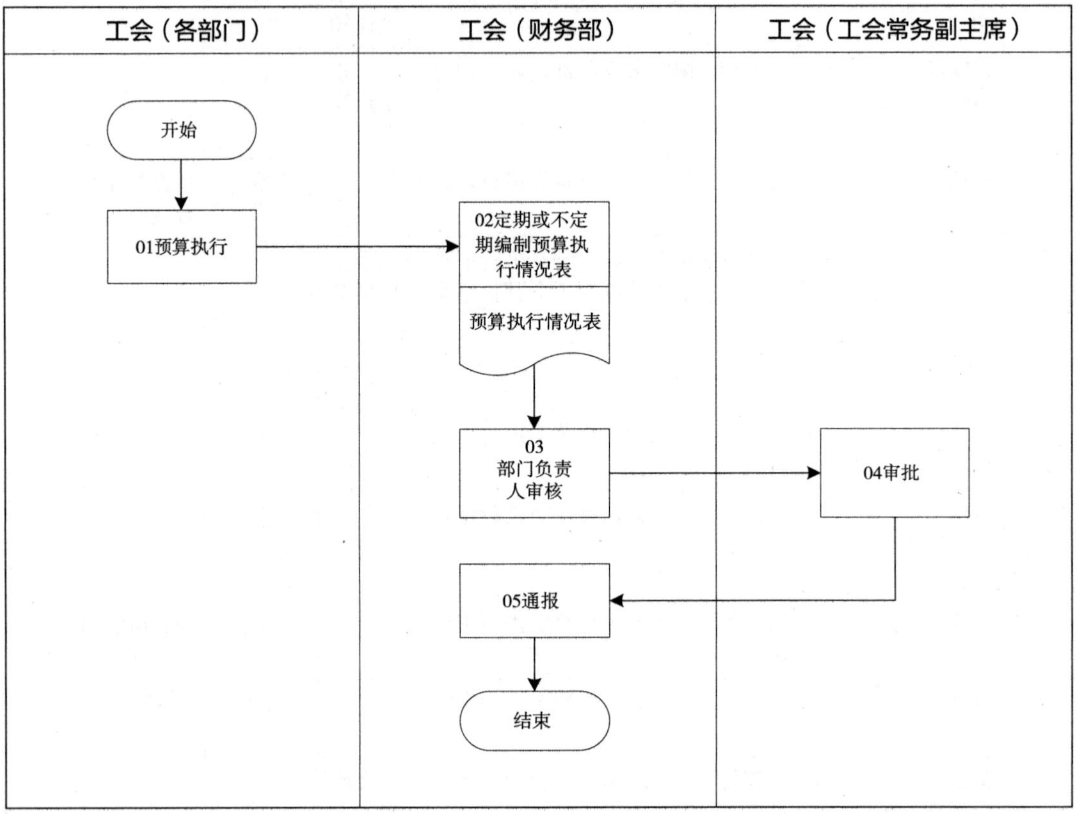

（2）流程说明

编号	流程步骤	责任部门	责任岗位	流程步骤描述	输出文档	是否关键控制点	控制要素
01	预算执行	工会（各部门）	经办岗	各部门严格按照单位要求的序时进度执行预算，无预算不支出		否	
02	定期或不定期编制预算执行情况表	工会（财务部）	预算管理岗	定期或不定期编制预算执行情况表	预算执行情况表	否	
03	审核	工会（财务部）	部门负责人	对预算执行情况表进行审核		是	预算执行情况的真实性、有效性
04	审批	工会	工会常务副主席	对预算执行情况表进行审批		否	

续表

编号	流程步骤	责任部门	责任岗位	流程步骤描述	输出文档	是否关键控制点	控制要素
05	通报	工会（财务部）	预算管理岗	对预算执行情况进行通报，对无法按时执行或不执行需要调整的预算及时办理预算调整程序		否	

2.1.3　预算调整流程

（1）流程图

流程编号：GHGL25.02.01.03　流程类别：工会管理　流程主责部门：工会（财务部）　流程主责岗位：预算管理岗　流程版本：V1.0

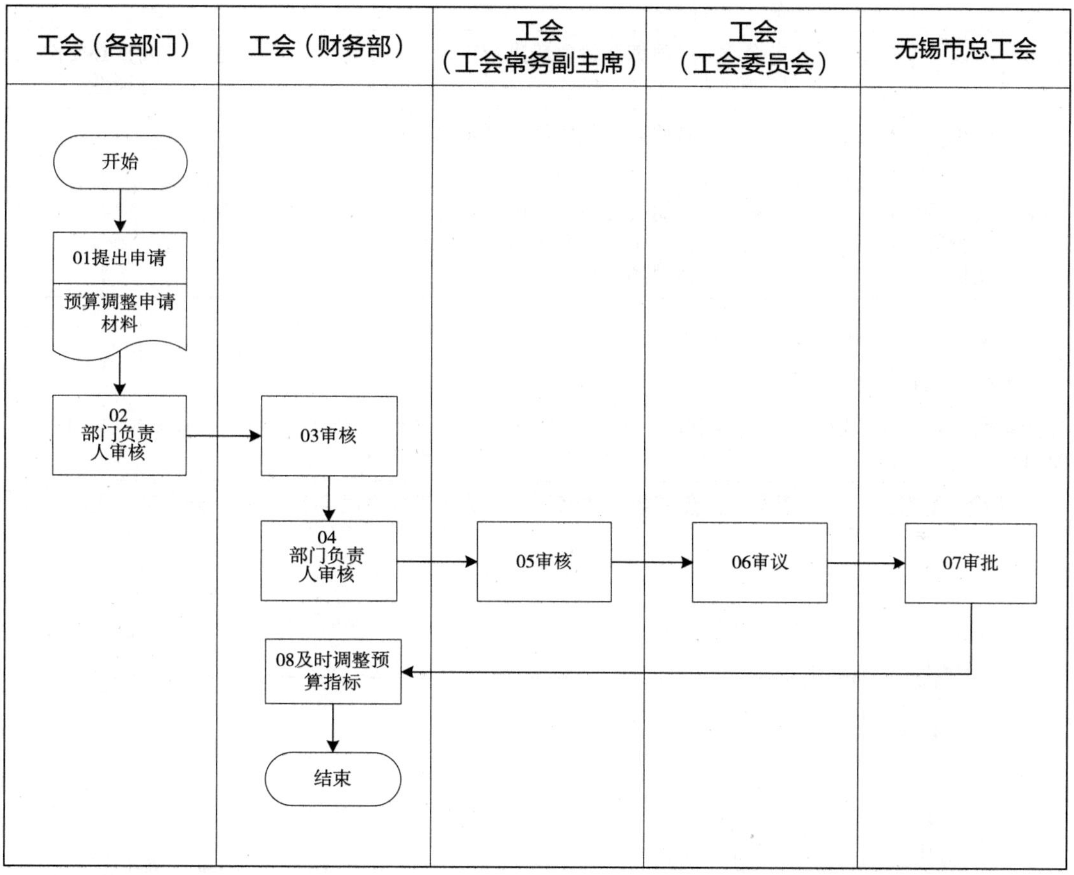

（2）流程说明

编号	流程步骤	责任部门	责任岗位	流程步骤描述	输出文档	是否关键控制点	控制要素
01	提出申请	工会（各部门）	经办岗	按要求提出预算调整申请	预算调整申请材料	否	

续表

编号	流程步骤	责任部门	责任岗位	流程步骤描述	输出文档	是否关键控制点	控制要素
02	审核	工会（各部门）	部门负责人	对预算调整申请进行审核		是	调整必要性
03	审核	工会（财务部）	预算管理岗	对预算调整申请进行审核		否	
04	审核	工会（财务部）	部门负责人	对预算调整申请进行审核		是	调整合规性
05	审核	工会	工会常务副主席	对预算调整申请进行审核		否	
06	审议	工会	工会委员会	对预算调整申请进行审议		是	调整必要性、合规性
07	审批	无锡市总工会		对预算调整申请进行审批		否	
08	及时调整预算指标	工会（财务部）	预算管理岗	根据批复将调整的预算分解下达至工会（各部门），并调整相关预算指标		否	

2.1.4 决算编制与审批流程

（1）流程图

流程编号：GHGL25.02.01.04　流程类别：工会管理　流程主责部门：工会（财务部）　流程主责岗位：预算管理岗　流程版本：V1.0

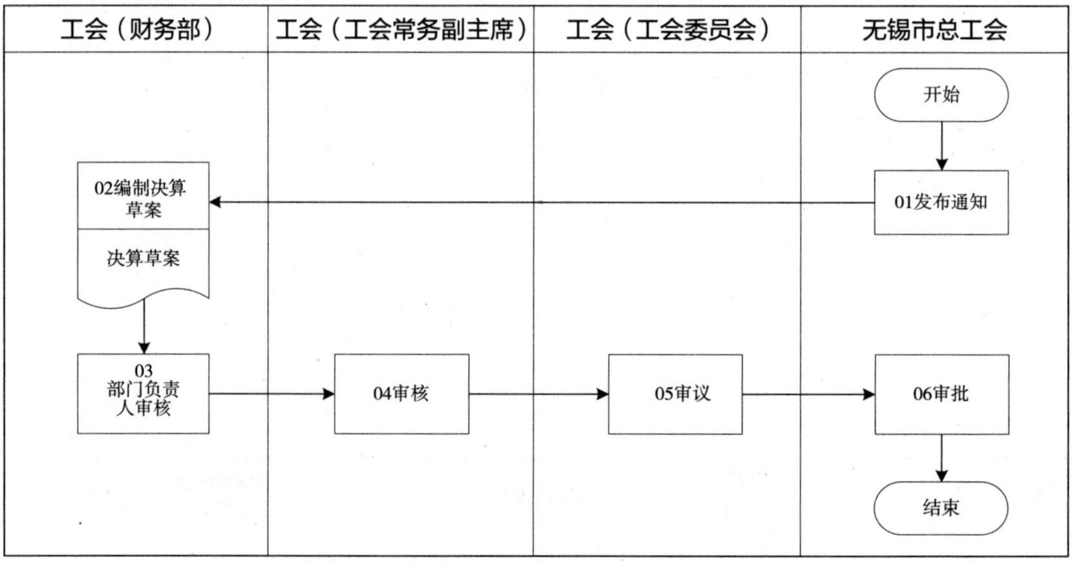

（2）流程说明

编号	流程步骤	责任部门	责任岗位	流程步骤描述	输出文档	是否关键控制点	控制要素
01	发布通知	无锡市总工会		发布决算编报通知	决算编报通知	否	
02	编制决算草案	工会（财务部）	预算管理岗	按要求编制决算草案	决算草案	否	
03	审核	工会（财务部）	部门负责人	对决算草案进行审核		是	决算编制真实性、合理性
04	审核	工会	工会常务副主席	对决算草案进行审核		否	
05	审议	工会	工会委员会	对决算草案进行审议		是	决算编制真实性、合理性
06	审批	无锡市总工会		对决算草案进行审批		否	

2.1.5 预算绩效评价流程

（1）流程图

流程编号：GHGL25.02.01.05　流程类别：工会管理　流程主责部门：工会（财务部）　流程主责岗位：预算管理岗　流程版本：V1.0

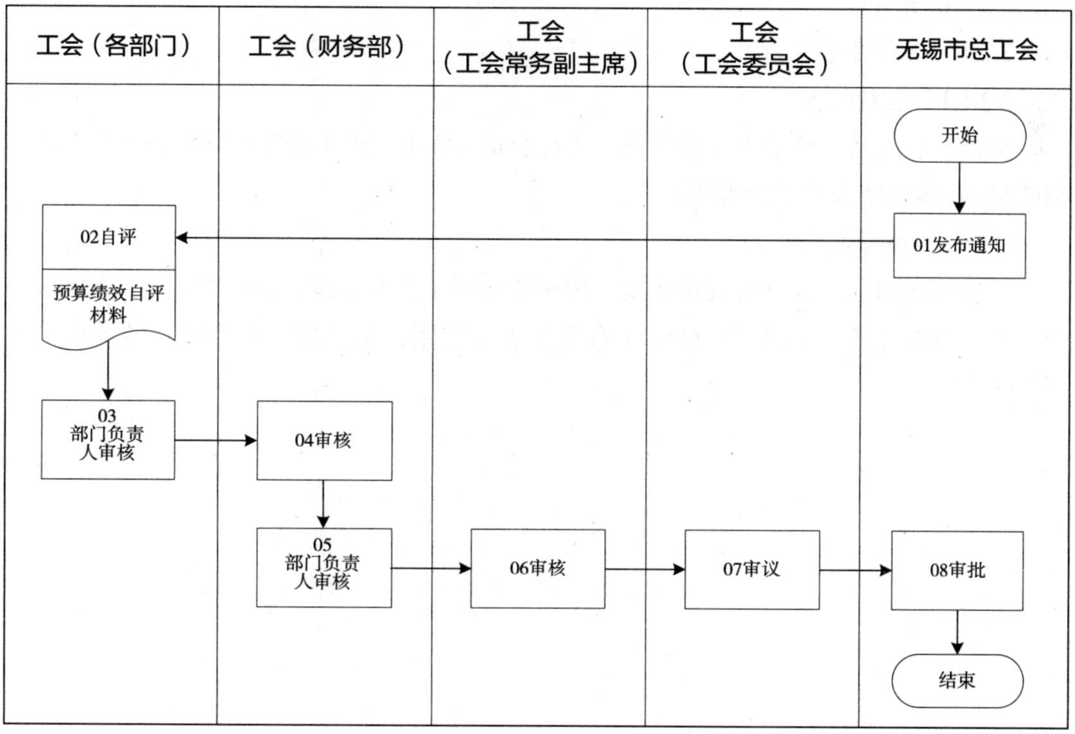

（2）流程说明

编号	流程步骤	责任部门	责任岗位	流程步骤描述	输出文档	是否关键控制点	控制要素
01	发布通知	无锡市总工会		发布预算绩效评价通知	预算绩效评价通知	否	
02	自评	工会（各部门）	经办岗	根据预算绩效评价通知进行自评	预算绩效自评材料	否	
03	审核	工会（各部门）	部门负责人	对自评材料进行审核		是	考核真实性、合理性
04	审核	工会（财务部）	预算管理岗	对自评材料进行审核		否	
05	审核	工会（财务部）	部门负责人	对自评材料进行审核		是	考核真实性、合理性
06	审核	工会	工会常务副主席	对自评材料进行审核		否	
07	审议	工会	工会委员会	对自评材料进行审议		是	考核真实性、合理性
08	审批	无锡市总工会		对自评材料进行审批		否	

2.2　财务管理

2.2.1　收入管理

2.2.1.1　会费收入

结合工会法及学校职工工会情况，工会会员（职工）按照规定每月缴交会费工资总额的5‰直接划转入校工会银行账户。

2.2.1.2　拨缴经费收入

学校按照国家工会有关规定额度，按照全部职工上月工资总额的2%向工会拨缴经费，其中40%上缴上级工会，60%留存学校工会使用，每月将经费直接划转入校工会银行账户。

2.2.2 支出管理

2.2.2.1 支付报销流程

（1）流程图

流程编号：GHGL25.02.02.02.01　流程类别：工会管理　流程主责部门：工会（财务部）　流程主责岗位：会计　流程版本：V1.0

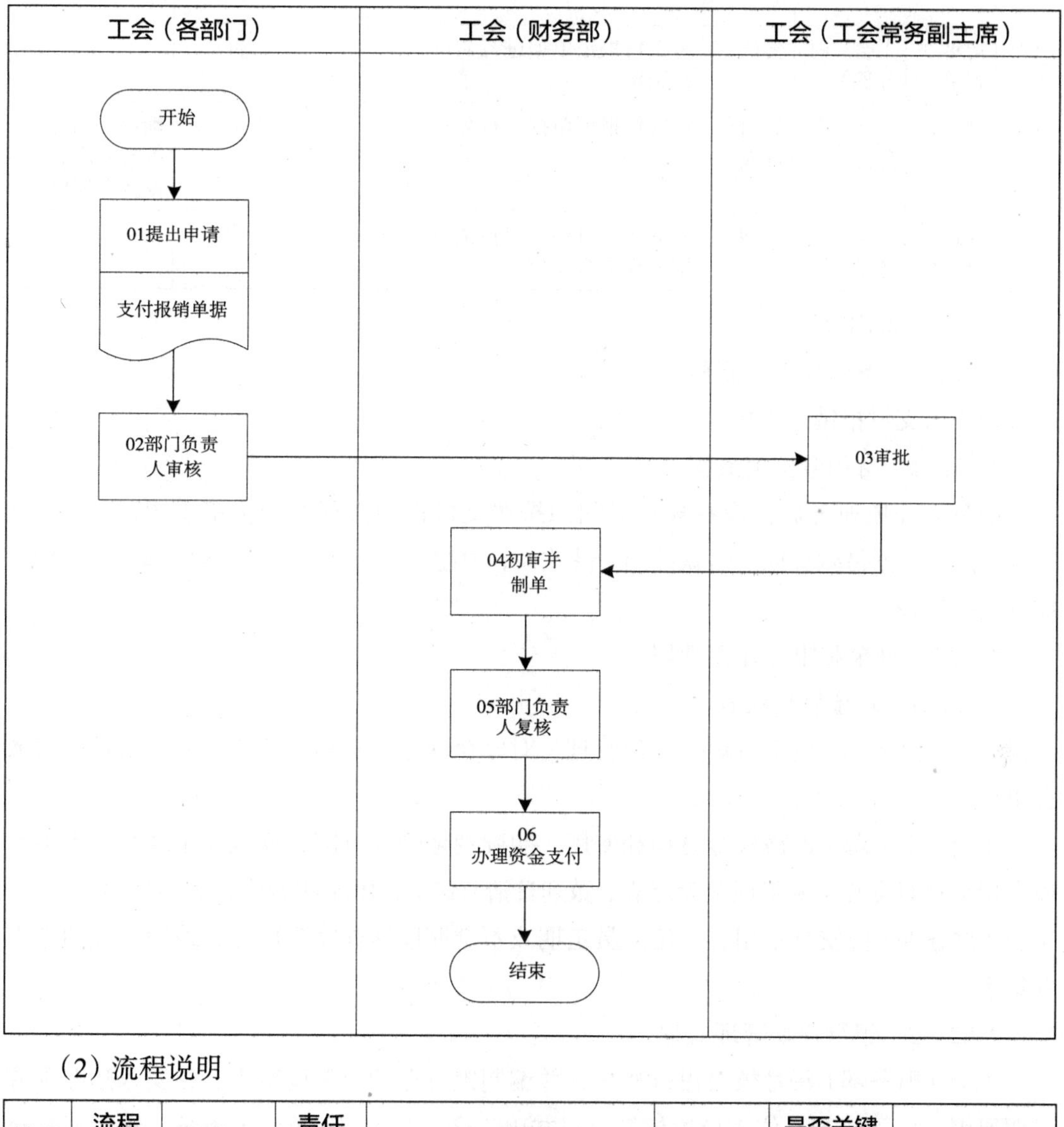

（2）流程说明

编号	流程步骤	责任部门	责任岗位	流程步骤描述	输出文档	是否关键控制点	控制要素
01	提出申请	工会（各部门）	经办岗	根据具体事由分类填写支付报销单据，并附相关附件	支付报销单据	否	
02	审核	工会（各部门）	部门负责人	对支付报销单据进行审核		是	确保业务真实性

续表

编号	流程步骤	责任部门	责任岗位	流程步骤描述	输出文档	是否关键控制点	控制要素
03	审批	工会	工会常务副主席	对支付报销单据进行审批		否	
04	初审并制单	工会（财务部）	会计	对支付报销单据进行初审并制单		否	
05	复核	工会（财务部）	部门负责人	对支付报销单据进行复核		是	确保支出标准符合要求；票据齐全完整
06	办理资金支付	工会（财务部）	出纳	根据经审批的支付报销单据办理资金支付		否	

2.2.2.2 备用金管理

2.2.2.2.1 备用金借支流程

合并入支付报销流程中。

2.2.2.2.2 备用金核销流程

借款人完成业务后，应在规定时间内按照支付报销流程办理报销手续，工会（财务部）会计根据借款日期、借款部门、借款人、用途、金额、核销日期建立备用金台账，按月及时清理。

2.2.2.3 现金和银行存款管理

2.2.2.3.1 现金管理流程

工会（财务部）应实行现金限额管理，对库存现金超限额的部分，应于当日及时缴存银行。

工会（财务部）严格现金管理和使用，明确现金管理范围，规范使用现金。出纳对库存现金每日盘点，编制现金盘点表，做到日清月结，且由不相容岗位人员监督、签字。工会（财务部）应安排不相容岗位人员定期或不定期地抽查库存现金，编制现金抽查表并签字。

2.2.2.3.2 银行存款管理流程

工会（财务部）每月核对银行账户，并编制银行存款余额调节表，核实未达账项并说明原因，由不相容岗位人员稽核签字，并由工会（财务部）负责人审核。银行账户对账单的索取应由不相容岗位人员办理。发现不正常未达账项及时查找原因。

2.2.2.4　工会经费收入专用收据

2.2.2.4.1　适用范围

工会取得以下工会经费收入，使用专用收据：

· 工会会员缴纳的会费；

· 建立工会组织的企业、事业单位、机关和其他社会组织按每月全部职工工资总额的2% 向工会拨缴的经费或者建会筹备金；

· 工会所属的企业、事业单位上缴的收入；

· 人民政府和企业、事业单位、机关和其他社会组织的补助；

· 其他收入。

2.2.2.4.2　票据领用与发放流程

（1）流程图

流程编号：GHGL25. 02.02.04.02　流程类别：工会管理　流程主责部门：工会（财务部）　流程主责岗位：票据管理岗　流程版本：V1.0

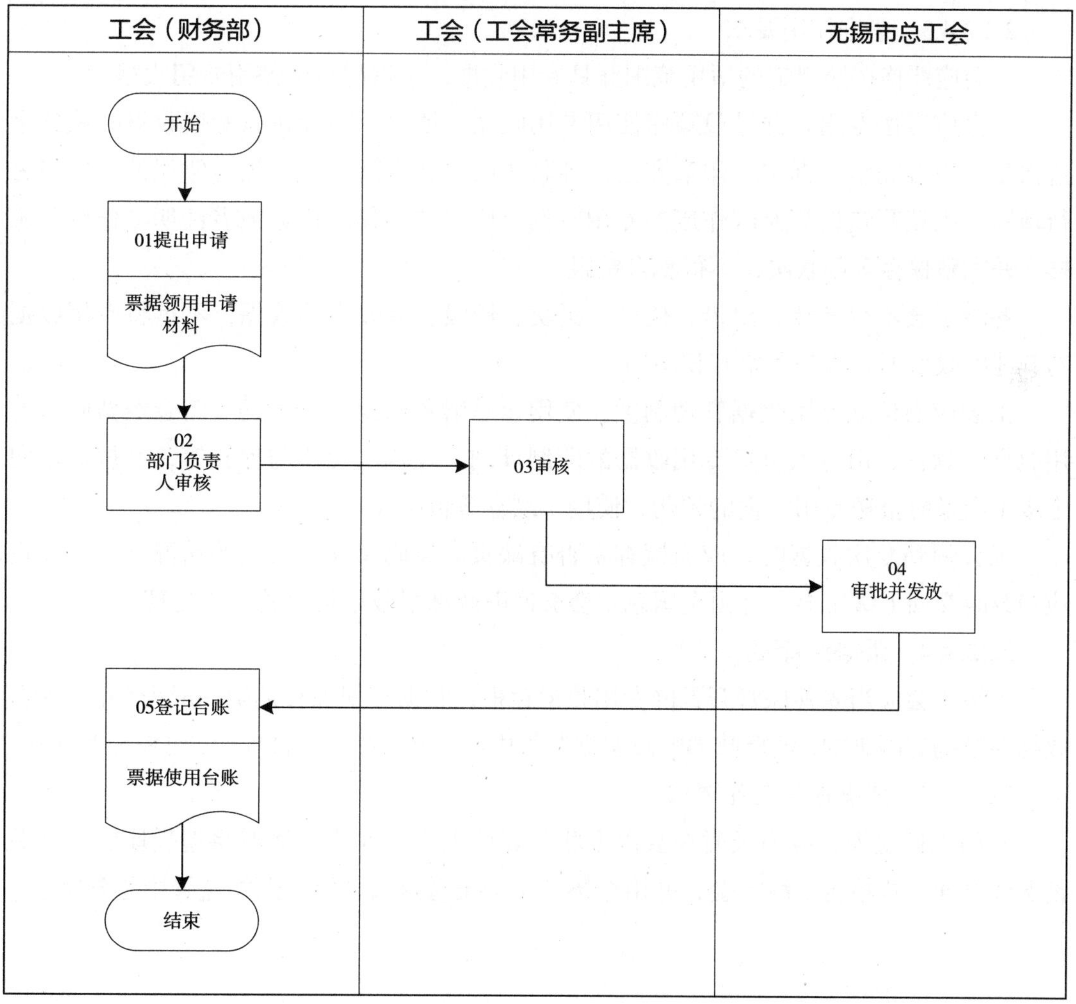

（2）流程说明

编号	流程步骤	责任部门	责任岗位	流程步骤描述	输出文档	是否关键控制点	控制要素
01	提出申请	工会（财务部）	票据管理岗	根据需要提出票据领用申请，并提供前次票据使用情况，以旧换新	票据领用申请材料	否	
02	审核	工会（财务部）	部门负责人	对票据领用申请材料进行审核		是	票据领取必要性
03	审核	工会	工会常务副主席	对票据领用申请材料进行审核		否	
04	审批并发放	无锡市总工会		对票据领用申请材料进行审批并发放		否	
05	登记台账	工会（财务部）	票据管理岗	对领取的财政票据进行登记	票据使用台账	否	

2.2.2.4.3　票据使用要求

工会应严格按照规定的适用范围开具专用收据，不得超范围使用专用收据。

工会应当按专用收据号段顺序使用专用收据，填写手写和机打专用收据时做到字迹清楚，内容完整、真实，印章齐全，各联次内容和金额一致。填写错误的，应当另行填写。因填写错误等原因作废的专用收据，应当加盖作废戳记或者注明“作废”字样，并完整保存全部联次，不得私自销毁。

各级工会不得转让、出借、代开、买卖、销毁、涂改专用收据，不得将专用收据与其他财政票据、税务发票互相串用。

工会应当建立专用收据管理制度，使用全总财务部组织开发的《工会经费收入专用收据》软件，由专人负责专用收据的印制计划、领购、使用与保管等，并按规定向上级工会及时报送专用收据的领购、使用、结存等情况。

工会领到专用收据时，应当检查是否有缺页、号码错误、毁损等情况，一经发现应当及时交回上级工会，并由全国总工会交回财政部财政票据监管中心处理。

2.2.2.4.4　票据保管要求

各级工会应当妥善保管开具的专用收据存根，收据存根保存期限一般为5年。保存收据存根确有困难的，经财政部财政票据监管中心、全国总工会批准后，可缩短为3年。

2.2.2.4.5　票据遗失工作要求

专用收据遗失，应当及时在县以上相关媒体上声明作废，同时将遗失原因等有关情况以书面形式报告上级工会，并由全国总工会报送财政部财政票据监管中心备案。

2.2.2.4.6 票据销毁流程

（1）流程图

流程编号：GHGL25. 02.02.04.06　流程类别：工会管理　流程主责部门：工会（财务部）　流程主责岗位：票据管理岗　流程版本：V1.0

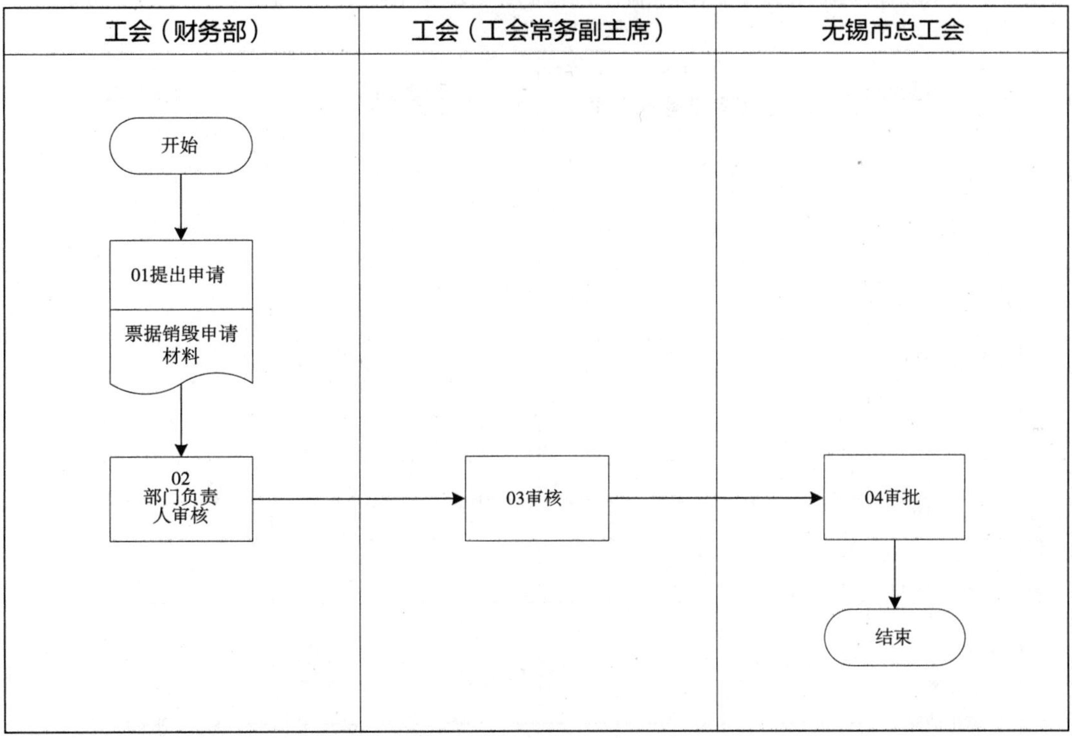

（2）流程说明

编号	流程步骤	责任部门	责任岗位	流程步骤描述	输出文档	是否关键控制点	控制要素
01	提出申请	工会（财务部）	票据管理岗	根据需要提出票据销毁申请	票据销毁申请材料	否	
02	审核	工会（财务部）	部门负责人	对票据销毁申请材料进行审核		是	票据销毁必要性
03	审批	工会	工会常务副主席	对票据销毁申请材料进行审批		否	
04	审批	无锡市总工会		对财政票据销毁申请材料进行审批		否	

2.2.2.5 银行账户管理

2.2.2.5.1 银行账户管理（开立、变更、撤销）流程

（1）流程图

流程编号：GHGL25.02.02.05.01 流程类别：工会管理 流程主责部门：工会（财务部） 流程主责岗位：出纳 流程版本：V1.0

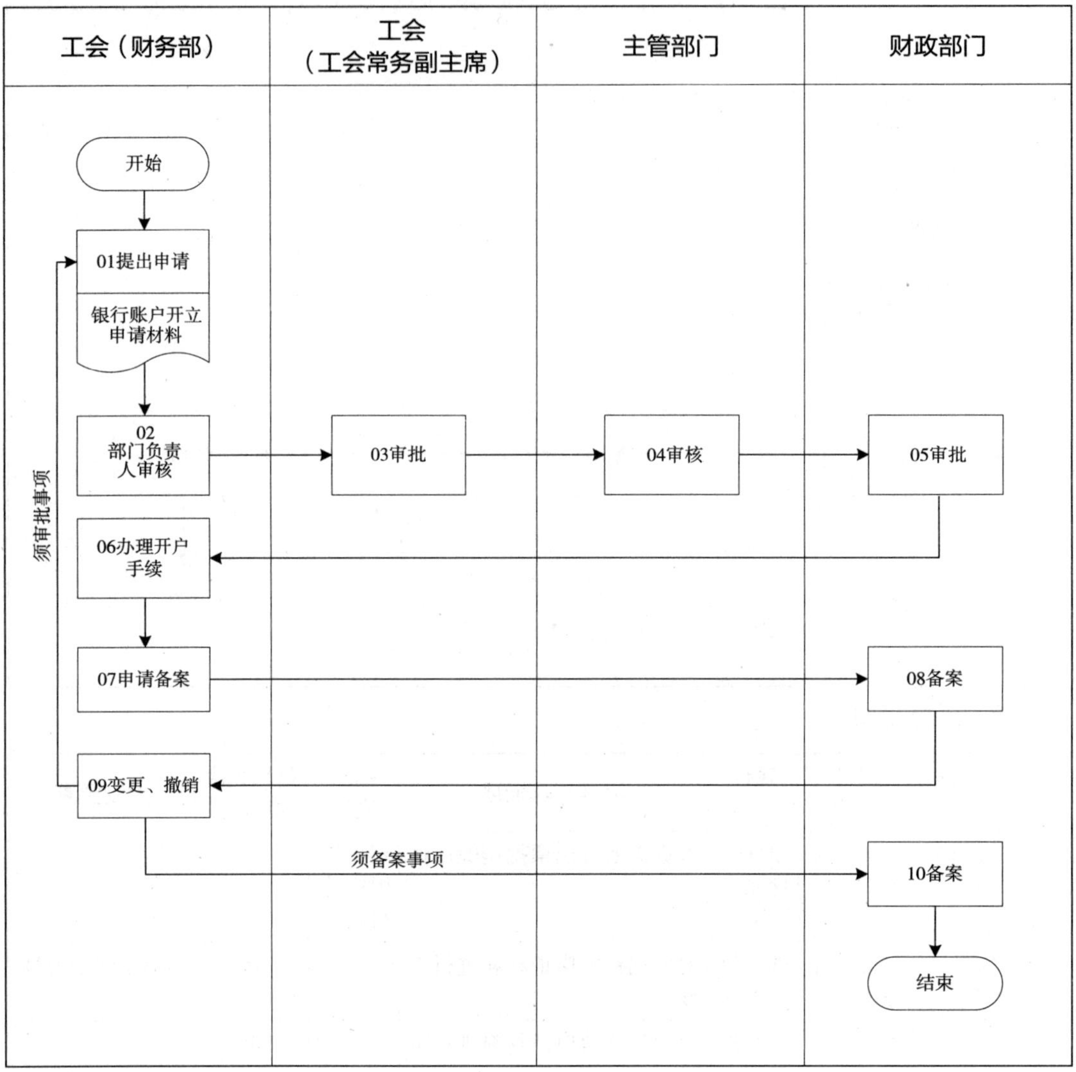

（2）流程说明

编号	流程步骤	责任部门	责任岗位	流程步骤描述	输出文档	是否关键控制点	控制要素
01	提出申请	工会（财务部）	出纳	根据工作需要须开立银行账户时，按要求准备银行账户开立申请材料	银行账户开立申请材料	否	

续表

编号	流程步骤	责任部门	责任岗位	流程步骤描述	输出文档	是否关键控制点	控制要素
02	审核	工会（财务部）	部门负责人	对银行账户开立申请材料进行审核		是	开立条件、材料等符合《江苏省省直预算单位账户管理办法》（苏财规〔2011〕5 号 ）的要求
03	审批	工会	工会常务副主席	对银行账户开立申请材料进行审批		否	
04	审核	主管部门		对银行账户开立申请材料进行审核		否	
05	审批	财政部门		对银行账户开立申请材料进行审批		否	
06	办理开户手续	工会（财务部）	出纳	根据财政部门批复，按照《关于进一步加强财政部门和预算单位资金存放管理的实施意见》（苏财库〔2017〕37号）的要求，通过竞争性方式或集体决策方式选择开户银行，并按规定到相关银行办理开户手续		否	
07	申请备案	工会（财务部）	出纳	账户开立完毕后，单位应在10个工作日内将开户银行、账号等信息及时反馈省财政厅		否	
08	备案	财政部门、主管部门		对开户信息进行备案		否	
09	变更、撤销	工会（财务部）	出纳	发生《江苏省省直预算单位账户管理办法》（苏财规〔2011〕5号）中有关银行账户变更、撤销要求时，对于须审批的变更事项，下接01；对于须备案的变更、撤销事项，按要求准备备案材料，报财政部门备案，下接10	备案材料	否	
10	备案	财政部门、主管部门		对相关变更和撤销情况进行备案		否	

2.2.2.5.2 银行账户年检流程

(1) 流程图

流程编号：GHGL25. 流程类别：工会管理 流程主责部门：工会 流程主责岗位：出纳 流程版本：V1.0
02.02.05.02 （财务部）

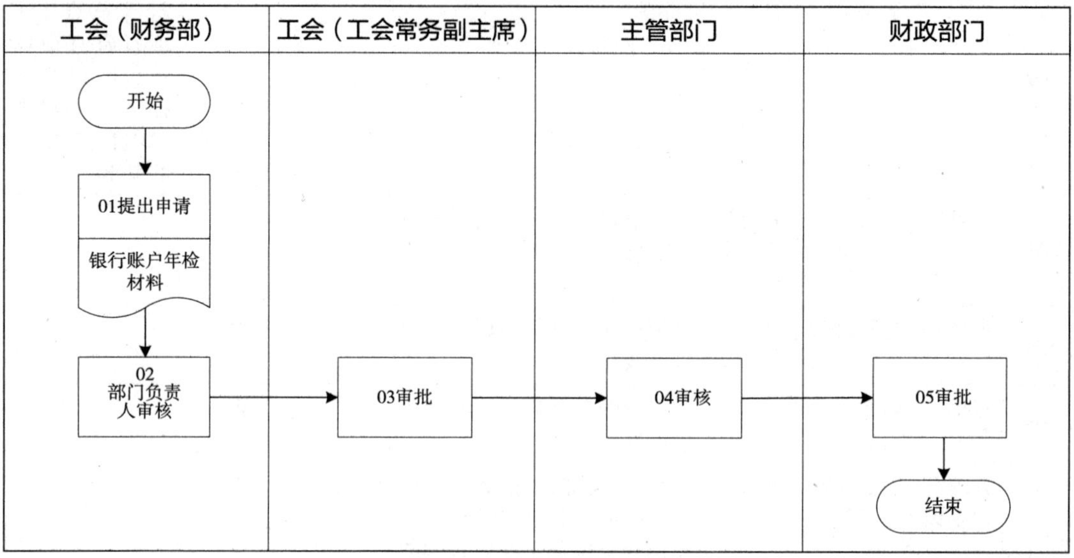

(2) 流程说明

编号	流程步骤	责任部门	责任岗位	流程步骤描述	输出文档	是否关键控制点	控制要素
01	提出申请	工会（财务部）	出纳	根据江苏省有关银行账户年检相关规定，准备银行账户年检材料	银行账户年检材料	否	
02	审核	工会（财务部）	部门负责人	对银行账户年检材料进行审核		是	材料真实完整
03	审批	工会	工会常务副主席	对银行账户年检材料进行审批		否	
04	审核	主管部门		对银行账户年检材料进行审核		否	
05	审批	财政部门		对银行账户年检材料进行审批		否	

2.2.2.6 印章管理

2.2.2.6.1 印章种类

印章包括工会公章、法定代表人名章、财务专用章等具有法律效力的印章。

2.2.2.6.2 印章保管流程

基金会印章指定专人保管，该人员系印章的保管人。未经基金会负责人许可，印章不得转交他人保管、使用。基金会印章不得外借。

印章应妥善保管。按时检查印章存放柜有无异样，若发现意外情况应立即报告。

印章保管人员离职时，必须在有负责人在场的情况下办理印章的移交手续。

2.2.2.6.3 印章用印申请流程

（1）流程图

流程编号：GHGL25. 02.02.06.03 流程类别：工会管理 流程主责部门：工会（综合部） 流程主责岗位：印章管理岗 流程版本：V1.0

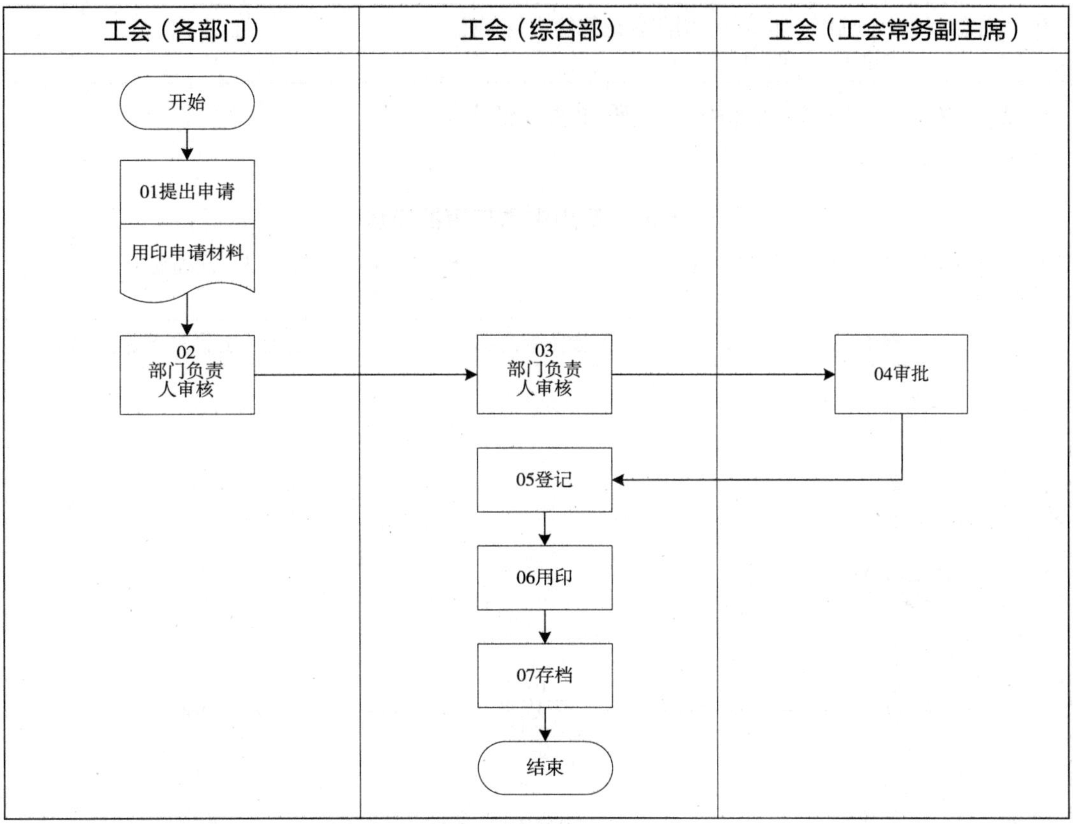

（2）流程说明

编号	流程步骤	责任部门	责任岗位	流程步骤描述	输出文档	是否关键控制点	控制要素
01	申请用印	工会（各部门）	经办岗	按要求提出用印申请	用印申请材料	否	
02	审核	工会（各部门）	部门负责人	对用印申请进行审核		是	用印的合理性和必要性
03	审核	工会（综合部）	部门负责人	对用印申请进行审核		否	
04	审批	工会	工会常务副主席	对用印申请进行审批		是	用印的合理性和必要性

续表

编号	流程步骤	责任部门	责任岗位	流程步骤描述	输出文档	是否关键控制点	控制要素
05	登记	工会（综合部）	印章管理岗	由印章管理岗进行用印登记，经双方签字后方可用印	用印登记簿	否	
06	用印	工会（综合部）	印章管理岗	按规定进行用印		否	
07	存档	工会（综合部）	印章管理岗	用印登记簿等进行存档		否	

2.2.2.7 法人证书（组织机构代码和法人证书）

（1）流程图

法人证书使用申请与审批流程

流程编号：GHGL25.02.02.07.01 流程类别：工会管理 流程主责部门：工会（综合部） 流程主责岗位：法人证书管理岗 流程版本：V1.0

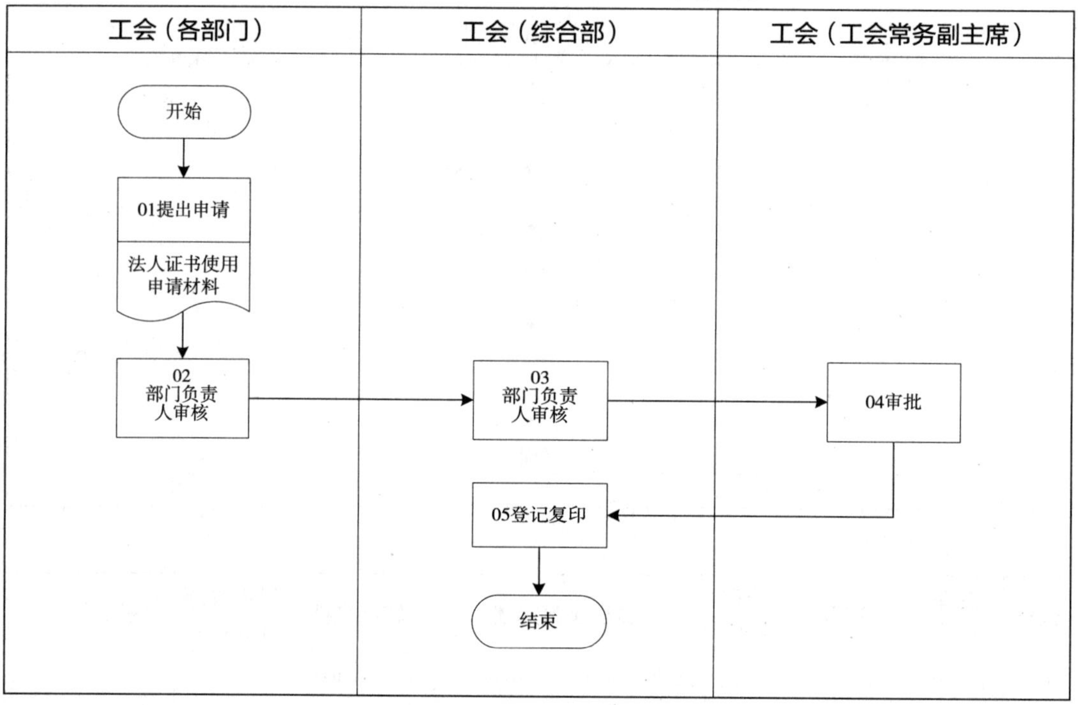

（2）流程说明

编号	流程步骤	责任部门	责任岗位	流程步骤描述	输出文档	是否关键控制点	控制要素
01	提出申请	工会（各部门）	经办岗	根据工作实际需要使用法人证书的，按要求提出法人证书使用申请	法人证书使用申请材料	否	

续表

编号	流程步骤	责任部门	责任岗位	流程步骤描述	输出文档	是否关键控制点	控制要素
02	审核	工会（各部门）	部门负责人	对法人证书使用申请进行审核		是	使用必要性
03	审核	工会（综合部）	部门负责人	对法人证书使用申请进行审核		是	使用合规性
04	审批	工会	工会常务副主席	对法人证书使用申请进行审批		否	
05	登记复印	工会（综合部）	法人证书管理岗	根据审批结果，按要求进行登记复印		否	

2.2.2.8 会计核算流程

工会（财务部）会计应严格按照《工会财务会计管理规范》（总工办发〔2013〕20号）、《工会会计制度》（财会〔2009〕7号）等文件的要求进行会计核算。

2.2.3 财务报告

2.2.3.1 财务报告编制流程

合并入决算编制与审批流程中。

2.2.3.2 财务报告审计和对外提供流程

（1）流程图

流程编号：GHGL25.02.02.03.02 流程类别：工会管理 流程主责部门：工会（财务部） 流程主责岗位：会计 流程版本：V1.0

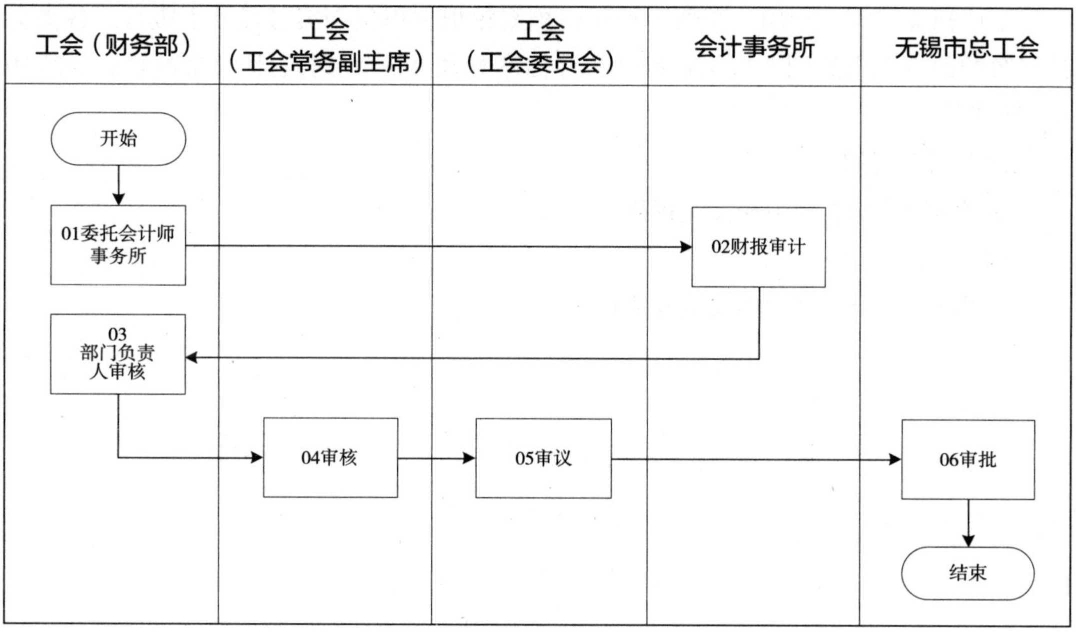

（2）流程说明

编号	流程步骤	责任部门	责任岗位	流程步骤描述	输出文档	是否关键控制点	控制要素
01	委托会计师事务所	工会（财务部）	会计	委托会计师事务所（无锡市总工会指定）		否	
02	财报审计	会计师事务所		对财务报告进行财报审计并出具审计报告	财务报告审计报告	否	
03	审核	工会（财务部）	部门负责人	对财务报告审计报告进行审核		是	审计报告真实性、合理性
04	审核	工会	工会常务副主席	对财务报告审计报告进行审核		否	
05	审议	工会	工会委员会	对财务报告审计报告进行审议		是	审计报告真实性、合理性
06	审批	无锡市总工会		对财务报告审计报告进行审批		否	

2.2.4 会计档案管理流程

工会（财务部）档案管理员须根据《会计档案管理办法》（财政部 国家档案局令第79号）、《财政部 国家档案局关于规范电子会计凭证报销入账归档的通知》（财会〔2020〕6号）要求的归档范围和归档要求，负责定期将应归档的会计资料整理立卷，编制会计档案保管清册。当年形成的会计档案在会计年度终了后，可由工会（财务部）临时保管一年，最多不得超过三年，再移交档案馆保管。

会计档案保管、利用、销毁等程序由档案馆根据单位档案管理要求履行。各类会计档案的保管期限原则上应当按照《会计档案管理办法》（财政部 国家档案局令第79号）附表执行。

2.3 采购管理

参照学校采购管理中相关流程执行。

2.4 资产管理

参照学校资产管理中相关流程执行。

2.5 合同管理

2.5.1 合同签订与审批流程

（1）流程图

流程编号：GHGL25.02.05.01　流程类别：工会管理　流程主责部门：工会（综合部）　流程主责岗位：部门负责人　流程版本：V1.0

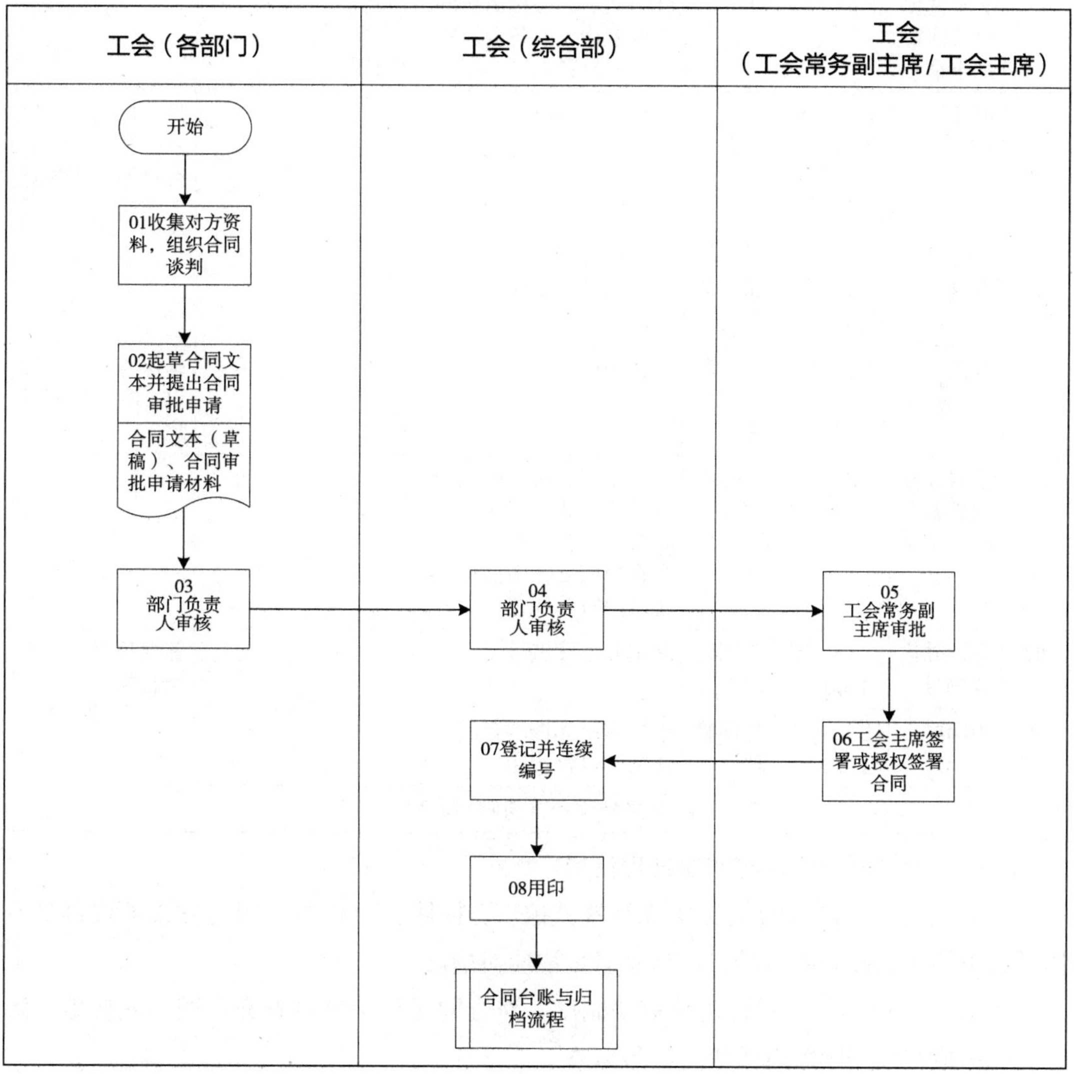

（2）流程说明

编号	流程步骤	责任部门	责任岗位	流程步骤描述	输出文档	是否关键控制点	控制要素
01	收集对方资料，组织合同谈判	工会（各部门）	合同经办岗	收集对方资料，对合同相对方的主体资格、资信情况进行审查，并组织合同谈判		否	

续表

编号	流程步骤	责任部门	责任岗位	流程步骤描述	输出文档	是否关键控制点	控制要素
02	起草合同文本并提出合同审批申请	工会（各部门）	合同经办岗	根据合同谈判结果起草合同文本，并提出合同审批申请，准备合同审批申请材料	合同文本（草稿）、合同审批申请材料	否	
03	审核	工会（各部门）	部门负责人	对合同进行审核		是	是否达到交易目的、合同条件是否对等、签约对方资质是否合规等
04	审核	工会（综合部）	部门负责人	对合同进行审核		否	
05	审批	工会	工会常务副主席	对合同进行审批		是	确保符合相关要求，减少合同风险
06	签署或授权签署合同	工会	工会主席	工会主席签署合同或授权工会正式员工代表签署合同，被授权人员应当在授权委托书的授权范围内行使职权		否	
07	登记并连续编号	工会（综合部）	合同管理岗	登记并连续编号		是	前期程序是否齐全合规
08	用印	工会（综合部）	合同管理岗	根据审批无误的合同正式文本进行用印		否	
下接合同台账与归档流程							

2.5.2 合同履行监控与纠纷处理流程

工会应当对合同履行情况实施有效监控。合同履行过程中，因对方或单位自身原因导致可能无法按时履行的，应当及时采取应对措施。

工会应当建立合同履行监督审查制度。对合同履行中签订补充合同，或变更、解除合同等应当按照国家有关规定进行审查。

工会应当加强对合同纠纷的管理。合同发生纠纷的，工会应当在规定时效内与对方协商谈判。合同纠纷协商一致的，双方应当签订书面协议；合同纠纷经协商无法解决的，经办岗应向单位有关负责人报告，并根据合同约定选择仲裁或诉讼方式解决。

2.5.3 合同补充、变更或解除流程

（1）流程图

流程编号：GHGL25.02.05.03　流程类别：工会管理　流程主责部门：工会（各部门）　流程主责岗位：部门负责人　流程版本：V1.0

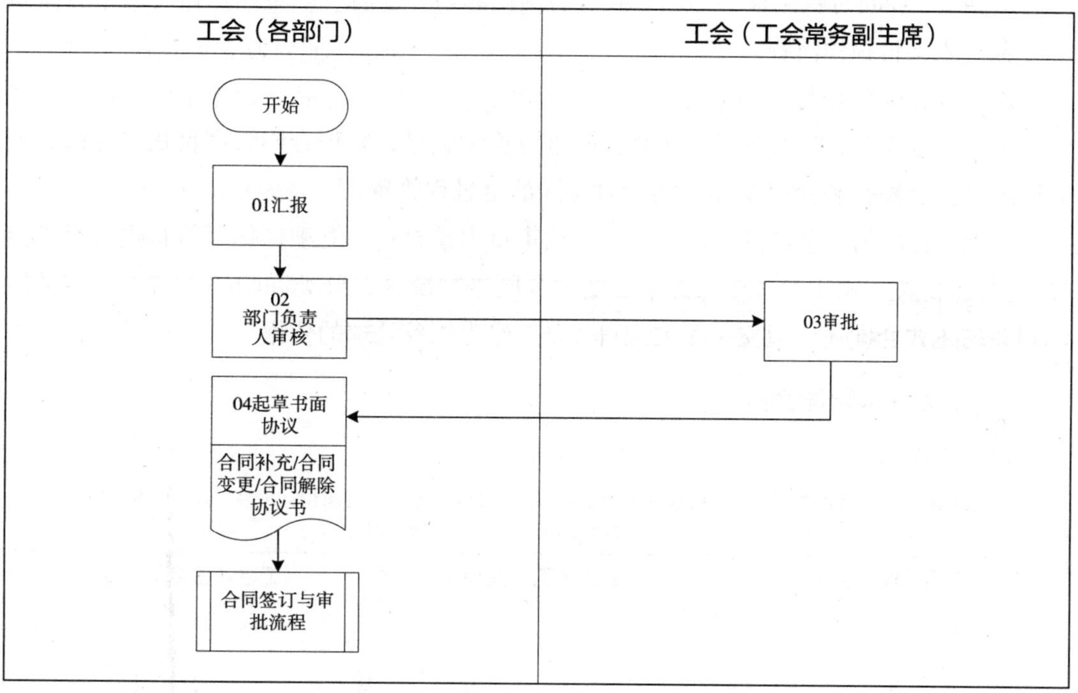

（2）流程说明

编号	流程步骤	责任部门	责任岗位	流程步骤描述	输出文档	是否关键控制点	控制要素
01	汇报	工会（各部门）	合同经办岗	合同履行中发现问题或风险，确须签订补充合同或变更、解除合同的，各部门须按规定进行报告		否	
02	审核	工会（各部门）	部门负责人	对合同拟补充、变更或解除等情况进行审核		是	确保合同补充、变更或解除符合实际情况
03	审批	工会	工会常务副主席	对合同拟补充、变更或解除等情况进行审批		否	
04	起草书面协议	工会（各部门）	合同经办岗	根据审批结果起草合同补充/合同变更/合同解除协议书，附上原合同及相关附件，履行合同签订与审批流程	合同补充/合同变更/合同解除协议书	否	
下接合同签订与审批流程							

2.5.4 合同结算

2.5.4.1 合同收款流程

合并入收入管理相关流程。

2.5.4.2 合同付款流程

合并入支付报销流程。

2.5.5 合同台账与归档流程

工会（综合部）应当在用印前对合同进行连续编号，登记合同管理台账，详细登记合同的订立、履行和变更情况，实行对合同的全过程管理。

工会（各部门）应当将正式合同、合同审批申请材料、立项依据等材料提交至工会（综合部）备案，由工会（综合部）定期对合同进行统计、分类和归档。与工会经济活动相关的正式合同还应提交至工会（财务部）作为账务处理的依据。

3 工会评选管理流程

（1）流程图

流程编号：GHGL25.03 流程类别：工会管理 流程主责部门：工会（综合部） 流程主责岗位：工会管理岗 流程版本：V1.0

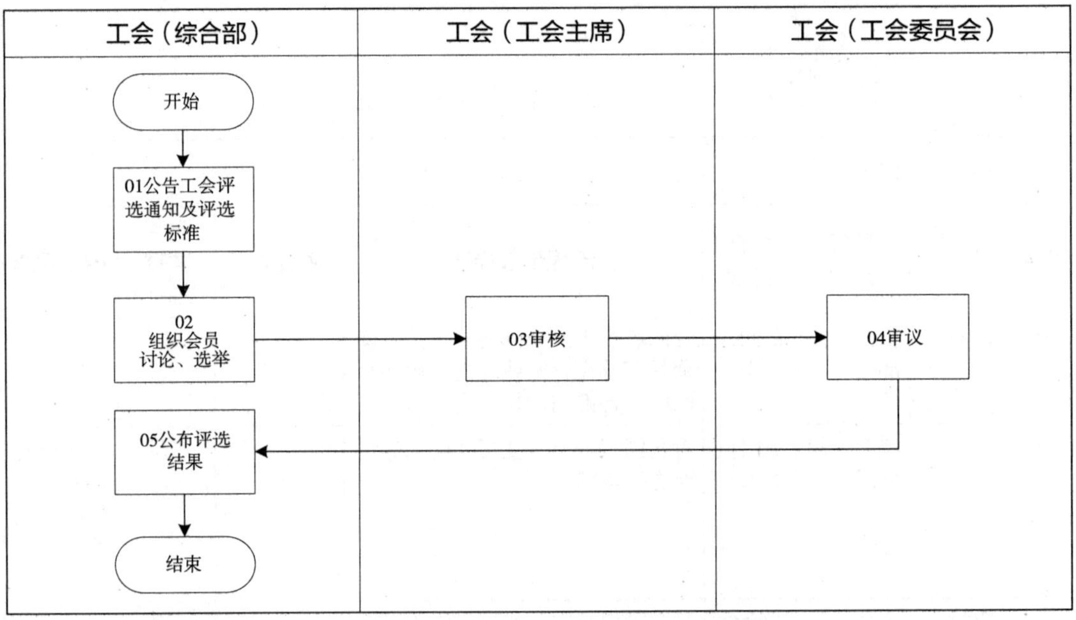

（2）流程说明

编号	流程步骤	责任部门	责任岗位	流程步骤描述	输出文档	是否关键控制点	控制要素
01	公告工会评选通知及评选标准	工会（综合部）	工会管理岗	工会（综合部）工会管理岗公告工会评选通知及评选标准		否	

续表

编号	流程步骤	责任部门	责任岗位	流程步骤描述	输出文档	是否关键控制点	控制要素
02	组织会员讨论、选举	工会（综合部）	部门负责人	组织会员讨论、选举	推荐表	是	组织会员进行讨论，推荐评选候选人
03	审核	工会	工会主席	审核		否	
04	审议	工会	工会委员会	审议		否	
05	公布评选结果	工会（综合部）	工会管理岗	公布评选结果，相关资料纳入档案管理		否	

4 教职工代表大会流程

（1）流程图

流程编号：GHGL25.04　流程类别：工会管理　流程主责部门：工会（综合部）　流程主责岗位：工会管理岗　流程版本：V1.0

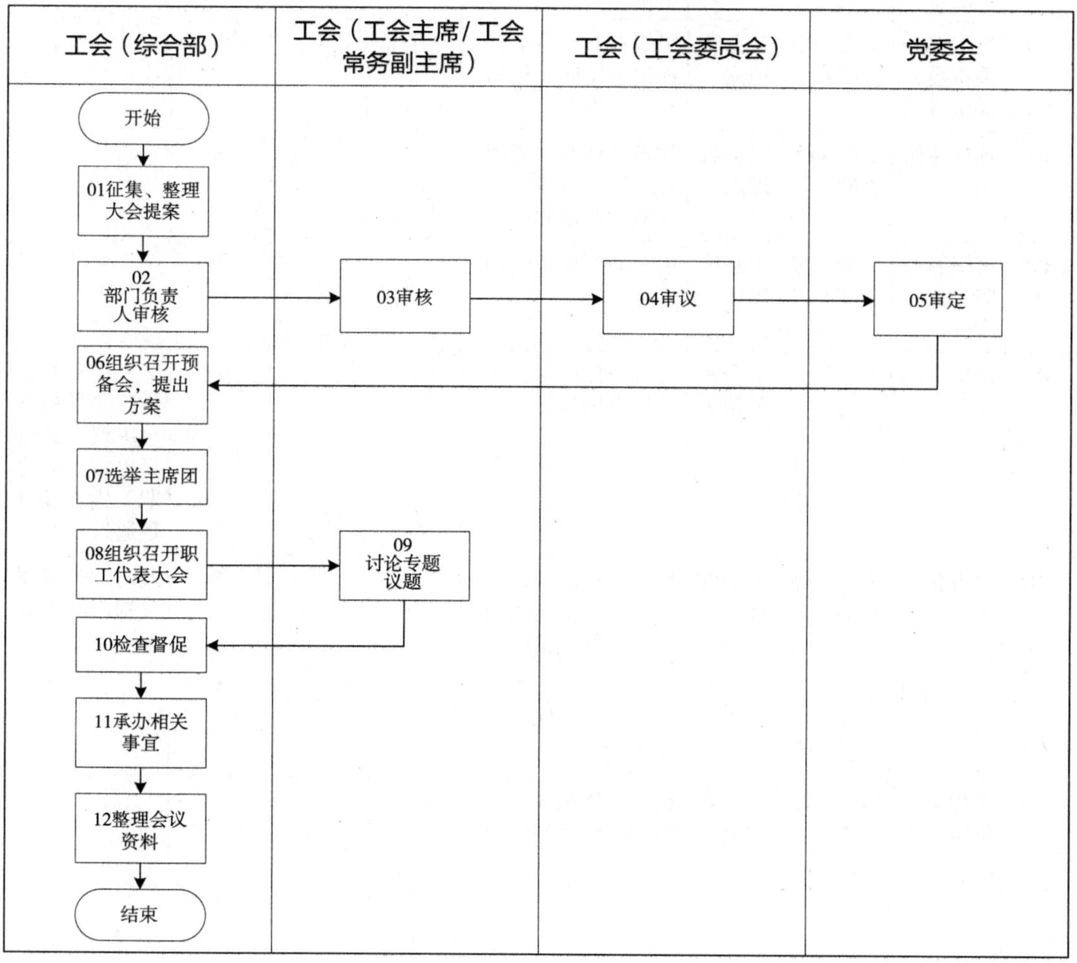

（2）流程说明

编号	流程步骤	责任部门	责任岗位	流程步骤描述	输出文档	是否关键控制点	控制要素
01	征集、整理大会提案	工会（综合部）	工会管理岗	征集、整理职工代表提案，并对提案进行讨论	《无锡职业技术学院教（工）代表大会合理化建议征集表》《无锡职业技术学院教（工）代表大会提案征集表》	否	
02	审核	工会（综合部）	部门负责人	审核		是	提案科学性、合理性
03	审核	工会	工会主席	审核		否	
04	审议	工会	工会委员会	审议		是	提案科学性、合理性
05	审定	党委会		审定大会提案		否	
06	组织召开预备会，提出方案	工会（综合部）	工会管理岗	组织召开预备会，提出主席团、秘书长设立方案		否	
07	选举主席团	工会（综合部）	工会管理岗	预备会选举主席团，通过职工代表大会议题和会议程序		否	
08	组织召开职工代表大会	工会（综合部）	工会管理岗	组织召开职工代表大会		否	
09	讨论专题议题	工会	工会常务副主席	进行工作报告，并讨论专题议题		是	职工代表大会进行选举和作出决议，必须经出席大会的职工代表过半数通过
10	检查督促	工会（综合部）	工会管理岗	检查督促职工代表大会决议执行情况和提案落实情况		是	及时发现问题并提出解决方案
11	承办相关事宜	工会（综合部）	工会管理岗	承办职工代表大会或大会主席团交办的事宜		否	
12	整理会议资料	工会（综合部）	工会管理岗	组织整理相关会议资料，纳入档案归档		否	

5 教职工医疗互助金

5.1 医疗互助金收缴流程

全校教职工（含退休人员）每人每月缴纳10元（由财务处在工资中代扣），学院从福利基金中按同比配套（刚建立时学校再一次性投入20万元特殊医疗补助金），以上两项合并作为医疗互助金。医疗互助金实行单独列账、单独核算、专款专用。

5.2 医疗互助金补助对象

教职工在当年度内因门诊和住院产生个人自理的医疗费用超过5000元者，方可申请医疗互助金补助。

5.3 医疗互助金补助标准

教职工当年度自理医疗费用为5000~10000元的，按超出5000元部分的25% 给予补助；

教职工当年度自理医疗费用超过10000元的，在享受本办法第一款补助的基础上，另按超出10000元部分的15% 给予补助；

教职工患无锡市职工互助互济会“职工大病医疗互助补充保障项目”限定的10种重大疾病，且当年自理医疗费用超过30000元的，在享受第一、二款补助的基础上，另按超出30000元部分的15% 追加大病医疗补助；

个人一年内医疗互助金补助合计最高额为15000元。

5.4 医疗互助金补助申请流程

（1）流程图

流程编号：GHGL25.05.04　流程类别：工会管理　流程主责部门：工会（综合部）　流程主责岗位：部门负责人　流程版本：V1.0

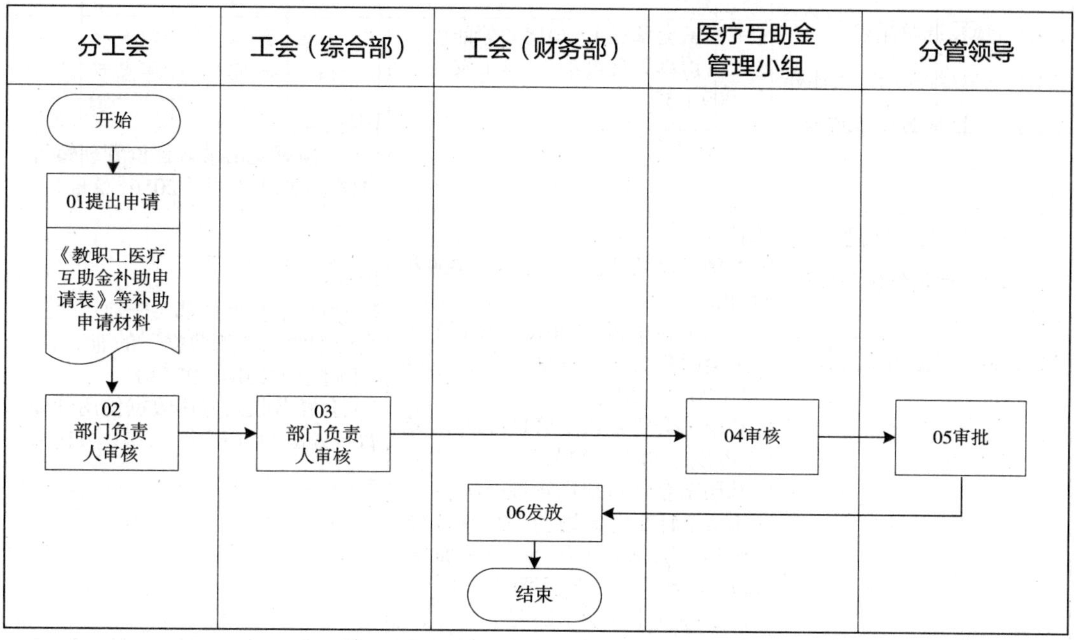

（2）流程说明

编号	流程步骤	责任部门	责任岗位	流程步骤描述	输出文档	是否关键控制点	控制要素
01	提出申请	分工会	教职工	凡申请医疗互助金补助的教职工，由患者本人或家属向医疗互助金管理小组提出申请，并在当年度的上半年（见当年度通知）提交医疗互助金补助申请材料	《教职工医疗互助金补助申请表》等补助申请材料	否	
02	审核	分工会	部门负责人	对医疗互助金补助申请进行审核		否	
03	审核	工会（综合部）	部门负责人	对医疗互助金补助申请进行审核		是	确保符合补助对象、补助标准的要求
04	审核	医疗互助金管理小组		对医疗互助金补助申请进行审核		否	
05	审批		分管领导	对医疗互助金补助申请进行审批		是	确保符合补助对象、补助标准的要求
06	发放	工会（财务部）	出纳	根据审批结果发放		否	

（三）执行标准

<table>
<tr><th>流程</th><th colspan="2">执行标准</th></tr>
<tr><td>2.1.1　预算编制与审批流程</td><td rowspan="5">国标：
《中华人民共和国工会法》（2009年修正）
《中国工会章程》（2018年修正）
《工会预算管理办法》（总工发〔2009〕38号）</td><td rowspan="4"></td></tr>
<tr><td>2.1.2　预算执行与分析流程</td></tr>
<tr><td>2.1.3　预算调整流程</td></tr>
<tr><td>2.1.4　决算编制与审批流程</td></tr>
<tr><td>2.1.5　预算绩效评价流程</td><td>国标：
《工会预算支出绩效评价管理暂行办法》（总工办发〔2016〕2号）</td></tr>
<tr><td>2.2.2.1　支付报销流程</td><td rowspan="3">国标：
《中华人民共和国工会法》（2009年修正）
《中国工会章程》（2018年修正）
《工会财务会计管理规范》（总工办发〔2013〕20号）
《基层工会经费收支管理办法》（总工办发〔2017〕32号）
《基层工会经费使用管理办法》
《工会会计制度》（财会〔2009〕7号）
《中华全国总工会办公厅关于加强基层工会经费收支管理的通知》（总工办发〔2014〕23号）</td><td></td></tr>
<tr><td>2.2.2.4.2　票据领用与发放流程</td><td rowspan="2">国标：
《全国总工会财务部关于启用“工会经费收入专用收据”的通知》（工财字〔2010〕97号）
《工会经费收入专用收据使用管理暂行办法》（工财字〔2010〕119号）</td></tr>
<tr><td>2.2.2.4.6　票据销毁流程</td></tr>
</table>

续表

流程	执行标准	
2.2.2.4.6　票据销毁流程	《中华全国总工会关于〈关于加强基层工会经费收支管理的通知〉的补充通知》（工财发〔2014〕69号） 地标： 《江苏省总工会关于贯彻落实全国总工会〈基层工会经费收支管理办法〉的实施细则》（苏工发〔2018〕13号） 《江苏省工会经费（工会筹备金）收缴管理办法（试行）》（苏工发〔2016〕9号） 《江苏省基层工会财务管理暂行办法》（苏工办〔2013〕80号）	
2.2.2.5.1　银行账户管理（开立、变更、撤销）流程	国标： 《人民币银行结算账户管理办法》（中国人民银行令〔2003〕第5号） 《关于零余额账户管理有关事项的通知》（财库〔2009〕47号） 《关于进一步加强财政部门和预算单位资金存放管理的指导意见》（财库〔2017〕76号）	地标： 《江苏省省直预算单位账户管理办法》（苏财规〔2011〕5号） 《关于进一步加强财政部门和预算单位资金存放管理的实施意见》（苏财库〔2017〕37号）
2.2.2.5.2　银行账户年检流程		
2.2.2.6.3　印章用印申请流程	国标： 《中华人民共和国工会法》（2009年修正） 《中国工会章程》（2018年修正） 《工会财务会计管理规范》（总工办发〔2013〕20号） 《基层工会经费收支管理办法》（总工办发〔2017〕32号） 《基层工会经费使用管理办法》 《工会会计制度》（财会〔2009〕7号） 《中华全国总工会办公厅关于加强基层工会经费收支管理的通知》（总工办发〔2014〕23号） 《中华全国总工会关于〈关于加强基层工会经费收支管理的通知〉的补充通知》（工财发〔2014〕69号） 地标： 《江苏省总工会关于贯彻落实全国总工会〈基层工会经费收支管理办法〉的实施细则》（苏工发〔2018〕13号） 《江苏省工会经费（工会筹备金）收缴管理办法（试行）》（苏工发〔2016〕9号） 《江苏省基层工会财务管理暂行办法》（苏工办〔2013〕80号）	
2.2.2.7　法人证书（组织机构代码和法人证书）		
2.2.3.2　财务报告审计和对外提供流程		
2.5.1　合同签订与审批流程	国标： 《中华人民共和国工会法》（2009年修正） 《中国工会章程》（2018年修正）	
2.5.3　合同补充、变更或解除流程		
3　工会评选管理流程		
4　教职工代表大会流程		

续表

流程	执行标准	
5.4 医疗互助金补助申请流程	国标： 《中华人民共和国工会法》（2009年修正） 《中国工会章程》（2018年修正）	国标： 《中华全国总工会关于加强职工互助保障活动规范和管理的意见》（总工发〔2018〕28号） 地标： 《关于进一步加强职工互助保障工作的意见》

附件2
《无锡职业技术学院内部控制流程——校友管理》

一、校友管理内部控制概述

（一）业务范围

校友管理业务范围详见“校友管理内部控制流程及说明”部分流程目录中所涵盖内容。

（二）职责分工

单位应根据本单位“三定方案”及《行政事业单位内部控制规范（试行）》（财会〔2012〕21号）等要求明确校友管理业务的部门及岗位职责分工，并拟制部门职责分工及岗位说明书等文件。

校友工作办公室为单位校友管理的归口管理部门，主要负责以下事宜：开展校友联谊活动，加强校友和母校的联系与交流，提供互动平台；组织开展校友间的学术交流与协作，支持和服务校友的事业发展；协同各地校友组织配合母校做好招生宣传、就业推荐、毕业生工作情况跟踪等工作。

（三）程序要求

校友管理业务环节执行程序详见“校友管理内部控制流程及说明”部分。

二、校友管理内部控制流程及说明

（一）流程目录

流程编号	流程类别	流程名称
XYGL18	**校友管理**	
XYGL18.01		校友返校接待流程
XYGL18.02		校友捐赠流程

（二）具体流程及说明

1 校友返校接待流程

（1）流程图

流程编号：XYGL18.01　流程类别：校友管理　流程主责部门：校友工作办公室　流程主责岗位：规划管理岗　流程版本：V1.0

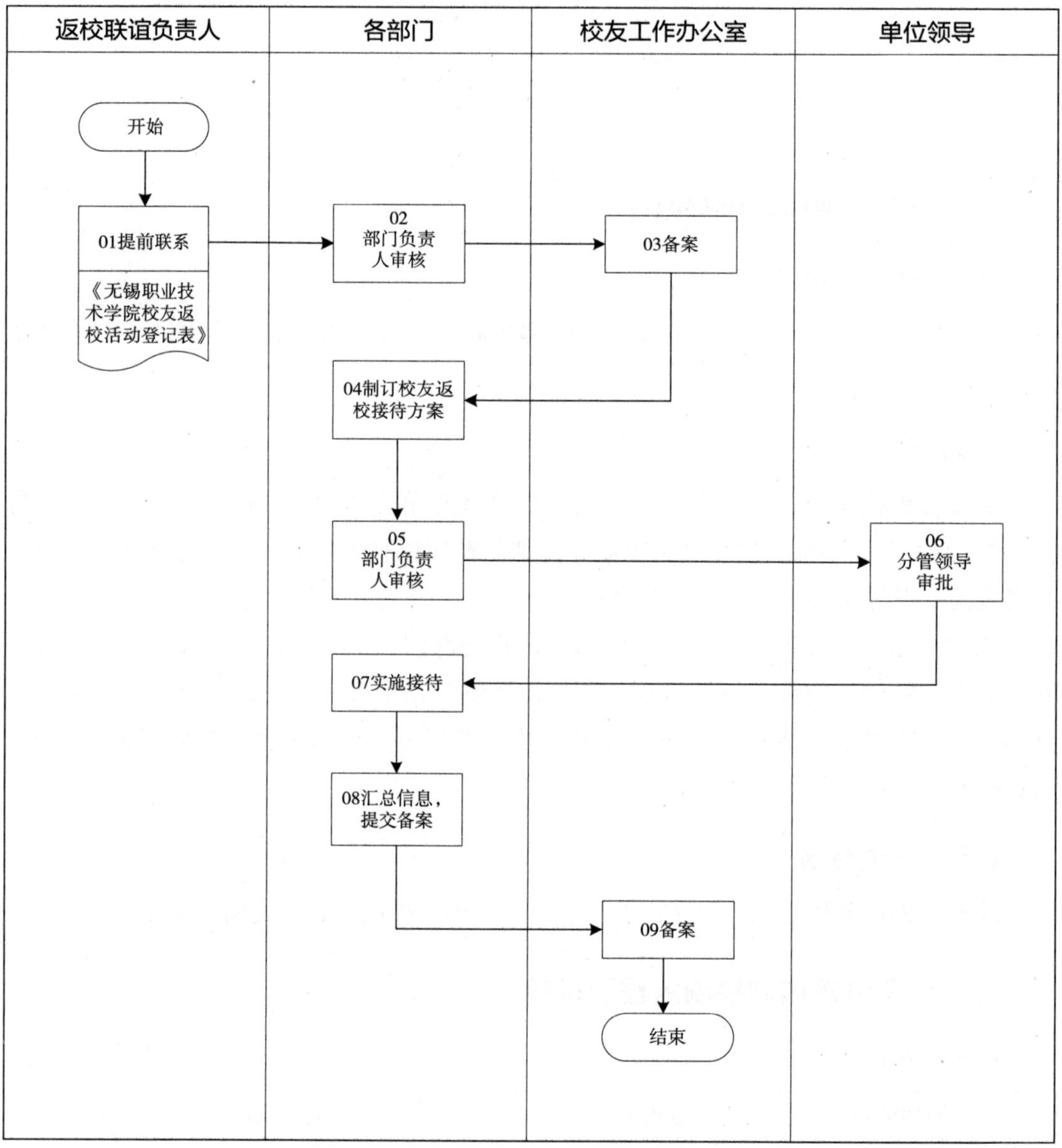

（2）流程说明

编号	流程步骤	责任部门	责任岗位	流程步骤描述	输出文档	是否关键控制点	控制要素
01	提前联系		返校联谊负责人	以班级、年级或地方校友会为单位的校友返校并开展联谊活动的，由返校联谊负责人提前20日与所属或所联系学院（部）联系，并填写《无锡职业技术学院校友返校活动登记表》	《无锡职业技术学院校友返校活动登记表》	否	
02	审核	各部门	部门负责人	对校友返校活动进行审核		是	活动的合规性
03	备案	校友工作办公室	校友管理岗	对校友返校活动进行备案		否	
04	制订校友返校接待方案	各部门/校友工作办公室	接待管理岗	校友返校活动确定后，接待单位应及时制订校友返校接待方案。 校庆、值年返校等大型活动特邀校友返校由学校统一组织接待。 以班级、年级或地方校友会为单位的校友返校联谊活动，由所属或所联系院部（部门）负责接待，校友工作办公室统筹协调，相关部门配合		否	
05	审核	各部门/校友工作办公室	部门负责人	对校友返校接待方案进行审核		是	校友返校接待方案科学性、合理性
06	审批		分管领导	对校友返校接待方案进行审批		否	
07	实施接待	各部门/校友工作办公室	接待管理岗	按照校友返校接待方案实施接待		否	
08	汇总信息，提交备案	各部门/校友工作办公室	接待管理岗	接待单位要及时做好校友信息汇总工作。校友返校联谊活动结束后，及时将校友活动材料（校友通讯录、校友合影、活动通讯报道）报送至校友工作办公室		否	
09	备案	校友工作办公室	校友管理岗	对校友活动相关资料进行备案		否	

2 校友捐赠流程

合并入党政管理中接受公益事业捐赠相关流程。

（三）执行标准

流程	执行标准
1校友返校接待流程	国标： 《行政事业单位内部控制规范（试行）》（财会〔2012〕21号） 地标： 《江苏省省属院校经济活动内部控制实施指南（试行）》（苏教财〔2017〕2号）

附件3
《无锡职业技术学院内部控制流程手册——学生管理》

一、学生管理内部控制概述

（一）业务范围

学生管理业务范围详见“学生管理内部控制流程及说明”部分流程目录中所涵盖内容。

（二）职责分工

单位应根据本单位“三定方案”及《行政事业单位内部控制规范（试行）》（财会〔2012〕21号）等要求明确学生管理业务的部门及岗位职责分工，并拟制部门职责分工及岗位说明书等文件。

学生工作处为学生管理的归口管理部门，主要负责以下事宜：学生教育与管理；大学生事务服务中心运行与管理；辅导员、班主任队伍建设与管理；学风建设；学生心理健康教育与心理危机干预；学生资助；学生公寓归口管理；学生的奖惩事务；学生就业教育管理与服务；大学生创业街的运行和管理；学生军训和军事理论教育教学；国防教育、征兵等人武工作；学生档案管理；负责就业课程建设，教学安排管理；关工委秘书处工作；部门教职工队伍建设、意识形态工作、党风廉政建设、安全稳定工作、资产管理与档案归档工作；完成学校交办的其他工作等。

（三）程序要求

学生管理业务环节执行程序详见“学生管理内部控制流程及说明”部分。

二、学生管理内部控制流程及说明

（一）流程目录

流程编号	流程类别	流程名称
XSGL19	**学生管理**	
XSGL19.01		**学籍管理**
XSGL19.01.01		入学与注册流程
XSGL19.01.02		**请假与考勤管理**
XSGL19.01.02.01		学生请假流程
XSGL19.01.02.02		学生考勤流程
XSGL19.01.02.03		学生走读申请与审批流程
XSGL19.01.03		考核与成绩记载流程
XSGL19.01.04		课程补考、重新学习、免修流程
XSGL19.01.05		**转专业管理**
XSGL19.01.05.01		转专业申请流程
XSGL19.01.06		**休学与复学**
XSGL19.01.06.01		休学申请流程
XSGL19.01.06.02		复学申请流程
XSGL19.01.07		学生退学流程（自愿退学）
XSGL19.01.08		毕业与结业流程
XSGL19.01.09		学业证书管理流程
XSGL19.01.10		学籍档案管理流程
XSGL19.01.11		学分管理流程
XSGL19.02		**学生档案**
XSGL19.02.01		学生档案归档流程
XSGL19.02.02		**学生档案利用**
XSGL19.02.02.01		学生档案查阅/拍摄/复制/摘记流程
XSGL19.02.02.02		学生档案借阅流程
XSGL19.02.03		学生档案转递流程
XSGL19.03		**教师管理**
XSGL19.03.01		**学业导师**
XSGL19.03.01.01		学业导师选任流程
XSGL19.03.01.02		学业导师考核流程
XSGL19.03.02		**班主任**

续表

流程编号	流程类别	流程名称
XSGL19.03.02.01		班主任聘任流程
XSGL19.03.02.02		班主任考核流程
XSGL19.03.03		**兼职辅导员**
XSGL19.03.03.01		兼职辅导员聘任流程
XSGL19.03.03.02		兼职辅导员考核流程
XSGL19.04		**奖助管理**
XSGL19.04.01		**家庭经济困难学生认定**
XSGL19.04.01.01		家庭经济困难学生认定流程
XSGL19.04.02		**奖**
XSGL19.04.02.01		国家奖（助）学金申报、评审及发放流程
XSGL19.04.02.02		企业奖（助）学金申报、评审及发放流程
XSGL19.04.02.03		校内奖（助）学金申报、评审及发放流程
XSGL19.04.03		**贷**
XSGL19.04.03.01		**生源地信用助学贷款**
XSGL19.04.03.01.01		贷款申请、审批与发放
XSGL19.04.03.01.02		贷后管理及贷款回收
XSGL19.04.04		**助**
XSGL19.04.04.01		退役士兵教育资助申请与审批流程
XSGL19.04.04.02		服义务兵役国家资助申请与审批流程
XSGL19.04.04.03		直招士官国家资助申请与审批流程
XSGL19.04.04.04		建档立卡家庭经济困难学生学费减免申请与审批流程
XSGL19.04.04.05		残疾学生学费减免申请与审批流程
XSGL19.04.05		**勤工助学**
XSGL19.04.05.01		**校内勤工**
XSGL19.04.05.01.01		岗位设置申请与审批流程
XSGL19.04.05.01.02		学生聘用流程
XSGL19.04.05.01.03		学生离岗流程
XSGL19.04.06		**补**
XSGL19.04.06.01		**基层就业学费补偿助学贷款代偿**
XSGL19.04.06.01.01		代偿申请与审批流程
XSGL19.05		**评优评选**
XSGL19.05.01		校内奖（助）学金申报、评审及发放流程

续表

流程编号	流程类别	流程名称
XSGL19.05.02		**学生评奖评优**
XSGL19.05.02.01		先进班级评定流程
XSGL19.05.02.02		先进个人评定流程
XSGL19.05.02.03		个人奖学金评定流程
XSGL19.05.03		特色文化宿舍与文明宿舍评选流程
XSGL19.05.04		大学生年度人物评选流程
XSGL19.06		**就业**
XSGL19.06.01		**毕业生提前上岗**
XSGL19.06.01.01		毕业生提前上岗校外住宿申请与审批流程
XSGL19.06.02		毕业生毕业鉴定流程
XSGL19.06.03		毕业生就业手续办理流程
XSGL19.07		**心理健康**
XSGL19.07.01		大学生心理健康教育
XSGL19.08		**校园秩序与课外活动**
XSGL19.08.01		校园秩序与课外活动管理流程
XSGL19.09		**奖励与处分**
XSGL19.09.01		奖励流程
XSGL19.09.02		违纪处理流程
XSGL19.10		**学生申诉**
XSGL19.10.01		学生申诉流程
XSGL19.11		**学生伤害事故**
XSGL19.11.01		学生伤害事故处理流程

（二）具体流程及说明

1　学籍管理

1.1　入学与注册流程

学生工作处应按照《普通高等学校学生管理规定》（教育部令第41号）等文件的规定，组织各二级学院（部）在报到时对新生入学资格进行初步审查，审查合格的办理入学手续，予以注册学籍；审查发现新生的录取通知、考生信息等证明材料与本人实际情况不符，或者有其他违反国家招生考试规定情形的，取消入学资格。

新生入学后，学校在三个月内按照国家招生规定、体检标准分别由各二级学院（部）（学生工作办公室）查阅本院系学生档案，进行入学资格及政治、思想品德复查，由校医院组织进行健康复查。复查不合格者，学校根据情况予以处理，直至取消入学资格。

凡属弄虚作假、徇私舞弊取得学籍者，不论何时发现，一经查实，经学校批准，取消其学籍；情节严重的，移交有关部门调查处理。

1.2 请假与考勤管理

1.2.1 学生请假流程

（1）流程图

流程编号：XSGL19.01.02.01　流程类别：学生管理　流程主责部门：各二级学院（部）（学生工作办公室）　流程主责岗位：主任　流程版本：V1.0

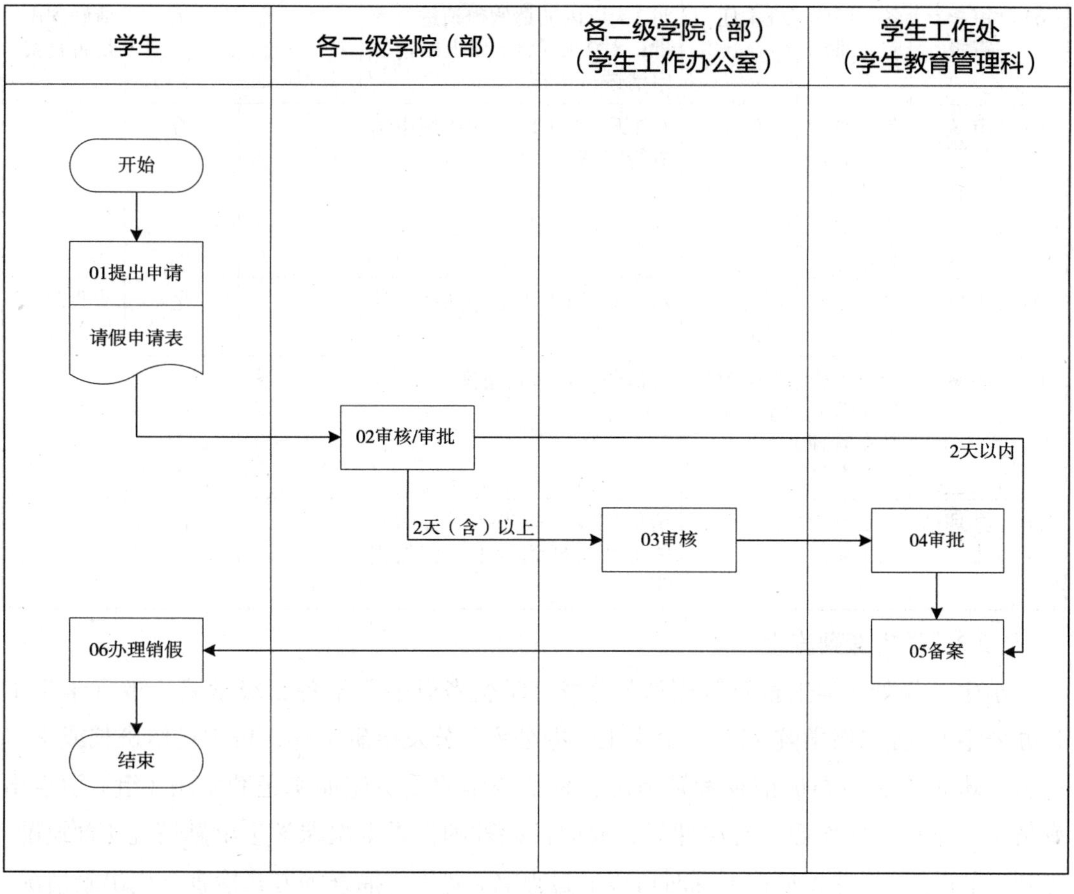

（2）流程说明

编号	流程步骤	责任部门	责任岗位	流程步骤描述	输出文档	是否关键控制点	控制要素
01	提出申请	各二级学院（部）	学生	学生一般不得请事假，如有特殊情况需请事假或病假者，应当持有关证明和请假条向所在学生工作处办理请假手续。上课时间需请假看病者，应当事先向学生工作处请假，事后补交诊断证明等有关证明材料；不请假者作旷课论。学生干部无权准假	请假申请表	否	
02	审核/审批	各二级学院（部）	班主任	对2天以内的请假申请进行审批；对2天（含）以上的请假申请进行审核		是	请假理由是否真实
03	审核	各二级学院（部）（学生工作办公室）	主任	对2天（含）以上的请假申请进行审核		否	
04	审批	学生工作处	副书记/书记	对2天（含）以上的请假申请进行审批		是	请假理由是否真实
05	备案	学生工作处（学生教育管理科）	学生教育管理岗	对请假申请进行备案		否	
06	办理销假	各二级学院（部）	学生	请假期满，应当按时提供有关证明材料到学生工作处销假		否	

1.2.2　学生考勤流程

学生工作处（学生教育管理科）分发“学生考勤表”给各二级学院（部）（学生工作办公室），各二级学院（部）（学生工作办公室）分发给班主任，班主任给班长或学习委员，班长或学习委员记录考勤情况，班长或学习委员应如实记载本班（组）学生出勤情况，不得弄虚作假。每次课后，要向任课教师报告本次课学生出勤情况（含缺勤、迟到、早退）。任课教师在上课时可以通过点名、签到、抽查等方式检查学生出勤情况。

班长或学习委员应将考勤情况汇总后反馈班主任，班主任将考勤情况反馈给各二级学院（部）（学生工作办公室），各二级学院（部）（学生工作办公室）汇总后发布考勤结果，对于出现异常的，各二级学院（部）（学生工作办公室）应及时向学生工作处（学生教育管理科）反馈。

1.2.3　学生走读申请与审批流程

（1）流程图

流程编号：XSGL19.01.02.03　流程类别：学生管理　流程主责部门：各二级学院（部）　流程主责岗位：班主任　流程版本：V1.0

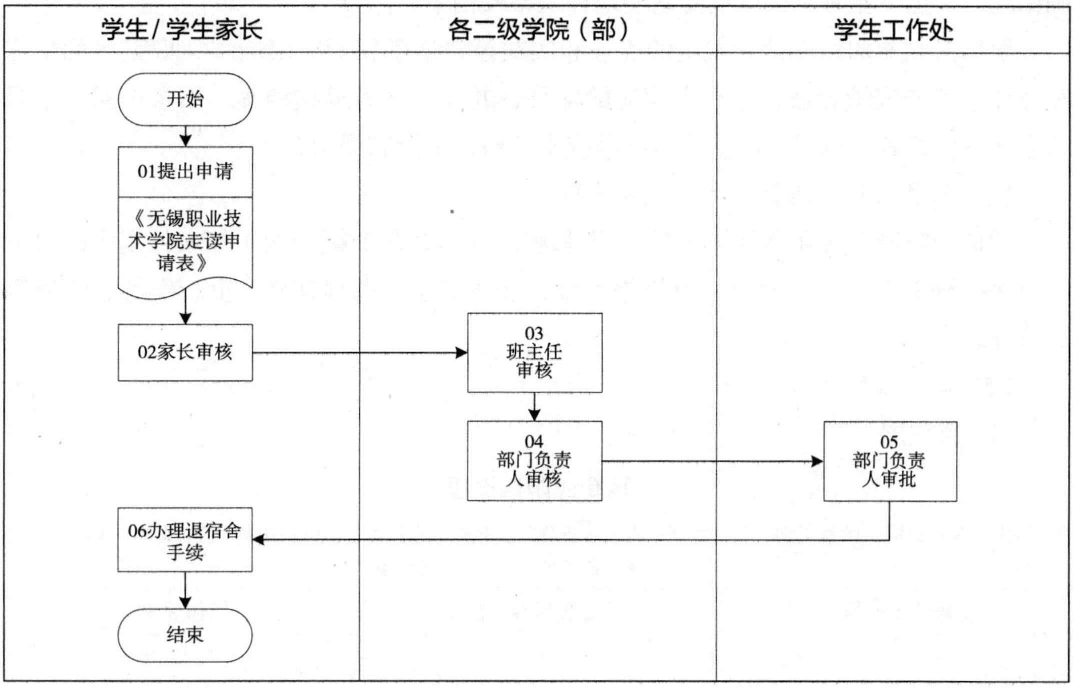

（2）流程说明

编号	流程步骤	责任部门	责任岗位	流程步骤描述	输出文档	是否关键控制点	控制要素
01	提出申请	各二级学院（部）	学生	按要求提出申请，填写《无锡职业技术学院走读申请表》，并附相关申请材料	《无锡职业技术学院走读申请表》	否	
02	审核		学生家长	家长在《无锡职业技术学院走读申请表》家长意见栏签字确认，并提供身份证明材料（如身份证复印件等）		否	
03	审核	各二级学院（部）	班主任	对学生走读申请进行审核		否	
04	审核	各二级学院（部）	部门负责人	对学生走读申请进行审核		是	走读必要性
05	审批	学生工作处	部门负责人	对学生走读申请进行审批		是	走读合规性
06	办理退宿舍手续	各二级学院（部）	学生	办理退宿舍手续		否	

1.3 考核与成绩记载流程

学校应按照《普通高等学校学生管理规定》（教育部令第41号）等文件的规定，真实完整地记载和出具学生的必修课、选修课成绩，对学生的补考、重新学习成绩要明确标注。学生毕业时所有成绩要完整地存入学校档案。

学生必须参加培养计划规定的课程和实践等教学环节（以下统称“课程”）的学习和考核。考核成绩合格，则获得相应的学分，并记入本人成绩档案。不参加课程学习或考核不合格者，该课程成绩记为零分或不及格，不能获得学分。

1.4 课程补考、重新学习、免修流程

学校应按照《普通高等学校学生管理规定》（教育部令第41号）等文件规定的要求和程序办理补考、重新学习、免修等手续，加强对学生课程补考、重新学习、免修等的管理。

1.5 转专业管理

（1）流程图

转专业申请流程

流程编号：XSGL19.01.05.01	流程类别：学生管理	流程主责部门：教务处（教务科）	流程主责岗位：学籍管理岗	流程版本：V1.0

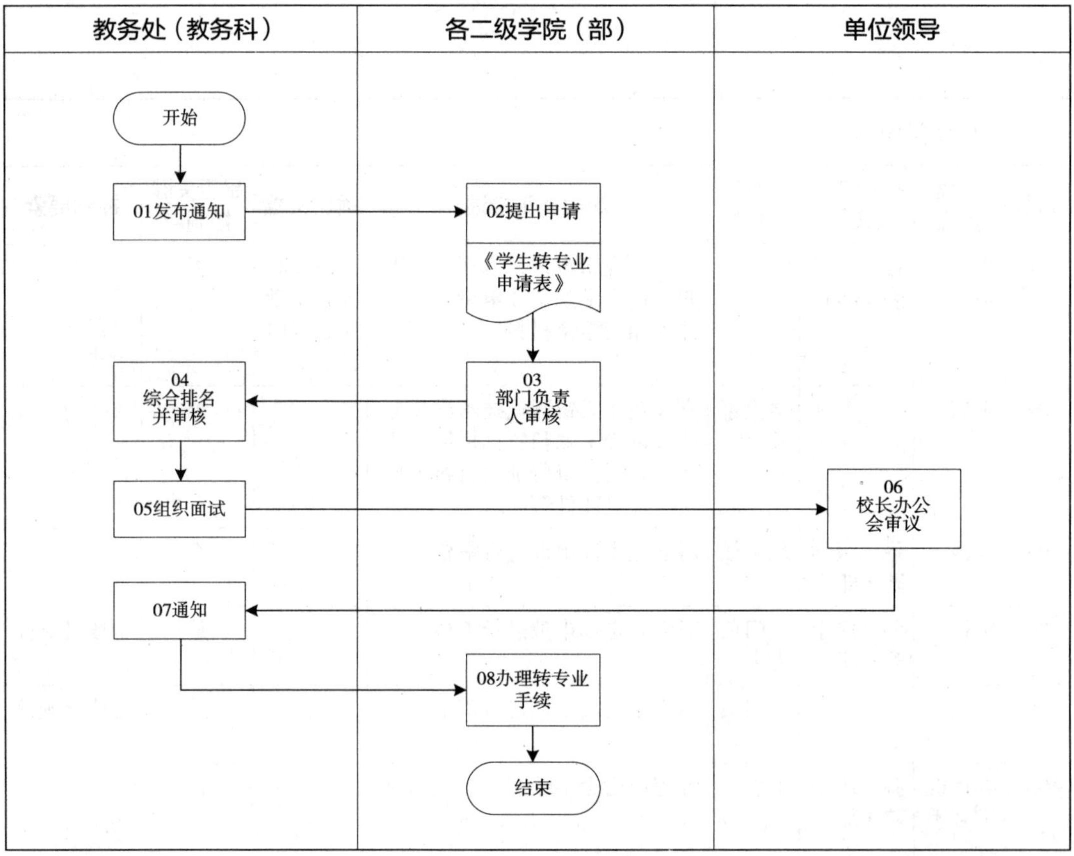

（2）流程说明

编号	流程步骤	责任部门	责任岗位	流程步骤描述	输出文档	是否关键控制点	控制要素
01	发布通知	教务处（教务科）	学籍管理岗	教务处每年根据转入专业的办学条件、相关专业院系学生容量和全校总体情况，拟定可供自主选择的专业目录，对外公布。学生转专业每学年集中审批一次，申请时间由教务处另行通知，教务处于每年向全校公布转入、转出专业的名额		否	
02	提出申请	各二级学院（部）	学生	学生本人向所在学院提出申请并填写《学生转专业申请表》	《学生转专业申请表》	否	
03	审核	各二级学院（部）	部门负责人	审核同意		是	是否符合申请条件
04	综合排名并审核	教务处（教务科）	学籍管理岗	教务处对申请转专业学生进行综合排名，报学校批准		是	确保符合报名条件；成绩符合要求
05	组织面试	教务处（教务科）	学籍管理岗	学生均须参加由学校组织的统一面试，面试成绩占综合成绩的30%。面试工作在下半年开学前进行		否	
06	审议	校长办公会		审议		否	
07	通知	教务处（教务科）	学籍管理岗	发文通知学生办理转专业手续		否	
08	办理转专业手续	各二级学院（部）	学生	根据审批结果办理转专业手续		否	

1.6 休学与复学

1.6.1 休学申请流程

（1）流程图

流程编号：XSGL19.01.06.01　流程类别：学生管理　流程主责部门：教务处（教务科）　流程主责岗位：学籍管理岗　流程版本：V1.0

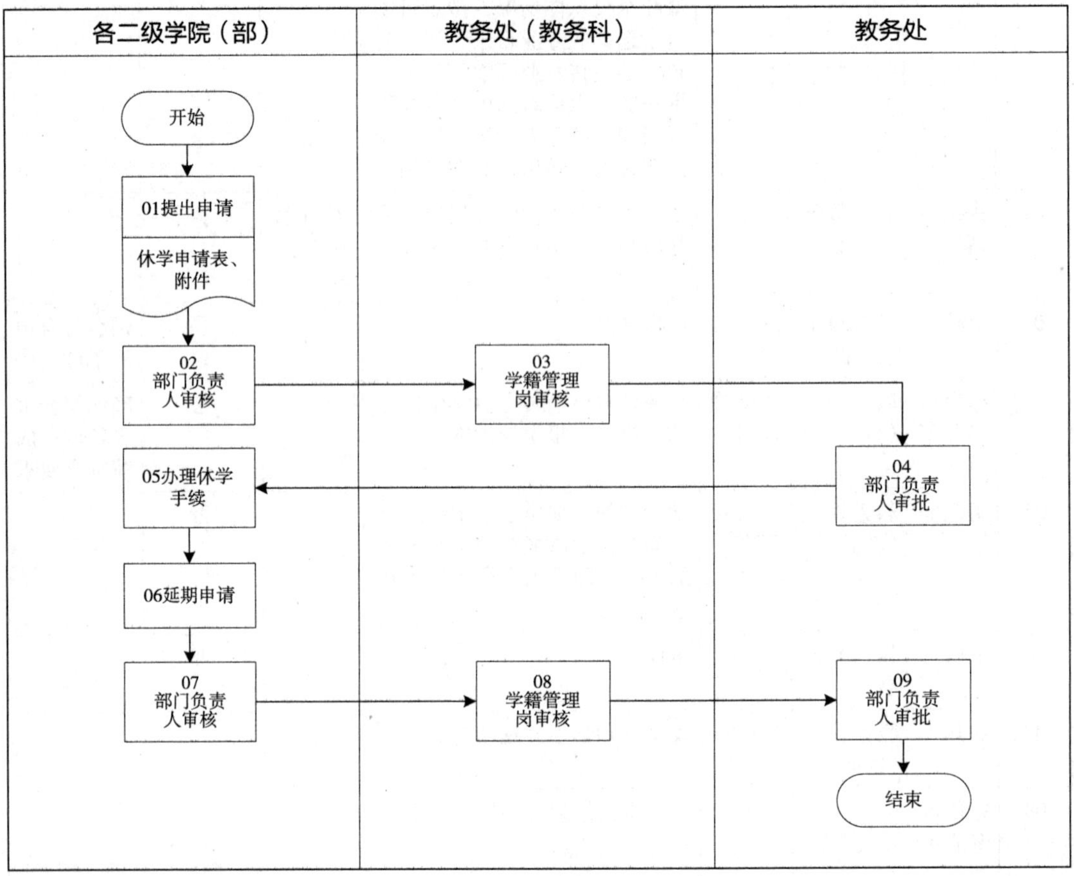

（2）流程说明

编号	流程步骤	责任部门	责任岗位	流程步骤描述	输出文档	是否关键控制点	控制要素
01	提出申请	各二级学院（部）	学生	学生休学，应提出书面申请，并附有关证明（因病休学的须附学校指定医院诊断证明等材料）及监护人同意书	休学申请表、附件	否	
02	审核	各二级学院（部）	部门负责人	对休学申请进行审核		是	是否符合申请条件
03	审核	教务处（教务科）	学籍管理岗	对休学申请进行审核		是	是否符合申请条件，资料是否有误

续表

编号	流程步骤	责任部门	责任岗位	流程步骤描述	输出文档	是否关键控制点	控制要素
04	审批	教务处	部门负责人	对休学申请进行审批		否	
05	办理休学手续	各二级学院（部）	学生	办理休学手续		否	
06	延期申请	各二级学院（部）	学生	学生休学，一般以一年为期，因病休学期满后，仍不能复学者，由本人申请，附有关证明，报教务处批准，可继续休学一年，但累计不得超过两年。学期结束前开始休学者，该学期按休学计算。休学时间不计入在校学习年限		是	评定结果是否准确
07	审核	各二级学院（部）	部门负责人	对学生的延期休学申请进行审核		是	是否符合申请条件
08	审核	教务处（教务科）	学籍管理岗	对学生的延期休学申请进行审核		是	是否符合申请条件，资料是否有误
09	审批	教务处	部门负责人	对学生的延期休学申请进行审批		否	

1.6.2　复学申请流程

（1）流程图

流程编号：XSGL19.01.06.02　流程类别：学生管理　流程主责部门：教务处（教务科）　流程主责岗位：学籍管理岗　流程版本：V1.0

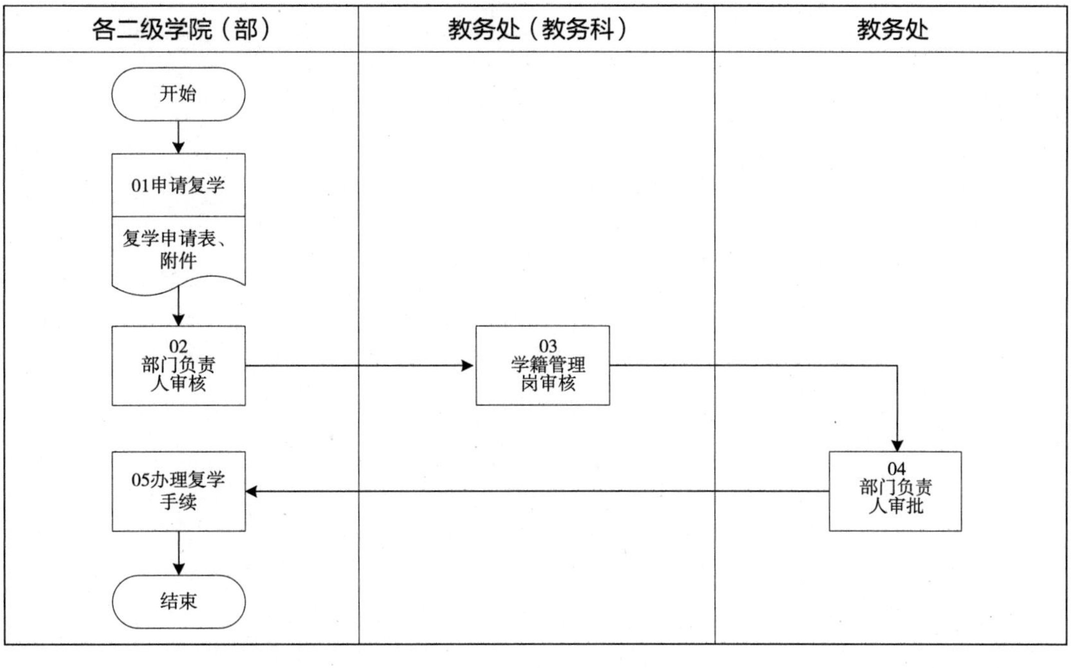

（2）流程说明

编号	流程步骤	责任部门	责任岗位	流程步骤描述	输出文档	是否关键控制点	控制要素
01	申请复学	各二级学院（部）	学生	学生休学或保留学籍期满，应于学期开学前持有关证明向学校申请复学。因伤病休学的学生（精神疾病除外）申请复学时，须持二级甲等以上医院出具的可以复学的诊断证明书和休学证明一并交学校教务处审批；因精神疾病休学的学生，申请复学时，除提供三级甲等医院出具的可以复学的诊断证明书外，还须提供监护人的安全承诺书，报学生工作处审核	复学申请表、附件	否	
02	审核	各二级学院（部）	部门负责人	对因精神疾病休学的学生的复学申请进行审核		否	
03	审核	教务处（教务科）	学籍管理岗	对复学申请进行审核		是	是否符合申请条件，资料是否有误
04	审批	教务处	部门负责人	对复学申请进行审批		否	
05	办理复学手续	各二级学院（部）	学生	办理复学手续		否	

1.7 学生退学流程（自愿退学）

（1）流程图

流程编号：XSGL19.01.07　　流程类别：学生管理　　流程主责部门：N　　流程主责岗位：学生　　流程版本：V1.0

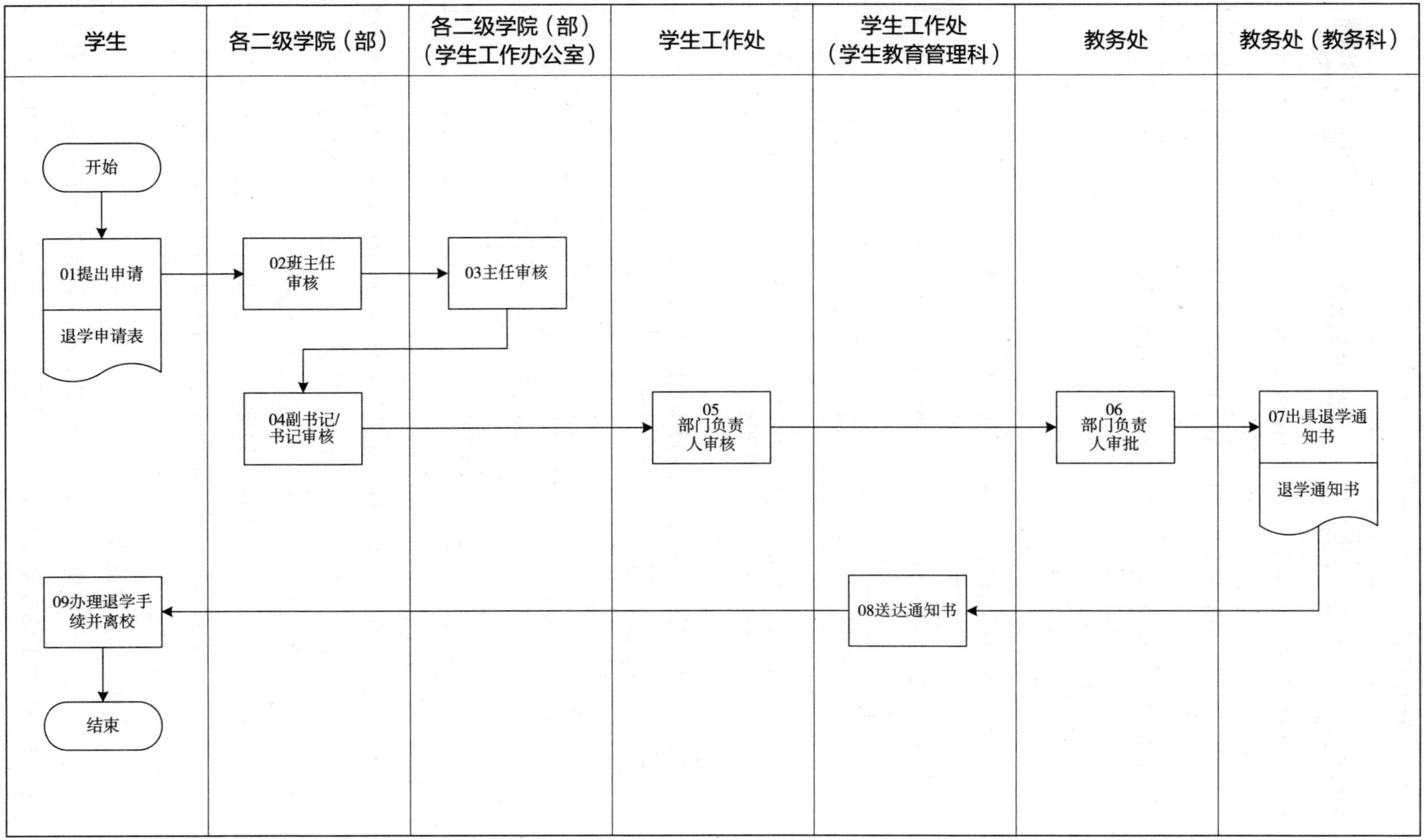

（2）流程说明

编号	流程步骤	责任部门	责任岗位	流程步骤描述	输出文档	是否关键控制点	控制要素
01	提出申请	各二级学院（部）	学生	学生自动退学，由本人提出退学申请	退学申请表	否	
02	审核	各二级学院（部）	班主任	对学生退学申请进行审核		否	
03	审核	各二级学院（部）（学生工作办公室）	主任	对学生退学申请进行审核		是	确保退学条件符合规定
04	审核	各二级学院（部）	副书记/书记	对学生退学申请进行审核		否	
05	审核	学生工作处	部门负责人	对学生退学申请进行审核		是	确保退学条件符合规定
06	审批	教务处	部门负责人	对学生退学申请进行审批		是	确保退学条件符合规定
07	出具退学通知书	教务处（教务科）	学籍管理岗	对作退学处理的学生，学校出具退学通知书	退学通知书	否	
08	送达通知书	学生工作处（学生教育管理科）	学生教育管理岗	退学通知书由学生所在院系学生工作处送达学生本人		否	
09	办理退学手续并离校	各二级学院（部）	学生	退学的学生应在退学通知书送达之日起两周内办理退学手续并离校；档案、户口退回原户籍所在地		否	

1.8　毕业与结业流程

学校应按照《普通高等学校学生管理规定》（教育部令第41号）等文件的规定，对于达到学校毕业要求的学生，学校应当准予毕业，并在学生离校前发给毕业证书。符合学位授予条件的，学位授予单位应当颁发学位证书。

学生在学校规定学习年限内，修完教育教学计划规定内容，但未达到学校毕业要求的，学校可以准予结业，发给结业证书。对退学学生，学校应当发给肄业证书或者写实性学习证明。

1.9　学业证书管理流程

学校应依据《普通高等学校学生管理规定》（教育部令第41号）等文件的规定，严格按照招生时确定的办学类型和学习形式，以及学生招生录取时填报的个人信息，填写、颁发学历证书、学位证书及其他学业证书。

学生在校期间变更姓名、出生日期等证书须填写的个人信息的，应当有合理、充分的理由，并提供有法定效力的相应证明文件，经学校审查后，报教育行政部门批准。

学校严格按照教育部有关规定执行高等教育学历证书电子注册管理制度，每年将颁发的毕（结）业证书信息报教育部注册、备案，及时完成学生学籍学历电子注册。

对非国家下达的招生计划录取的学生和未经学历证书电子注册的学生，学校不发给学历证书、学位证书。

1.10　学籍档案管理流程

单位应按照相关文件规定的归档内容和要求，进一步规范学生学籍档案管理工作，提高学生学籍档案管理水平，使学籍档案管理制度化、科学化。

1.11　学分管理流程

单位应按照相关文件的要求对学生的学习实行学分制管理，不断加强对学生学分的管理，严格按照规定的程序认定、分配、记录学分，不断提高学生学习的积极性。

各专业培养计划的总学分要求是学生取得毕业资格的必要条件。各专业总学分要求详见各专业培养计划。

2　学生档案

2.1　学生档案归档流程

新生档案材料的归档：新生入学后，招生办公室应于新生入学一个月内按照交接手续将新生档案转交学生工作处（学生教育管理科），学生工作处（学生教育管理科）档案管理人员应认真做好档案的接收工作并分发给各二级学院（部）（学生工作办公室）进行档案整理。各二级学院（部）（学生工作办公室）接收完好密封的新生中学档案后应及时整理、审核，将学生档案按班级分开，并按学号顺序排列；将缺失的档案材料做好统计，列出清单，由各二级学院（部）（学生工作办公室）主任组织专人限时完成缺失材料的催要工作，缺失档案材料清单须交学生工作处备案，以便核查。各二级学院（部）（学生工作办公室）应于每年10月底前完成新生档案的建档工作，并移交至学生工作处（学生教育管理科）。

毕业生档案材料的归档：各二级学院（部）（学生工作办公室）于每年6月到学生工作处（学生教育管理科）领取毕业生档案，将学生在校期间产生的档案材料统一封装、整理后，交回学生工作处（就业指导服务中心）。

2.2 学生档案利用

2.2.1 学生档案查阅/拍摄/复制/摘记流程

（1）流程图

流程编号：XSGL19.02.02.01 流程类别：学生管理 流程主责部门：学生工作处（学生教育管理科） 流程主责岗位：科室负责人 流程版本：V1.0

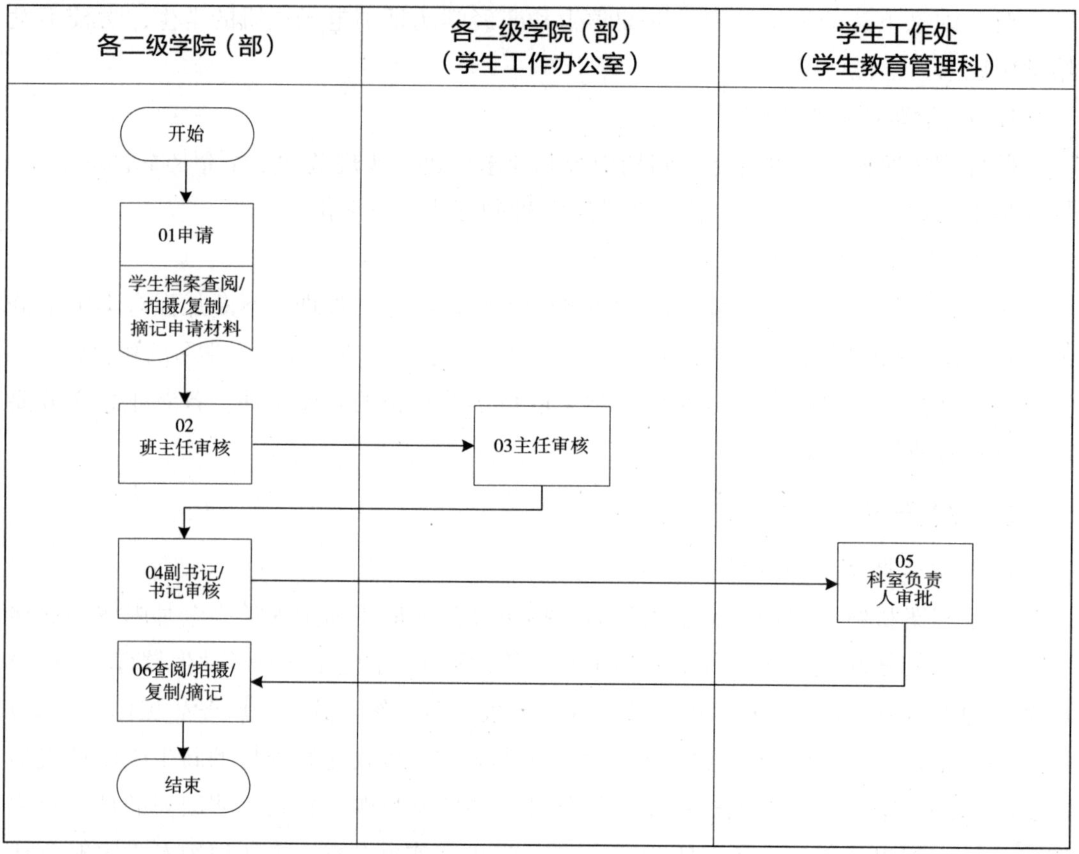

（2）流程说明

编号	流程步骤	责任部门	责任岗位	流程步骤描述	输出文档	是否关键控制点	控制要素
01	提出申请	各二级学院（部）	学生	按要求提出学生档案查阅/拍摄/复制/摘记申请	学生档案查阅/拍摄/复制/摘记申请材料	否	
02	审核	各二级学院（部）	班主任	对学生档案查阅/拍摄/复制/摘记申请进行审核		否	
03	审核	各二级学院（部）（学生工作办公室）	主任	对学生档案查阅/拍摄/复制/摘记申请进行审核		是	查阅/拍摄/复制/摘记必要性

续表

编号	流程步骤	责任部门	责任岗位	流程步骤描述	输出文档	是否关键控制点	控制要素
04	审核	各二级学院（部）	副书记/书记	对学生档案查阅/拍摄/复制/摘记申请进行审核		否	
05	审批	学生工作处（学生教育管理科）	科室负责人	对学生档案查阅/拍摄/复制/摘记申请进行审核		是	查阅/拍摄/复制/摘记合规性
06	查阅/拍摄/复制/摘记	各二级学院（部）	学生	根据审批结果到学生工作处（学生教育管理科）档案管理员处查阅/拍摄/复制/摘记		否	

2.2.2 学生档案借阅流程

（1）流程图

流程编号：XSGL19.02.02.02　流程类别：学生管理　流程主责部门：学生工作处（学生教育管理科）　流程主责岗位：科室负责人　流程版本：V1.0

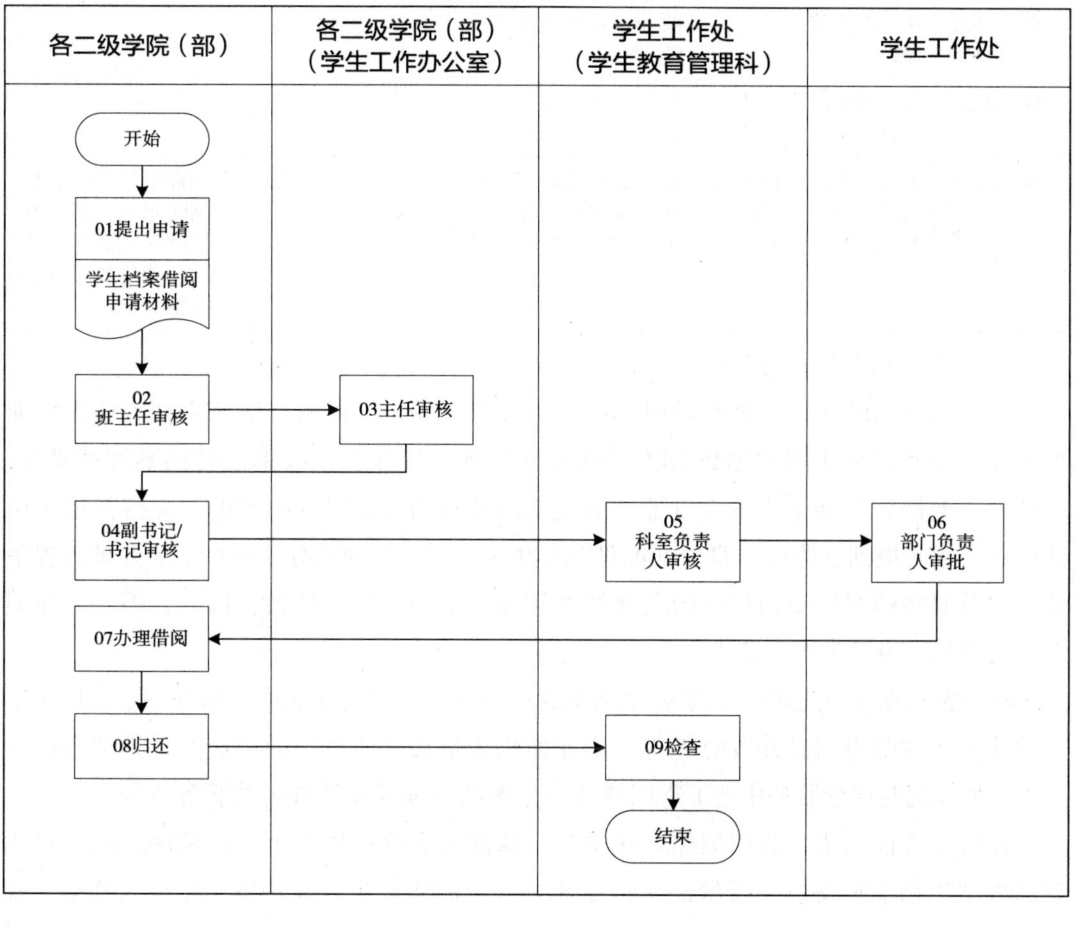

（2）流程说明

编号	流程步骤	责任部门	责任岗位	流程步骤描述	输出文档	是否关键控制点	控制要素
01	提出申请	各二级学院（部）	学生	按要求提出学生档案借阅申请	学生档案借阅申请材料	否	
02	审核	各二级学院（部）	班主任	对学生档案借阅申请进行审核		否	
03	审核	各二级学院（部）（学生工作办公室）	主任	对学生档案借阅申请进行审核		是	借阅必要性
04	审核	各二级学院（部）	副书记/书记	对学生档案借阅申请进行审核		否	
05	审核	学生工作处（学生教育管理科）	科室负责人	对学生档案借阅申请进行审核		否	
06	审批	学生工作处	部门负责人	对学生档案借阅申请进行审批		是	借阅合规性
07	办理借阅	各二级学院（部）	学生	按照审批办理借阅手续		否	
08	归还	各二级学院（部）	学生	按期归还档案		否	
09	检查	学生工作处（学生教育管理科）	档案管理员	在档案归还时进行检查，确保没有遗失或污损		是	确保借出档案在借阅时限内归还；在借阅手续齐备下借阅；确保档案案卷完整

2.3　学生档案转递流程

学生档案的转递，应做到及时、准确、完整、安全、保密。毕业生档案应在毕业生离校一个月内采用邮政EMS标准快递方式转递至毕业生接收单位的档案管理机构，原则上不允许公开邮寄或本人自带。毕业生因特殊情况需自提档案的，应持派遣单位调档函、本人报到证原件、身份证原件到学生工作处（就业指导服务中心）办理自提手续，并及时将档案转交到相应的具有档案管理权限的部门。档案自提后，因个人原因造成的后果，由学生本人负责。

毕业前已落实就业单位的毕业生档案，由学生工作处（就业指导服务中心）核实学生派遣方案和邮寄信息并及时邮寄；毕业前仍未落实就业单位的毕业生，其档案由学生工作处（就业指导服务中心）寄回毕业生生源所在地就业管理公共服务机构。

在校生应征入伍，其档案保存在学校，如部队需要提档须出具提档函，由人民武装部将学生档案转交或邮寄给部队；由地方入伍的毕业生，其档案由学生工作处（就业指导服务中心）转递给有关单位；由学校入伍的毕业生，其档案由人民武装部转交给部队。学生应征入伍后退伍安置，学生档案管理人员应将其档案及时转给学生工作处（就业指导服务中心），由学生工作处（就业指导服务中心）转递给有关单位。学生应征入伍后退伍复学，其档案保存在学校。

退学、开除学籍及其他原因取消学籍者，其本人档案退回其家庭户籍所在地具有档案管理权限的部门；如需自提档案，须携带本人身份证到学生工作处（就业指导服务中心）办理档案自提手续，并及时将档案转至学生户籍所在地具有档案管理权限的部门。

转出转入学生档案材料必须填写档案交接单，档案管理人员长期保存档案转递手续。

3 教师管理

3.1 学业导师

3.1.1 学业导师选任流程

（1）流程图

流程编号：XSGL19.03.01.01	流程类别：学生管理	流程主责部门：学生工作处（学生教育管理科）	流程主责岗位：学生教育管理岗	流程版本：V1.0

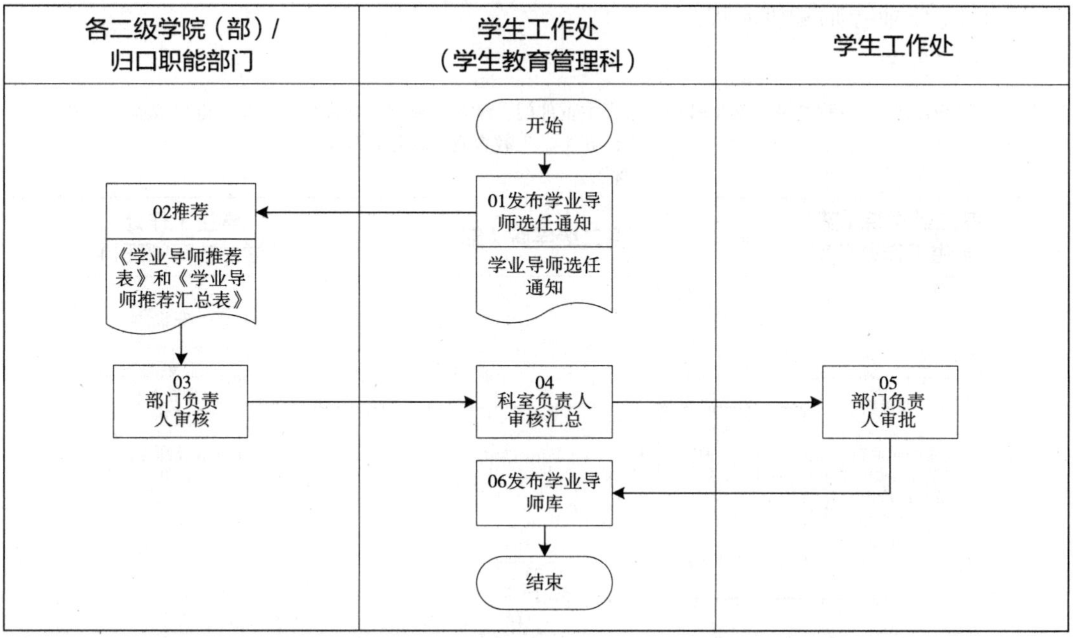

（2）流程说明

编号	流程步骤	责任部门	责任岗位	流程步骤描述	输出文档	是否关键控制点	控制要素
01	发布学业导师选任通知	学生工作处（学生教育管理科）	学生教育管理岗	发布学业导师选任通知	学业导师选任通知	否	

续表

编号	流程步骤	责任部门	责任岗位	流程步骤描述	输出文档	是否关键控制点	控制要素
02	推荐	各二级学院（部）/归口职能部门		各二级学院、各职能部门推荐，填写新增推荐学业导师的《学业导师推荐表》和《学业导师推荐汇总表》	《学业导师推荐表》和《学业导师推荐汇总表》	否	
03	审核	各二级学院（部）/归口职能部门	部门负责人	对学业导师推荐材料进行审核		是	确保符合选任条件
04	审核汇总	学生工作处（学生教育管理科）	科室负责人	对学业导师推荐材料进行审核汇总		否	
05	审批	学生工作处	部门负责人	对学业导师推荐材料进行审批		是	确保符合选任条件
06	发布学业导师库	学生工作处（学生教育管理科）	学生教育管理岗	发布学业导师库		否	

3.1.2 学业导师考核流程

（1）流程图

流程编号：XSGL19.03.01.02	流程类别：学生管理	流程主责部门：学生工作处（学生教育管理科）	流程主责岗位：学生教育管理岗	流程版本：V1.0

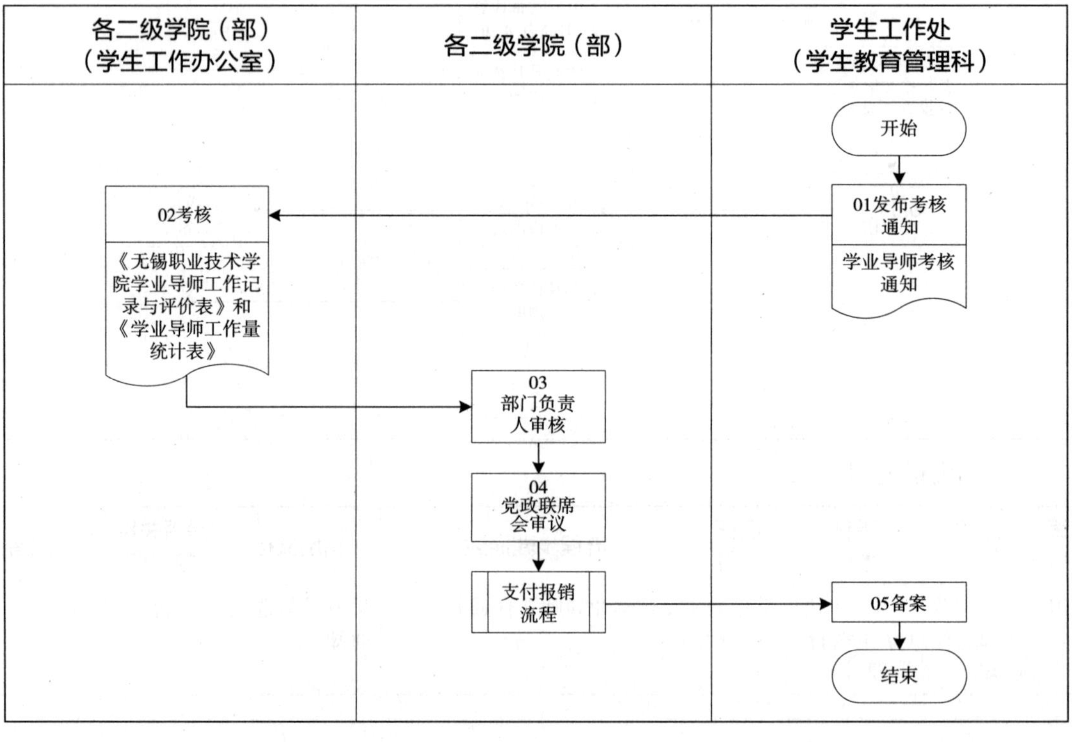

（2）流程说明

编号	流程步骤	责任部门	责任岗位	流程步骤描述	输出文档	是否关键控制点	控制要素
01	发布考核通知	学生工作处（学生教育管理科）	学生教育管理岗	发布学业导师考核通知	学业导师考核通知	否	
02	考核	各二级学院（部）（学生工作办公室）	科室负责人	二级学院学工办牵头填写学业导师考核材料	《无锡职业技术学院学业导师工作记录与评价表》和《学业导师工作量统计表》	是	考核公平公正性
03	审核	各二级学院（部）	部门负责人	对学业导师考核材料进行审核		否	
04	审议	各二级学院（部）	党政联席会	对学业导师考核材料进行审议		是	考核公平公正性
下接支付报销流程							
05	备案	学生工作处（学生教育管理科）	学生教育管理岗	对学业导师考核材料进行备案		否	

3.2 班主任

3.2.1 班主任聘任流程

（1）流程图

流程编号：XSGL19.03.02.01　流程类别：学生管理　流程主责部门：各二级学院（部）（学生工作办公室）　流程主责岗位：科室负责人　流程版本：V1.0

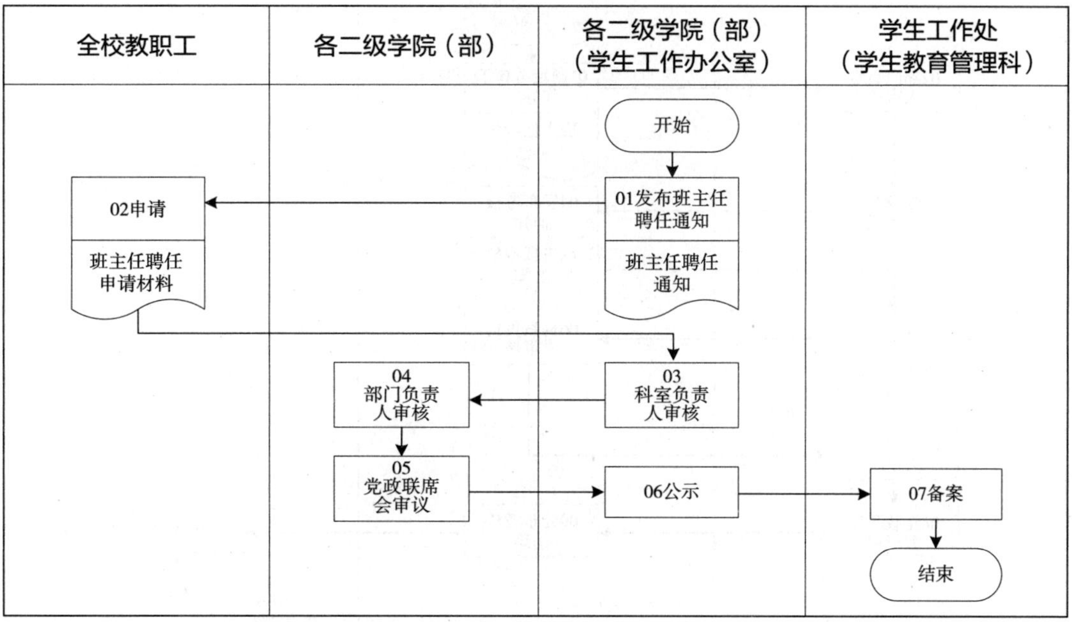

（2）流程说明

编号	流程步骤	责任部门	责任岗位	流程步骤描述	输出文档	是否关键控制点	控制要素
01	发布班主任聘任通知	各二级学院（部）（学生工作办公室）	科室负责人	发布班主任聘任通知	班主任聘任通知	否	
02	申请		全校教职工	全校教职工自愿申请	班主任聘任申请材料	否	
03	审核	各二级学院（部）（学生工作办公室）	科室负责人	对班主任聘任材料进行审核		是	确保符合聘任条件
04	审核	各二级学院（部）	部门负责人	对班主任聘任材料进行审核		否	
05	审议	各二级学院（部）	党政联席会	对班主任聘任材料进行审议		是	确保符合聘任条件
06	公示	各二级学院（部）（学生工作办公室）	科室负责人	公示		否	
07	备案	学生工作处（学生教育管理科）	学生教育管理岗	对班主任聘任材料进行备案		否	

3.2.2 班主任考核流程

（1）流程图

流程编号：XSGL19.03.02.02　流程类别：学生管理　流程主责部门：各二级学院（部）（学生工作办公室）　流程主责岗位：科室负责人　流程版本：V1.0

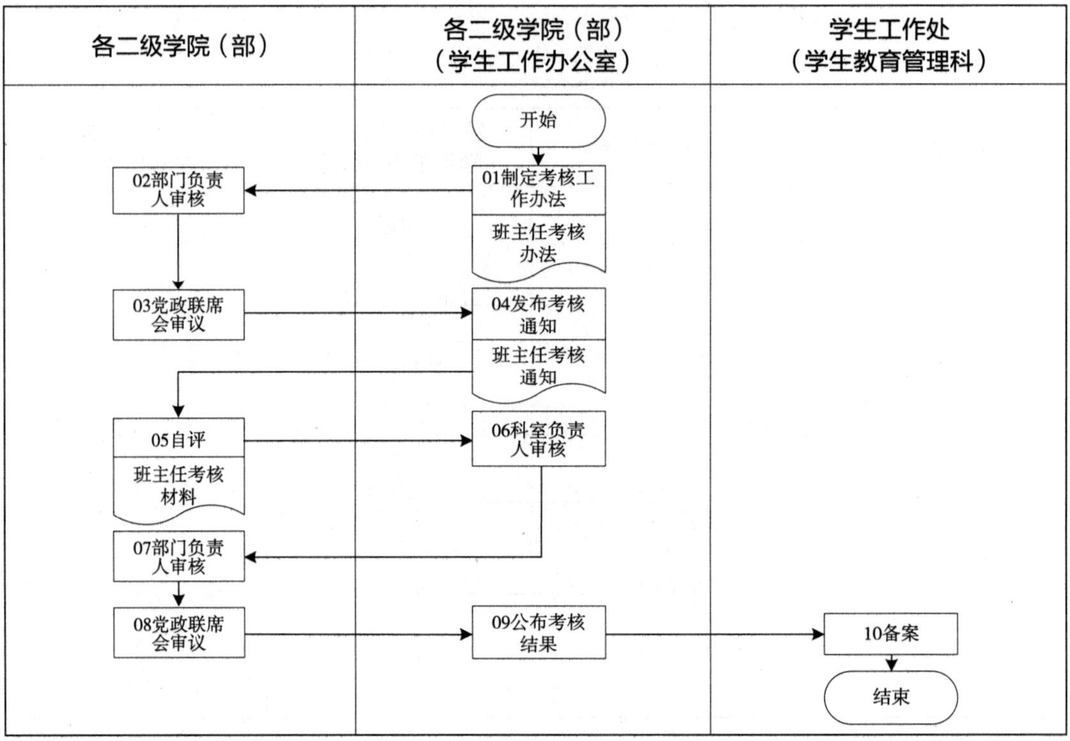

（2）流程说明

编号	流程步骤	责任部门	责任岗位	流程步骤描述	输出文档	是否关键控制点	控制要素
01	制定考核工作办法	各二级学院（部）（学生工作办公室）	科室负责人	参照学校学生工作考核相关指标，制定班主任考核办法	班主任考核办法	否	
02	审核	各二级学院（部）	部门负责人	对学业导师考核材料进行审核		否	
03	审议	各二级学院（部）	党政联席会	对学业导师考核材料进行审议		是	考核办法科学合理性
04	发布考核通知	各二级学院（部）（学生工作办公室）	科室负责人	根据班主任考核办法发布考核通知	班主任考核通知	否	
05	自评	各二级学院（部）	班主任	班主任自评并递交考核材料	班主任考核材料	否	
06	审核	各二级学院（部）（学生工作办公室）	科室负责人	对班主任考核材料进行审核		否	
07	审核	各二级学院（部）	部门负责人	对班主任考核材料进行审核		是	考核公平公正性
08	审议	各二级学院（部）	党政联席会	对班主任考核材料进行审议		否	
09	公布考核结果	各二级学院（部）（学生工作办公室）	科室负责人	公布班主任考核结果		否	
10	备案	学生工作处（学生教育管理科）	学生教育管理岗	对班主任考核材料进行备案		否	

3.3 兼职辅导员

3.3.1 兼职辅导员聘任流程

（1）流程图

流程编号：XSGL19.03.03.01　流程类别：学生管理　流程主责部门：学生工作处（学生教育管理科）　流程主责岗位：学生教育管理岗　流程版本：V1.0

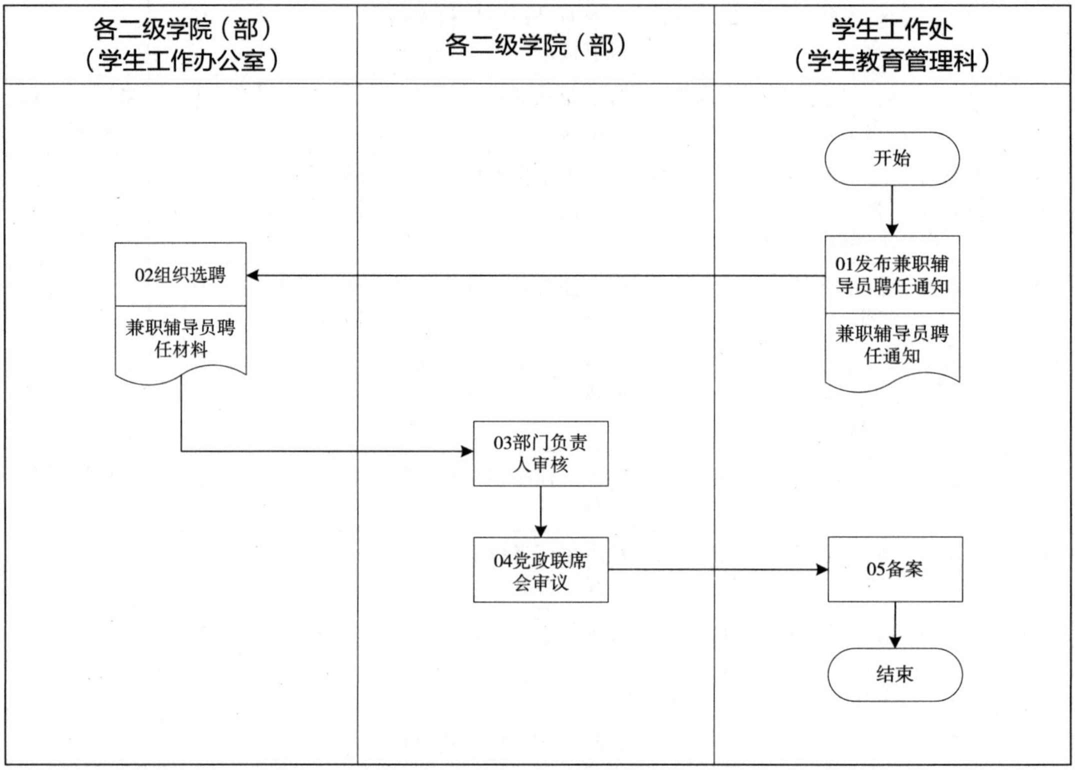

（2）流程说明

编号	流程步骤	责任部门	责任岗位	流程步骤描述	输出文档	是否关键控制点	控制要素
01	发布兼职辅导员聘任通知	学生工作处（学生教育管理科）	学生教育管理岗	发布兼职辅导员聘任通知	兼职辅导员聘任通知	否	
02	组织选聘	各二级学院（部）（学生工作办公室）	科室负责人	组织选聘	兼职辅导员聘任材料	是	选聘公平公正性
03	审核	各二级学院（部）	部门负责人	对兼职辅导员聘任材料进行审核		否	
04	审议	各二级学院（部）	党政联席会	对兼职辅导员聘任材料进行审议		是	选聘公平公正性

续表

编号	流程步骤	责任部门	责任岗位	流程步骤描述	输出文档	是否关键控制点	控制要素
05	备案	学生工作处（学生教育管理科）	学生教育管理岗	对兼职辅导员聘任材料进行备案		否	

3.3.2 辅导员考核流程

（1）流程图

流程编号：XSGL19.03.03.02	流程类别：学生管理	流程主责部门：学生工作处（学生教育管理科）	流程主责岗位：学生教育管理岗	流程版本：V1.0

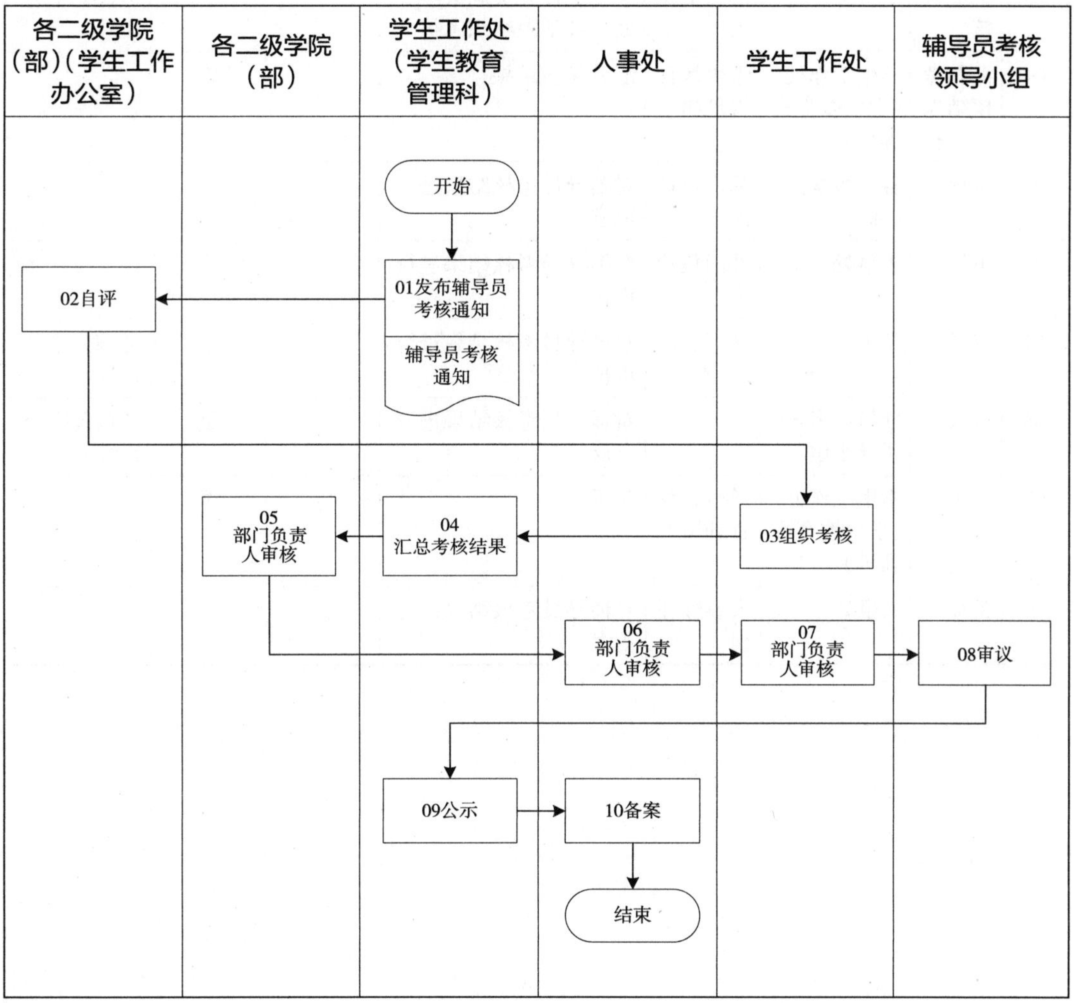

（2）流程说明

编号	流程步骤	责任部门	责任岗位	流程步骤描述	输出文档	是否关键控制点	控制要素
01	发布辅导员考核通知	学生工作处（学生教育管理科）	学生教育管理岗	发布辅导员考核通知	辅导员考核通知	否	
02	自评	各二级学院（部）（学生工作办公室）	辅导员	二级学院单位辅导员撰写《辅导员年度工作总结表》，附加分须提供支撑材料，提交学生工作处		否	
03	组织考核	学生工作处	部门负责人	学生工作处会同人事处、各学院组织考核		是	考核公平公正性
04	汇总考核结果	学生工作处（学生教育管理科）	学生教育管理岗	汇总考核结果		否	
05	审核	各二级学院（部）	部门负责人	对辅导员考核结果进行审核		否	
06	审核	人事处	部门负责人	对辅导员考核结果进行审核		否	
07	审核	学生工作处	部门负责人	对辅导员考核结果进行审核		是	考核公平公正性
08	审议	辅导员考核领导小组		对辅导员考核结果进行审议		是	考核公平公正性
09	公示	学生工作处（学生教育管理科）	学生教育管理岗	公示		否	
10	备案	人事处	人事管理岗	对辅导员考核结果进行备案		否	

4 奖助管理

4.1 家庭经济困难学生认定

（1）流程图

流程编号：XSGL19.04.01.01　　流程类别：学生管理　　流程主责部门：学生工作处（学生资助管理中心）　　流程主责岗位：学生资助岗　　流程版本：V1.0

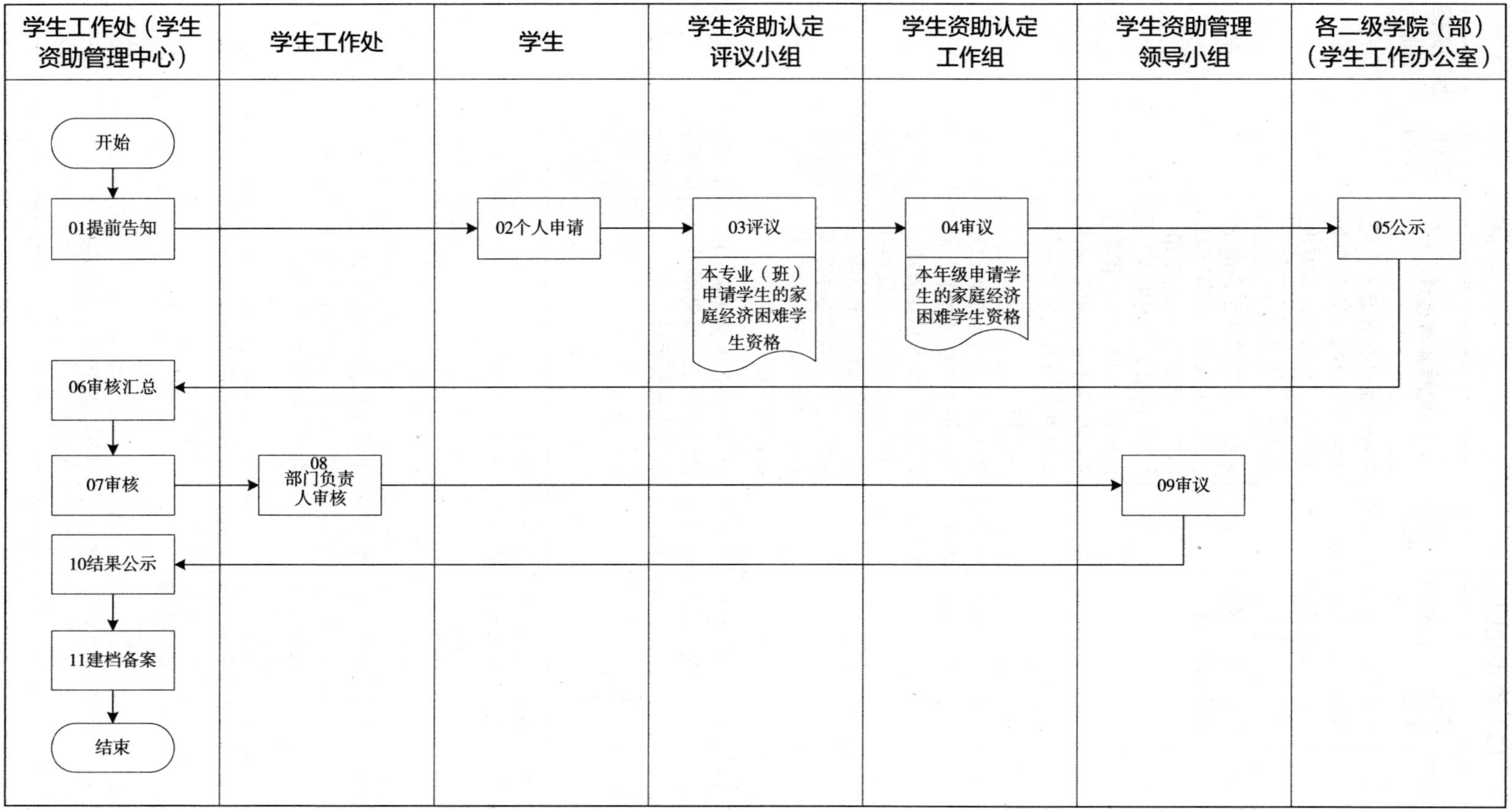

（2）流程说明

编号	流程步骤	责任部门	责任岗位	流程步骤描述	输出文档	是否关键控制点	控制要素
01	提前告知	学生工作处（学生资助管理中心）	学生资助岗	学校应通过有效方式，向学生告知家庭经济困难学生认定工作事项，做好大学生资助政策宣传工作		否	
02	个人申请	各二级学院（部）	学生	家庭经济困难学生在微信公众号上搜索并关注“江苏学生资助”，从右下角“服务通道”点击进入“资助申请”，进入江苏省学生资助申请平台，按要求逐步如实填写有关信息并提交审核		否	
03	评议	各二级学院（部）	学生资助认定评议小组	学生资助班级认定评议小组根据学生提交材料，依据认定依据及认定方法，认真进行评议，确定本年级、专业（班）申请学生的家庭经济困难学生资格，报学院学生资助认定工作组进行审核	本专业（班）申请学生的家庭经济困难学生资格	是	申请条件、认定原则、认定依据、认定等级、认定方法等符合《江苏省家庭经济困难学生认定工作实施办法》（苏教助〔2019〕1号）的要求
04	审议	各二级学院（部）	学生资助认定工作组	对各年级、专业（班）申请学生的家庭经济困难学生资格进行审议	本年级申请学生的家庭经济困难学生资格	是	
05	公示	各二级学院（部）（学生工作办公室）	科室负责人	公示		否	
06	审核汇总	学生工作处（学生资助管理中心）	学生资助岗	审核并汇总各学院审核通过的结果，并报学校学生资助管理领导小组审批		否	
07	审核	学生工作处（学生资助管理中心）	科室负责人	对各学院审核通过结果进行审核		否	
08	审核	学生工作处	部门负责人	对各学院审核通过结果进行审核		否	

续表

编号	流程步骤	责任部门	责任岗位	流程步骤描述	输出文档	是否关键控制点	控制要素
09	审议	学生资助管理领导小组		对各学院审核通过结果进行审议		是	申请条件、认定原则、认定依据、认定等级、认定方法等符合《江苏省家庭经济困难学生认定工作实施办法》（苏教助〔2019〕1号）的要求
10	结果公示	学生工作处（学生资助管理中心）	学生资助岗	学校应采取适当方式，在适当范围内公示家庭经济困难学生认定名单及等级，接受监督并及时回应有关认定结果的异议。公示时，严禁涉及学生个人敏感信息及隐私，公示期结束及时去除信息		否	
11	建档备案	学生工作处（学生资助管理中心）	学生资助岗	高校学生工作处（学生资助管理中心）负责将最后确定的本校各等级家庭经济困难学生名单，连同学生提交的《江苏省家庭经济困难学生认定暨国家教育资助申请表》等资料按学年整理装订，建立学校家庭经济困难学生信息档案，并按要求录入全国学生资助管理信息系统		否	

4.2 奖

4.2.1 国家奖（助）学金申报、评审及发放流程

（1）流程图

流程编号：XSGL19.04.02.01　　流程类别：学生管理　　流程主责部门：学生工作处（学生资助管理中心）　　流程主责岗位：学生资助岗　　流程版本：V1.0

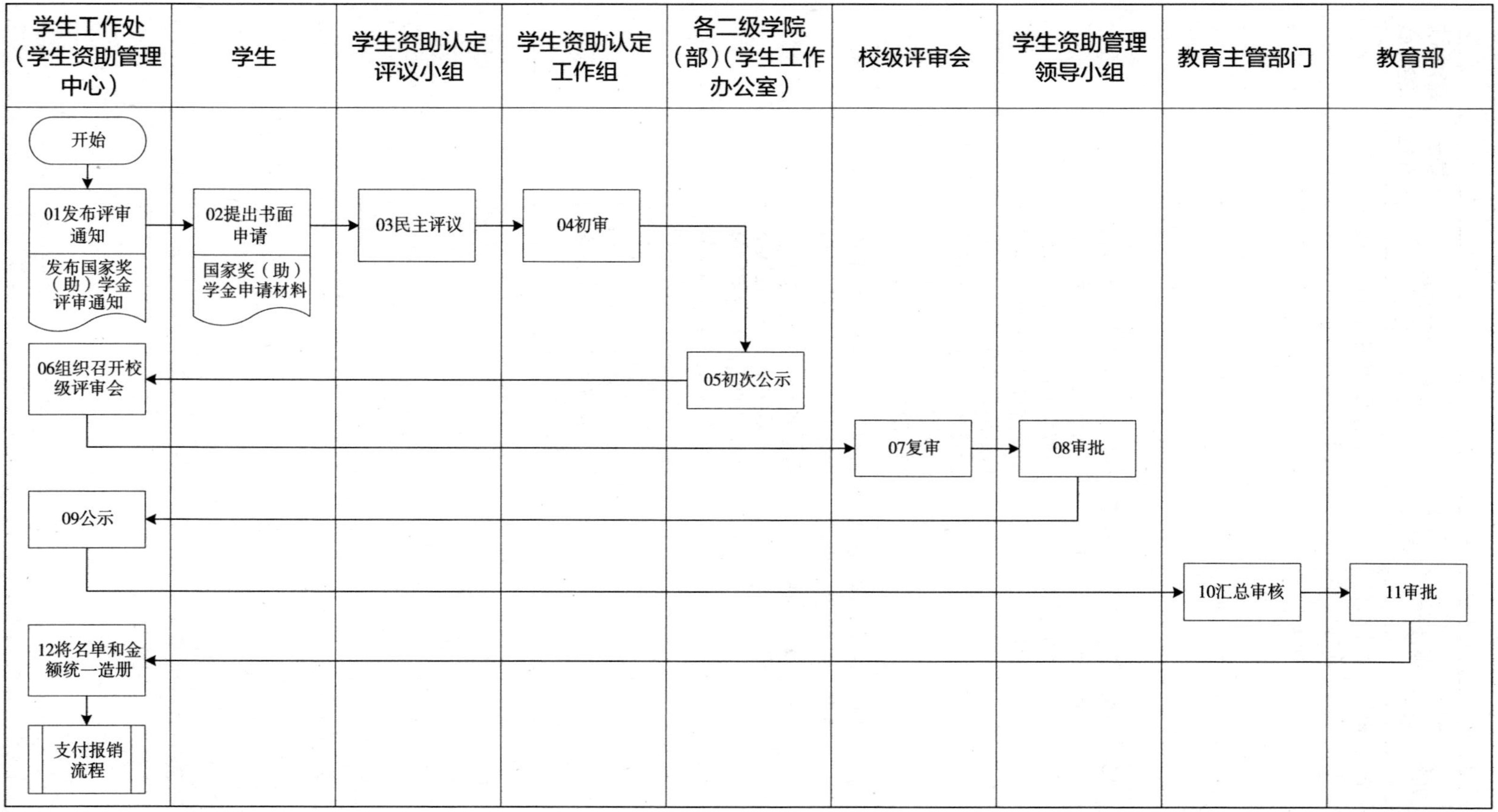

（2）流程说明

编号	流程步骤	责任部门	责任岗位	流程步骤描述	输出文档	是否关键控制点	控制要素
01	发布评审通知	学生工作处（学生资助管理中心）	学生资助岗	学校根据省财政厅、教育厅的名额分配计划，拟定评审通知在学校办公系统中公布，二级学院按通知要求做好相应的宣传、申请、评审工作，确保评审信息的公开和透明	发布国家奖（助）学金评审通知	否	
02	提出书面申请		学生	学生根据本实施细则规定的国家奖（助）学金的申请条件及其他有关规定，向所在学院提出申请，并提交相应申请表，如实填写申请事由并提供相关证明材料	国家奖（助）学金申请材料	否	
03	民主评议	学生资助认定评议小组		经班级评定小组民主评议和认定后，二级学院奖（助）学金评审委员会根据申报学生的实际情况组织评审，确定拟奖（助）对象名单及资助档次，并在班级、二级学院公示三天无异议后，由二级学院将相关申请材料报学生工作处		是	申请条件、奖励标准等符合《本专科生国家奖学金评审办法》（教财函〔2019〕105号）、《普通本科高校、高等职业学校国家奖学金管理暂行办法》（财教〔2007〕90号）、《普通本科高校、高等职业学校国家励志奖学金管理暂行办法》（财教〔2007〕91号）、《普通本科高校、高等职业学校国家助学金管理暂行办法》（财教〔2007〕92号）等文件要求
04	初审	学生资助认定工作组		学院学生资助认定工作组根据评审条件对候选人进行初审，确定推荐人选		否	
05	初次公示	各二级学院（部）（学生工作办公室）	科室负责人	在本学院学生中进行初次公示，无异议后，完善相应推荐材料报学校学生工作处（学生资助管理中心）		否	
06	组织召开校级评审会	学生工作处（学生资助管理中心）	部门负责人	学校学生工作处（学生资助管理中心）组织各学院学生资助认定工作组负责人召开校级评审会		否	

续表

编号	流程步骤	责任部门	责任岗位	流程步骤描述	输出文档	是否关键控制点	控制要素
07	复审	校级评审会		根据评审条件，结合各学院推荐材料和全校名额分配情况，对推荐人进行复审，提出当学年度国家奖学金获奖学生建议名单报学校学生资助管理领导小组审批		是	申请条件、奖励标准等符合《本专科生国家奖学金评审办法》（教财函〔2019〕105号）、《普通本科高校、高等职业学校国家奖学金管理暂行办法》（财教〔2007〕90号）、《普通本科高校、高等职业学校国家励志奖学金管理暂行办法》（财教〔2007〕91号）、《普通本科高校、高等职业学校国家助学金管理暂行办法》（财教〔2007〕92号）等文件要求
08	审批	学生资助管理领导小组		对当学年度国家奖学金获奖学生建议名单进行审批		是	
09	公示	学生工作处（学生资助管理中心）	学生资助岗	经学校批准的国家奖学金获奖学生名单，在校园网上公示5个工作日，无异议后，上报教育主管部门		否	
10	汇总审核	教育主管部门		汇总审核国家奖学金学生建议名单		否	
11	审批	教育部		对国家奖学金学生建议名单进行审批		否	
12	将名单和金额统一造册	学生工作处（学生资助管理中心）	学生资助岗	上级部门审批后，由学校学生工作处（学生资助管理中心）将获奖学生名单和金额统一造册交学校财务处负责发放		否	
下接支付报销流程							

附表　奖（助）学金项目业务表

编号	项目类型		适用外部政策
01	国家奖（助）学金	本专科生国家奖学金	《学生资助资金管理办法》（财科教〔2019〕19号） 《普通本科高校、高等职业学校国家奖学金管理暂行办法》（财教〔2007〕90号） 《江苏省本专科生国家奖学金实施细则》 《江苏省学生资助资金管理办法》（苏财规〔2020〕28号） 《江苏省学生资助管理实施细则》（苏教助〔2021〕1号）
		本专科生国家励志奖学金	《学生资助资金管理办法》（财科教〔2019〕19号） 《普通本科高校、高等职业学校国家励志奖学金管理暂行办法》（财教〔2007〕91号）

续表

编号	项目类型		适用外部政策
01	国家奖（助）学金	本专科生国家励志奖学金	《江苏省本专科生国家励志奖学金实施细则》 《江苏省学生资助资金管理办法》（苏财规〔2020〕28号） 《江苏省学生资助管理实施细则》（苏教助〔2021〕1号）
		本专科生国家助学金	《学生资助资金管理办法》（财科教〔2019〕19号） 《普通本科高校、高等职业学校国家助学金管理暂行办法》（财教〔2007〕92号） 《江苏省本专科生国家助学金实施细则》 《江苏省学生资助资金管理办法》（苏财规〔2020〕28号） 《江苏省学生资助管理实施细则》（苏教助〔2021〕1号）
02	企业奖（助）学金	"曹余华·谢似玄"奖助学金	企业捐赠协议
		四方友信助学金	企业捐赠协议
		迅杰企业奖学金	企业捐赠协议
03	校内奖（助）学金	校内励志奖学金	《无锡职业技术学院校内励志奖学金实施细则》
		学生单项奖	《无锡职业技术学院学生单项奖申报评审实施细则（修订）》
		学生临时困难补助	《无锡职业技术学院学生临时困难补助管理办法》

4.2.2 企业奖（助）学金申报、评审及发放流程

具体程序详见校内奖（助）学金申报、评审及发放流程。

4.2.3 校内奖（助）学金申报、评审及发放流程

详见评优评选中校内奖（助）学金申报、评审及发放流程。

4.3 贷

4.3.1 贷款申请、审批与发放

新生办理生源地贷款，其申请、受理、审批及发放等程序请直接咨询区县学生资助中心。贷款学生凭国家开发银行《生源地信用助学贷款受理证明》和《借款合同》到学校报到，学校通过"绿色通道"为其办理相关入学手续。入学后，学生于报到当日将当地学生资助中心办理的国家开发银行《生源地信用助学贷款受理证明》交回学校。以各二级学院（部）班级为单位收集，各二级学院（部）（学生工作办公室）汇总后报学生工作处（学生资助管理中心），学生工作处（学生资助管理中心）录入系统并报财务处（结算中心）备案。财务处根据学生学费情况多退少补。

在校生办理生源地贷款，请在国家开发银行网页上提交贷款申请，再按通知进行办理。

4.3.2 贷后管理及贷款回收

生源地贷款学生相关贷款管理归当地政府教育贷款管理中心、各区县资助中心和贷款银行共同管理。学生工作处（学生资助管理中心）按照省资助中心要求，做好生源地信用助学贷款的跟踪反馈工作。

4.4 助

4.4.1 退役士兵教育资助申请与审批流程

（1）流程图

流程编号：XSGL19.04.04.01　　流程类别：学生管理　　流程主责部门：学生工作处（学生资助管理中心）　流程主责岗位：学生资助岗　　流程版本：V1.0

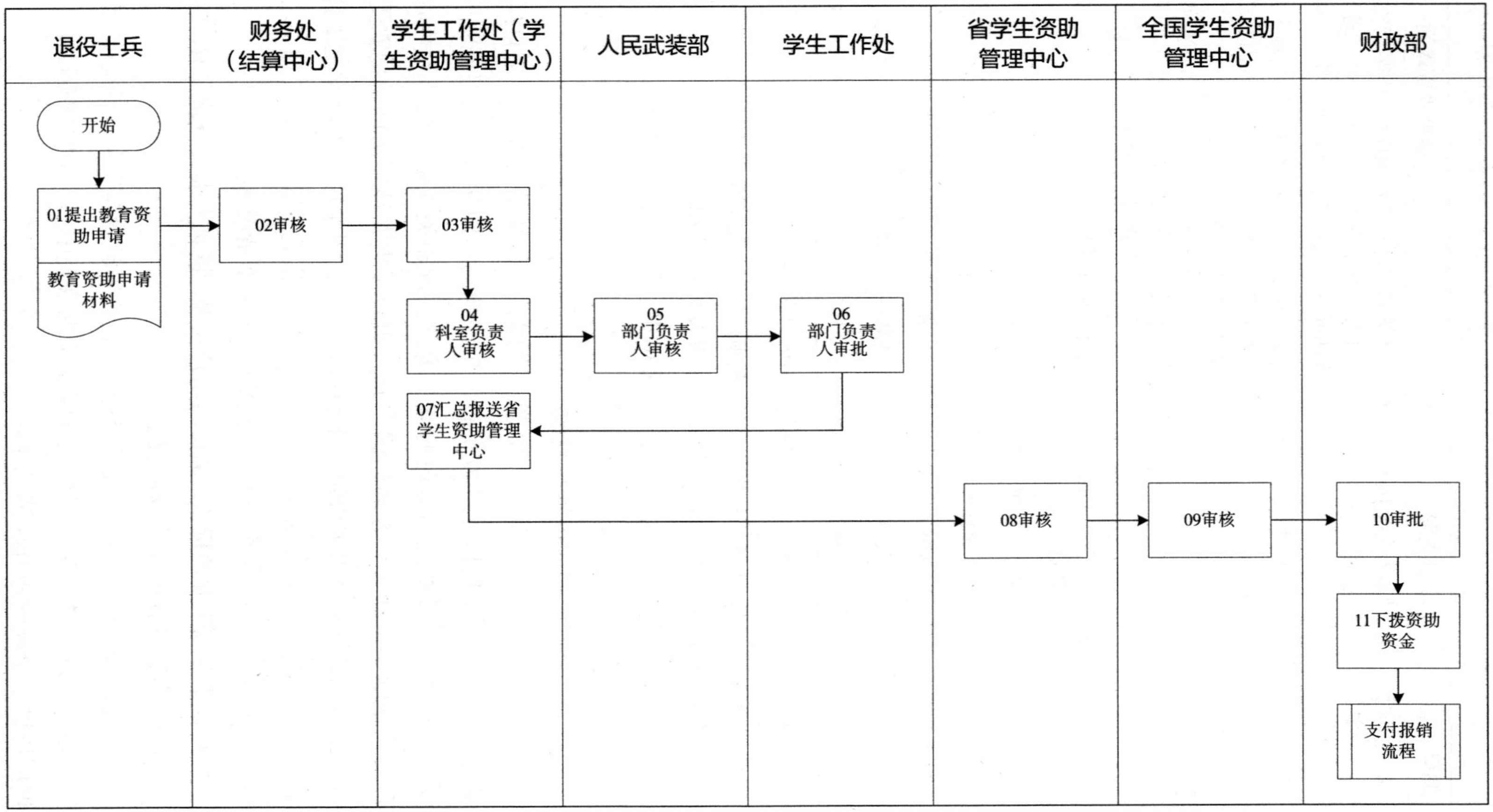

（2）流程说明

编号	流程步骤	责任部门	责任岗位	流程步骤描述	输出文档	是否关键控制点	控制要素
01	提出教育资助申请		退役士兵	自主就业退役士兵自愿参加全国统一高考，被全日制普通高等学校录取并到学校报到后，向学校提出“教育资助申请”	教育资助申请材料	否	
02	审核	财务处（结算中心）	收费管理岗	对教育资助金额进行审核		否	
03	审核	学生工作处（学生资助管理中心）	学生资助岗	对教育资助申请材料进行审核		否	
04	审核	学生工作处（学生资助管理中心）	科室负责人	对教育资助申请材料进行审核		是	资助条件、资助内容、资助标准、资助方式、资助期限、资助流程等符合《财政部 教育部 民政部 总参谋部 总政治部关于实施退役士兵教育资助政策的意见》（财教〔2011〕538号）的要求
05	审核	人民武装部	部门负责人	对教育资助申请材料进行审核		否	
06	审批	学生工作处	部门负责人	对教育资助申请材料进行审批		是	资助条件、资助内容、资助标准、资助方式、资助期限、资助流程等符合《财政部 教育部 民政部 总参谋部 总政治部关于实施退役士兵教育资助政策的意见》（财教〔2011〕538号）的要求
07	汇总报送省学生资助管理中心	学生工作处（学生资助管理中心）	学生资助岗	核实学生信息后，在开学后10个工作日内将录取退役士兵人数和所录专业收费标准汇总报送省学生资助管理中心		否	
08	审核	省学生资助管理中心		对退役士兵人数和所录专业收费标准汇总材料进行审核		否	
09	审核	全国学生资助管理中心		对退役士兵人数和所录专业收费标准汇总材料进行审核		否	

续表

编号	流程步骤	责任部门	责任岗位	流程步骤描述	输出文档	是否关键控制点	控制要素
10	审批	财政部		对退役士兵人数和所录专业收费标准汇总材料进行审批		否	
11	下拨资助资金	财政部		财政部会同全国学生资助管理中心对上报数据进行审核后，在20个工作日内下拨资助资金。其中：中央部门所属学校的资金由中央财政通过中央部门下拨到所属学校；地方所属学校的资金，先拨付到地方财政，再由地方财政按隶属关系拨付到学校		否	
下接支付报销流程［财务处（结算中心）将资助资金拨付到学生个人］							

4.4.2 服义务兵役国家资助申请与审批流程

（1）流程图

流程编号：XSGL19.04.04.02　流程类别：学生管理　流程主责部门：人民武装部　流程主责岗位：学生资助岗　流程版本：V1.0

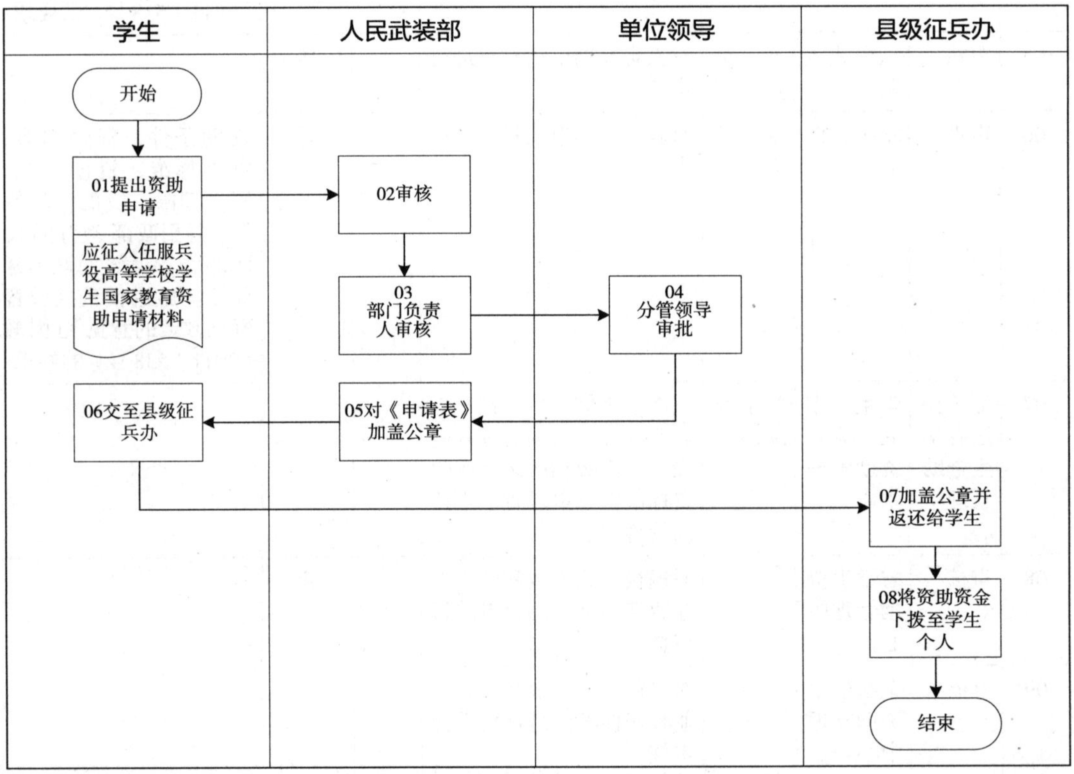

（2）流程说明

编号	流程步骤	责任部门	责任岗位	流程步骤描述	输出文档	是否关键控制点	控制要素
01	提出资助申请		学生	应征报名的高校学生登录全国征兵网，按要求在线填写、打印《应征入伍服兵役高等学校学生国家教育资助申请表》并提交高校学生工作处（学生资助管理中心）。在校期间获得国家助学贷款的学生，须同时提供《国家助学贷款借款合同》复印件和本人签字的一次性偿还贷款计划书	应征入伍服兵役高等学校学生国家教育资助申请材料	否	
02	审核	人民武装部	学生资助岗	对应征入伍服兵役高等学校学生国家教育资助申请材料进行审核		否	
03	审核	人民武装部	部门负责人	对应征入伍服兵役高等学校学生国家教育资助申请材料进行审核		是	资助对象、范围、标准及年限等符合《高等学校学生应征入伍服义务兵役国家资助办法》（财教〔2013〕236号）的要求
04	审批		分管领导	对应征入伍服兵役高等学校学生国家教育资助申请材料进行审批		否	
05	对《申请表》加盖公章	人民武装部	学生资助岗	对《申请表》加盖公章，一份留存，一份返还给学生		否	
06	交至县级征兵办		学生	学生在征兵报名时将《申请表》交至入伍所在地县级人民政府征兵办公室		否	
07	加盖公章并返还学生	县级征兵办		学生通过征兵体检被批准入伍后，县级征兵办对《申请表》加盖公章并返还给学生		否	
08	将资助资金下拨至学生个人	县级征兵办		将资助资金下拨至学生个人		否	

4.4.3 直招士官国家资助申请与审批流程

符合《关于对直接招收为士官的高等学校学生施行国家资助的通知》(财教〔2015〕462号)等资助对象、范围及标准等规定的，按照要求提出申请，按照退役士兵国家资助申请与审批流程执行。

4.4.4 建档立卡家庭经济困难学生学费减免申请与审批流程

(1) 流程图

流程编号：XSGL19.04.04.04　流程类别：学生管理　流程主责部门：学生工作处（学生资助管理中心）　流程主责岗位：学生资助岗　流程版本：V1.0

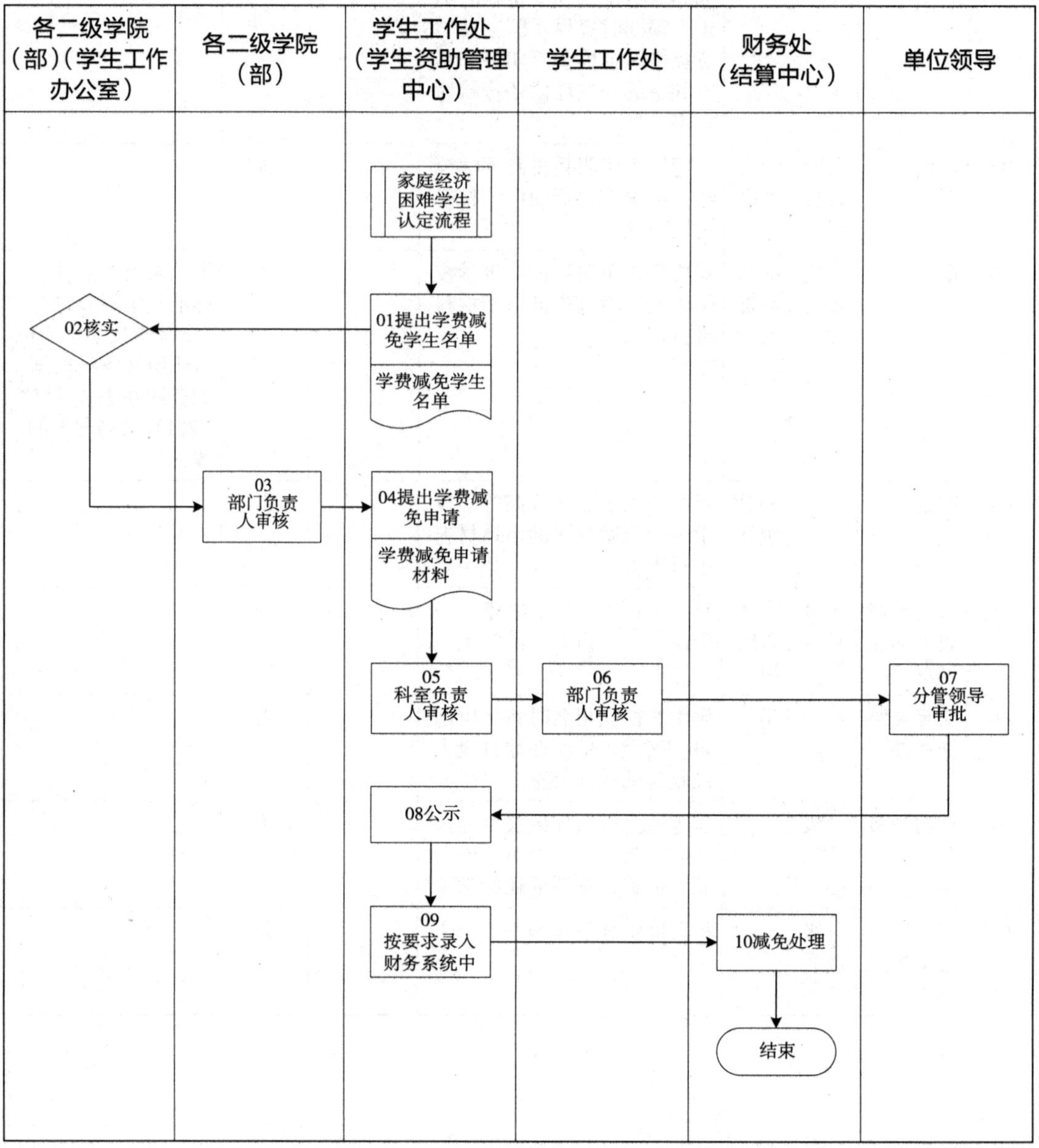

（2）流程说明

编号	流程步骤	责任部门	责任岗位	流程步骤描述	输出文档	是否关键控制点	控制要素
01	提出学费减免学生名单	学生工作处（学生资助管理中心）	学生资助岗	在贫困生库中选择符合学费减免的学生名单	学费减免学生名单	否	
02	核实	各二级学院（部）（学生工作办公室）	科室负责人	核实并截图出示证明材料		是	确保符合减免条件
03	审核	各二级学院（部）	部门负责人	对建档立卡家庭经济困难学生学费减免申请进行审核		否	
04	提出学费减免申请	学生工作处（学生资助管理中心）	学生资助岗	按要求提出学费减免申请	学费减免申请材料	否	
05	审核	学生工作处（学生资助管理中心）	科室负责人	对学费减免申请进行审核		是	学费减免信息准确性
06	审核	学生工作处	部门负责人	对学费减免申请进行审核		否	
07	审批		分管领导	对学费减免申请进行审批		是	学费减免信息准确性
08	公示	学生工作处（学生资助管理中心）	学生资助岗	公示		否	
09	按要求录入财务系统中	学生工作处（学生资助管理中心）	学生资助岗	按要求录入财务系统中		否	
10	减免处理	财务处（结算中心）	收费管理岗	减免处理		否	

4.4.5 残疾学生学费减免申请与审批流程

（1）流程图

流程编号：XSGL19.04.04.05　　流程类别：学生管理　　流程主责部门：学生工作处（学生资助管理中心）　　流程主责岗位：学生资助岗　　流程版本：V1.0

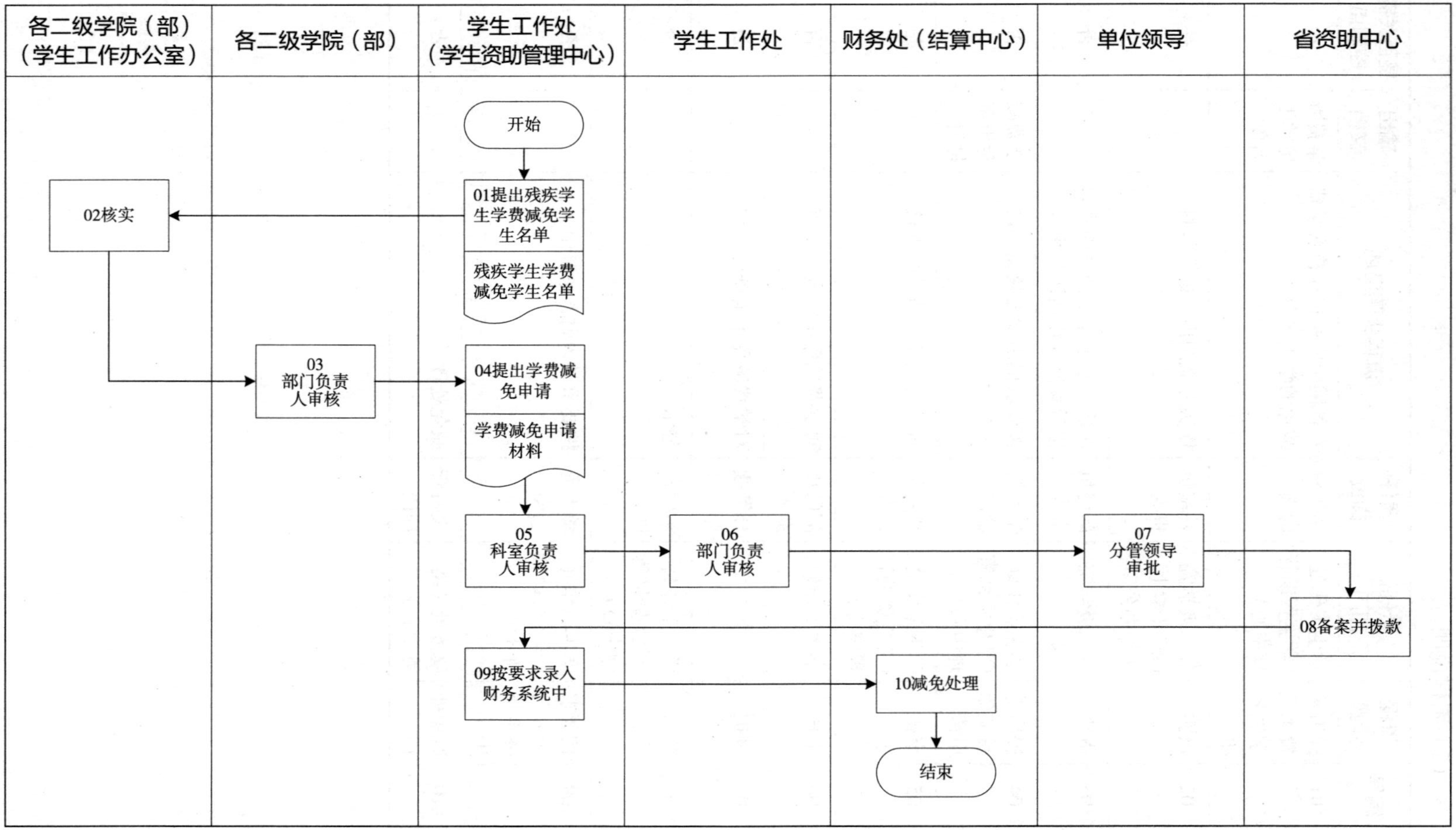

（2）流程说明

编号	流程步骤	责任部门	责任岗位	流程步骤描述	输出文档	是否关键控制点	控制要素
01	提出残疾学生学费减免学生名单	学生工作处（学生资助管理中心）	学生资助岗	提出残疾学生学费减免学生名单	残疾学生学费减免学生名单	否	
02	核实	各二级学院（部）（学生工作办公室）	科室负责人	核实并截图出示证明材料		是	确保符合减免条件
03	审核	各二级学院（部）	部门负责人	对残疾学生学费减免申请进行审核		否	
04	提出学费减免申请	学生工作处（学生资助管理中心）	学生资助岗	按要求提出学费减免申请	学费减免申请材料	否	
05	审核	学生工作处（学生资助管理中心）	科室负责人	对学费减免申请进行审核		是	学费减免信息准确性
06	审核	学生工作处	部门负责人	对学费减免申请进行审核		否	
07	审批		分管领导	对学费减免申请进行审批		是	学费减免信息准确性
08	备案并拨款	省资助中心		对学费减免申请进行备案，并拨款至学校		否	
09	按要求录入财务系统中	学生工作处（学生资助管理中心）	学生资助岗	按要求录入财务系统中		否	
10	减免处理	财务处（结算中心）	收费管理岗	减免处理		否	

4.5 勤工助学

4.5.1.1 岗位设置申请与审批流程

（1）流程图

流程编号：XSGL19.04.05.01.01	流程类别：学生管理	流程主责部门：学生工作处（学生资助管理中心）	流程主责岗位：勤工助学岗	流程版本：V1.0

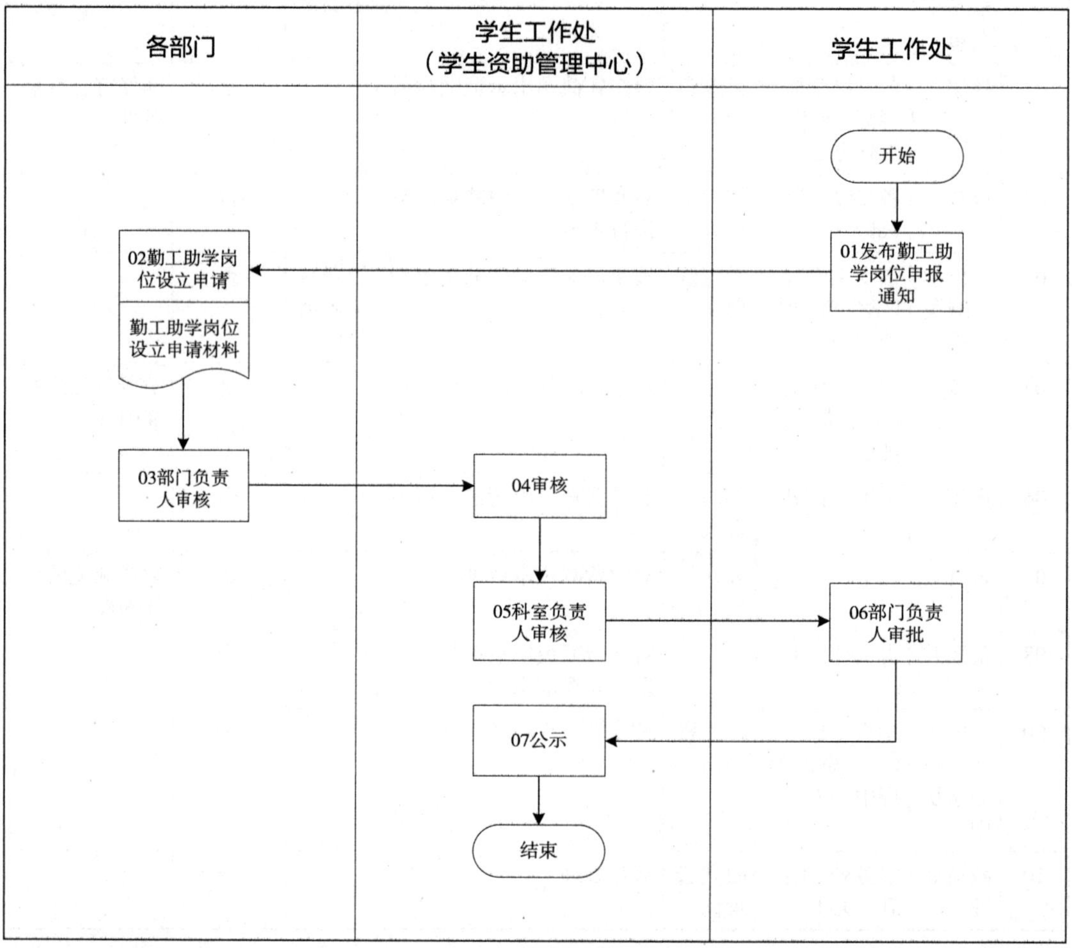

（2）流程说明

编号	流程步骤	责任部门	责任岗位	流程步骤描述	输出文档	是否关键控制点	控制要素
01	发布勤工助学岗位申报通知	学生工作处		发布勤工助学岗位申报通知		否	

续表

编号	流程步骤	责任部门	责任岗位	流程步骤描述	输出文档	是否关键控制点	控制要素
02	勤工助学岗位设立申请	各部门	经办岗	勤工助学岗位的设置，原则上以校内为主，除学校统一组织的校外勤工助学活动外，不提倡学生个人到社会上自谋岗位。校内岗位分固定岗位和临时岗位。固定岗位是指持续一个学期以上的长期性岗位和寒暑假期间的连续性岗位；临时岗位是指不具有长期性，通过一次或几次勤工助学活动即完成任务的工作岗位。 学生勤工助学岗位不包括高空作业、严重污染、辐射等极易对人体造成伤害和危害的特殊行业和专业的劳动。学校各部门也不得接受学生参加上述劳动	勤工助学岗位设立申请材料	否	
03	审核	各部门	部门负责人	对勤工助学岗位设立申请材料进行审核		是	申请材料、申请程序符合《高等学校勤工助学管理办法（2018年修订）》（教财〔2018〕12号）要求
04	审核	学生工作处（学生资助管理中心）	勤工助学岗	对勤工助学岗位设立申请材料进行审核		否	
05	审核	学生工作处（学生资助管理中心）	科室负责人	对勤工助学岗位设立申请材料进行审核		否	
06	审批	学生工作处	部门负责人	对勤工助学岗位设立申请材料进行审批		是	申请材料、申请程序符合《高等学校勤工助学管理法（2018年修订）》（教财〔2018〕12号）要求
07	公示	学生工作处（学生资助管理中心）	勤工助学岗	公示		否	

4.5.1.2 学生聘用流程

（1）流程图

流程编号：XSGL19.04.05.01.02　流程类别：学生管理　流程主责部门：学生工作处（学生事务服务中心）　流程主责岗位：勤工助学岗　流程版本：V1.0

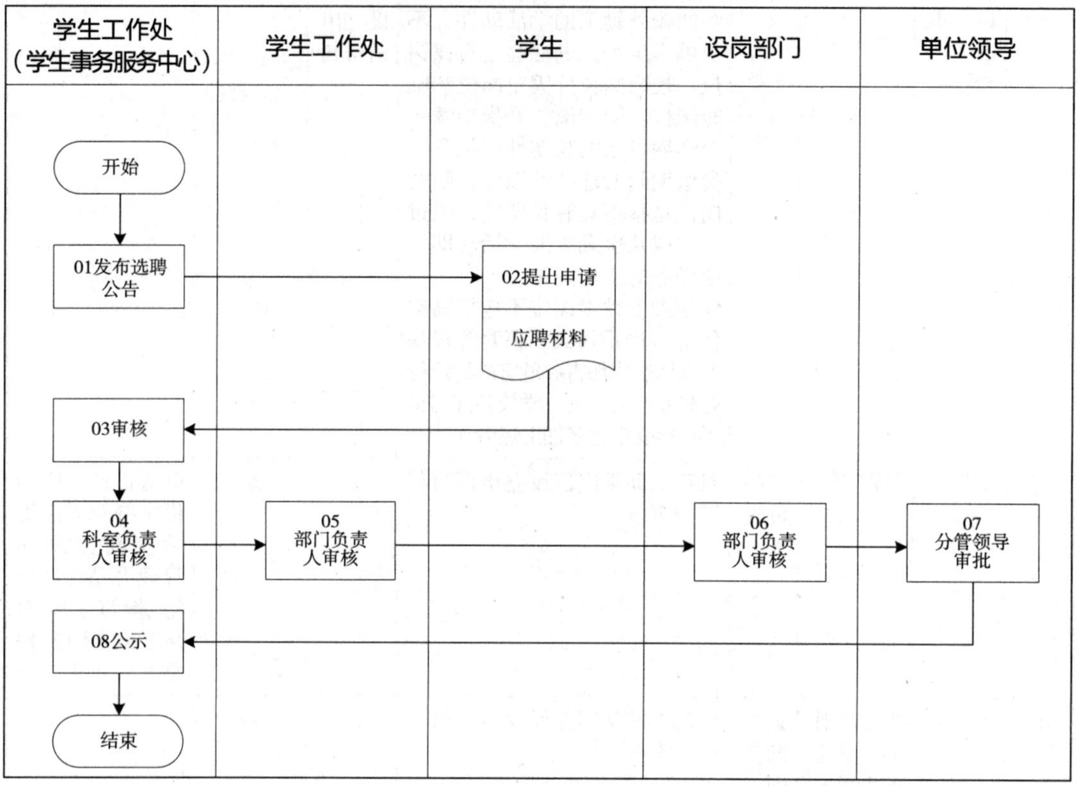

（2）流程说明

编号	流程步骤	责任部门	责任岗位	流程步骤描述	输出文档	是否关键控制点	控制要素
01	发布选聘公告	学生工作处（学生事务服务中心）	勤工助学岗	每学期初发布校内勤工助学固定岗位选聘公告，组织开展学生选聘工作		否	
02	提出申请		学生	按照选聘公告提出申请，准备应聘材料	应聘材料	否	
03	审核	学生工作处（学生事务服务中心）	勤工助学岗	对应聘材料进行审核		否	
04	审核	学生工作处（学生事务服务中心）	科室负责人	对应聘材料进行审核		是	聘用公平公正性

续表

编号	流程步骤	责任部门	责任岗位	流程步骤描述	输出文档	是否关键控制点	控制要素
05	审核	学生工作处	部门负责人	对应聘材料进行审核		否	
06	审核	设岗部门	部门负责人	对应聘材料进行审核		是	聘用公平公正性
07	审批		分管领导	对应聘材料进行审批		否	
08	公示	学生工作处（学生事务服务中心）	勤工助学岗	公示		否	

4.5.1.3　学生离岗流程

参加勤工助学工作的学生，如确因本人有实际困难不能继续从事勤工助学活动，学生本人以书面形式向岗位负责人提出申请，经同意后办理离岗手续。

4.6　补

（1）流程图

代偿申请与审批流程

流程编号：XSGL19.04.06.01.01　流程类别：学生管理　流程主责部门：学生工作处（学生资助管理中心）　流程主责岗位：学生资助岗　流程版本：V1.0

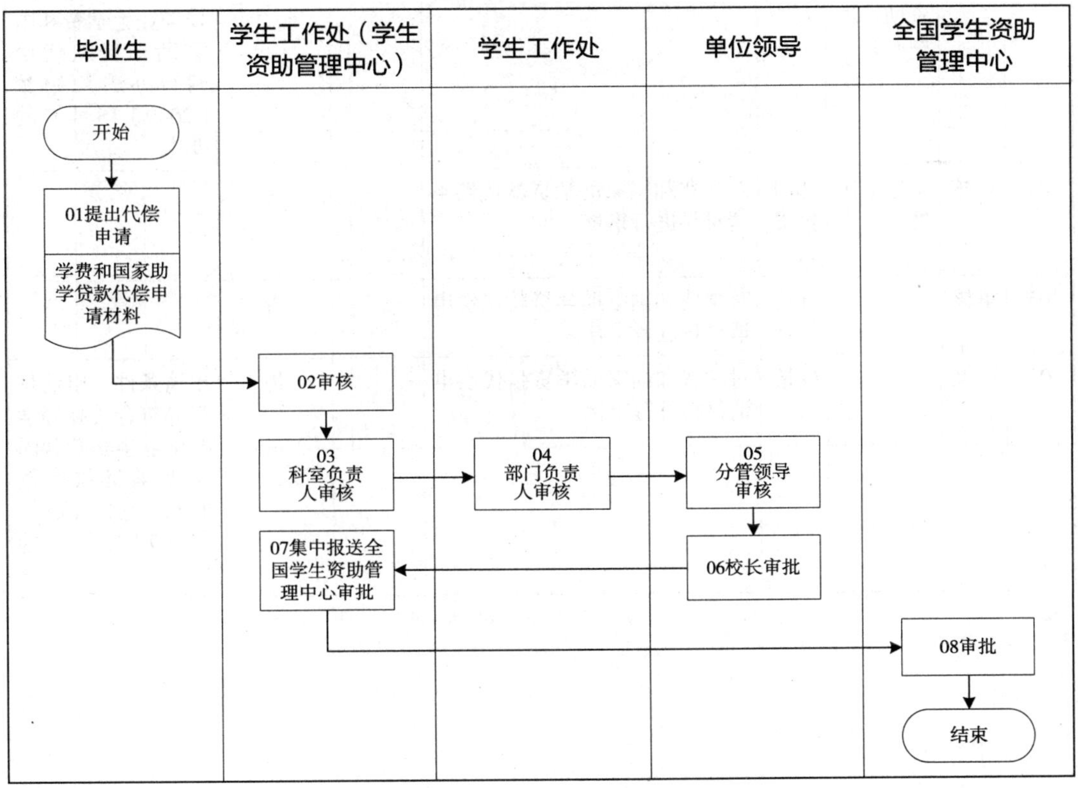

（2）流程说明

编号	流程步骤	责任部门	责任岗位	流程步骤描述	输出文档	是否关键控制点	控制要素
01	提出代偿申请		毕业生	高校毕业生本人在办理离校手续时向学校递交《学费和国家助学贷款代偿申请表》和毕业生本人、就业单位与学校三方签署的到中西部地区和艰苦边远地区基层单位服务3年以上的就业协议。 在校学习期间获得国家助学贷款的高校毕业生，在与国家助学贷款经办银行签订毕业后的还款计划书时，应注明已申请国家助学贷款代偿，如果获得国家助学贷款代偿资格，无须自行向银行还款	学费和国家助学贷款代偿申请材料	否	
02	审核	学生工作处（学生资助管理中心）	学生资助岗	对学费和国家助学贷款代偿申请材料进行审核		否	
03	审核	学生工作处（学生资助管理中心）	科室负责人	对学费和国家助学贷款代偿申请材料进行审核		是	申请条件、申请材料等符合《高等学校毕业生学费和国家助学贷款代偿暂行办法》（财教〔2009〕15号）的要求
04	审核	学生工作处	部门负责人	对学费和国家助学贷款代偿申请材料进行审核		否	
05	审核		分管领导	对学费和国家助学贷款代偿申请材料进行审核		否	
06	审批		校长	对学费和国家助学贷款代偿申请材料进行审批		是	申请条件、申请材料等符合《高等学校毕业生学费和国家助学贷款代偿暂行办法》（财教〔2009〕15号）的要求

续表

编号	流程步骤	责任部门	责任岗位	流程步骤描述	输出文档	是否关键控制点	控制要素
07	集中报送全国学生资助管理中心审批	学生工作处（学生资助管理中心）	学生资助岗	高校根据上述材料，按本办法规定，审查申请资格；在每年6月底前，将符合条件的高校毕业生相关材料集中报送全国学生资助管理中心审批。对存在“二次定岗”的毕业生，高校应在毕业生提交有关证明材料并经审查后，最迟于当年12月底前将申请材料集中报送全国学生资助管理中心审批		否	
08	审批	全国学生资助管理中心		全国学生资助管理中心在收到高校申请材料后一个月内，将审批确定的获得学费和国家助学贷款代偿资格的学生名单通知有关高校及国家助学贷款经办银行，同时将有关审批文件报教育部、财政部备案		否	

5 评优评选

5.1 校内奖（助）学金申报、评审及发放流程

（1）流程图

流程编号：XSGL19.05.01　流程类别：学生管理　流程主责部门：学生工作处（学生资助管理中心）　流程主责岗位：学生资助岗　流程版本：V1.0

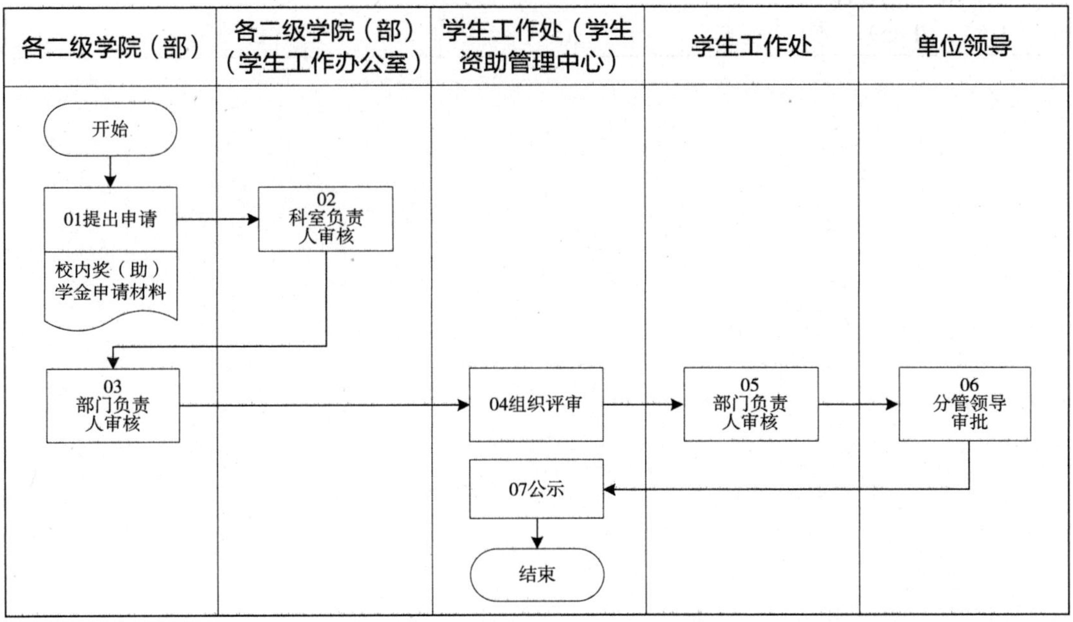

（2）流程说明

编号	流程步骤	责任部门	责任岗位	流程步骤描述	输出文档	是否关键控制点	控制要素
01	提出申请	各二级学院（部）	学生	按要求提出校内奖（助）学金申请	校内奖（助）学金申请材料	否	
02	初审	各二级学院（部）（学生工作办公室）	科室负责人	对单项奖（助）学金申请进行初审		是	评选对象、申请条件、申请材料等符合学校奖（助）学金的要求
03	审核	各二级学院（部）	部门负责人	对单项奖（助）学金申请进行审核		否	
04	组织评审	学生工作处（学生资助管理中心）	科室负责人	学生工作处组织对申报人材料进行评审，确定获奖名单后予以公示		是	评选对象、申请条件、申请材料等符合学校奖（助）学金的要求
05	审核	学生工作处	部门负责人	对获奖名单进行审核		否	
06	审批		分管领导	对获奖名单进行审批		是	评选对象、申请条件、申请材料等符合学校奖（助）学金的要求
07	公示	学生工作处（学生资助管理中心）	学生资助岗	对获奖名单进行公示		否	

5.2 学生评奖评优

5.2.1 先进班级评定流程

（1）流程图

流程编号：XSGL19.05.02.01	流程类别：学生管理	流程主责部门：学生工作处	流程主责岗位：部门负责人	流程版本：V1.0

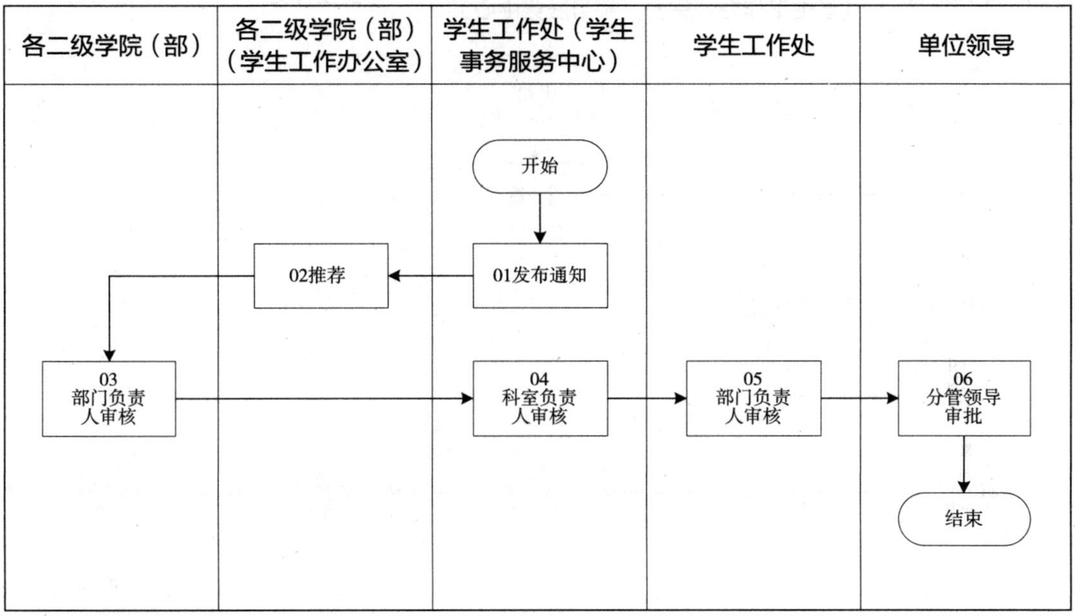

（2）流程说明

编号	流程步骤	责任部门	责任岗位	流程步骤描述	是否关键控制点	控制要素
01	发布通知	学生工作处（学生事务服务中心）	科室负责人	发布先进班级评定通知	否	
02	推荐	各二级学院（部）（学生工作办公室）	科室负责人	先进班级评定由班级所在二级学院党总支按班级数的10%推荐	否	
03	审核	各二级学院（部）	部门负责人	对先进班级推荐名单进行审核	是	评定标准符合学校先进班级评定的要求
04	审核	学生工作处（学生事务服务中心）	科室负责人	对先进班级推荐名单进行审核	否	
05	审核	学生工作处	部门负责人	对先进班级推荐名单进行审核	是	评定标准符合学校先进班级评定的要求
06	审批		分管领导	对先进班级推荐名单进行审批	否	

5.2.2 先进个人评定流程

（1）流程图

流程编号：XSGL19.05.02.02	流程类别：学生管理	流程主责部门：学生工作处	流程主责岗位：部门负责人	流程版本：V1.0

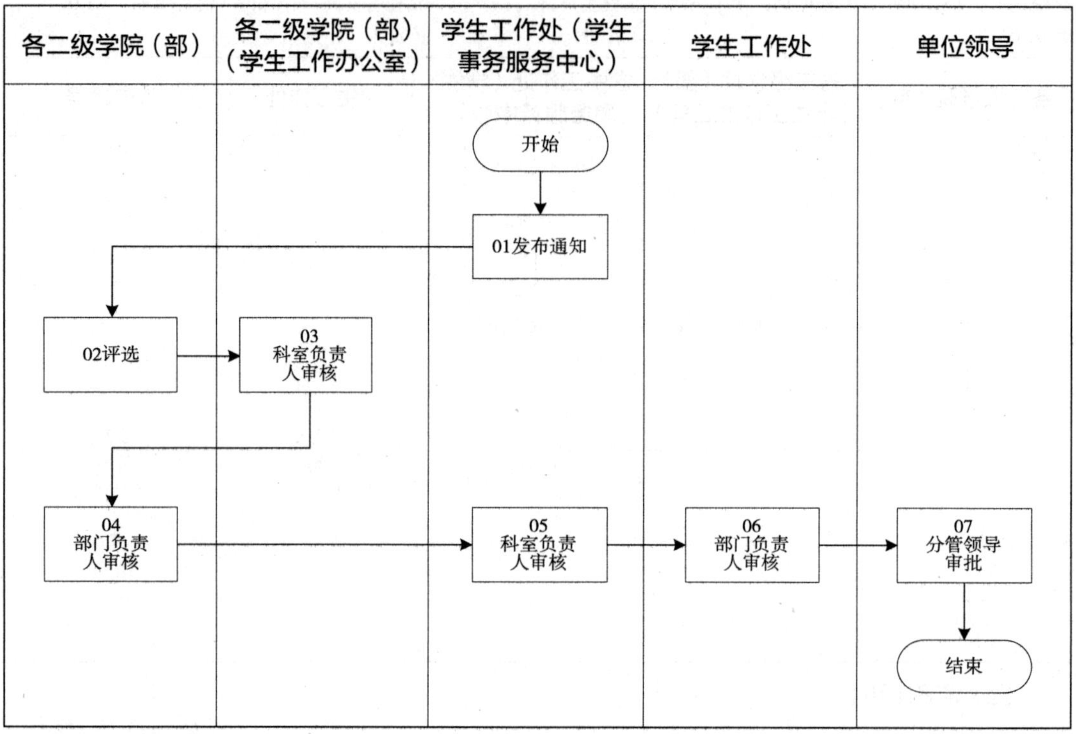

（2）流程说明

编号	流程步骤	责任部门	责任岗位	流程步骤描述	是否关键控制点	控制要素
01	发布通知	学生工作处（学生事务服务中心）	科室负责人	发布先进个人评定通知	否	
02	评选	各二级学院（部）	班主任	先进个人按不超过班级学生人数5% 评选	否	
03	审核	各二级学院（部）（学生工作办公室）	科室负责人	对先进个人推荐名单进行审核	否	
04	审核	各二级学院（部）	部门负责人	对先进个人推荐名单进行审核	是	评定标准是否符合先进个人评定的要求
05	审核	学生工作处（学生事务服务中心）	科室负责人	对先进个人推荐名单进行审核	否	
06	审核	学生工作处	部门负责人	对先进个人推荐名单进行审核	是	评定标准是否符合先进个人评定的要求
07	审批		分管领导	对先进个人推荐名单进行审批	否	

5.2.3 个人奖学金评定流程

（1）流程图

流程编号：XSGL19.05.02.03	流程类别：学生管理	流程主责部门：学生工作处	流程主责岗位：部门负责人	流程版本：V1.0

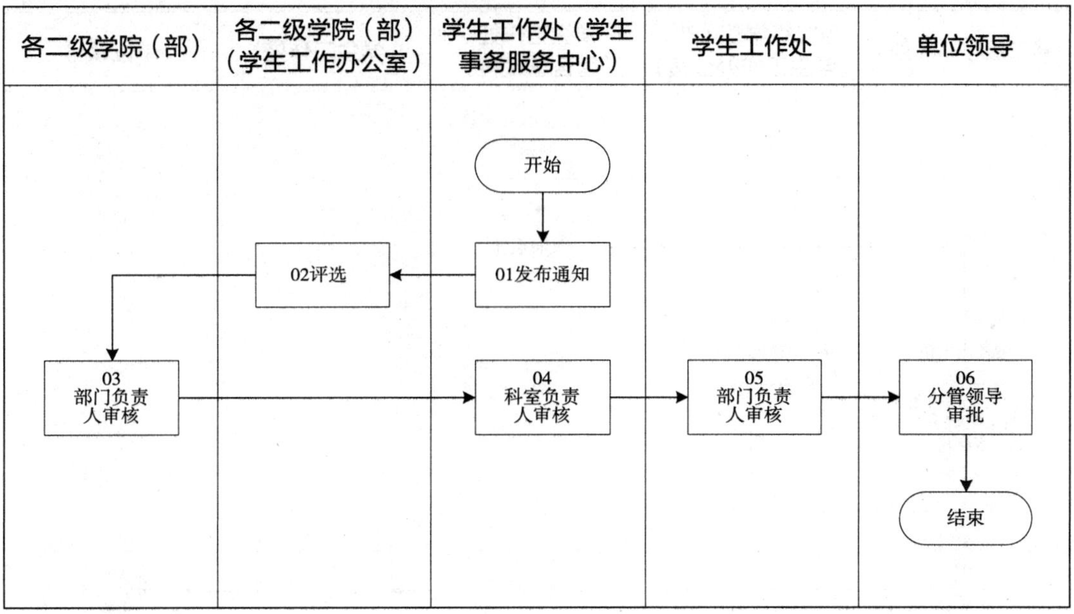

（2）流程说明

编号	流程步骤	责任部门	责任岗位	流程步骤描述	是否关键控制点	控制要素
01	发布通知	学生工作处（学生事务服务中心）	科室负责人	发布个人奖学金评定通知	否	
02	评选	各二级学院（部）（学生工作办公室）	科室负责人	优秀学生一等奖不超过参评学生的3%，优秀学生二等奖不超过参评学生的5%	否	
03	审核	各二级学院（部）	部门负责人	对个人奖学金推荐名单进行审核	是	评定标准符合学校个人奖学金评定的要求
04	审核	学生工作处（学生事务服务中心）	科室负责人	对个人奖学金推荐名单进行审核	否	
05	审核	学生工作处	部门负责人	对个人奖学金推荐名单进行审核	是	评定标准符合学校个人奖学金评定的要求
06	审批		分管领导	对个人奖学金推荐名单进行审批	否	

5.3 特色文化宿舍与文明宿舍评选流程

（1）流程图

流程编号：XSGL19.05.03	流程类别：学生管理	流程主责部门：学生工作处	流程主责岗位：部门负责人	流程版本：V1.0

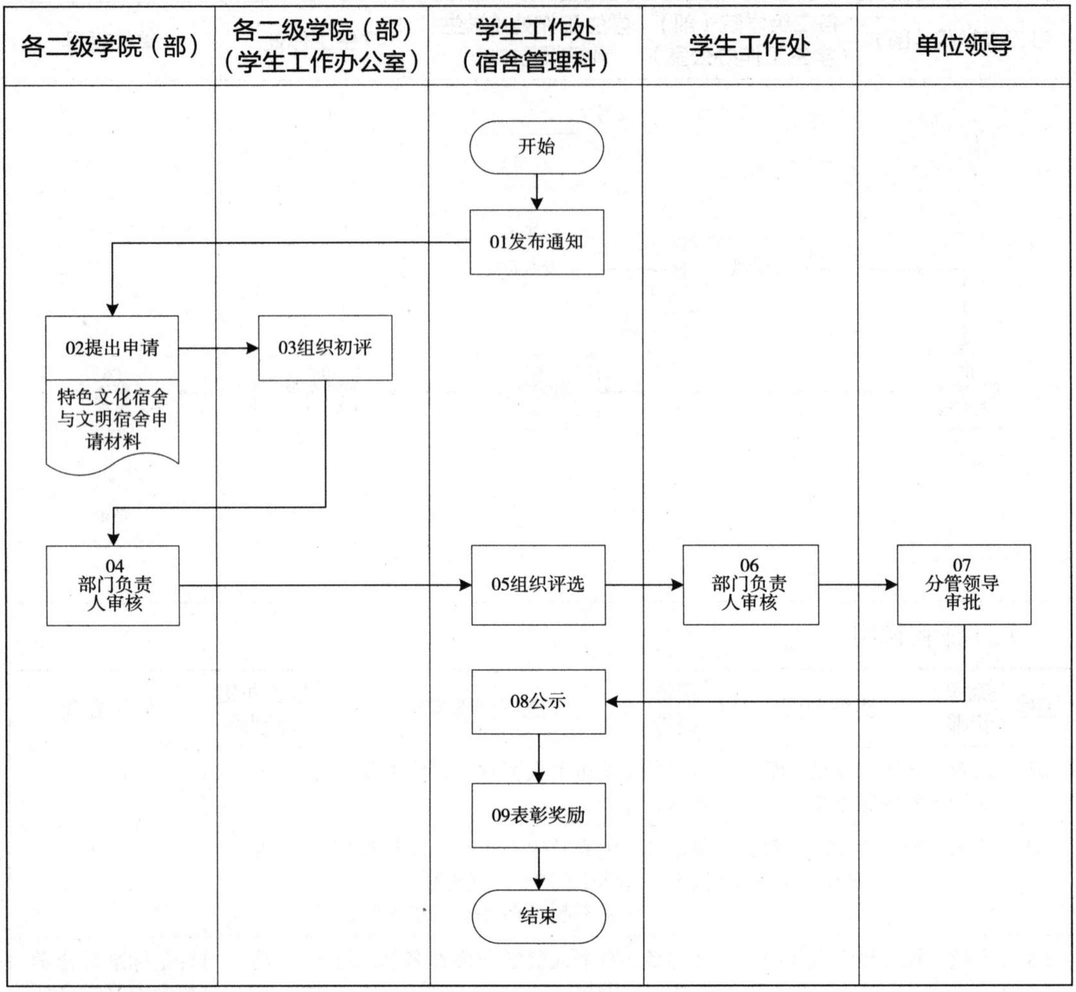

（2）流程说明

编号	流程步骤	责任部门	责任岗位	流程步骤描述	输出文档	是否关键控制点	控制要素
01	发布通知	学生工作处（宿舍管理科）	科室负责人	发布特色文化宿舍与文明宿舍评选通知		否	
02	提出申请	各二级学院（部）	宿舍	符合条件的宿舍填写申请表，报二级学院	特色文化宿舍与文明宿舍申请材料	否	

续表

编号	流程步骤	责任部门	责任岗位	流程步骤描述	输出文档	是否关键控制点	控制要素
03	组织初评	各二级学院（部）（学生工作办公室）	科室负责人	各二级学院通过实地走访等方式，根据评选条件推荐本学院宿舍，报学生工作处。（注：跨学院组合的宿舍申请表直接报学生工作处）		否	
04	审核	各二级学院（部）	部门负责人	对初评结果进行审核		是	评选数量、申请条件、申请材料等符合学校特色文化宿舍与文明宿舍评选的要求
05	组织评选	学生工作处（宿舍管理科）	科室负责人	学生工作处组织评审小组，通过查阅申报材料和实地走访等方式进行评选，确定特色文化宿舍与文明宿舍		否	
06	审核	学生工作处	部门负责人	对获奖名单进行审核		是	评选数量、申请条件、申请材料等符合学校特色文化宿舍与文明宿舍评选的要求
07	审批		分管领导	对获奖名单进行审批		否	
08	公示	学生工作处（宿舍管理科）	科室负责人	对获奖名单进行公示		否	
09	表彰奖励	学生工作处（宿舍管理科）	科室负责人	表彰奖励		否	

5.4 大学生年度人物评选流程

（1）流程图

流程编号：XSGL19.05.04　流程类别：学生管理　流程主责部门：学生工作处　流程主责岗位：部门负责人　流程版本：V1.0

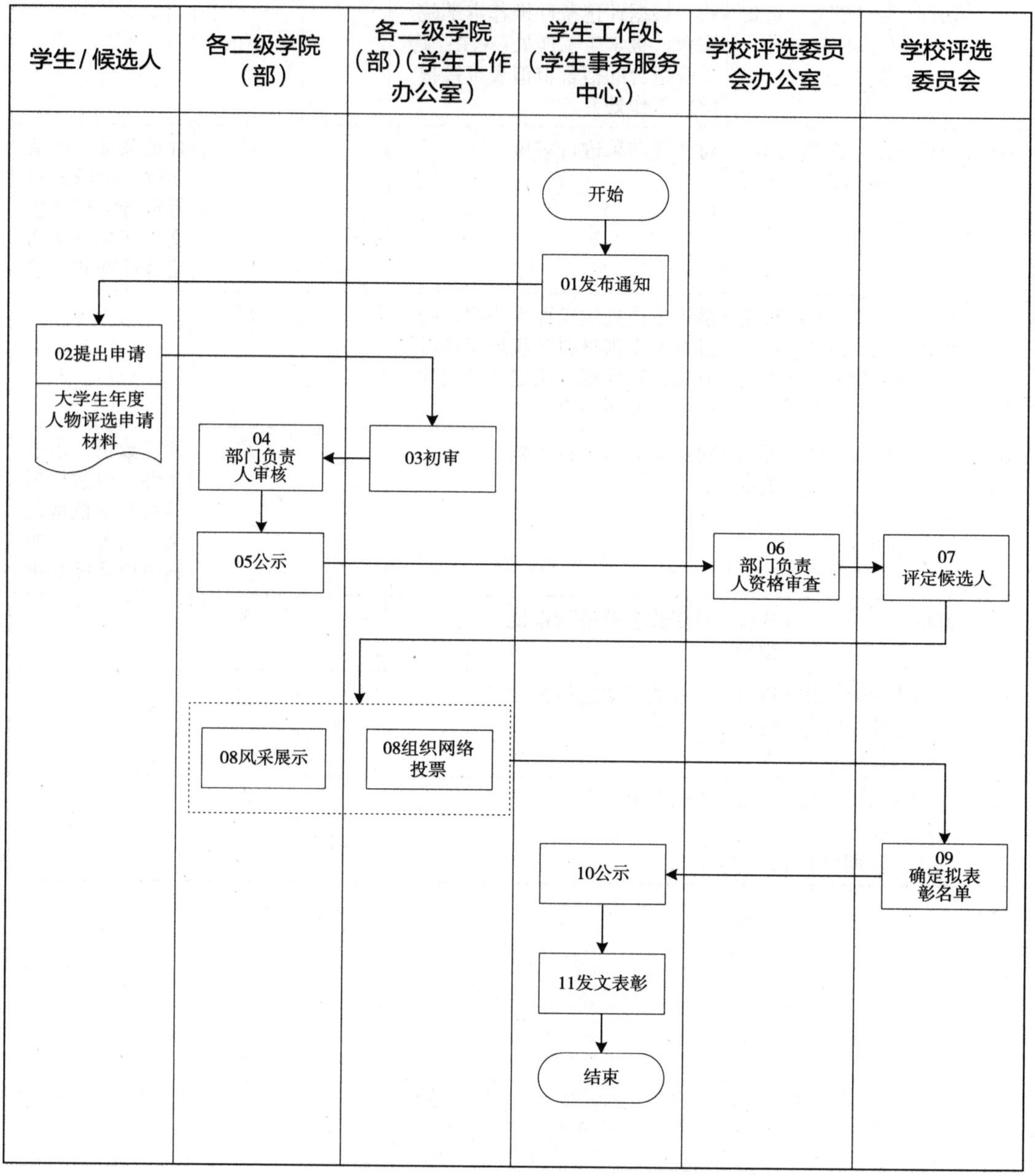

（2）流程说明

编号	流程步骤	责任部门	责任岗位	流程步骤描述	输出文档	是否关键控制点	控制要素
01	发布通知	学生工作处（学生事务服务中心）	学生事务管理岗	学校发布评选通知，并通过网络、展板、班会等多种途径进行宣传报道，积极发动学生申报		否	
02	提出申请		学生	符合条件的学生，可通过自荐或由所在班级推荐参评，将各项报名材料在规定时间内送交所在学院	大学生年度人物评选申请材料	否	
03	初审	各二级学院（部）（学生工作办公室）	科室负责人	各二级学院按评选条件择优确定推荐人选，在本学院公示三天后，将有关推荐材料报送学校评选委员会办公室		是	申请条件、申请材料等符合学校大学生年度人物评选的要求
04	审核	各二级学院（部）	部门负责人	对推荐人选进行审核		否	
05	公示	各二级学院（部）	部门负责人	对推荐人选进行公示		否	
06	资格审查	学校评选委员会办公室	部门负责人	学校评选委员会办公室对各学院推荐人选进行资格审查		是	申请条件、申请材料等符合学校大学生年度人物评选的要求
07	评定候选人	学校评选委员会		学校评选委员会根据事迹材料，评定20名候选人		否	
08	组织网络投票	学生工作处（学生事务服务中心）	学生事务管理岗	学生工作处通过PU平台等对“大学生年度人物”候选人事迹进行网络展示，并组织师生进行投票		否	
08	风采展示		候选人	候选人通过现场演讲、评委评分，展示自我风采		否	
09	确定拟表彰名单	学校评选委员会		由学校评选委员会根据事迹材料、网络投票、风采展示等情况综合确定拟表彰名单		是	申请条件、申请材料等符合学校大学生年度人物评选的要求

续表

编号	流程步骤	责任部门	责任岗位	流程步骤描述	输出文档	是否关键控制点	控制要素
10	公示	学生工作处（学生事务服务中心）	学生事务管理岗	对拟表彰名单进行公示		否	
11	发文表彰	学生工作处（学生事务服务中心）	学生事务管理岗	公示无异议后，学校发文表彰，颁发荣誉证书与奖金		否	

6 就业

6.1 毕业生提前上岗

（1）流程图

毕业生提前上岗校外住宿申请与审批流程

流程编号：XSGL19.06.01.01　流程类别：学生管理　流程主责部门：各二级学院（部）　流程主责岗位：部门负责人　流程版本：V1.0

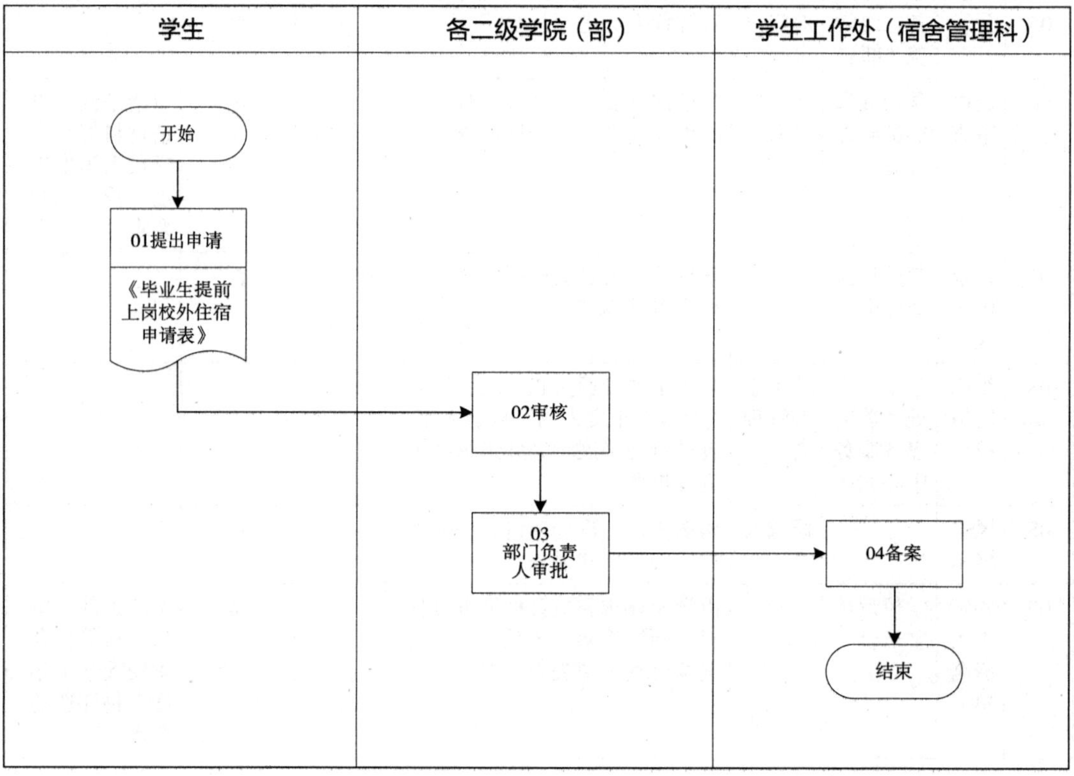

（2）流程说明

编号	流程步骤	责任部门	责任岗位	流程步骤描述	输出文档	是否关键控制点	控制要素
01	提出申请		学生	因工作需要在校外住宿的学生，填写《毕业生提前上岗校外住宿申请表》	《毕业生提前上岗校外住宿申请表》	否	
02	审核	各二级学院（部）	班主任	对毕业生提前上岗校外住宿申请进行审核		是	必要性
03	审批	各二级学院（部）	部门负责人	对毕业生提前上岗校外住宿申请进行审批		否	
04	备案	学生工作处（宿舍管理科）	科室负责人	对毕业生提前上岗校外住宿申请进行备案		否	

6.2 毕业生毕业鉴定流程

（1）认真做好毕业生毕业鉴定工作

全体毕业生要认真、如实地填写《高等学校毕业生登记表》，该表是毕业生个人重要的档案材料之一。毕业生鉴定是学校对毕业生在校期间各方面表现的综合评定，也是用人单位聘用毕业生的重要依据。各学院要切实做好毕业生鉴定的动员和组织工作，要求毕业生认真做好自我总结。各分院、各毕业班也要客观地对每个毕业生在校期间德、智、体、能等方面的情况作出鉴定。

毕业生鉴定工作是对毕业生在校期间德、智、体、美等方面发展情况的全面总结鉴定。各分院要成立由党总支书记为组长，成员包括分院行政领导、教研室主任、分团委书记、学生工作党支部书记、辅导员、班主任的毕业生鉴定工作领导小组，委派专人对毕业生毕业鉴定工作认真进行动员、布置和安排。

毕业生本人应认真填写“自我鉴定”；各级团支部和班委会要根据具体情况组成鉴定小组，要注重调查研究、实事求是，避免流于形式；“小组（或班）意见”要结合毕业生的个人特点及大学期间的具体表现，尽量做到全面、客观、准确；二级学院的党总支要认真审核“自我鉴定”和“小组（或班）意见”，并在此基础上，对毕业生给出客观公正的评价；学生工作处负责填写“学校组织鉴定”，并根据学生档案管理的有关规定，认真核对无误之后归档。

各分院领取《高等学校毕业生登记表》后，组织进行毕业生自我鉴定、班组鉴定和系级组织鉴定等，填写鉴定意见；各分院将登记表以班级为单位按学号顺序整理，正反两面复印登记表1~2页，集中报送学生工作处（就业指导服务中心），复印件统一交送学生工作处档案室。

（2）做好毕业生鉴定工作的基础工作

辅导员须认真做好分管年级学生奖惩记录，在毕业生鉴定工作开始时，及时提交分院党总支书记；

委派人对指定班级学生进行毕业生鉴定工作时，要主动听取班主任、班委和支委的意见；

对因违纪受到“留校察看”处分的学生，处分解除后，“小组（或班）意见”和“分院级组织意见”中的评语要客观（即与未受到同类处分有区别），处分未解除的学生，“小组（或班）意见”和“分院级组织意见”中的评语须如实地反映“留校察看未解除”的事实；

对因违纪受到“留校察看”以下等级处分的学生，对其违纪原因进行登记，处分期满学生毕业前采取个人小结、师生民主评议的形式进行评议，“小组（或班）意见”和“分院级组织意见”中的评语要客观（即与未受到同类处分有区别），处分期限未满学生毕业前暂不作鉴定；

根据教育部《普通高等学校学生管理规定》要求，“对学生的奖励、处分材料，学校应当真实完整地归入学校文书档案和本人档案”。

6.3　毕业生就业手续办理流程

（1）报到证

◎报到证的派遣

派遣回生源地：学生毕业时如无特殊情况，学校学生工作处（就业指导服务中心）会统一将毕业生报到证派遣至学生生源地毕业生就业公共服务机构（如人才交流服务中心、人才管理办公室等）。

派遣至就业地：如因学生工作单位要求，或学生个人需求，需要将报到证开具至工作单位所在地毕业生就业公共服务机构的，可向所在学院就业辅导员提出申请，并在91JOB系统内上传工作单位所在地毕业生就业公共服务机构出具的接收凭证电子照片，如接收函等（自2021年起南京、无锡地区已取消毕业生异地就业接收手续，学生可以以和当地单位签订的就业协议或劳动合同为依据，直接申请将报到证开至就业地）。

◎改派

如果毕业去向需要更改，但报到证已开具，毕业生仍然可以向学校学生工作处（就业指导服务中心）提出报到证改派申请。

改派手续有以下几种情况：

由生源地改派至工作地：学生须在91JOB系统内上传工作地毕业生就业公共服务机构出具的接收凭证照片，待学校学生工作处（就业指导服务中心）根据学生上传材料更改好报到证派遣方案后，方可前往江苏省政务服务中心更换报到证。

由工作地改派回生源地：学生须在91JOB系统内上传与原工作单位解约的书面材料电子照片，待学校学生工作处（就业指导服务中心）根据学生上传材料更改好报到证派遣方案后，方可前往江苏省政务服务中心更换。

户口迁移证的改迁，须本人持更换后的新证到相应派出所（雪浪、阳光）办理。

◎遗失补办

毕业2年（含）以内，如发生遗失，可办理报到证、户口迁移证遗失补办手续。

须刊登原证声明作废的遗失启事（具体要求为：公开发行的市级以上报刊，内容必须包含姓名、15位报到证号），并将报纸原件交学校学生工作处（就业指导服务中心）。

学校学生工作处（就业指导服务中心）携报纸原件到江苏省政务服务中心补办报到证。

毕业生本人持办好的报到证到派出所（雪浪、阳光）补办户口迁移证。

◎期限界定

“毕业离校2年”或“毕业不超过2年（含）”是指自毕业当年度的12月31日起，至毕业年度后的第二年12月31日止。

超过以上界定期限的原则上不再办理改派手续。

超过以上界定期限的原则上不再办理报到证遗失补办手续，但可办理报到证证明书，其效力与报到证一致，办理流程同报到证遗失补办。

◎其他情况

需要注意的是，报到证不能签发给升入高一学历层次的毕业生。如毕业生需要办理原学历层次的报到证，已经完成报到入学手续的，须提供书面的退学或者注销学籍的证明；未完成注册报到手续的毕业生，应由本人提供书面的放弃入学的声明。

（2）取得报到证和户口迁移证后如何办理相关手续

报到证与户口迁移证（未迁入的同学无此证）由班主任统一发放，毕业生须在报到证规定期限内做好如下事宜：

报到证直接开到单位的同学，可由毕业生本人或接收单位到单位所在地毕业生就业公共服务机构办理落户手续。（须携带的资料包括毕业证书原件、户口迁移证、就业协议书、报到证、单位出具的体检合格证明等材料。）

报到证开回生源地的同学，可由毕业生本人到生源地毕业生就业公共服务机构办理报到落户手续。（须携带的资料包括户口迁移证、毕业证书原件、家庭户口本、报到证等材料。）

领到报到证后，如对自己的报到证有疑问，可咨询学校学生工作处（就业指导服务中心），中心地址：学生事务服务中心一楼X104，联系电话：0510-85916789/0510-81838843。

领到户口迁移证后，如对自己的户口迁移证有疑问，可咨询学院保卫处，联系电话：0510–81838852。

（3）毕业生档案的整理与投递流程

根据现行政策，只有在档案已经寄送到当地人才中心的情况下，毕业生才能凭报到证到人才中心办理落户手续。所以，为了不影响毕业生办理落户及社保等手续，必须注重毕业生档案的整理工作，做到档案整理的准确性及寄送的及时性。

◎毕业生档案的整理

由各二级分院的辅导员发起，选择合适的地点并在约定的时间内组织毕业班班主任亲自进行档案整理工作。

班主任根据学生工作处（就业指导服务中心）提供的具体名单，逐一认真核对档案。如发现缺失要及时反馈；如有多余，要认真查找原因，核实其是否为已退学或留级，并将具体情况用铅笔在档案袋封面显著位置进行标注。

档案袋中必须包含毕业生成绩单、登记表，不可放错或漏放（每年都有此类错误情况发生）。如毕业生有如入党材料、处分文或撤销处分文等奖惩材料，也必须放入对应的毕业生档案袋中。

已开具报到证的毕业生，必须在档案袋内放入报到证下联。

整理好并确认无误后，按照名单顺序将档案整理好，以学院为单位送至就业指导服务中心。

◎毕业生档案如何寄（送）

生源地在江苏省内，且报到证派遣回生源地的，学校学生工作处（就业指导服务中心）会在每年7月中旬前将档案带至江苏省高校招生就业指导服务中心进行交接，由中心投递至省内各地人才服务中心或其他毕业生就业公共服务机构。

生源地在江苏省外，或报到证开具至工作地的，学校学生工作处（就业指导服务中心）会在每年7月中旬前将档案整理完毕后，通过邮政EMS，投递至各地毕业生就业公共服务机构。

专转本毕业生档案由学生工作处（就业指导服务中心）清点完毕后转交学校学生工作处（学生事务服务中心），学生可凭身份证至学生工作处（学生事务服务中心）领取个人档案（3+2转段毕业生的档案由学校通过EMS统一寄送）。

通过学校人民武装部报名入伍的毕业生，档案将由人民武装部代为保管，并根据学生具体的入伍情况，决定档案的去向。

◎毕业生档案去向的查询

学生可在每年7月中旬后，通过“锡职就业”微信公众号中的【就业服务】—【档案查询】端口，查询到个人档案的去向。

7 心理健康

单位应严格按照《中华人民共和国精神卫生法》（主席令第62号）、《教育部 卫生部 共青团中央关于进一步加强和改进大学生心理健康教育的意见》（教社政〔2005〕1号）、《普通高等学校学生心理健康教育工作基本建设标准（试行）》（教思政厅〔2011〕1号）、《关于进一步加强江苏省大学生心理健康教育工作的若干意见》（苏教学〔2011〕8号）以及《无锡职业技术学院大学生心理危机干预实施方案》的要求，做好大学生心理健康教育工作。对涉及心理危机的大学生，应该按照《无锡职业技术学院大学生心理危机干预实施方案》的要求做好大学生心理危机干预。

8 校园秩序与课外活动

单位应按照《普通高等学校学生管理规定》（教育部令第41号）等文件规定的要求加强校园秩序和课外活动的管理。校园秩序的维护需要学校、学生的共同努力，共同保障学生在一个稳定、安全的校园环境中学习和生活。

学校应转变思想，鼓励学生积极参与到校园管理当中，完善学生参与管理的组织形式，保障学生依法、依章参与学校管理。

9 奖励与处分

9.1 奖励流程

校内奖励具体程序详见评优评选相关流程。国家级奖励具体程序详见国家奖（助）学金申报、评审及发放流程。

9.2 违纪处理流程

（1）流程图

流程编号：XSGL19.09.02　流程类别：学生管理　流程主责部门：学生工作处　流程主责岗位：部门负责人　流程版本：V1.0

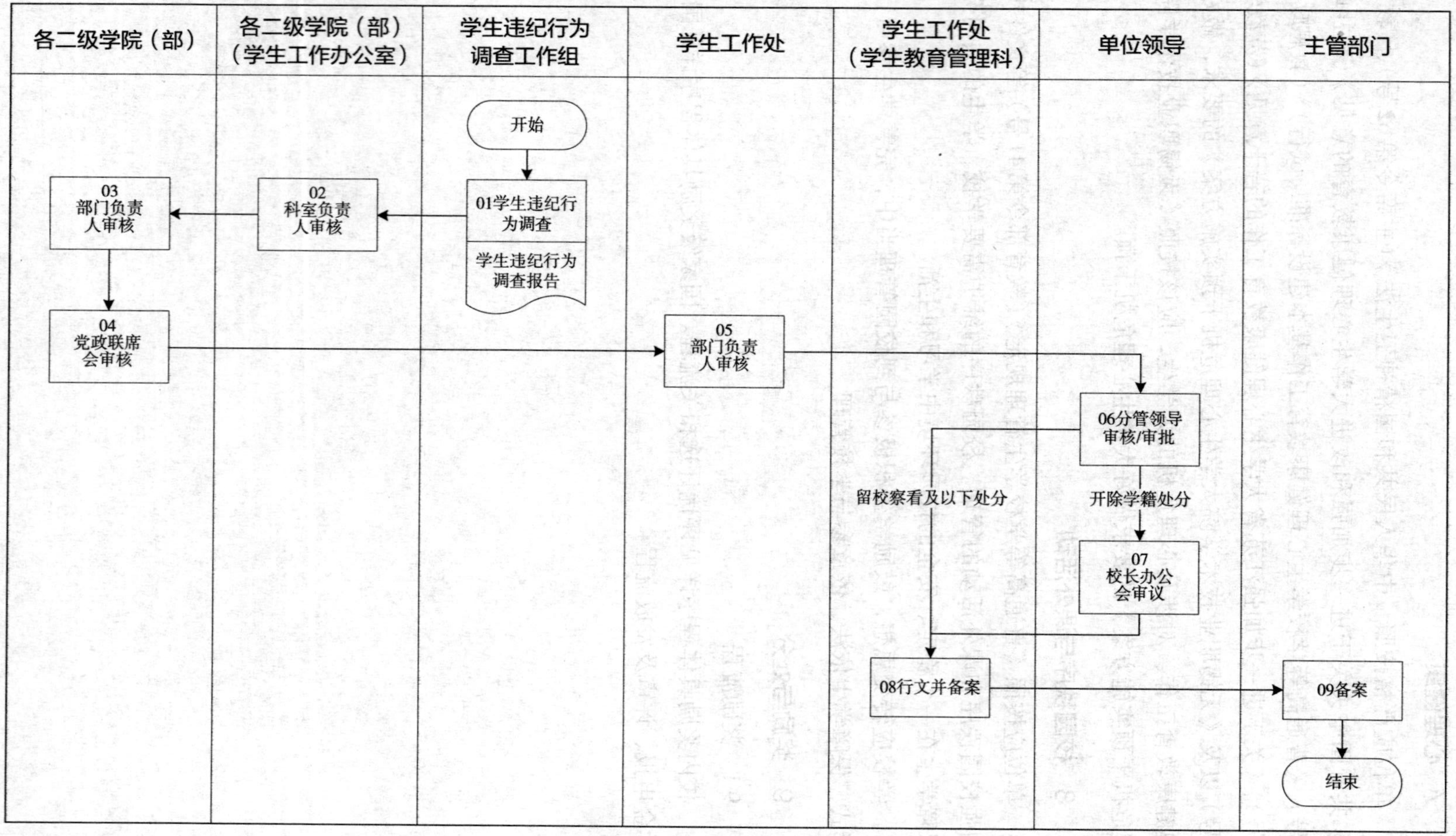

（2）流程说明

编号	流程步骤	责任部门	责任岗位	流程步骤描述	输出文档	是否关键控制点	控制要素
01	调查	学生违纪行为调查工作组		涉及校园治安和违法事件的，由保卫处负责，学生处、学生所在院系参与。涉及考试违纪的，由教务处负责，学生处、学生所在院系参与。其他方面的，由学生处或学生所在院系负责，有关部门参与	学生违纪行为调查报告	否	
02	审核	各二级学院（部）（学生工作办公室）	科室负责人	对学生违纪行为调查报告进行审核		否	
03	审核	各二级学院（部）	部门负责人	对学生违纪行为调查报告进行审核		是	处分建议是否公平公正
04	审核	各二级学院（部）	党政联席会	对学生违纪行为调查报告进行审核		否	
05	审核	学生工作处	部门负责人	对学生违纪行为调查报告进行审核		是	处分建议是否公平公正
06	审核/审批		分管领导	对留校察看及以下处分的学生违纪行为调查报告进行审批；对开除学籍处分的学生违纪行为调查报告进行审核		否	
07	审议	校长办公会		对开除学籍处分的学生违纪行为调查报告进行审议		是	处分建议是否公平公正
08	行文并报备	学生工作处（学生教育管理科）	学生教育管理岗	学生工作处负责行文，并分别报学院办公室、教务处、院系和相关部门备案；若涉及两个以上院系的学生违纪处分，学生工作处在征求院系意见后可直接作出处理		否	
09	备案	主管部门		对开除学籍处分的学生违纪行为调查报告进行备案		否	

10 学生申诉

（1）流程图

学生申诉流程

流程编号：XSGL19.10.01 流程类别：学生管理 流程主责部门：— 流程主责岗位：学生 流程版本：V1.0

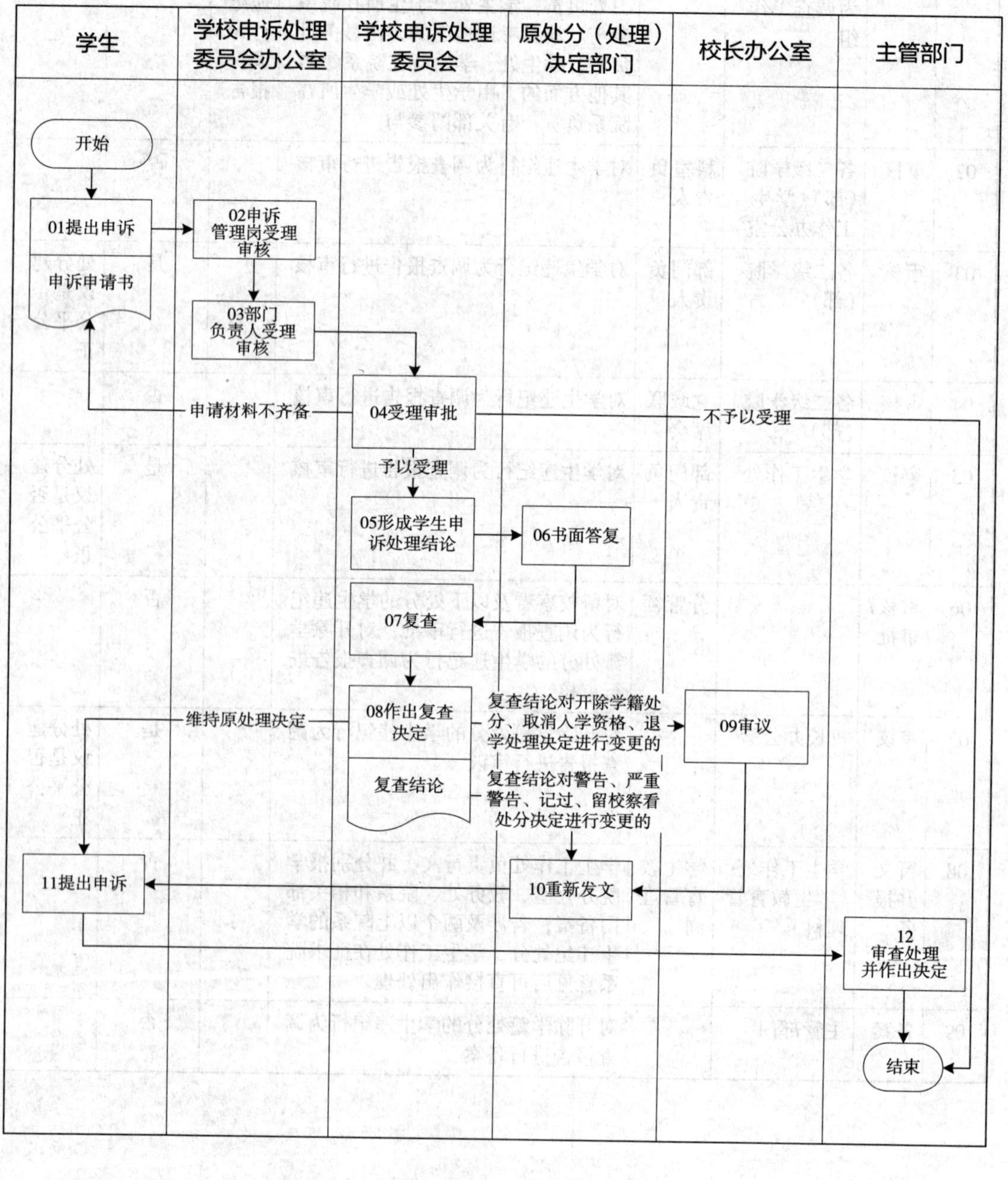

（2）流程说明

编号	流程步骤	责任部门	责任岗位	流程步骤描述	输出文档	是否关键控制点	控制要素
01	提出申诉	各二级学院（部）	学生	学生如果对处理结果不认同的，须在收到处理文书起15个工作日内，提起申诉。并将书面申诉材料及处理文书的副本交至学校申诉处理委员会办公室	申诉申请书	否	
02	受理审核	学生申诉处理委员会办公室	申诉管理岗	对申诉书进行审核		是	确保符合受理范围
03	受理审核	学生申诉处理委员会办公室	部门负责人	对申诉书进行审核		否	
04	受理审批	学生申诉处理委员会		接到申诉申请书之日起3个工作日内对申诉材料进行审查： 符合受理规定的情况，下接05； 不符合受理规定的情况，出具不予复议决定书； 材料不全的情况，退回，并告知申诉人须在三日内补齐材料，跳至01	予以复议决定书、不予复议决定书	是	确保符合受理范围
05	形成学生申诉处理结论	学生申诉处理委员会		复查核实情况，实行少数服从多数的原则，以无记名投票方式进行表决，形成学生申诉处理结论		否	
06	书面答复	原处分（处理）决定部门		作出处分的单位，在收到申请书副本起3个工作日内做出书面答复。（须陈述事件事实、处分依据、其他与事件相关的材料）		否	
07	复查	学生申诉处理委员会		当事件事实清楚，证据充分，处分依据合理合规时，可直接通过书面审查方式复查；特殊情况，认为有必要通过会议方式进行复查的，可以召开会议对申诉进行复查		是	复查公平公正性

续表

编号	流程步骤	责任部门	责任岗位	流程步骤描述	输出文档	是否关键控制点	控制要素
08	作出复查决定	学生申诉处理委员会		按照下列规定作出复查决定： 如果原处理决定作出时，事件事实清楚、处分程度合理、依据合规、处理程序完整符合规程，维持原决定，并书面告知提出疑问的学生。 原处理决定有下列情况之一的，撤销原处理决定（复查结论对警告、严重警告、记过、留校察看处分决定进行变更的，由相关部门重新发文，下接10；复查结论对开除学籍处分、取消入学资格、退学处理决定进行变更的，由申诉处理委员会提交校长办公会审议决定）： 主要事实不清，证据不足的； 适用依据错误的； 原决定程序不符合规定的； 有证据证明作出处理决定的部门超越或滥用职权，或相关人员有徇私枉法行为的	复查结论	否	
09	审议	校长办公会		对开除学籍处分、取消入学资格、退学处理决定进行变更的复查结果进行审议		是	复查公平公正性
10	重新发文	原处分（处理）决定部门		重新发文		否	
11	提出申诉	各二级学院（部）	学生	如果学生对复查结果仍然不认可，可在接到书面复查结果起15个工作日内，向省教育厅提出书面申诉		否	
12	审查处理并作出决定	主管部门		主管部门应当及时对申诉问题作出处理，要求在收到书面申请起30个工作日内给予答复。主管部门在处理时，应全面听取双方意见，并进行细致认真的调查		否	

（三）执行标准

流程	执行标准	
1.2.1 学生请假流程	国标： 《普通高等学校学生管理规定》（教育部令第41号） 《国家职业教育改革实施方案》（国发〔2019〕4号）	
1.2.3 学生走读申请与审批流程		
1.5 转专业管理		国标： 《普通高等学校新生学籍电子注册

续表

流程	执行标准	
1.5　转专业管理	地标： 《省政府关于加快推进职业教育现代化的若干意见》（苏政发〔2018〕68号） 《省教育厅关于印发江苏省职业教育质量 提升行动计划（2020—2022年）的通知》（苏教职〔2020〕6号） 《规范职业院校办学行为专项行动计划》（苏教职〔2019〕32号）	暂行办法》（教学〔2007〕3号） 地标： 《省教育厅关于加强普通高等学校学生转专业工作管理的指导意见》（苏教学〔2010〕20号） 《省教育厅关于进一步加强和规范普通高等学校学生转专业工作管理的通知》（苏教学〔2014〕8号）
1.6.1　休学申请流程		
1.6.2　复学申请流程		
1.7　学生退学流程（自愿退学）		
2.2.1　学生档案查阅/拍摄/复制/摘记流程		
2.2.2　学生档案借阅流程		
3.1.1　学业导师选任流程		
3.1.2　学业导师考核流程		
3.2.1　班主任聘任流程		
3.2.2　班主任考核流程		
3.3.1　兼职辅导员聘任流程		
3.3.2　辅导员考核流程		
4.1　家庭经济困难学生认定	国标： 《国务院关于建立健全普通本科高校高等职业学校和中等职业学校家庭经济困难学生资助政策体系的意见》（国发〔2007〕13号） 《教育部等六部门关于做好家庭经济困难学生认定工作的指导意见》（教财〔2018〕16号） 《教育部 财政部关于认真做好高等学校家庭经济困难学生认定工作的指导意见》（教财〔2007〕8号） 地标： 《江苏省家庭经济困难学生认定工作实施办法》（苏教助〔2019〕1号）	
4.2.1　国家奖（助）学金申报、评审及发放流程	国标： 《学生资助资金管理办法》（财科教〔2019〕19号） 《本专科生国家奖学金评审办法》（教财函〔2019〕105号） 《财政部 教育部关于调整职业院校奖助学金政策的通知》（财教〔2019〕25号） 《财政部 教育部 人民银行 银监会关于进一步落实高等教育学生资助政策的通知》（财科教〔2017〕21号）	

续表

<table>
<tr><th>流程</th><th colspan="2">执行标准</th></tr>
<tr><td>4.2.1 国家奖（助）学金申报、评审及发放流程</td><td colspan="2">《普通本科高校、高等职业学校国家奖学金管理暂行办法》（财教〔2007〕90号）
《教育部办公厅关于统一印发使用〈国家奖学金申请审批表〉的通知》（教财厅函〔2008〕49号）
《普通本科高校、高等职业学校国家励志奖学金管理暂行办法》（财教〔2007〕91号）
《普通本科高校、高等职业学校国家助学金管理暂行办法》（财教〔2007〕92号）
地标：
《江苏省学生资助资金管理办法》（苏财规〔2020〕28号）
《江苏省本专科生国家奖学金实施细则》
《江苏省本专科生国家励志奖学金实施细则》
《江苏省本专科生国家助学金实施细则》
《江苏省学生资助管理实施细则》（苏教助〔2021〕1号）
注：奖（助）学金项目类型、适用外部政策等详见附表“奖（助）学金项目业务表”</td></tr>
<tr><td>4.4.1 退役士兵教育资助申请与审批流程</td><td>国标：
《财政部 教育部 民政部 总参谋部 总政治部关于实施退役士兵教育资助政策的意见》（财教〔2011〕538号）</td><td rowspan="2">地标：
《江苏省学生资助资金管理办法》（苏财规〔2020〕28号）
《服兵役高等学校学生国家教育资助实施细则》
《江苏省学生资助管理实施细则》（苏教助〔2021〕1号）</td></tr>
<tr><td>4.4.3 服义务兵役国家资助申请与审批流程</td><td>国标：
《应征入伍普通高等学校录取新生保留入学资格及退役后入学办法（试行）》（教学〔2013〕8号）
《高等学校学生应征入伍服义务兵役国家资助办法》（财教〔2013〕236号）</td></tr>
<tr><td>4.4.4 建档立卡家庭经济困难学生学费减免申请与审批流程</td><td rowspan="2">国标：
《学生资助资金管理办法》（财科教〔2019〕19号）
《财政部 教育部关于调整职业院校奖助学金政策的通知》（财教〔2019〕25号）
《财政部 教育部 人民银行 银监会关于进一步落实高等教育学生资助政策的通知》（财科教〔2017〕21号）
地标：
《关于对建档立卡家庭经济困难学生加强教育资助工作的意见》（苏财教〔2016〕151号）</td><td rowspan="4">地标：
《江苏省学生资助资金管理办法》（苏财规〔2020〕28号）
《江苏省学生资助管理实施细则》（苏教助〔2021〕1号）</td></tr>
<tr><td>4.4.5 残疾学生学费减免申请与审批流程</td></tr>
<tr><td>4.5.1 岗位设置申请与审批流程</td><td rowspan="2">国标：
《高等学校勤工助学管理办法（2018年修订）》（教财〔2018〕12号）</td></tr>
<tr><td>4.5.2 学生聘用流程</td></tr>
</table>

续表

<table>
<tr><th>流程</th><th colspan="2">执行标准</th></tr>
<tr><td>4.6 补</td><td>国标：
《高等学校毕业生学费和国家助学贷款代偿暂行办法》（财教〔2009〕15号）
地标：
《省教育厅关于做好高校毕业生学费补偿有关工作的通知》（苏教助函〔2021〕5号）
《江苏省高等学校毕业生学费补偿实施细则》
《江苏省高等学校毕业生学费补偿办法》（苏财规〔2015〕42号）
《江苏省高等学校毕业生学费补偿申请和审核流程》（苏教助中心〔2016〕8号）</td><td>地标：
《江苏省学生资助资金管理办法》（苏财规〔2020〕28号）
《江苏省学生资助管理实施细则》（苏教助〔2021〕1号）</td></tr>
<tr><td>9.2 违纪处理流程</td><td colspan="2" rowspan="2">国标：
《普通高等学校学生管理规定》（教育部令第41号）</td></tr>
<tr><td>10 学生申诉</td></tr>
</table>